Die Gründung des
Deutschen Reiches 1870/71

in Augenzeugenberichten

Die Gründung des Deutschen Reiches 1870/71

in Augenzeugenberichten

Herausgegeben
und eingeleitet von
Ernst Deuerlein

Einbandgestaltung: Luis dos Santos.

Bildnachweis: Der Bildteil stammt vom Karl Rauch Verlag.

Deutsche Erstausgabe: © 1970 Karl Rauch Verlag GmbH, Düsseldorf.

Eine Haftung des Autors oder des Verlages und seiner Beauftragten für
Personen-, Sach- und Vermögensschäden ist ausgeschlossen.

ISBN 978-3-613-03364-1

Copyright © 2011 by Motorbuch Verlag,
Postfach 10 37 43, 70032 Stuttgart.
Ein Unternehmen der Paul Pietsch Verlage GmbH & Co.
Lizenzausgabe mit freundlicher Genehmigung des Karl Rauch Verlages,
Düsseldorf.

1. Auflage 2011

Sie finden uns im Internet unter: www.motorbuch-verlag.de

Lektorat: Tobias Lemke
Innengestaltung: Tebitron GmbH, 70839 Gerlingen
Druck und Bindung: Lego S.p.A., 36100 Vicenza
Printed in Italy

Inhaltsverzeichnis

Die spanische Thronkandidatur als auslösende Ursache – Rede
des französischen Außenministers Gramont – Durch Umformu-
lierung wandelt sich die »Emser Depesche« von einer Chamade
zu einer Fanfare – Triumphfahrt Wilhelms I. von Ems nach
Berlin – König Ludwig II. erkennt den Bündnisfall an – Die
Weltöffentlichkeit sympathisiert mit Preußen – Augsburger Ar-
beiter bezeichnen den Krieg als Verteidigung des heimatlichen
Bodens – Verkündung der lehramtlichen Unfehlbarkeit des Pap-
stes in Glaubens- und Sittenangelegenheiten – Die französische
Kriegserklärung – Die Reaktion des Norddeutschen Reichstags –
Ein Wiener Journalist zieht Vergleiche – Friedrich Nietzsche,
Jacob Burckhardt und Karl Marx über die eigentliche Ursache
des Krieges – Abreise Wilhelms I., des Hauptquartiers und
Bismarcks an die Front

Die ersten Siegesnachrichten von den Grenzschlachten – Ferdinand Gregorovius: »Die lateinische Welt sinkt, die germanische
steigt empor« – Verhalten der Bevölkerung beim Eintreffen der
ersten französischen Kriegsgefangenen in Berlin – Moritz Busch
über Zusammensetzung und Arbeitsweise des beim Hauptquartier befindlichen »mobilisierten Auswärtigen Amtes« – Gespräch
zwischen Kronprinz Friedrich Wilhelm und dem Schriftsteller
Gustav Freytag – »Offener Brief« des Historikers Theodor
Mommsen an das italienische Volk – Der Philosoph David
Friedrich Strauß schreibt an den französischen Philosophen
Ernest Renan – »Gedankenspäne« des Kronprinzen Friedrich
Wilhelm – Der nationalliberale Politiker Eduard Lasker befür-
wortet eine Staatseinheit zwischen dem Norddeutschen Bund
und den süddeutschen Staaten »in Form des Bundesstaates« –
Karl Marx über die Folgen des Sieges Frankreichs oder Deutsch-

lands – Gustav Freytag begründet die deutsche Überlegenheit –
Der nationalliberale Politiker Barth warnt vor optimistischen
Vorstellungen über die Haltung Bayerns – Bismarck erwägt vor
Abschluß des Friedens einen Kongreß der deutschen Fürsten –
Heinrich von Treitschke: »Heraus mit Elsaß-Lothringen«

schen Außenminister Jules Favre – Jacob Burckhardt ist über
die Demütigung des Besiegten besorgt – In einem Erlaß an die
Auslandsvertretungen des Norddeutschen Bundes rechtfertigt
Bismarck seine Haltung – Spendenaktion des Magistrats der
Stadt Berlin für die Stadt Straßburg nach ihrer Kapitulation –
In Beantwortung des Briefes von Renan begründet Strauß die
deutsche Forderung auf Abtretung von Elsaß-Lothringen –
Übersiedlung des Hauptquartiers nach Versailles – Der norwegische Dichter Henrik Ibsen über die Situation in Dresden – Die
Historiker Leopold von Ranke und Adolph Thiers treffen sich
zufällig in Wien – Antrag des Großherzogtums Baden auf Anschluß an den Norddeutschen Bund – Bismarcks Angebot an die
süddeutschen Staaten – Erfolglose Friedensbemühungen der Kaiserin Eugenie – Die Armee des Marschalls Bazaine und die
Festung Metz kapitulieren – Major von Kretschman befindet
sich in einer »Art von Taumel«

revolutionäre Schöpfung« – Staatsminister Bray-Steinburg meldet das Ende der Verhandlungen – Bismarck charakterisiert die Bayern gemachten Zugeständnisse – Hugo Graf Lerchenfeld über das Ergebnis der bayerischen Verhandlungen – Sowohl Heinrich von Treitschke wie auch König Ludwig II. sind zufrieden

Besorgnisse über die Popularität Bismarcks – General Moltke berichtet seinem Bruder Fritz über die Vorbereitung zur Siegesparade am 16. Juni 1871 – Die Baronin Spitzemberg nennt die Siegesparade »den schönsten Anblick für ein patriotisches Herz« – Hanns von Zobeltitz spricht von einem »wunderbar schönen erinnerungsreichen Tag« – Nationale Festvorstellung im Berliner Opernhaus – Emanuel Geibels Beschwörung des deutschen Geistes – Gustav Freytag vergleicht Bismarck mit Wallenstein

Einleitung

Die Pressemeldung von der am 28. Januar 1871 erfolgten Kapitulation der über vier Monate belagerten Stadt Paris veranlaßte den Historiker Heinrich von Sybel, in einem Brief seinem Kollegen Hermann Baumgarten zu bekennen: »... Meine Augen gehen immer herüber zu dem Extrablatt, und die Tränen fließen mir über die Backen. Wodurch hat man die Gnade Gottes verdient, so große und so mächtige Dinge erleben zu dürfen? Und wie wird man nachher leben! Was zwanzig Jahre der Inhalt allen Wünschens und Strebens gewesen, das ist nun in so unendlich herrlicher Weise erfüllt! Woher soll man in meinen Lebensjahren noch einen neuen Inhalt für das weitere Leben nehmen?«

So wie Sybel empfanden und dachten viele Zeitgenossen der spektakulären Ereignisse zwischen der Erklärung des Krieges durch Frankreich an Preußen am 19. Juli 1870 und der Siegesparade in der Hauptstadt des im Kriege geschaffenen Deutschen Reiches am 16. Juni 1871. Die Gründung des Deutschen Reiches war für die Mehrheit der öffentlich Meinenden die Erfüllung des großen politischen Zieles, weshalb sie die Schaffung eines deutschen Nationalstaates als den unüberbietbaren Höhepunkt der deutschen Geschichte verstanden. Ein Gefühl tiefer Dankbarkeit und überbordender Begeisterung breitete sich aus; es entsprang der Artikulation der militärischen Siege von 1864, 1866, 1870/71 und der dadurch ermöglichten politischen Entscheidungen. Was noch zehn Jahre vorher als kaum erreichbar galt, war zu Beginn des Jahres 1871 Wirklichkeit: Das außerösterreichische Deutschland war in einem deutschen Nationalstaat zusammengefaßt, der unter der Führung Preußens einer Perio-

de glanzvollen Aufstieges entgegenzugehen versprach. Der
Wunsch nach deutscher Einheit war erfüllt, die Hoffnung auf
Schaffung eines politisch, militärisch und wirtschaftlich mächtigen Staates verwirklicht, eine neue Epoche der deutschen
und europäischen Geschichte eingeleitet. In zahllosen Briefen,
Gedichten, Reden, Predigten und Erinnerungen schlug sich
die lange anhaltende Erregung darüber nieder. Das sie auslösende Ereignis zu erklären und zu begründen wurden diejenigen, die es erlebt hatten, freilich sehr bald müde, waren
sie doch mehr und mehr der Überzeugung, daß die Waffen
nicht über die spanische Thronkandidatur des Prinzen Leopold
von Hohenzollern-Sigmaringen, sondern über die Ermögli-
chung oder die Verhinderung der kleindeutschen Einigung
entschieden hatten. Der Umstand, daß die Proklamation der
Kaiserwürde des neuen Reiches in Versailles, der glanzvollen
Residenz der französischen Könige erfolgte, war für sie Grund
dafür, von einem Wechsel in der Führung des europäischen
Kontinents zu sprechen. Nach ihrer Meinung übernahm das
Deutsche Reich die Rolle, die Frankreich durch Jahrhunderte
gespielt hatte.

Der nationale Triumphalismus berauschte sich am militärischen Sieg. Das Verständnis seiner politischen Auswirkungen sowohl für Deutschland als auch für Frankreich war
dadurch erschwert, daß Einzelheiten der Gespräche, Verhandlungen und Vereinbarungen, die zur Gründung des Deutschen
Reiches führten, zunächst unbekannt waren. Indem König
Wilhelm I. von Preußen bei der Proklamation seiner Kaiserwürde am 18. Januar 1871 von der »Wiederherstellung des
Deutschen Reiches« und von der Erneuerung der »seit mehr
denn sechzig Jahren ruhenden deutschen Kaiserwürde« sprach,
brachte er zum Ausdruck, daß nach seiner Ansicht das von
ihm repräsentierte Deutsche Reich in der unmittelbaren Nachfolge des 1806 als aufgelöst erklärten Heiligen Römischen
Reiches deutscher Nation, das zuletzt den Titel »Deutsches
Reich« geführt hatte, stand. Er knüpfte damit bewußt an die
Sehnsüchte und Wünsche an, die die Einheitsbewegung im
deutschen Volk geweckt hatte – an die Erwartungen auf den
Zusammenschluß aller Deutschen in einem Staat und die Wie-

derherstellung der Kaiserwürde. Die Unterschiede territorialer, politischer und verfassungsrechtlicher Art zwischen dem 1806 liquidierten und dem 1871 konstituierten Reich wurden dadurch verwischt. Erfolgreich konnte der Eindruck manipuliert werden, daß 1871 wieder entstand, was 1806 untergegangen war. Da als Grund der Liquidation des Deutschen Reiches 1806 die Vorherrschaft Napoleons I. galt, wurde seine Wiederherstellung nach einem erfolgreichen Krieg gegen Napoleon III. als ein Akt geschichtlicher Wiedergutmachung reflektiert: Frankreich habe zwar die Auflösung des ersten Reiches veranlassen, nicht aber die Wiedererstehung des zweiten Reiches verhindern können. Diese geschichtlichen und politischen Vereinfachungen entsprangen dem Wunsch, die Kontinuität der deutschen Entwicklung zu wahren, um die in der Kontinuität ruhenden Kräfte dem neuen Reich zuzuführen. Sie verwehrten jedoch gleichzeitig den Einblick in die politischen, wirtschaftlichen und gesellschaftlichen Kräfte, die die Entstehung des deutschen Nationalstaates vorbereitet und ermöglicht hatten, und behinderten seine Einordnung in die geschichtlichen Gegebenheiten des letzten Drittels des 19. und der ersten Hälfte des 20. Jahrhunderts.

Innerhalb von sieben Monaten, vom Juli 1870 bis zum Februar 1871, vollzog sich in Europa eine Veränderung, in deren Verlauf das auf dem Wiener Kongreß 1814/15 geschaffene europäische Staatensystem spezifiziert wurde. Die Meinungsverschiedenheiten zwischen Frankreich und Preußen über die spanische Thronkandidatur eines Prinzen des Hauses Hohenzollern-Sigmaringen waren die auslösende Ursache, nicht aber der Grund des Krieges. Dieser bestand in dem seit 1866 ausgeprägten Gegensatz zwischen Frankreich und Preußen. Seine Entscheidung durch einen Krieg war nach Ansicht der Zeitgenossen unausbleiblich. Zunächst fehlte der Anlaß dazu. Sowohl Napoleon III. als auch der Ministerpräsident Preußens und Bundeskanzler des Norddeutschen Bundes, Otto Graf von Bismarck-Schönhausen, waren der Überzeugung, daß die nur durch Teilnachrichten über die spanische Thronkandidatur im deutschen und im französischen Volk ausge-

löste Emotion die günstige Gelegenheit war, um die anstehende militärische Entscheidung zu suchen. In der langen Reihe
der militärischen Auseinandersetzungen zwischen Deutschland
und Frankreich kommt dem Krieg 1870/71 besondere Bedeutung zu, da er die nachfolgende politische Entwicklung
entscheidend bestimmt hat.

In Frankreich bezeichnete der durch die Kapitulation Napoleons III. bei Sedan verursachte Sturz des Kaiserreiches eine
innenpolitische Wende, bei der die Richtung der weiteren Entwicklung zunächst nicht erkennbar war. Die durch Monate
belagerte Hauptstadt Paris geriet in den Wirbel von Ereignissen, die als »Pariser Kommune 1871« spektakulären Ruhm
errangen. Nach der durch die Niederlage des französischen
Kaiserreiches ermöglichten Einnahme der Stadt Rom als dem
Restgebiet des Kirchenstaates kam die territoriale und politische Integration des italienischen Nationalstaates zum Abschluß. Rascher, als die Sieger annahmen, fand Frankreich zu
sich zurück, zahlte die ihm auferlegte Kriegskontribution und
betrieb eine langfristige Politik der Revision, die zu einer
Umgruppierung des europäischen Staatensystems führte. Der
republikanische Gedanke setzte sich endgültig durch, ein Vorgang, durch den die benachbarten Monarchien nachhaltig berührt wurden.

In Deutschland entfachte die gemeinsame Führung des
Krieges den seit langem schwelenden Wunsch nach einer gemeinsamen politischen Ordnung, wodurch die nationalstaatliche Einigung nachhaltig gefördert wurde. Ihre Befürworter
waren der Meinung, daß die politische Einheit auf dem
Kampfplatz geschaffen werden müsse, wenn die günstigste
Gelegenheit dazu nicht versäumt werden solle. Diese Überzeugung führte zu Verfassungsgesprächen und Verfassungsverhandlungen, die, im preußischen Hauptquartier in Versailles beendet und beschlossen, den Anschluß der süddeutschen
Staaten an den Norddeutschen Bund oder ihren Beitritt zu
ihm vorsahen. Als die in Versailles weilende bayerische Delegation den entsprechenden Vertrag am 23. November 1870
unterzeichnet hatte, war der Bundeskanzler des Norddeutschen Bundes, Otto Graf von Bismarck-Schönhausen, der Auf-

fassung, daß »die deutsche Einheit gemacht« war, »und der Kaiser auch«. Rechtlich trat das Deutsche Reich am 1. Januar 1871 in Kraft. Da die Reichsorgane noch nicht gebildet waren, verzögerte sich der Beginn seiner Tätigkeit um Wochen. Am 18. Januar 1871 wurde die Übernahme der Kaiserwürde proklamiert, woraus später der Reichsgründungstag vor allem als akademischer Festtag gemacht wurde. Am 20. Februar 1871 konstituierte sich der Bundesrat, am 21. März trat der am 3. März gewählte Reichstag zu seiner konstituierenden Sitzung zusammen. Das Deutsche Reich begann seine Tätigkeit. Diese in sich verzahnten Ereignisse heben die Entwicklung von 1870/71 aus dem Ablauf des 19. Jahrhunderts heraus. Sie machen zugleich deutlich, daß die Konstituierung des Deutschen Reiches nur *ein* Vorgang ist – auch wenn er wegen seiner fortdauernden Wirksamkeit besondere Aufmerksamkeit beansprucht. Im Bewußtsein der Zeitgenossen nahmen die militärischen Erfolge den ersten Platz ein. Sie wurden mit Siegesparaden, die durch die Siegesparade in Berlin vom 16. Juni 1871 eröffnet wurden, gefeiert. Die Reichsgründung trat in dem Maße in das allgemeine Bewußtsein, in dem das Reich die politische Wirklichkeit bestimmte.

Das 1870/71 geschaffene Deutsche Reich wurde die erste Macht des kontinentalen Europa. An der Auslösung des Ersten Weltkrieges maßgeblich beteiligt, erfuhr es zwischen 1914 bis 1918 eine politische, militärische und wirtschaftliche Schwächung; es verlor 1919 die Erwerbung von 1871, Elsaß-Lothringen, und Teile an seiner westlichen, nördlichen und östlichen Grenze. Die Weigerung, sich mit seiner Situation abzufinden, machte es zur Plattform des Aufstiegs Adolf Hitlers, der es territorial vergrößerte, politisch, militärisch und wirtschaftlich jedoch überforderte. Als er durch Auslösung des Krieges gegen Polen den Zweiten Weltkrieg initiierte, setzte er fahrlässig den Bestand des Deutschen Reiches, das er in der 1870/71 geschaffenen Form als eine Übergangsform verstand, aufs Spiel. Seine kausale Beteiligung an beiden Weltkriegen war für die Mächte der Anti-Hitler-Koalition Grund, das Deutsche Reich als Machtfaktor zu eliminieren. Ihre Ansichten darüber gingen auseinander. An die Stelle der nicht zu-

standegekommenen juristischen Teilung trat eine faktische
Teilung, die dazu führte, daß das Deutsche Reich hundert
Jahre nach seiner Gründung seit 25 Jahren nicht mehr existiert: Das im Kriege 1870/71 geschaffene Deutsche Reich,
Kern der Herrschaft Hitlers, ging am Ende des Zweiten Weltkrieges, 1945, unter. Die seitdem geforderte Wiederherstellung der nationalen Einheit des deutschen Volkes bedeutet
nicht die Wiedereinsetzung des Deutschen Reiches. Ein wie-
dervereinigtes Deutschland würde mit dem Deutschen Reich,
so wie es 1870/71 geschaffen worden war, noch weniger gemeinsam haben, als dieses mit dem 1806 aufgelösten Heiligen
Römischen Reich deutscher Nation gemein hatte. Die Tatsache, daß das Deutsche Reich nur über 74 Jahre, vom 1.
Januar 1871 bis zum 5. Juni 1945, bestand, könnte zu der
Annahme führen, es handle sich bei ihm um eine Episode in
der Geschichte deutscher Staatsordnungen, die rascher als ihr
Vorbild, das fast 900 Jahre alt gewordene Heilige Römische
Reich deutscher Nation, verging, weil der deutsche Nationalstaat sich nicht als lebensfähig erwies. So berechtigt dieses
Urteil aufgrund der Entwicklung zwischen 1871 und 1945
ist – es übersieht die Tatsache, daß es sich dabei nicht nur um
die Existenz des Deutschen Reiches, sondern auch um die politische Ordnung Mitteleuropas handelt. Zu ihrer Lösung und
Bewältigung wurden unterschiedliche Versuche unternommen.
Das Deutsche Reich war nur *eine* Möglichkeit, die jedoch den
artikulierenden Erwartungen und Vorstellungen des deutschen Volkes am meisten zu entsprechen schien. Die ihm vor-
ausgehenden politischen Ordnungen, der Deutsche Bund und
das Heilige Römische Reich deutscher Nation, waren andere
Formen der politischen Gestaltung Mitteleuropas. Die nach
der Teilung des Deutschen Reiches 1945 in Europa entstandene politische Situation zerstörte die territoriale Einheit des
deutschen Nationalstaates. Der Mißbrauch durch Adolf Hitler wurde ihr zum Schicksal. Vor der Beratenden Versammlung Frankreichs stellte General de Gaulle am 15. Mai 1945
fest: »Als Staat, als Macht und als Doktrin ist das Deutsche
Reich vollständig zerstört.« Seit seiner Konstituierung waren,
wie bereits bemerkt, erst 74 Jahre vergangen.

Am Anfang der verhältnismäßig kurzen, jedoch breit ange-
legten Entwicklung, die in der Schaffung des deutschen Nationalstaates 1870/71 kuliminiert, stand die Artikulation des
deutschen Nationalbewußtseins. Sehr lange vorhanden war
es zunächst ein Unterscheidungsmerkmal, nicht mehr. Spannungen zwischen den »Nationen« kamen im Heiligen Römischen Reich deutscher Nation zwar vor, waren jedoch keine
determinierenden Faktoren der deutschen Politik. Diese war
in ihrer Orientierung universal und in ihrer Haltung univer-
salistisch. Die Reformation begünstigte zwar die Indoktrinie-
rung des deutschen Nationalverständnisses, verlor jedoch
durch ihre Ausbreitung ihre nationale Akzentuierung. Zwischen dem Ende des Dreißigjährigen Krieges und der Auflöse-
erklärung des Heiligen Römischen Reiches deutscher Nation,
zwischen 1648 und 1806, war die gesellschaftsbestimmende
höfische Welt nach Frankreich ausgerichtet. Die Einstellungen
der feudalen Kulturzentren bestimmten die Vorstellungen
und Empfindungen des an der Bildung beteiligten Bürgertums;
es war, kosmopolitisch orientiert, Weltbürgertum. Aber weder
Adel noch Bürgertum konnten sich den Veränderungen entziehen, die im letzten Drittel des 18. Jahrhunderts zum Durchbruch kamen: Nach ihrem Abfall von Großbritannien bildeten die Vereinigten Staaten von Amerika (1776) eine vom
Willen aller wahlberechtigten Bürger bestimmte Demokratie,
womit sie ein Beispiel schufen, das, zunächst belacht und be-
spöttelt, zum großen Vorbild wurde. Mit der Französischen
Revolution (1789) begann der Prozeß des Mündigwerdens
der Völker auf europäischem Boden. Der aus ihr hervorgegangene revolutionäre französische Staat betrachtete das französische Volk als »nation une et indivisible«, die sich ihrer
Identität gegenüber anderen Völkern bewußt war. Ein vom
Westen nach dem Osten verlaufender Prozeß der Nationali-
sierung aller europäischen Völker nahm damit seinen Anfang.
Der Franzosen östliche Nachbarn, die Deutschen, wurden davon als erste erfaßt. Die Herrschaft Napoleons I. über weite
Teile Deutschlands provozierte einen Widerspruch, der entscheidend zur Ausbildung des deutschen Nationalbewußtseins
beitrug. Im Kampf sowohl gegen den äußeren Feind als auch

gegen die mit ihm verbündeten Landesfürsten profilierte es sich. Leitbilder und Bewegungen der geistigen Entwicklung, in der Philosophie der deutsche Idealismus, in der Literatur Klassizistik und Romantik, nahmen formenden Einfluß auf das nationale Selbstverständnis der Deutschen, das in dem Maße, in dem es sich verselbständigte, einen nationalen Staat forderte. Unmittelbar nach der Auflösung des Heiligen Römischen Reiches deutscher Nation entwickelte sich der Wunsch nach einem neuen Reich, das ein Reich aller Deutschen sein sollte. Ernst Moritz Arndt bestimmte in seinem bekannten Gedicht »Des Deutschen Vaterland«:

> Was ist des Deutschen Vaterland?
> So nenne mir das große Land!
> So weit die deutsche Zunge klingt
> Und Gott im Himmel Lieder singt,
> Das soll es sein!
> Das, wackrer Deutscher, nenne dein!

Sein Nationallied, das nach zwei Generationen von der »Wacht am Rhein« abgelöst wurde, die ihrerseits dem »Lied der Deutschen« von Hoffmann von Fallersleben Platz machen mußte, beendete Arndt mit einer Feststellung, die polemisch und programmatisch zugleich war:

> Das ist des Deutschen Vaterland,
> Wo Zorn vertilgt den welschen Tand,
> Wo jeder Franzmann heißet Feind,
> Wo jeder Deutscher heißet Freund –
> Das soll es sein!
> Das ganze Deutschland soll es sein.

Das »ganze Deutschland« war für Ernst Moritz Arndt die deutsche Kulturnation, die nicht nur nach seiner Meinung Staatsnation sein sollte. Der Wiener Kongreß 1814/15 war weder in der Lage noch willens, diese hochgespannten Hoffnungen zu erfüllen, da die deutschen Fürsten und ihre Minister eine modifizierte Restauration der vor Ausbruch der Französischen Revolution bestandenen Gegebenheiten wünschten, forderten und durchsetzten. Weil sie eine Erneuerung des Heiligen Römischen Reiches deutscher Nation ablehnten, schufen sie eine Staatsordnung eigener Art, den Deutschen Bund, einen, wie der Name zum Ausdruck bringt, Staatenbund, der, da er die Souveränität seiner Mitglieder nicht beschränkte, den Erwartungen des deutschen Nationalbewußtseins nicht entsprach. Darüber kam es zu einem sich rasch verschärfenden Gegensatz zwischen den Fürsten und den von ihnen verteidigten Strukturen einerseits und einer der zwei großen Bewegungen des 19. Jahrhunderts, dem zur Aggressivität neigenden Nationalismus, andererseits. Unter dem Einfluß der Romantik wurde der Nationalismus in Deutschland zu einem religiös fundierten zelotischen Sektierertum, das in der Nation nicht nur eine identische Gesellschaft, sondern auch einen Gedanken Gottes sah. Die politische und auch geistige Provinzialisierung Deutschlands schlug in dem deutschen Nationalbewußtsein durch. Monarchen und Staatsmänner schenkten ihm zunächst geringe Aufmerksamkeit, überzeugt, mit den polizeilichen Mitteln des Obrigkeitsstaates die von ihm verursachte Unruhe beseitigen zu können. In der Auseinandersetzung mit den etablierten politischen Kräften zeigte der Nationalismus jedoch seine Überlegenheit. Vor allem in der studentischen Jugend und in dem sich allmählich formenden Bildungsbürgertum setzte er sich als die bestimmende politische Idee durch. Sie erhielt eine starke Förderung durch zollpolitische Maßnahmen, die wirtschaftlichen Notwendigkeiten entsprangen und politische Entwicklungen vorwegnahmen. Den am 1. 1. 1834 in Kraft getretenen Deutschen Zollverein begrüßte Hoffmann von Fallersleben überschwenglich:

Schwefelhölzer, Fenchel, Bricken,
Kühe, Käse, Krapp, Papier,
Schinken, Scheren, Stiefel, Wicken,
Wolle, Seife, Garn und Bier;
Pfefferkuchen, Lumpen, Trichter,
Nüsse, Tabak, Gläser, Flachs,
Leder, Salz, Schmalz, Puppen, Lichter,
Rettich, Rips, Raps, Schnaps, Lachs, Wachs!
Und ihr andern deutschen Sachen,
Tausend Dank sei euch gebracht!

Was kein Geist je konnte machen,
Ei, das habet ihr gemacht:
Denn ihr habt ein Band gewunden
Um das deutsche Vaterland,
Und die Herzen hat verbunden
Mehr, als unser Bund, dies Band.

Die Erschütterungen des zollpolitisch teilweise integrierten
Deutschen Bundes kamen von Frankreich, lösten doch die
französischen Revolutionen von 1830 und 1848 in seinem Bereich zunächst Unruhen und später Umstürze aus, die, 1848,
die Hoffnung auf eine politische Ordnung des »ganzen
Deutschland« kräftig belebte. Die am 18. Mai 1848 in der
Paulskirche zu Frankfurt am Main zusammengetretene deutsche Nationalversammlung verkörperte das politisch enga-
gierte Deutschland. Seine Mitglieder versuchten, das Ziel des
deutschen Nationalismus, einen deutschen Nationalstaat, zu
verwirklichen, stießen dabei jedoch auf unüberwindbare
Schwierigkeiten. Sie mußten entscheiden, ob Österreich, der
Vielvölkerstaat unter der Krone der Habsburger, in das zu
schaffende Deutsche Reich aufgenommen, womit dieses nicht
als Nationalstaat begründet werden konnte, oder ob Österreich daraus ausgeschlossen werden soll, womit die in der
Donaumonarchie lebenden Deutschen dem Nationalstaat nicht
angehörten – der dann nicht mehr das »ganze Deutschland«
war. Vor diese Alternative gestellt, entschied sich die Mehrheit für ein preußisches Erbkaisertum und damit für einen
kleindeutschen Nationalstaat. Das Problem der deutschen
Einheit war sichtbar geworden – Vielvölkerstaat, *mit* Österreich und den in Österreich wohnenden Deutschen, oder Nationalstaat, *ohne* Österreich und den in Österreich wohnenden
Deutschen – Großdeutschland oder Kleindeutschland.

Die Revolution 1848/49 und die von ihr getragene deutsche
Nationalversammlung zu Frankfurt am Main stellten einen
Wendepunkt der deutschen Einheitsbewegung dar, wurde
doch deutlich, daß die Kulturnation nicht zur Staatsnation
umgeformt werden konnte. Die rivalisierenden Mächte, Österreich und Preußen, die jede auf ihre Weise die Revolution

überstanden, zogen daraus gegensätzliche Schlüsse. Preußen
begünstigte eine kleindeutsche Einigung, in der es Hegemonialmacht war, Österreich wünschte die Wiederaufnahme der
Tätigkeit des Deutschen Bundes, als dessen Präsidialmacht es
eine Vorrangstellung einnahm. Ein Krieg zwischen beiden
schien unvermeidlich zu sein, wurde jedoch durch den Vertrag
von Olmütz (29. November 1850) abgewendet: Unter Druck
gab Preußen seine Bemühungen um eine Einigung Deutschlands auf und erklärte sich mit der Reaktivierung des Deutschen Bundes einverstanden.

In der Revolution 1848/49 trat die zweite tragende Idee
des 19. Jahrhunderts auch in Deutschland voll in Erscheinung:
Der Sozialismus, begrifflich noch nicht eindeutig festgelegt,
erinnerte an neu entstandene Verhältnisse in der Gesellschaft.
Auch seine Anfänge reichen in das letzte Drittel des 18. Jahrhunderts zurück. Sowohl die Erfindung des mechanischen Web-
stuhls als auch die Patentierung der Dampfmaschine lösten,
wie es 1845 Friedrich Engels formulierte, eine Revolution der
Produktion und des Verkehrs aus. Die Industrialisierung veränderte nicht nur die Produktionsmethoden, sie schuf auch
einen neuen Stand, das Proletariat, die Fabrikarbeiterschaft.
Ihren Eigencharakter zu erkennen, blieb den Zeitgenossen
lange verwehrt; sie glaubten, es handle sich um Taglöhner
oder Deklassierte. Nur Weitblickende erkannten, daß eine
Umwandlung sowohl der Volkswirtschaft als auch der Gesellschaft ihren Anfang nahm. Die Industrialisierung Deutschlands wurde durch die Kriege des Zeitalters der Französischen
Revolution und Napoleons I. verzögert, setzte jedoch nach
1815 mit sich steigernder Schnelligkeit ein. Die Vermehrung
der Dampfmaschinen, der Bau eines ganz Deutschland über-
ziehenden Eisenbahnnetzes und die dadurch bedingte Auswei-
tung der Förderung von Kohle und Eisen veranlaßten einen
unaufhaltsamen Rückgang der Agrarstruktur und einen steti-
gen Aufstieg der Industriestruktur. Die dadurch bedingten
sozialen Veränderungen wurden im Weberaufstand in Schlesien 1844 zum erstenmal sichtbar. Sie verstärkten die Unzufriedenheit an Staat und Gesellschaft, die zwar die Ergebnisse
der Industrialisierung nutzten, gegenüber den damit verbun-

denen gesellschaftlichen Problemen sich jedoch ablehnend verhielten.

Die Ausbildung eines introvertierten Nationalbewußtseins
und die Entwicklung einer rasch wachsenden Industrie waren
auch in Deutschland verbunden mit einer explosiven Vermehrung der Bevölkerung. Auch sie setzte im letzten Drittel des
18. Jahrhunderts ein. Die industrielle Produktion konnte
zwar die Bedürfnisse der Massen stillen, war jedoch nicht in
der Lage, alle Arbeitswilligen aufzunehmen, die in der Landwirtschaft keine Beschäftigung fanden, weshalb es gerade im
Gebiet des Deutschen Bundes zu einer großen Auswanderung
kam, deren Ziel vor allem die Vereinigten Staaten von Amerika waren.

Sowohl die Industrialisierung als auch das Bevölkerungs-
wachstum verliefen in den Staaten des Deutschen Bundes uneinheitlich. Am sichtbarsten traten sie in den Westprovinzen
Preußens in Erscheinung, in denen im Anschluß an die Industrialisierung der benachbarten Gebiete Belgiens und Nord-
frankreichs die größte Industrieregion Europas entstand.
Preußen erhielt auch aufgrund seines wirtschaftlichen und
zahlenmäßigen Wachstums im Deutschen Bund ein Übergewicht, das es in der Auseinandersetzung mit Österreich
zunehmend zur Geltung brachte. Sein Aufstieg zu einem kon-
kurrenzfähigen Industriestaat vergrößerte sein politisches Gewicht, zumal Österreich sich mehr und mehr in äußere und
innere Auseinandersetzungen verwickelte. Im Bewußtsein
der Zeit verlor Österreich an politischer Anziehungskraft,
während Preußen, begünstigt von einer expansiven Wirt-
schafts- und Bevölkerungsentwicklung, eine immer stärkere
Faszination ausübte.

Umgruppierungen innerhalb des europäischen Staatensystems bemächtigten sich auch der politischen Gegebenheiten
in Deutschland. Nach der Revolution 1848/49 vorübergehend
mit sich selbst beschäftigt, wünschten die Großmächte, die die
Ordnung des Wiener Kongresses geschaffen hatten und sie
auch verteidigten, ihre Machtposition in Europa unter Beweis
zu stellen, wozu ihnen der Krimkrieg willkommene Gelegenheit gab. Sein Anlaß war die orientalische Frage – die Vor-

entscheidung über die Beerbung des Osmanischen Reiches. Für
den Fall seiner Auflösung wünschte Zar Nikolaus I. von Rußland verbindliche Zusagen, die zu geben die Repräsentanten
des Osmanischen Reiches, durch Großbritannien dazu ermutigt, jedoch ablehnten. Am 1. November 1853 befanden sich
Rußland und das Osmanische Reich im Kriegszustand. Napoleon III., Kaiser der Franzosen, als Prinz Louis-Napoleon am
10. Dezember 1848 zum Präsidenten der Französischen Republik gewählt, hatte am 2. Dezember 1851 einen Staatsstreich
durchgeführt, an dessen Ende er als Napoleon III. den französischen Thron bestiegen hatte. Aus Prestigegründen verstand er sich als Schutzherr der heiligen Stätten in Palästina,
wobei er mit den russischen Vorstößen in den Nahen Osten
konfrontiert wurde. Großbritannien und Frankreich erklärten am 28. März 1854 Rußland den Krieg. Aus seinen
Kampfhandlungen ragt die Belagerung von Sewastopol
(1854/55) hervor. Die beiden Großmächte des Deutschen Bundes, Österreich und Preußen, verhielten sich gegenüber der
sich im Krieg befindlichen Mächtegruppierung uneinheitlich.
Österreich verbündete sich mit Großbritannien und Frankreich, wodurch es, ohne in den Krieg einzutreten, starke russische Kräfte band. Die russische Politik reagierte darauf verärgert. Preußen beachtete eine strenge Neutralität, wofür es
das Wohlwollen Rußlands gewann. Im Frieden von Paris
vom 30. März 1856 wurde das militärisch unterlegene Rußland zu Zugeständnissen gezwungen, die nicht nur den Verzicht auf die geforderten Vorrechte gegenüber dem Osmanischen Reich, sondern auch seinen diplomatischen Rückzug aus
Europa bedeuteten. Rußland, das von 1815 bis 1856 den
äußeren und inneren Ereignissen in Europa die größte Beachtung schenkte und an ihnen unmittelbar und mittelbar beteiligt war, wurde durch den Ausgang des Krimkrieges zu einem
Desinteresse an der Entwicklung Europas veranlaßt. Nur eine
europäische Macht hatte ihm weder den Krieg erklärt noch es
durch ein Bündnis mit seinen Kriegsgegnern verunsichert,
Preußen. Die Tatsache sowohl des politischen Rückzugs Rußlands aus Europa als auch der Neutralität Preußens während
des Krimkrieges war eine wesentliche Voraussetzung für die

Konstellation der europäischen Mächte, die 1870/71 die Schaffung des deutschen Nationalstaates ermöglichte.

Bei den Friedensverhandlungen in Paris 1856 kam auch die italienische Frage zur Sprache, das Problem der italienisch besiedelten Gebiete Österreichs. Um ihre politische Zugehörigkeit wurde 1859 zwischen Sardinien und Frankreich einerseits und Österreich andererseits Krieg geführt. Kaiser Franz Joseph von Österreich betrachtete es als eine Selbstverständlichkeit, daß die Mitglieder des Deutschen Bundes ihm zu Hilfe eilten. Preußen lehnte eine militärische Unterstützung Österreichs ab, womit es den Ausgang des Krieges beeinflußte; es erwarb das Wohlwollen Italiens und das Mißtrauen Österreichs. Im Frieden von Zürich vom 10. November 1859 trat Österreich die Lombardei an Kaiser Napoleon III. ab, der sie an Sardinien übergab. Sein Herrscher, Viktor Emanuel II., nahm am 14. März 1861 mit Billigung des neugewählten ersten italienischen Parlaments den Titel eines Königs von Italien an. Die Integration Italiens in einen italienischen Nationalstaat zeichnete sich ab.

Diese außenpolitischen Ereignisse wirkten auf Deutschland zurück. Im gleichen Jahre, in dem der Friede von Zürich geschlossen wurde, wurde der Deutsche Nationalverein gegründet, der die Auffassung vertrat, die wirksamsten Schritte zur Errichtung einer festen, starken und bleibenden Zentralregierung Deutschlands könnten nur von Preußen ausgehen. Sein Gegenspieler war der 1862 konstituierte Reformverein, der, wie sein Titel zum Ausdruck bringt, durch eine Reform des Deutschen Bundes die Ziele der deutschen Einheitsbewegung zu verwirklichen hoffte. Die deutsche Frage wurde verschärft zur Diskussion gestellt. Preußen, auf das sich die Hoffnungen des Nationalvereins richtete, durchlebte eine Krise. Für den durch schwere geistige Erkrankung regierungsunfähig gewordenen König Friedrich Wilhelm IV. übernahm Wilhelm Prinz von Preußen 1857 die Stellvertretung und 1858 die Regentschaft. Nach dem Tode seines Bruders 1861 wurde er als Wilhelm I. König von Preußen. Er ersetzte das konservative Regime durch eine liberale Regierung, die eine »neue Ära« der preußischen Politik einleiten sollte. Zwischen dem König

und der Regierung einerseits und dem Preußischen Abgeordnetenhaus andererseits kam es zum Konflikt, als die liberale
Mehrheit des Abgeordnetenhauses sich weigerte, die Ausgaben
für die von Kriegsminister von Roon geforderte Heeresver-
stärkung zu bewilligen. Die Auflösung des Abgeordnetenhauses brachte keine Lösung des Konfliktes, da die liberale
Mehrheit verstärkt in dieses zurückkehrte. Kompromißver-
suche blieben erfolglos.

In dieser nach seiner Meinung aussichtslosen Situation berief König Wilhelm I. am 23. September 1862 Otto von Bismarck zum preußischen Ministerpräsidenten. Der am 1. April
1815 in Schönhausen geborene Junker hatte eine bewegte Entwicklung hinter sich. Nach dem Studium der Rechtswissen-
schaften und der Ableistung des Wehrdienstes widmete er sich
der Bewirtschaftung seines Besitzes. Als Mitglied des vereinigten Landtags strebte er einen Ausgleich zwischen den sich in
Preußen feindlich gegenüberstehenden Kräften an. Er stimmte
dem von König Friedrich Wilhelm IV. unter dem Druck der
Ereignisse berufenen »März-Ministerium« zu, verteidigte jedoch gleichzeitig das monarchische Prinzip, weshalb er alle
Entscheidungen, die dieses in Frage stellten, ablehnte. Zwar
gehörte er nicht der Verfassunggebenden Versammlung Preußens an, wohl aber dem Ersten Preußischen Abgeordnetenhaus. 1851 zunächst zum Geheimen Legationsrat, wenige
Wochen später zum Gesandten Preußens bei der Bundesversammlung des Deutschen Bundes in Frankfurt am Main ernannt, hatte er von 1851 bis 1858 Gelegenheit, sich sowohl
mit der Struktur der Bundesversammlung, eines beständigen
Gesandtenkongresses, als auch mit den politischen Verhältnissen in den von dieser vertretenen Staaten vertraut zu machen.
Die Gesandten der Präsidialmacht Österreich waren über
ihren preußischen Kollegen unterschiedlicher Meinung, bestä-
tigten ihm jedoch ein unwandelbares Bekenntnis zu dem, was
er als *Preußens politische Aufgabe* verstand. Im Jahre 1859
zum Gesandten und bevollmächtigten Minister in St. Petersburg ernannt, lernte Bismarck die Empfindungen und Vorstellungen der durch den Friedensvertrag von Paris 1856 zum
Rückzug aus Europa gezwungenen russischen Politik kennen.

Seine diplomatischen Erfahrungen waren bestimmend für
seine politischen Haltungen. Nach drei Jahren abberufen, trat
er an die Spitze der preußischen Mission in Paris, wodurch er
unmittelbar mit dem labilen Regime des Kaisers Napoleon III.
konfrontiert wurde. Freilich – er hatte nur wenige Monate
dazu Gelegenheit. Im Höhepunkt des Verfassungskonfliktes, im Frühherbst 1862, zum preußischen Ministerpräsidenten ernannt, wurde er der Gestalter nicht nur der preußischen Politik. Wenige Tage nach seiner Berufung, am 30.
September 1862, legte er der Budgetkommission des Preußischen Landtags über seine politischen Ansichten dar: »Nicht
auf Preußens Liberalismus sieht Deutschland, sondern auf
seine Macht; Bayern, Württemberg, Baden mögen den Liberalismus indulgieren, darum wird ihnen doch keiner Preußens
Rolle anweisen; Preußen muß seine Kraft zusammenfassen
und zusammenhalten auf den günstigen Augenblick, der schon
einige Male verpaßt ist; Preußens Grenzen nach den Wiener
Verträgen sind zu einem gesunden Staatsleben nicht günstig;
nicht durch Reden und Majoritätsbeschlüsse werden die großen Fragen der Zeit entschieden – das ist der große Fehler
von 1848 bis 1849 gewesen –, sondern durch Eisen und Blut.«
    Durch die im Februar 1863 von dem nach Rußland ent-
sandten Generaladjutanten des preußischen Königs, General
Gustav von Alvensleben, geschlossene Alvenslebensche Konvention gewann Bismarck auf der Grundlage des Fortbestandes der Teilung Polens die erklärte Geneigtheit Rußlands.
Die Zeitgenossen, die mit zunehmender Gleichgültigkeit die
Kontroversen der Kabinette über die Reform des Deutschen
Bundes verfolgten, zögerten lange, in Bismarck den entscheidenden Beweger der deutschen Verhältnisse zu sehen. Erst
durch seine Politik gegenüber den Herzogtümern Schleswig
und Holstein erregte er Aufmerksamkeit. Die schleswig-holsteinische Frage war im 19. Jahrhundert ein ständiges Problem der europäischen Politik. Dynastische, völkische und
politische Interessen waren unentwirrbar ineinander ver-
mengt. Die dynastische Verklammerung begünstigte das Streben Dänemarks, Schleswig in den dänischen Zentralstaat ein-
zugliedern. Damit war die Erwartung verbunden, nach Schles-

wig auch Holstein, das zum Gebiet des Deutschen Bundes
gehörte, an sich ziehen zu können. Darüber kam es zu Auseinandersetzungen – zunächst zu politischen, dann zu militärischen. Der Tod König Friedrichs VII. von Dänemark am
15. November 1863 vergrößerte die Spannungen, die in den
folgenden Monaten alle europäischen Politiker, auch den
preußischen Ministerpräsidenten, beschäftigten. Bismarck ließ
keinen Zweifel darüber, daß er die schleswig-holsteinische
Frage im deutschen Sinn lösen wollte – und zwar in Zusam-
menarbeit mit Österreich. Der gemeinsame Feldzug Österreichs und Preußens gegen Dänemark wurde durch den Frieden von Wien vom 30. Oktober 1864 beendet. Dänemark
trat die Herzogtümer Schleswig, Holstein und Lauenburg an
Österreich und Preußen ab. Die Ausübung der gemeinsamen
Rechte in den Herzogtümern stand in Holstein Österreich, in
Schleswig Preußen zu. Bismarck war sich der politischen Tragweite des Vorganges durchaus bewußt. In der im gemeinsamen Kampf errungenen Position sah er ein Mittel, um die
allgemeine politische Entwicklung zu beschleunigen. Seine gesteigerte Aufmerksamkeit galt der Reform des Deutschen
Bundes, die nach Meinung aller Zeitgenossen immer dringender wurde. Bismarcks Ziel war jedoch nicht die Neugestaltung
des Deutschen Bundes in der bestehenden Form, sondern die
Ordnung des außerösterreichischen Deutschland unter preußischer Führung. Die allmähliche Überwindung des preußischen
Verfassungskonfliktes, die politischen Erfolge der preußischen
Politik und die bravourösen Leistungen der preußischen Truppen im deutsch-dänischen Krieg vergrößerten das preußische
Ansehen in Deutschland, das mit der Achtung Bismarcks kor-
respondierte. Eine immer größere Zahl von Politikern und
Publizisten vertrat die Ansicht von *Preußens politischer Aufgabe*, von seiner Führung des außerösterreichischen Deutschland. Dieser politischen Ideologie eine attraktive Politik
entgegenzustellen, war Österreich nicht in der Lage. Es beschränkte sich auf die Verteidigung der bestehenden Verhältnisse, womit sich jedoch die Zeitgenossen nicht zufriedengaben.
  Die Spannungen zwischen Österreich, das das Recht der
Vergangenheit in Anspruch nahm, und Preußen, das den

Durchsetzungswillen in der Gegenwart vertrat, nahmen rasch
zu. Ihr Objekt war der Deutsche Bund, dessen Reformbedürf-
tigkeit unbestritten war, auch wenn die Ansichten über Me-
thode und Umfang weit auseinandergingen. Aus der wirtschaftlichen Einheit wurde die Forderung abgeleitet, daß eine
politische Einheit notwendig sei, um die weitere wirtschaftliche Entfaltung zu ermöglichen und zu begünstigen. Dem-
gegenüber vertraten die Gegner Preußens die Ansicht, daß
jede zentrale Staatsordnung die politische Ausgewogenheit
Mitteleuropas gefährde, weshalb der Zusammenschluß des
außerösterreichischen Deutschland in einen Bundesstaat mon-
archischer Observanz eine beständige Bedrohung des Friedens
in Europa darstelle. Eine leidenschaftliche Diskussion darüber
entzweite die am politischen Geschehen Beteiligten und Interessierten. Die Spaltung der Deutschen in Großdeutsche und
Kleindeutsche stellte die deutsche Frage zur Entscheidung. Für
ihre Beschleunigung sorgte Bismarck, indem er sich der Reform
des Deutschen Bundes bemächtigte und Preußen außenpoli-
tisch so absicherte, daß es, wenn sich dafür die Gelegenheit
bot, militärisch handlungsfähig war.

Die von Bismarck herbeigeführte Konstellation war im
Frühjahr 1866 ausgereift. Die Spannungen zwischen Preußen
einerseits und Österreich und vor allem den süddeutschen
Staaten andererseits erreichten einen so bedrohlichen Charakter, daß ein Krieg unvermeidbar war. Indem Bismarck dem
preußischen Gouverneur von Schleswig, Edwin von Manteuffel, befahl, in das von österreichischen Truppen besetzte
Holstein einzumarschieren, löste er ihn in der Erwartung auf
eine Entscheidung über die Führung in Deutschland aus.
Preußen kämpfte auf mehreren Kriegsschauplätzen. Seine
Hauptstreitmacht bot es gegen die in Böhmen entlang der
Elbe versammelte österreichische Nordarmee auf. Den Oberbefehl führte König Wilhelm I., ihm zur Seite als Generalstabschef stand Helmuth von Moltke. Am 3. Juli 1866 kam
es bei dem Dorf Sadowa vor Königgrätz zur Schlacht – zu
einer großen und schicksalhaften Schlacht, die die Frage nach
der Führungsmacht im außerösterreichischen Deutschland eindeutig beantwortete: Die Schlacht von Königgrätz offenbarte

die militärische Überlegenheit Preußens und begründete seinen politischen Führungsanspruch. Wie 1856 Rußland gezwungen wurde, sich aus Europa zurückzuziehen, so wurde 1866 Österreich veranlaßt, sich an Mitteleuropa uninteressiert zu erklären. Preußen verlangte sein Einverständnis zur Auflösung des Deutschen Bundes, zur Bildung eines Norddeutschen Bundes unter preußischer Führung und zur Schaffung eines Süddeutschen Bundes, der mit dem Norddeutschen Bund in ein enges Verhältnis treten sollte. Im Glanze eines triumphalen Sieges erhielt Preußen politische Handlungsfreiheit, von der es gegenüber den besiegten Mitgliedern des Deutschen Bundes maßvollen Gebrauch machte. Bismarck legte Wert auf die Schonung Österreichs; er widersetzte sich auch der Demütigung der süddeutschen Staaten. Die von preußischen Truppen besetzten norddeutschen Territorien zu annektieren, hatte er freilich keine Bedenken.

Das Jahr 1866 markiert eine Wende der deutschen, europäischen und weltpolitischen Entwicklung. Der auf dem Wiener Kongreß 1814/15 geschaffene Deutsche Bund hörte zu bestehen auf. Obwohl unfähig, die Hoffnungen und die Sehnsüchte der deutschen Einheitsbewegung zu erfüllen, hatte er Europa eine lange Periode des Friedens geschenkt, wodurch seine Mitglieder in die Lage versetzt wurden, ihre wirtschaftliche und kulturelle Entwicklung mit Kräften zu fördern. Weniger glanzvoll als das Heilige Römische Reich deutscher Nation setzte er dessen Tradition und Funktion fort, ohne freilich sich im politischen Bewußtsein zu profilieren, da er nicht in der Lage war, dessen Postulate zu subsumieren. Seine Auflösung war das Ende einer übernationalen Friedensordnung in Europa. Die Separierung zwischen dem außerösterreichischen Deutschland und Österreich galt bereits den Zeitgenossen – und gilt noch mehr den Nachgeborenen – als – erste – Teilung Deutschlands, der 79 Jahre später, im Frühjahr 1945, eine zweite, den deutschen Nationalstaat zerlegende Teilung folgte. Freilich – die Klagen über die Entscheidung des Jahres 1866 können die Tatsache nicht aus der Welt schaffen, daß Preußen sich nicht nur auf dem Schlachtfeld, sondern auch in der Industrialisierung als überlegen erwies.

Der 1867 konstituierte Norddeutsche Bund war als der Kernstaat eines größeren Deutschland gedacht, das zu schaffen politische Mäßigung zu diesem Zeitpunkt verwehrte. Auch Bismarck glaubte, die süddeutschen Staaten seien in der Lage, einen Süddeutschen Bund zu schaffen, der zum Norddeutschen Bund in besondere Beziehungen treten sollte. Die Eifersüchteleien der süddeutschen Staaten verhinderten jedoch ihren Zusammenschluß. Bayern wünschte in dem zu bildenden Süddeutschen Bund die Rolle einzunehmen, die Preußen im Norddeutschen Bund innehatte, was Württemberg, Baden und Hessen jedoch ablehnten. Einen Zusammenschluß auf der Ebene der Gleichberechtigung lehnte Bayern ab. Die Sogwirkung Preußens war inzwischen so groß, daß jeder der süddeutschen Staaten sich eher mit Preußen als mit seinem Nachbarn zusammenschloß. Die wirtschaftliche Entwicklung ging der politischen Entscheidung voraus: Am 8. Juli 1867 wurde der Deutsche Zollverein in veränderter Form erneut geschlossen. Die Organe des Norddeutschen Bundes wurden durch die Aufnahme süddeutscher Vertreter zum Zollbundesrat und Zollparlament erweitert. Die Umrisse des kleindeutschen Reiches traten als Zollgrenzen in Erscheinung – obwohl sowohl Österreich als auch Frankreich versuchten, diese Situation für sich zu nutzen, indem sie, einzeln und zusammen, um die süddeutschen Staaten warben, bestrebt, südlich der Mainlinie eine Front gegen die Hegemonialmacht des Norddeutschen Bundes, Preußen, aufzubauen. Bismarck verfolgte diese Bestrebungen aufmerksam; mit der Tatsache, daß zwischen Preußen und den süddeutschen Staaten Schutz- und Trutzbündnisse bestanden, beruhigte er sich nur teilweise. Zunächst sah er keine Möglichkeit, die nach der Konstituierung des Norddeutschen Bundes eintretende Stagnation der kleindeutschen Einigung zu überwinden. Da er deren Dauer jedoch für gefährlich hielt, dachte er im Winter 1869/70 an die Schaffung einer Kaiserwürde des Norddeutschen Bundes, wovon er sich eine Neubelebung der deutschen Frage erhoffte. Gleichzeitig sah er in der sich allmählich entwickelten spanischen Thronkandidatur des Prinzen Leopold von Hohenzollern-Sigmaringen das Mittel, um die bestehenden Spannungen zwischen

Frankreich, das in der Übertragung der Dynastie Hohenzollern nach Spanien eine Bedrohung sehen würde, und Preußen, das entschlossen war, seine Stellung in Deutschland nicht nur zu festigen, sondern auch auszubauen, zur Entscheidung zu bringen. Er handelte, indem er die sich dazu anbahnende Gelegenheit ergriff und wahrnahm.

Am Ende und als Ergebnis einer Entwicklung, die seit 1862 durch Bismarck als Ministerpräsident Preußens artikuliert wurde, entstand der kleindeutsche Nationalstaat, das kaiserliche Deutsche Reich, das sich bewußt in die Kontinuität der deutschen Geschichte stellte, obwohl es mit dem Heiligen Römischen Reich deutscher Nation und dem Deutschen Bund mehr Unterschiede als Gemeinsamkeiten aufwies. Seine Entstehung vollzog sich im Rahmen eines Krieges, dessen wechselnde Schlachtenbilder den Blick auf die diplomatischen und politischen Ereignisse im Hintergrund verstellten. Ihre Vergegenwärtigung ist die Absicht des vorliegenden Bandes, dessen Schwerpunkt die politische Entwicklung ist, zu deren Verständnis jedoch Hinweise auf die militärischen Ereignisse, die politischen Veränderungen in Frankreich und die starken Reaktionen im Bewußtsein des deutschen Volkes geboten erscheinen.

Die deutsche Einheit war aber keine bloß deutsche Frage. Seit dem Dreißigjährigen Krieg war keine einzige gemeindeutsche Angelegenheit mehr entschieden worden ohne die sehr fühlbare Einmischung des Auslands. Friedrich II. hatte 1740 Schlesien erobert mit Hilfe der Franzosen. Frankreich und Rußland hatten 1803 die Reorganisation des Heiligen Römischen Reichs durch den Reichsdeputationshauptschluß buchstäblich diktiert. Dann hatte Napoleon Deutschland nach seiner Konvenienz eingerichtet. Und endlich, auf dem Wiener Kongreß, war es aufs neue, hauptsächlich durch Rußland und in zweiter Linie durch England und Frankreich, in sechsunddreißig Staaten mit über zweihundert besondern großen und kleinen Landfetzen zersplittert worden, und die deutschen Dynasten, ganz wie 1802/03 auf dem Regensburger Reichstag, hatten dabei redlich mitgeholfen und die Zersplitterung noch ärger gemacht. Zudem waren einzelne Stücke von Deutschland fremden Fürsten überliefert. So war Deutschland nicht nur machtlos und hilflos, in innerem Hader sich aufreibend, politisch, militärisch und selbst industriell zur Nichtigkeit verdammt. Sondern, was noch weit schlimmer, Frankreich und Rußland hatten durch wiederholten Brauch ein Recht erworben auf die Zersplitterung Deutschlands, ganz wie Frankreich und Österreich ein Recht sich anmaßten, darüber zu wachen, daß Italien zerstückelt blieb. Es war dies angebliche Recht, das der Zar Nikolaus 1850 geltend gemacht hatte, indem er, jede eigenmächtige Verfassungsänderung sich gröblichst verbittend, die Wiederherstellung des Bundestags, dieses Ausdrucks der Ohnmacht Deutschlands, erzwang.

Die Einheit Deutschlands mußte also erkämpft werden nicht nur gegen die Fürsten und sonstigen inneren Feinde, sondern auch gegen das Ausland. Oder aber – mit Hilfe des Auslands.

Friedrich Engels 1887/88
Die Rolle der Gewalt in der Geschichte

Aus einer Chamade eine Fanfare

In der Hafenstadt Cadiz bricht am 17. September 1868 ein Aufstand aus, der zur Revolution wird und ganz Spanien erfaßt. Die Truppen gehen zu den Aufständischen über, wodurch die seit 1844 regierende Königin Isabella II. zur Flucht nach Frankreich gezwungen wird. Die alsbald einberufenen Cortés geben dem Land 1869 eine monarchisch-konstitutionelle Verfassung. Nach vergeblichen Versuchen, einen König zu finden, berufen sie am 18. Juni 1869 den früheren Minister Francisco Serrano y Dominguez, Herzog de la Torre, als Regenten, der General Don Juan Prim, Graf von Reus, Marquis de los Castillejos, mit der Führung der Regierung beauftragt. Dieser bemüht sich seit Ende 1869, den ältesten Sohn des Fürsten Karl Anton von Hohenzollern-Sigmaringen, den (Erb-)Prinzen Leopold von Hohenzollern-Sigmaringen, zur Annahme der Thronkandidatur zu bewegen. Zwar bestehen zwischen den süddeutsch-katholischen Hohenzollern und den preußisch-protestantischen Hohenzollern keine verwandtschaftlichen Beziehungen: Prinz Leopold ist als Enkel sowohl einer Prinzessin Murat als auch einer Prinzessin Beauharnais mit Kaiser Napoleon III. verwandt. Die süddeutsch-katholischen Hohenzollern haben 1849 auf ihre Souveränität verzichtet und ihr Gebiet an Preußen abgetreten; gleichzeitig sind sie in den Hausverband der hohenzollernschen Königsfamilie eingetreten, womit sie zu der Politik Preußens in unmittelbare Beziehung gekommen sind. – Nach anfänglichem Abwarten sieht der Ministerpräsident von Preußen und Bundeskanzler des Norddeutschen Bundes, Otto Graf von Bismarck-Schönhausen, der bereits 1866/67 einen entsprechenden Hinweis gegeben hat, in der Thronkandidatur des Prinzen ein

geeignetes Mittel, um die französische Politik zu durchkreu-
zen. Er legt zwar Wert darauf, daß die Verhandlungen »ohne
Beteiligung oder Dazwischenkunft irgendeiner Regierung« –
wie er am 17. Juli 1870 vor dem Bundesrat erklärt – geführt
werden, ist jedoch die treibende Kraft. Er überwindet die
Bedenken sowohl König Wilhelms I. als auch des Fürstlichen
Hauses Hohenzollern-Sigmaringen. Die durch die Ablehnung
der Thronkandidatur durch den Fürsten Karl Anton und den
Prinzen Leopold unterbrochenen Verhandlungen bringt er
wieder in Gang, da er mehr und mehr von ihrer Möglichkeit
überzeugt ist. Als die spanische Thronkandidatur des Prinzen
Leopold am 1. Juli 1870 bekannt wird, entwickelt Kaiser
Napoleon III. von Frankreich, der sich herausgefordert fühlt,
eine sich rasch steigernde politische Aktivität. Seine Auffas-
sung legt der französische Außenminister Antoine Herzog
von Gramont, der bis zum 15. Mai 1870 französischer Bot-
schafter in Wien gewesen ist, am 6. Juli vor der französischen
Nationalversammlung dar, wobei er ausführt:

Wir haben nicht aufgehört, der spanischen Nation unsere
Sympathien zu bezeigen und alles zu vermeiden, was den
Schein hätte haben können, als wollten wir uns irgendwie in
die inneren Angelegenheiten einer edlen und großen Nation
einmischen, die in voller Ausübung ihrer Souveränität ist. In
bezug auf die verschiedenen Kronprätendenten sind wir nicht
aus der strengsten Neutralität hinausgegangen und haben für
uns keinem derselben jemals weder Vorliebe noch Abneigung
bezeigt. Wir werden diese Haltung auch ferner beobachten,
aber wir glauben nicht, daß die Achtung vor den Rechten eines
Nachbarvolkes uns verpflichtet, zu dulden, daß eine fremde
Macht, indem sie einen ihrer Prinzen auf den Thron Karls V.
setzt, dadurch zu ihrem Vorteil das gegenwärtige Gleichgewicht der Mächte Europas derangieren (stürmischer Beifall)
und so die Interessen und die Ehre Frankreichs gefährden
könnte (neuer Beifallssturm). Wir hoffen, daß diese Eventualität sich nicht verwirklichen wird; wir rechnen dabei auf die
Weisheit des deutschen und die Freundschaft des spanischen
Volkes (Granier de Cassagnac: und auf unsere Entschlossen-

heit). Wenn es anders kommen sollte, so würden wir, stark durch Ihre Unterstützung, meine Herren, und durch die der Nation, unsere Pflicht ohne Zaudern und ohne Schwäche zu erfüllen haben.

Der begeisterte Beifall, mit dem die Mitglieder der Nationalversammlung die Erklärungen des Außenministers quittieren, gilt als Ausdruck der Bereitschaft zum Kriege, für den sich jetzt die französische Regierung der Unterstützung des Parlaments gewiß ist. Zunächst erstrebt sie einen diplomatischen Erfolg, weshalb sie den französischen Botschafter in Berlin, Vincent Graf von Benedetti, nach Bad Ems entsendet, wo sich König Wilhelm I. zur Kur aufhält. Obwohl das Fürstliche Haus Hohenzollern-Sigmaringen auf die Thronkandidatur verzichtet, wünscht Frankreich eine verbindliche Erklärung des preußischen Königs, in der dieser den ausgesprochenen Verzicht gutheißt und versichert, sich einer erneuten Kandidatur eines Angehörigen des Hauses Hohenzollern zu versagen. Botschafter Benedetti trägt diese Forderung König Wilhelm I. am Vormittag des 13. Juli auf der Kurpromenade vor. Der preußische König unterrichtet Bundeskanzler Bismarck über den Vorgang durch eine von dem in Bad Ems anwesenden Vortragenden Rat Heinrich Abeken aufgesetzte Depesche. Diese erreicht Bismarck bei einem Abendessen mit dem preußischen Kriegsminister, General Albrecht von Roon, und dem Chef des Großen Generalstabs, General Helmuth von Moltke. In ihrer Gegenwart gibt er dem Telegramm durch Streichungen eine Fassung, von der Moltke bemerkt:

So hat das einen andern Klang, vorher klang es wie Chamade [*Signal, wenn Belagerte zu unterhandeln bereit sind*], jetzt wie eine Fanfare in Antwort auf eine Herausforderung.

In der von ihm redigierten Form richtet Bismarck die aus Bad Ems erhaltene Depesche an die Missionen in Dresden, München, Stuttgart, Karlsruhe, Darmstadt, Hamburg und Weimar:

Nachdem die Nachrichten von der Entsagung des Erbprinzen von Hohenzollern der Kaiserlich Französischen Regierung

von der Königlich Spanischen amtlich mitgeteilt worden sind,
hat der französische Botschafter in Ems an Seine Majestät den
König noch die Forderung gestellt, ihn zu autorisieren, daß er
nach Paris telegrafiere, daß Seine Majestät der König sich für
alle Zukunft verpflichte, niemals wieder seine Zustimmung zu
geben, wenn die Hohenzollern auf ihre Kandidatur wieder
zurückkommen sollten. Seine Majestät der König hat es darauf abgelehnt, den französischen Botschafter nochmals zu
empfangen, und demselben durch den Adjutanten vom Dienst
sagen lassen, daß Seine Majestät dem Botschafter nichts weiter mitzuteilen habe.

Teilen Sie dies dort mit.

Die ursprüngliche Fassung von Heinrich Abeken lautet:

Seine Majestät der König schreibt mir:
»Graf Benedetti fing mich auf der Promenade ab, um auf
zuletzt sehr dringliche Art von mir zu verlangen, ich sollte
ihn autorisieren, sofort zu telegrafieren, daß ich für alle Zukunft mich verpflichtete, niemals wieder meine Zustimmung
zu geben, wenn die Hohenzollern auf ihre Kandidatur zu-
rückkämen. Ich wies ihn, zuletzt etwas ernst, zurück, da man
à tout jamais dergleichen Engagements nicht nehmen dürfe
noch könne. – Natürlich sagte ich ihm, daß ich noch nichts erhalten hätte, und, da er über Paris und Madrid früher benachrichtigt sei als ich, er wohl einsähe, daß mein Gouvernement
wiederum außer Spiel sei.«

Seine Majestät hat seitdem ein Schreiben des Fürsten bekommen. Da Seine Majestät dem Grafen Benedetti gesagt, daß
er Nachricht vom Fürsten erwarte, hat Allerhöchstderselbe
mit Rücksicht auf die obige Zumutung, auf des Grafen Eulenburg und meinen Vortrag beschlossen, den Grafen Benedetti
nicht mehr zu empfangen, sondern ihm nur durch einen Adjutanten sagen zu lassen: daß Seine Majestät jetzt vom Fürsten
die Bestätigung der Nachricht erhalten, die Benedetti aus
Paris schon gehabt, und dem Botschafter nichts weiter zu sagen habe.

Seine Majestät stellt Eurer Exzellenz anheim, ob nicht die
neue Forderung Benedettis und ihre Zurückweisung sogleich

sowohl unseren Gesandten als in der Presse mitgeteilt werden sollte?

In einer nur im Schluß veränderten Fassung gibt Bismarck die »Emser Depesche« auch an die Missionen in den europäischen Hauptstädten. In der Fassung für den preußischen Botschafter in Paris, Karl Freiherrn von Werther, setzt er hinzu:

Fügen Sie hinzu: Seine Majestät der Kaiser [*Napoleon III.*] wird ein Gefühl haben, daß Benedetti den König auf der Promenade wider dessen besseres Wissen provozierend angeredet, um obige Forderung stellen zu können.

Über die Wirkung und die Auswirkung der von ihm redigierten Fassung der »Emser Depesche« ist sich Bismarck durchaus im klaren, erklärt er doch seinen Gästen von Moltke und von Roon:

Wenn ich diesen Text, welcher keine Änderungen und keinen Zusatz des Telegramms enthält, sofort nicht nur an die Zeitungen, sondern auch telegrafisch an alle unsre Gesandtschaften mitteile, so wird er vor Mitternacht in Paris bekannt sein und dort nicht nur wegen des Inhalts, sondern auch wegen der Art der Verbreitung den Eindruck des roten Tuches auf den gallischen Stier machen. Schlagen müssen wir, wenn wir nicht die Rolle des Geschlagenen ohne Kampf auf uns nehmen wollen. Der Erfolg hängt aber doch wesentlich von den Eindrücken bei uns und andern ab, welche der Ursprung des Krieges hervorruft; es ist wichtig, daß wir die Angegriffenen seien, und die gallische Überhebung und Reizbarkeit wird uns dazu machen, wenn wir mit europäischer Öffentlichkeit, soweit es uns ohne das Sprachrohr des Reichstags möglich ist, verkünden, daß wir den öffentlichen Drohungen Frankreichs furchtlos entgegentreten.

Die beiden Tischgenossen Bismarcks geraten in lebhafte Erregung. Roon versichert zuversichtlich:

Der alte Gott lebt noch und wird uns nicht in Schande verkommen lassen.

*Der Chef des Großen Generalstabs schaut, wie Bismarck
berichtet, »mit freudigem Blick gegen die Zimmerdecke«,
schlägt sich mit der Hand vor die Brust und erklärt:*

Wenn ich das noch erlebe, in solchem Kriege unsre Heere zu
führen, so mag gleich nachher »die alte Karkasse« der Teufel
holen.

*Während in Berlin Bismarck, Roon und Moltke die zu er-
wartende Entwicklung diskutieren, erläutert König Wilhelm
I. in einem Brief an Königin Augusta die Absichten des vor-
mittäglichen Ereignisses:*

Die Benedettische Prätention von heute früh ist nicht allein
geblieben; Werther berichtet über seine erste Unterredung
mit Gramont und Ollivier, in der sie ipsissima verba gesagt
haben: Die Hohenzollern-Kandidatur-Beilegung´ sei überhaupt Nebensache, die Verheimlichung der Unterhandlungen
sei eine Verletzung des Kaisers und Frankreichs, also die
Hauptsache; diese müsse gutgemacht werden, und dies sei
durch ein Schreiben meinerseits an den Kaiser N[*apoleon*] zu
erreichen, in welchem ich aussprächte, daß ich nicht die Absicht
gehabt, den Kaiser und Frankreich zu beleidigen; dies Schreiben könne publik werden und in der Kammer als Verteidigung Preußens paradieren!
Hat man je eine solche Insolenz gesehen? Ich soll also als
reuiger Sünder vor der Welt auftreten in einer Sache, die ich
gar nicht angeregt, geführt und geleitet habe, sondern Prim,
und den läßt man ganz aus dem Spiele! Leider hat Werther
nicht sofort nach solcher Zumutung das Zimmer verlassen und
seine Interlokuteurs an den Minister Bismarck verwiesen. Ja,
sie sind so weit gegangen, zu sagen, sie würden Benedetti mit
der Sache beauftragen! Der wollte heute abend abreisen;
nachdem ich durch Anton hatte sagen lassen, daß ich ihm eine
zweite Unterredung in der bereits heute früh definitiv abge-
lehnten Sache nicht erteilen könne, zu der er per Telegramm
nochmals angewiesen worden war, hat er sich unerwartet
rasch gefügt, was berechtigt anzunehmen, daß er die neue
Forderung bereits erhalten hat!!

*Die von Bismarck redigierte »Emser Depesche« hat die
erwartete Wirkung. Frankreich gerät am 14. Juli in den Zustand sich steigernder Erregung, denn es fühlt sich brüskiert
und provoziert. Unter dem Eindruck dieser Reaktion bricht
Wilhelm I. seine Kur ab, wie er Königin Augusta mitteilt:*

Die Zumutungen Frankreichs haben die Minister den übrigen Gesandten in Paris bereits mitgeteilt, und ist alles also
publik. Dabei erklärt Gramont, er sei noch immer ohne Nachricht der hiesigen Verhandlungen, wo gar keine gepflogen
werden, denn die Gespräche mit Benedetti sind doch keine
Verhandlungen. Gladstone und sein auswärtiger Kollege haben auf Lyons' Anmeldung der französischen Prätentionen
gegen mich sehr scharf repliziert und erklärt, Frankreich könne auf England nicht rechnen, wenn es sich nicht mit der
Resignation des Hohenzollern zufrieden erkläre.

Die Aufregung hier und in Süddeutschland wächst so, daß
wir eine Frage in Paris stellen müssen und die Negoziation
in Berlin anweisen und nicht die Promenadeunterhaltungen
mit Benedetti fortsetzen können, und werde ich deshalb meine
Kur abbrechen und morgen früh nach Berlin abgehen, da
meine Anwesenheit im Zentrum durchaus nötig ist. Vielleicht
läßt sich noch eine Vermittlung auffinden, aber nur eine, die
nicht meine persönliche und die Ehre der Nation tangiert. Es
ist genau die Repetition von 1865 bis 1866; avilir et après
démolir [*zuerst erniedrigen und dann zerstören*]!

*Am gleichen Tage, dem 14. Juli, schildert der Legations-
sekretär an der Bayerischen Gesandtschaft in Berlin, Rudolf
Freiherr von Tautphoeus, dem Vorsitzenden im Bayerischen
Ministerrat und Staatsminister des Königlichen Hauses und
des Äußern, Otto Graf von Bray-Steinburg, die Lage in
Berlin:*

Es gelang mir, Herrn [*Staatssekretär Hermann*] von Thile
heute auf dem Wege in den Ministerrat einige Augenblicke
auf der Straße festzuhalten, und teilte mir derselbe mit, daß
der König heute abend, spätestens morgen früh zurückerwar-
tet werde, dann dürfte die Mobilisierungsordre sofort gegeben

werden und sei die Einberufung des Reichstags auf nächsten Montag oder Dienstag in Aussicht genommen.

Den Krieg selbst hält man hier in allen eingeweihten Kreisen für unausbleiblich und herrscht hierüber eine seltsame Freude nicht bloß in den von Siegeszuversicht erfüllten Offizierskreisen, sondern auch im Auswärtigen Amte, insbesondere soll Graf Bismarck, wie Herr von Thile selbst mir andeutete, »sich ganz in seinem Element« fühlen. Die französische Botschaft ist ohne alle Nachrichten. Bezüglich der Vorgänge in Ems erzählte mir Herr von Thile, Graf Benedetti habe den König auf der Promenade unaufgefordert angesprochen und um eine definitive Antwort ersucht. Der König habe ihm keine Antwort gegeben, und als dann Benedetti später eine Audienz verlangte, habe ihm der König die bereits telegrafisch gemeldete Mitteilung durch den Adjutanten machen lassen.

Frankreich reagiert, wie Bismarck erwartet hat. Am 15. Juli erklärt der französische Ministerpräsident Émile Ollivier in der Nationalversammlung:

Wir haben nichts versäumt, um einen Krieg zu vermeiden; wir werden uns jetzt rüsten, den Krieg auszuhalten, den man uns anbietet, indem wir einem jeden den auf ihn fallenden Teil der Verantwortung lassen. Gleich gestern haben wir unsere Reserven einberufen, und mit ihrem Beistande werden wir sofort die nötigen Maßregeln, um die Interessen, die Sicherheit und die Ehre Frankreichs zu wahren, ergreifen.

Durch Frankreich und durch das außerösterreichische Deutschland geht eine Welle nationaler Begeisterung – der Krieg wird vorbehaltlos bejaht. Auf seiner Rückreise von Bad Ems nach Berlin ist König Wilhelm I. Gegenstand leidenschaftlicher Ovationen, worüber er der nicht in Berlin weilenden Königin Augusta berichtet:

Meine Reise also glich in und von Ems bis hier einem Triumphzuge, ich habe so etwas nicht geahnt, nicht für möglich gehalten. Alle Bahnhöfe überfüllt, auch die, wo nicht gehalten wurde; in Kassel eine Adresse des Magistrats, in Göttingen die ganze Universitätsjugend; von Braunschweig hatte ein Extrazug Hunderte von Menschen nach meiner Station gebracht; in Magdeburg waren alle Wagen und Transportwagen mit Menschen besetzt; in Potsdam der Perron Kopf an Kopf, und nun hier! Eine solche Masse Menschen und Wagen alle aufgefahren nebeneinander vom Bahnhof, Anhaltstraße, Königgrätzer Straße bis zum Brandenburger Tor und Unter den Linden auf der anderen Seite, alle Fenster voller Menschen, Illumination und an dem Palais unabsehbar Menschen, denen ich mehrere Male am Fenster und unter der Veranda [mich] zeigen mußte, und noch diesen Moment, ¹/₂11 Uhr, dauert das Singen und Schreien fort!! Mich erfüllt eine komplette Angst bei diesem Enthusiasmus, denn was für Chancen bietet nicht der Krieg, wo all dieser Jubel oft verstummen könnte und – müßte! – In Brandenburg kamen mir Fritz, Bismarck, Roon und Moltke entgegen! Wir besprachen die ganze Lage, und ich setzte für morgen ein Konseil an, nicht ahnend, was mir bei der Ankunft bevorstand! Vom Feldmarschall, Generalen, Magistrat wurde ich empfangen und trat mit ihnen in das Zimmer, diese Personen zu begrüßen, als Bismarck ein Telegramm öffnete – die Kriegserklärung stand im Wolffschen Telegramm, worauf Thile eines vorlas, das die vollständigen Details bereits enthielt!

Denke Dir meinen Eindruck, solche Nachricht beim ersten Schritt in die Residenz! Natürlich war der erste Gedanke, sofort mit der Mobilmachung der ganzen Armee zu antworten, was sofort besprochen und befohlen wurde!! Und jetzt sind die Befehlstelegramme schon nach allen Seiten fort!

Als Siebzehnjähriger erlebt der Schriftsteller Hanns von Zobeltitz die Rückkehr des Königs nach Berlin. In seinen Erinnerungen »Im Knödelländchen und anderswo« erzählt er:

Ich war am Abend der Rückkehr unseres Königs aus Ems Unter den Linden. Wie das wogte! In atemloser Erwartung zuerst, dann, als der greise Herr im offenen Wagen durch die Menschenmassen fuhr, in brausendem Jubel! Wie Fremde sich umarmten, sich Brüder nannten! Wie in all dem kein überlautes Sichbrüsten, kein Pochen auf den erhofften Sieg war, nur eine feste und getreue Zuversicht: nun steht ganz Deutschland zusammen und läßt die Schmach, die man uns in unserem König angetan, nicht auf dem Vaterlande sitzen! Die Stimmung jenes Abends hab ich im Einleitungskapitel meines Romans »Sieg« widerzuspiegeln versucht. Man hat mir oft gesagt, es wäre mir gut gelungen. Ich weiß es besser. Es gibt historische Ereignisse, denen gegenüber jede Kunst versagt.

Ich mußte mit! Ich fieberte!

Von meinen Eltern hatte ich keinen Einspruch zu erwarten. Sie waren viel zu leidenschaftliche Patrioten, als daß sie meinen Wunsch, mein Fordern nicht als selbstverständlich empfunden hätten. Mutter weinte wohl eine Träne, aber sie sagte gleich: »Geh – geh mit Gott!« Vater war bereit, die nötigen Schritte zu tun.

Er war, wie 1866, so auch diesmal sofort wieder eingetreten und hatte eine Kompanie beim Ersatzbataillon des Garde-Füsilierregiments, meinen lieben »Maikäfern«, wie die Berliner sie nennen, erhalten. Es war das Nächstliegendste, daß er mich dort anzubringen suchte. Aber gleich kamen die Schwierigkeiten. Ich war ein lang aufgeschossener Junge mit durch keinen Sport gestählten kümmerlichen Muskeln. Der Regimentsarzt zuckte die Achseln: viel zu schwächlich! Auf dem glatten Wege ging es also nicht. Schließlich wurde ich dennoch als Kriegsfreiwilliger eingestellt und zog selig berauscht die Uniform an, die gleiche, welche ich heute noch durch die Gnade des Allerhöchsten Kriegsherrn tragen darf.

Preußen fordert die süddeutschen Staaten auf, angesichts der Haltung Frankreichs den in den nach dem Krieg von 1866 mit ihnen abgeschlossenen Allianzverträgen vorgesehenen Bündnisfall als gegeben zu betrachten. Interessiert schaut die Öffentlichkeit nach Bayern. Die Vorgänge am Hof des jungen Königs Ludwig II. am 15. und 16. Juli 1870 hat der Kabinettsekretär Eisenhart aufgezeichnet:

Als in den Julitagen 1870 die Ereignisse in Ems zur bekannten Katastrophe führten, befand sich der König, dessen Hoflager damals in Schloß Berg am Würmsee war, auf einem mehrtägigen Gebirgsausfluge, von dem er am 15. abends gegen 10 Uhr heimkehrte. Alsbald nach der Ankunft wurde der

Kabinettsekretär Eisenhart zum Vortrag beschieden, welcher
an der Hand der eingelaufenen Berichte, Depeschen, Telegramme und Zeitungsnotizen einen ausführlichen – durch Fragen oder Bemerkungen Sr. Majestät öfters unterbrochenen –
Vortrag erstattete. Der König erfaßte, vermöge seiner raschen
Auffassungsgabe, sofort in richtiger Weise die Sachlage,
drückte indes wiederholt den dringenden Wunsch nach fried-
licher Beilegung des Konfliktes aus, ohne jedoch den Zweifeln
des Kabinettsekretärs an der Erfüllung des königlichen Wunsches entgegenzutreten. In gewohnter Weise im Zimmer auf
und ab gehend, sprach er nun in ausführlicher Weise über den
casus foederis [*Bündnisfall*], dessen Gegebensein im Kriegs-
fall und über die möglichen Folgen, welche aus einem deutsch-
französischen Kriege für Bayern erwachsen. Als der Sekretär
die hohe Dringlichkeit der Sache hervorhob und weiter meldete, daß nach einer Abenddepesche Graf Berchem mit dem
morgigen Frühzuge einen Antrag des Staatsministers Grafen
Bray überbringen werde, erklärte der Monarch, seine Entscheidung bis nach Eintreffen jenes Antrages aufschieben zu
wollen, und verabschiedete den Ministerialrat. Als dieser das
Schloß verließ, begann allmählich der Morgen zu grauen, und
lichte Wolken lagen über dem schweigsamen See. Mit dem
Frühzug des 16. traf Graf Berchem ein. Er überbrachte das
motivierte Gesuch Brays, mit dem Kriegsminister Freiherrn
v. Pranckh heute noch zum persönlichen Vortrag zugelassen
zu werden. Graf Berchem teilte noch mit, daß in der Stadt
große Aufregung herrsche, daß man von seiten der ultramontanen Kammermehrheit eine bedenkliche Verschleppung be-
fürchte und daß der Kriegsminister mit Ungeduld der königlichen Entscheidung entgegensehe. Auftragsgemäß wurde S.
Majestät geweckt und Höchstdemselben Brays Antrag überreicht. Als der Sekretär abermals den Wert rascher Entscheidung und die Kostbarkeit der einzelnen Stunde geltend machte, entstand eine längere Pause. Der König richtete sich im
Bette auf, mit den Worten: »Mein Entschluß ist gefaßt, bis
dat qui cito dat« [*wer schnell gibt, gibt doppelt*], wies hierauf
den Sekretär an, den Mobilmachungsbefehl zu entwerfen und
die beiden Minister zum Nachmittagsvortrag zu berufen. Die

sofort gefertigten Konzepte wurden nun vom Könige mit
kräftiger Hand unterzeichnet, und wenige Minuten später
befand sich durch den Telegraf der chiffrierte Königsbefehl in
den Händen des Kriegsministers, welcher in umsichtiger Weise die nötigen Vorkehrungen getroffen hatte. Am Nachmitta-
ge desselben Tages fuhren Graf Bray und Freiherr v. Pranckh
in Hofequipagen von Starnberg nach Schloß Berg zum Vortrag, der bis in den späten Abend währte.

*Die amtliche bayerische »Korrespondenz Hoffmann« unter-
richtet die Öffentlichkeit:*

16. Juli 1870. Der Befehl zur Mobilisierung der Armee ist
soeben ergangen. Seine Majestät [*König Ludwig II.*] hat den
Bündnisfall für gegeben erachtet, Bayern wird mit Preußen
gegen Frankreich in den Kampf ziehen.

*Die Sympathien der Weltöffentlichkeit gehören Preußen,
das in ihren Augen herausgefordert und angegriffen ist. Am
16. Juli schreibt die Londoner Zeitung »The Times«:*

Das größte nationale Verbrechen, das seit dem ersten französischen Kaiserreich geschehen, ist nun vollzogen. Ein unge-
rechter, absichtlich angelegter Krieg ist erklärt – das letzte
Ergebnis des persönlichen Regiments ... Über das eine kann
gegenwärtig kein Zweifel herrschen, daß aller Welt Sympathien sich jetzt dem angegriffenen Preußen zuwenden. Napoleon hat sich zu einer unpolitischen und verbrecherischen Tat
hinreißen lassen, die Gedanken des Ersten Kaiserreichs scheinen der Fluch des Zweiten werden zu wollen. Wehe dem Kaiser, wenn seine Soldaten eine Schlappe oder gar eine Niederlage erleiden sollten. Er kann nur als Eroberer heimkehren,
und zwar als Eroberer in dem Maße, als sein Oheim [*Napoleon I.*] von [*der Schlacht von*] Austerlitz [*1805*] oder [*von
der Schlacht von*] Wagram [*1809*] heimgekehrt war. Doch
ist es sehr fraglich, ob Preußen durch ein Solferino [*Schlacht
von Solferino 1859*] so leicht wie Österreich abgetan sein
würde. Selbst wenn Preußen vollständig besiegt werden sollte, dürfte sich zeigen, daß hinter ihm Truppen in zweiter
Linie aufgestellt sind.

Die militärische Entwicklung des bevorstehenden Krieges wird in Berlin zunächst zurückhaltend beurteilt. Der bayerische Gesandte, Maximilian Freiherr Pergler von Perglas, meldet am 17. Juli König Ludwig II. von Bayern:

Von Augenzeugen höre ich, daß die Begeisterung in Berlin für den König bei seiner Rückkehr vorgestern abend, überhaupt bei seiner Reise an allen Orten eine außerordentliche, unbeschreibliche und rührende gewesen sei. Bei Umarmung des Kronprinzen vergoß der König Tränen. Alles drängte sich an den König, um ihm die Hand zu küssen, was er diesmal gewähren lassen mußte. Nun ist man hier in den eiligsten und eifrigsten Kriegsrüstungen, beklagt aber an offizieller Stelle, daß die Mobilisierung der Armee nicht schon einige Tage früher angeordnet wurde. Herr von Thile bemerkte mir, man müsse sich gefaßt machen, daß Frankreich anfänglich Vorteile erringen werde; Moltke würde nur mit Maßen vorgehen und einzelne Armeekorps vorerst nicht operieren lassen.

Die Entscheidung für den Krieg drängt die Erinnerung an seine auslösende Ursache in den Hintergrund – eine Tatsache, auf die Ludwig Bamberger in seinen Aufsätzen »Material zur Völkerpsychologie« nachdrücklich verweist. Der Politiker und Publizist, 1848 als Redakteur der radikalen »Mainzer Zeitung« an der Revolution und 1849 als Freischärler am Pfälzer Aufstand beteiligt, kehrt nach seiner Verurteilung und Flucht erst 1866 nach Deutschland zurück. Zu Bismarck tritt er in enge Beziehung. Seine Aufsätze werden in der in Augsburg erscheinenden »Allgemeinen Zeitung« veröffentlicht:

Gleich in erster Minute der Geburt kam dieser Krieg als Lüge zur Welt. Einer so aberwitzigen Erfindung entsprang er, daß diese vermöge ihrer Abgeschmacktheit sofort in Vergessenheit geriet.

Wer denkt heute noch an Hohenzollerns Anspruch auf die spanische Krone? Das Gedächtnis weigerte sich, solch einen schlechten Reim festzuhalten. Man muß sich besinnen, um wieder damit anzufangen.

Nur noch als propagandistische Rechtfertigung wird die auslösende Ursache des Krieges, die spanische Thronkandidatur, erwähnt. Da sich auch nach Beendigung des Krieges 1870/ 71 vor allem in der deutschen Öffentlichkeit die von Bismarck vertretene Ansicht darüber behauptet, sieht sich Fürst Karl Anton von Hohenzollern-Sigmaringen veranlaßt, in einem Promemoria vom 3. April 1872 dem Chefredakteur der »Kölnischen Zeitung« zu versichern:

Wenn aber ein so hochbedeutendes Organ wie Ihre vortreffliche Zeitung sich dadurch konsequent zu erzeigen bemüht ist, daß es bis heute den damals eingenommenen Standpunkt des Tief-eingeweiht-Seins noch festhält, so muß ich doch endlich der Wahrheit die Ehre geben und Ihnen im Vertrauen auf Ihre historische Wahrheitsliebe offen bekennen, daß weder ich noch mein Sohn, der Erbprinz Leopold, die spanische Frage provoziert, sondern daß die preußische Staatsregierung, d. h. der damalige Graf Bismarck, dieselbe im eigentlichen Sinne des Wortes gemacht!

Die Überzeugung, daß es sich nicht um die Entscheidung über die spanische Thronkandidatur, sondern um eine machtpolitische Auseinandersetzung handelt, setzt sich indessen bei den Politikern und Staatsmännern allgemein durch. In der Bayerischen Kammer der Abgeordneten gibt am 18. Juli Staatsminister Otto Graf von Bray-Steinburg eine Übersicht über die Entwicklung der letzten Tage. Unter Hinweis auf die von der französischen Regierung am 15. Juli ergriffenen Maßnahmen erklärt er:

Von hier ab ändert sich die Natur der Frage. Die spanische Kandidatur verschwindet, die deutsche Frage beginnt.

Alle Berufsgruppen nehmen zu dem beginnenden Krieg Stellung. In Augsburg verabschiedet am 18. Juli eine allgemeine Arbeiterversammlung eine Resolution, die die Ansichten der politisch engagierten Arbeiter unmißverständlich zum Ausdruck bringt:

Der gegenwärtige Krieg, weil nicht durch Interessen des Volkes, des deutschen sowie des französischen, bedingt, ist verdammenswert vom Standpunkte des fühlenden Menschen, des Sozialisten, des Republikaners.

Da aber eine rein verneinende Haltung der vorliegenden Frage gegenüber in gegenwärtiger Zeit nicht denkbar, so erklärt die heutige Arbeiterversammlung weiter wie folgt:

Deutsche, angegriffen durch den Mörder aller Volksfreiheiten, durch den Dezembermann Louis-Napoleon, haben die Pflicht, mit allen ihren Kräften für die Verteidigung des heimatlichen Bodens einzustehen.

Der Kampf gegen die ebenfalls freiheitsmörderischen Gelüste Bismarcks und des Preußenkönigs ist dadurch nicht aufgegeben; in erster Linie für den Deutschen steht aber, sich den fremden Tyrannen vom Halse zu halten.

Möge die Sonne der Freiheit aus der Niederlage des Henkers der Freiheit Frankreichs hervorleuchten!

Während die Weltöffentlichkeit mit wachsender Spannung die Entwicklung der Beziehungen zwischen Frankreich einerseits und Preußen und seinen Verbündeten andererseits beobachtet, findet in Rom, in der Hauptstadt des in den vorausgegangenen Kriegen zusammengeschmolzenen Kirchenstaates, am 18. Juli die Abstimmung über die lehramtliche Unfehlbarkeit des Papstes in Glaubens- und Sittensachen statt, das zentrale Thema des I. Vatikanischen Konzils, das seit dem 8. Dezember 1869 tagt. Der Korrespondent der Londoner »Times«, Thomas Mozley, berichtet:

Der Sturm, der den ganzen Morgen schon drohte, brach nun mit äußerster Heftigkeit los, und er dürfte vielen abergläubischen Gemütern die Idee beigebracht haben, daß er ein Ausdruck göttlichen Zornes sei, wie er »zweifellos von vielen Leuten aufgefaßt werden wird«, so sagte ein Offizier der Palastwache. Und so kämpften sich die »placets« der Väter durch den Sturm, während der Donner darüberhin krachte und der Blitz bei jedem Fenster hereinzuckte durch den ganzen Dom und jede kleine Kuppel, die Aufmerksamkeit der Menge teilend, wenn nicht völlig absorbierend. »Placet«, schrie Seine Eminenz oder Seine Gnaden, und ein lauter Donnerschlag folgte als Antwort, und dann flackerte der Blitz um den Baldachin und jeden Teil der Kirche und der Konzilshalle, als wollte er die Antwort weitertragen. So ging es fast eine Stunde und eine halbe fort, während welcher Zeit die Namenrolle ausgerufen wurde, und nie habe ich eine eindrucksvollere Szene geschaut. Wären alle Dekorateure und alle Aufmacher für Zeremonien in Rom in Dienst genommen worden, nichts, was an den feierlichen Glanz dieses Gewitters heranreichte, hätte vorbereitet werden können, und niemals werden die, welche es sahen und erlebten, die Verkündigung der Konstitution über die Kirche vergessen.

Der Sturm war auf seiner Höhe, als das Ergebnis der Abstimmung dem Papst überbracht wurde, und die Finsternis war so dick, daß ein riesiger Leuchter gebracht und an seiner Seite aufgestellt werden mußte, als er die Worte verlas: »Nosque, sacro approbante Concilio, illa, ut lecta sunt, definimus et apostolica auctoritate confirmamus [*Und wir definieren und bestätigen mit apostolischer Autorität unter Zustimmung des heiligen Konzils die Beschlüsse, so wie sie vorgelesen worden sind*].« Und wieder ging der Blitz zickzack durch die Halle, und der Donner rollte. Das Tedeum und der Segen folgten; die ganze Menge fiel auf ihre Knie, und der Papst segnete sie mit dem klaren, süßen Laut seiner Stimme, der unter tausenden unterscheidbar ist.

Mit tiefer Besorgnis haben vor allem zwei Männer, der in Tegernsee wohnende britische Historiker Lord John Emerich Edward Dalberg-Acton und der Münchner Theologe Ignaz von Döllinger, dieser Entscheidung entgegengesehen. Aber auch die politische Lage Europas beschäftigt sie. In seinem Brief an Döllinger vom 18. Juli bezweifelt Acton die Richtigkeit der Meldung von der von Frankreich verlangten Abbitte, meint jedoch fortfahrend:

Auch ohnedies ist die Haltung Frankreichs doch übermütig und gewissenlos. Es scheint, sie [*die Franzosen*] haben gegen die spanische Kandidatur eine solche nationale Erregung hervorgerufen, daß sie durch das Verschwinden der Ursache nicht gelegt wurde, und so glauben sie, den günstigen Augenblick ergreifen zu müssen.

Das allgemeine Interesse gilt der Frage der amtlichen Kriegserklärung. Da die bescheidenen diplomatischen Vermittlungsversuche erfolglos sind, übergibt der Geschäftsträger Frankreichs in Berlin, Le Sourd, am 19. Juli dem preußischen Minister Bismarck die Kriegserklärung:

Die Regierung Seiner Majestät des Kaisers der Franzosen, indem sie den Plan, einen preußischen Prinzen auf den Thron von Spanien zu erheben, nur als ein gegen die territoriale Sicherheit Frankreichs gerichtetes Unternehmen betrachten kann, hat sich in die Notwendigkeit versetzt gefunden, von Seiner Majestät dem Könige von Preußen die Versicherung zu verlangen, daß eine solche Kombination sich nicht mit seiner Zustimmung verwirklichen könnte.

Da Seine Majestät der König von Preußen sich geweigert, diese Zusicherung zu erteilen, und im Gegenteile dem Botschafter Seiner Majestät des Kaisers der Franzosen bezeugt hat, daß er sich für diese Eventualität wie für jede andere die Möglichkeit vorzubehalten gedenke, die Umstände zu Rate zu ziehen, so hat die kaiserliche Regierung in dieser Erklärung des Königs einen Frankreich ebenso wie das allgemeine Gleichgewicht der Kräfte in Europa bedrohenden Hintergedanken erblicken müssen.

Diese Erklärung ist noch verschlimmert worden durch die den Kabinetten zugegangene Anzeige von der Weigerung, den Botschafter des Kaisers zu empfangen und auf irgendeine neue Auseinandersetzung mit ihm einzugehen.

Infolgedessen hat die Regierung Seiner kaiserlichen Majestät die Verpflichtung zu haben geglaubt, unverzüglich für die Verteidigung ihrer Ehre und ihrer verletzten Interessen zu sorgen, und entschlossen, zu diesem Endzweck alle durch die ihr geschaffene Lage gebotenen Maßregeln zu ergreifen, betrachtet sie sich von jetzt an als im Kriegszustande mit Preußen.

Unmittelbar nach der Entgegennahme dieses Schriftstücks begibt sich Bismarck in den Reichstag des Norddeutschen Bundes, wo er die französische Kriegserklärung bekanntgibt. Der Abgeordnete Dr. Blum schildert die Szene:

Präsident Simson verweilte noch bei den geschäftlichen Mitteilungen [...], als Bismarck eintrat, mit jugendlicher Raschheit, hoch aufgerichtet; aus den Augen leuchtete ihm stolze Freude.

Kaum war er an seinem Sitze angelangt, so verlangte er das Wort. Unter lautloser Stille begann er den einzigen Satz: »Ich teile dem Hohen Hause mit, daß mir der französische Geschäftsträger heute die Kriegserklärung Frankreichs überreicht hat.«

Aber sowie das Wort Kriegserklärung ausgesprochen war, verschlang hundertstimmiger begeisterter, unbeschreiblicher Jubel jedes weitere Wort. Beifall, Händeklatschen, Hurraruf erbrauste minutenlang und immer von neuem wieder im Saale und von den Galerien. Dabei hatten sich alle mit einem Male von den Sitzen erhoben. In der Diplomatenloge droben hielt sich der ehrwürdige Bancroft ein Tuch vor die feuchten Augen und vor die edlen Züge, so daß nur sein weißes Haar zu sehen war. Der Geschichtsschreiber der Vereinigten Staaten mochte in dieser Stunde jenes Tages gedenken, da sein eigenes Vaterland die letzte Entscheidung faßte, in einem Kampfe um alles seine Freiheit und Unabhängigkeit zu begründen. Endlich trat wieder lautlose Stille ein, weil man Bismarck reden lassen wollte. Aber er sprach abermals nur einen einzigen Satz:

»Nach den Worten, die S. M. soeben an den Reichstag gerichtet hat, füge ich der Mitteilung dieser Tatsache nichts weiter hinzu.« Und begeistertes Bravo auf allen Seiten folgte diesen schlichten Worten.

In der Hoffnung, als Kriegsberichterstatter ins Hauptquartier der preußischen Armee zugelassen zu werden, reist der Wiener Journalist Heinrich Pollak nach Berlin, wo er den Kriegsausbruch erlebt. Wehmütig vergleicht er die Haltung der Bevölkerung Österreichs bei Ausbruch des Krieges 1859 und 1866 mit der Einstellung der Einwohner Berlins im Sommer 1870:

Wie ganz anders war da die Stimmung in der Armee und selbst in der Bevölkerung! Die Begeisterung für den Krieg hatte fast alle in gleichem Maße erfaßt – die Berufssoldaten so gut wie ihre Angehörigen. In zahlreichen Volksversammlungen wurde diese Begeisterung noch bestärkt und erhöht. Die Journale, gleichviel welcher Parteischattierung sie angehörten, überboten sich in der Aneiferung für den Krieg. In zahlreichen Artikeln wurde immer und immer wieder darauf hingewiesen, wie, um des Friedens willen, die preußische Regierung sich in einer Weise entgegenkommend erwiesen hätte, die ihr schon als Schwäche hätte ausgelegt werden können. Es wurde allenthalben eine Erbitterung gegen Frankreich, gegen Napoleon und seine Räte erzeugt und genährt durch eine Unmasse von Flugschriften, die in den Straßen unter lauten Rufen feilgeboten wurden.

In den Schaufenstern sah man die militärischen und zivilen Staatswürdenträger Frankreichs in den absonderlichsten Abbildungen. Alle Witzblätter bemächtigten sich der Tagesfrage. In Wort und Bild wurden die »sansculottes« verhöhnt, in ernsten und heiteren Poemen die Gefühle und Empfindungen der Patrioten angeregt und angeeifert. Der Witz, die Satire, der Humor und die Ironie wurden in den Dienst der guten Sache gestellt. Die Truppen, welche die Stadt durchzogen, wurden mit Jubel begrüßt, und vor dem königlichen Palais standen Hunderte von Leuten, die ihre Blicke auf das historisch berühmt gewordene Fenster des königlichen Arbeitszimmers richteten und in hellen Jubel ausbrachen, wenn sich der greise Monarch zeigte oder auch nur ein Schatten seine Anwesenheit verriet. Nichts deutete auf den Ernst der Situation hin, auf die Gefahren, die ein Krieg nach sich zieht. Als wäre er schon zu Ende, als wäre der Feldzug siegreich überstanden, so herrschte allenthalben die Begeisterung vor, die sich aller Schichten der Gesellschaft in fast gleicher Weise bemächtigt hatte.

Allen Beobachtern drängen sich Vergleiche mit der Situation im Frühjahr 1866 auf. Der Schriftsteller Gustav Freytag schreibt am 20. Juli an Generalleutnant Albrecht von Stosch:

In dieser Zeit, wo das Privatleben ganz aufgeht in einem großen Gedanken, ist mir immer wieder auffallend der Unterschied in der Stimmung gegen 1866, den man an anderen und sich selbst bemerkt. Bei aller Bewegung doch weit ruhiger, heiterer, männlicher. Jeder weiß, daß der Kampf wahrscheinlich ungeheurer wird als der frühere, daß es ein schlauer, starker, energischer Feind ist, daß der Sieg teurer erkauft werden muß. Und doch überall Vertrauen. Das tut doch im Grunde Ihre Arbeit, die der Leiter des Krieges von 1866. Unser Volk ist ein schönes und gutes Volk. Das ist deutsches Gemüt.

Die Nachricht von der wie erwartet erfolgten Kriegserklärung Frankreichs an Preußen und damit auch an dessen Verbündete löst in Deutschland eine nationale Hochstimmung aus, der sich nur wenige Zeitgenossen entziehen. Der seit 1869 an der Universität Basel lehrende Philosoph Friedrich Nietzsche schreibt am gleichen Tage an den mit ihm befreundeten Altphilologen Erwin Rohde:

Hier ein furchtbarer Donnerschlag: der französisch-deutsche Krieg ist erklärt, und unsre ganze fadenscheinige Kultur stürzt dem entsetzlichsten Dämon an die Brust. Was werden wir erleben! Freund, liebster Freund, wir sahen uns noch einmal in der Abendröte des Friedens. Wie danke ich Dir! Wird Dir das Dasein jetzt unerträglich, so komme wieder zu mir zurück. Was sind alle unsre Ziele!

Wir können bereits am Anfang vom Ende sein! Welche Wüstenei! Wir werden wieder Klöster brauchen. Und wir werden die ersten Fratres sein.

Der Schweizer Kulturhistoriker Jacob Burckhardt fragt in einem Brief nach den eigentlichen Gründen der beginnenden militärischen Auseinandersetzungen. In seinem Brief an den Juristen Friedrich von Preen vom 20. Juli versichert er:

Und dann will mir scheinen, daß dieser Krieg, weit entfernt, einzelnen Verdrüssen zu entstammen, recht eigentlich in den Tiefen der Völkernaturen (welche nur eine höhere Potenz der Menschenrechte sind) seine Wurzel, Berechtigung und Unvermeidlichkeit hat.

Die Frage nach den eigentlichen Ursachen des Krieges beschäftigt in den Tagen der Mobilmachung zahlreiche Zeitgenossen. Unmißverständlich bringen sie zum Ausdruck, daß

*die Auseinandersetzung über die spanische Thronkandidatur
nur die auslösende Ursache, nicht aber der eigentliche Grund
des Krieges ist. Dieser Ansicht ist auch Napoleon III., der in
seiner Proklamation an das französische Volk vom 23. Juli
über die Veranlassungen und die Ziele des bevorstehenden
Krieges erklärt:*

Jetzt hat ein letzter Zwischenfall die Unbeständigkeit der
internationalen Beziehungen enthüllt und den ganzen Ernst
der Lage gezeigt. Gegenüber den neuen Anmaßungen Preußens haben wir unsere Verwahrung ausgesprochen. Man ist
uns ausgewichen und hat Schritte getan, die von Mißachtung
zeugen. Unser Land ist darüber von einer tiefen Erregung
ergriffen worden, und alsbald hallte der Kriegsruf wider von
einer Grenze Frankreichs zur andern. Es bleibt uns nur übrig,
unsere Geschicke der Entscheidung der Waffen anheimzuge-
ben.

Wir führen nicht Krieg gegen Deutschland, dessen Unabhängigkeit wir achten. Wir tun das Gelübde, daß die Völker,
aus denen sich die große germanische Nation zusammensetzt,
frei über ihre Geschicke bestimmen sollen. Wir für uns nehmen
in Anspruch, einen Stand der Dinge herzustellen, welcher
unsere Sicherheit gewährleistet und für die Zukunft bürgt.
Wir wollen einen dauerhaften Frieden erstreiten, begründet
auf den wahren Interessen der Völker, und wollen dem ungewissen Zustand ein Ende machen, daß alle Nationen ihre
Hilfsquellen dazu aufbieten, um sich gegeneinander zu be-
waffnen.

Die glorreiche Fahne, welche wir noch einmal denen gegenüber entfalten, die uns herausfordern, ist dieselbe, welche
durch ganz Europa die zivilisatorischen Ideen unserer großen
Revolution trug; sie repräsentiert dieselben Prinzipien, sie
wird dieselben Gefühle der Hingebung einflößen.

*In London veröffentlicht am 23. Juli der Generalrat der
Internationalen Arbeiterassoziation seine erste, von Karl Marx
verfaßte Adresse über den deutsch-französischen Krieg, die
sowohl auf seine Ursachen als auch auf seine Mächtegruppierung eingeht:*

Von deutscher Seite ist der Krieg ein Verteidigungskrieg. Aber wer brachte Deutschland in den Zwang, sich verteidigen zu müssen? Wer ermöglichte Louis Bonaparte, den Krieg gegen Deutschland zu führen? Preußen! Bismarck war es, der mit demselben Louis Bonaparte konspirierte, um eine volkstümliche Opposition zu Hause niederzuschlagen und Deutschland an die Hohenzollerndynastie zu annektieren. Wäre die Schlacht bei Sadowa verloren worden anstatt gewonnen, französische Bataillone hätten Deutschland überschwemmt als Verbündete Preußens. Hat Preußen nach dem Siege auch nur für einen Augenblick geträumt, dem versklavten Frankreich ein freies Deutschland gegenüberzustellen? Gerade das Gegenteil! Es hielt ängstlich die angeborenen Schönheiten seines alten Systems aufrecht und fügte obendrein alle Kniffe des Zweiten Kaiserreiches hinzu, seinen wirklichen Despotismus und seine Scheindemokratie, seine politischen Blendwerke und seine finanziellen Schwindeleien, seine hochtrabenden Phrasen und seine gemeinen Taschenspielerkünste. Das bonapartistische Regime, das bisher nur auf einer Seite des Rheins blühte, hatte damit auf der anderen sein Gegenstück erhalten. Und standen die Dinge so, was anderes konnte daraus folgen als der Krieg?

Erlaubt die deutsche Arbeiterklasse dem gegenwärtigen Krieg, seinen streng defensiven Charakter aufzugeben und in einen Krieg gegen das französische Volk auszuarten, so wird Sieg oder Niederlage gleich unheilvoll. Alles Unglück, das auf Deutschland fiel nach den sogenannten Befreiungskriegen, wird wieder aufleben mit verstärkter Heftigkeit.

Die Grundsätze der Internationale sind jedoch zu weit verbreitet und zu fest gewurzelt unter der deutschen Arbeiterklasse, als daß wir einen so traurigen Ausgang befürchten müßten. Die Stimme der französischen Arbeiter ist zurückgehallt aus Deutschland. Eine Arbeitermassenversammlung in Braunschweig hat am 16. Juli sich mit dem Pariser Manifest vollständig einverstanden erklärt, jeden Gedanken eines nationalen Gegensatzes gegen Frankreich von sich gewiesen und Beschlüsse gefaßt, worin es heißt: »Wir sind Gegner aller Kriege, aber vor allem dynastischer Kriege ... Mit tiefem

Kummer und Schmerz sehen wir uns hineingenötigt in einen
Verteidigungskrieg als in ein unvermeidliches Übel; aber
gleichzeitig rufen wir die gesamte denkende Arbeiterklasse
auf, die Wiederholung eines solch ungeheuren sozialen Un-
glücks unmöglich zu machen, indem sie für die Völker selbst
die Macht verlangt, über Krieg und Frieden zu entscheiden
und sie so zu Herren ihrer eigenen Geschicke zu machen.«
[...]
    Im Hintergrunde dieses selbstmörderischen Kampfes lauert
die unheimliche Gestalt Rußlands. Es ist ein böses Vorzeichen,
daß das Signal zum gegenwärtigen Kriege gegeben wurde
gerade in dem Augenblick, als die russische Regierung ihre
strategischen Eisenbahnen vollendet hatte und bereits Truppen konzentrierte in der Richtung auf den Pruth. Welche
Sympathien die Deutschen auch mit Recht beanspruchen mögen in einem Verteidigungskriege gegen bonapartistischen
Überfall, sie würden sie alsbald verlieren, erlaubten sie der
deutschen Regierung, die Hilfe der Kosaken anzurufen oder
auch nur anzunehmen. Mögen sie sich erinnern, daß nach seinem Unabhängigkeitskrieg gegen den 1. Napoleon Deutschland jahrzehntelang hilflos zu den Füßen des Zaren lag.

*Auch der Gegenspieler Napoleons III., Bismarck, hat den
Wunsch, sich zu erklären. In einem Gespräch mit seinem pu-
blizistischen Berater und Mitarbeiter, Moritz Busch, legt er
seine Auffassung über die journalistische Behandlung der
französischen Frage dar. Busch trägt am 24. Juli in sein Tagebuch ein:*

    Abends will der Minister eine Charakteristik der Franzo-
sen und ihrer Politik unter dem Kaiser Napoleon, die, in ver-
schiedner Form ausgeführt und abgekürzt, durch die deutsche
Presse gehen soll und die ich zunächst der Spenerschen Zeitung
übersende, während sie in ihren Hauptgedanken morgen
durch das Litterarische Bureau in die Magdeburgische und eine
Anzahl kleinerer Zeitungen gebracht werden soll. Er sagte
(wörtlich): »Die Franzosen sind nicht die feinen Leute, wofür
man sie gewöhnlich hält. Sie gleichen als Nation gewissen
Leuten in unsern niedern Klassen. Sie sind borniert und brutal

– muskelkräftig und großmäulig und unverschämt und verschaffen sich namentlich durch ihr dreistes, gewalttätiges Auftreten die Bewunderung unter ihresgleichen. Sie gelten auch
bei uns vielen, die nicht tiefer sehen, für gescheit, ihre Regierung für gute Politiker, weil sie überall renommieren, an-
maßend dreinreden, sich in aller Leute Angelegenheiten mi-
schen und alle beherrschen wollen. [...] Dreistes Auftreten
imponiert immer. Man denkt an feine politische Berechnung;
's ist aber nur, weil sie immer dreimalhunderttausend Mann
bereithalten, um ihre Politik zu unterstützen. Damit allein
haben sie allerlei durchgesetzt, nicht mit ihrem politischen
Verstande. Dieses Vorurteil muß bei uns schwinden ... Sie
sind im vollsten Sinne eine borierte Nation in politischen
Dingen. Sie haben keine Vorstellung, wie es außerhalb Frankreichs aussieht, lernen davon nichts in ihren Schulen. Daher
auch ihre Einbildung und Selbstüberschätzung. Die französischen Unterrichtsanstalten lassen ihre Zöglinge in majorem
Franciae gloriam in krasser Unwissenheit über alles Auswärtige, und so haben sie die albernsten Vorstellungen von den
Nachbarvölkern. [...] 's ist mit dem Kaiser – von Gramont
nicht zu reden, der ist ein Rindvieh – ebenso oder doch nicht
viel besser. Er ist, obwohl auf deutschen Schulen erzogen, im
Grunde unwissend – Cäsar sollte das verdecken – er hat alles
wieder vergessen ... Seine Politik war stets dumm. Der Krimkrieg ging gegen das Interesse Frankreichs, das auf ein Bündnis mit Rußland, wenigstens auf gutes Einvernehmen mit dem
hinweist, der italienische Krieg ebenfalls; denn er schuf einen
Rivalen am Mittelmeer, in Nordafrika, Tunis usw., der einmal gefährlich werden kann. Das italienische Volk ist viel
begabter als das französische, nur schwächer an Zahl. Der
Krieg in Mexiko, das Verhalten im Jahre 1866 waren lauter
Mißgriffe, und wenn man jetzt so tobt und lärmt, so ist wohl
das Bewußtsein dabei, daß man wieder eine Dummheit begangen hat.«

*Die unvorstellbare nationale Erregung, die sich sowohl
Frankreichs als auch Deutschlands bemächtigt, bringt eine
Propagandalyrik hervor, in der sich die hybride Begeisterung*

niederschlägt. Am 25. Juli 1870 schreibt der Historiker Hein-
rich von Treitschke sein »Lied vom schwarzen (preußischen)
Adler«, in dem er unüberhörbar ein in den bevorstehenden
Kämpfen zu verfolgendes Ziel anspricht:

Aber horch! Der freche Franke
Neidet unser Glück und schnaubt
Und verhöhnt in rohem Zanke
Unsres Königs greises Haupt.
Auf denn, auf, ihr deutschen Streiter!
Schiffsvolk, alle Mann auf Deck!
Auf die Rosse, tapfre Reiter,
Jäger, aus dem Waldversteck!
Auf, zur letzten blut'gen Reise
Nach dem höchsten Siegespreise:
Holt uns wieder Straßburgs Dom
Und befreit den deutschen Strom!

In einem Rausch nationaler Ekstase vollzieht sich die Mo-
bilmachung. In Berlin rüsten sich König Wilhelm I. und seine
militärischen und politischen Mitarbeiter zur Abreise an die
Front. Wie 1866 schließt sich Bismarck dem königlichen Feld-
lager an. Über seine Vorbereitung notiert Moritz Busch am
25. Juli:

Graf Bismarck nimmt heute früh 11 Uhr oben in seiner
Wohnung mit den Seinigen das heilige Abendmahl. Er läßt
anfragen, ob jemand aus unserm Bureau sich daran beteiligen
wolle, aber es meldet sich niemand dazu. Ich war einen Augenblick geneigt, überlegte mir's aber anders. Es konnte so
aussehen, als wolle man sich damit empfehlen.

Am 27. Juli trifft Kronprinz Friedrich Wilhelm in München
ein, um sich König Ludwig II., wie er sagt, als den »Ober-
kommandanten der bayerischen Armee« vorzustellen. Anläß-
lich seines Aufenthaltes spielt das Residenz-Theater »Wallen-
steins Lager«. Wie die »Nationalzeitung« berichtet, kommt es
während der Aufführung des Stückes immer wieder zu leiden-
schaftlichen Demonstrationen:

Als nach dem Endchore:

> Und setzet ihr nicht das Leben ein,
> Nie wird euch das Leben gewonnen sein

stürmischer Jubel voll kriegerischer Begeisterung losbrach, trat noch einmal der erste Jäger (Kindermann) vor und sang noch die ebenfalls von Possart gedichtete Strophe:

> Frisch auf Kameraden ins Feld gerückt,
> Von den Grenzen den Franzmann zu jagen.
> Den Säbel geschliffen, die Schwerter gezückt,
> Auf den Feind ohne Zaudern und Zagen;
> Und setzen wir auch das Leben ein,
> Befreit wird für ewig der deutsche Rhein!

Der Kronprinz, welcher schon die Loge verlassen hatte, kehrte auf den neu ausbrechenden Sturm des Publikums zurück, und eine neue enthusiastische Ovation machte sich zu ihm herauf Luft. »Es war das«, so sagt die »Abendzeitung«, »ein erhebender denkwürdiger Abend, wie unser Hoftheater noch nie gesehen; er wird für alle Zukunft in dem Gedächtnisse der Zeitgenossen fortleben.«

Am 31. Juli begibt sich König Wilhelm I. auf den Kriegsschauplatz. Ihn begleiten Fürsten, der preußische Kriegsminister von Roon, der Chef des Generalstabs, von Moltke, der Bundeskanzler des Norddeutschen Bundes, Graf von Bismarck-Schönhausen, und ein großes Gefolge. Moritz Busch bedauert, daß ihm Bismarck die Bitte abgeschlagen hat, ihn ins Hauptquartier begleiten zu dürfen:

Am 31. Juli 1870 nachmittags 5½ Uhr fuhr der Kanzler, begleitet von seiner Gemahlin und seiner Tochter, der Komtesse Marie, aus seiner Wohnung auf der Wilhelmstraße nach dem Bahnhofe, um sich mit König Wilhelm auf den Kriegsschauplatz und zunächst nach Mainz zu begeben. Einige Räte des Auswärtigen Amtes, ein expedierender Sekretär des Zentralbureaus, zwei Chiffreure und drei oder vier Kanzleidiener waren bestimmt, ihm zu folgen. Wir andern begleiteten ihn, als er, den Helm auf dem Haupte, in dem Hausflur unter den beiden Sphinxen der Treppenwangen in den Wagen stieg, nur mit guten Wünschen. Auch ich hatte mich schon darein ergeben, den Krieg bloß auf der Landkarte und in den Zeitungen mitzumachen. Denn der Minister hatte, als ich ihm einige Tage nach der Kriegserklärung die Bitte vortrug, mich mitzunehmen, falls ich nützlich sein könnte, die Antwort erteilt, das werde darauf ankommen, wie sich das Hauptquartier einrichte; vorläufig sei kein Platz für mich vorhanden. Doch sollte es sich bald günstiger für mich gestalten.

Die gegenwärtige großartige nationale Begeisterung

Unmittelbar nach seiner Ankunft im Hauptquartier in Mainz richtet Wilhelm I. am 2. August 1870 folgenden Befehl an die Armee:

Ganz Deutschland steht einmütig in Waffen gegen einen Nachbarstaat, der uns überraschend und ohne Grund den Krieg erklärt hat. Es gilt die Verteidigung des bedrohten Vaterlandes, unserer Ehre, des eigenen Herdes. Ich übernehme heute das Kommando über die gesamten Armeen und ziehe getrost in einen Kampf, den unsere Väter einst ruhmvoll bestanden.

Mit mir blickt das ganze Vaterland vertrauensvoll auf Euch. Gott der Herr wird mit unserer gerechten Sache sein.

Da sich die französische Mobilmachung wider Erwarten verzögert, ist Napoleon III. nicht in der Lage, seine Absicht zu verwirklichen, von Straßburg und Metz aus nach Süddeutschland und auf Mainz vorzustoßen, um Deutschland entlang dem Main aufzuspalten und sich unter Umständen mit Österreich zu vereinen. Die deutsche Mobilmachung erfolgt reibungslos und zeitgerecht. Wilhelm I. steht wie 1866 General von Moltke als Generalstabschef zur Seite. Die deutschen Truppen sind in drei Armeen zusammengefaßt: 1. Armee (60 000 Mann): General Karl Friedrich von Steinmetz; 2. Armee (194 000 Mann): Prinz Friedrich Carl von Preußen; 3. Armee (130 000 Mann): Kronprinz Friedrich Wilhelm von Preußen. Von der Pfalz aus treten sie in den ersten Augusttagen den Vormarsch ins Elsaß an. Die Weltöffentlichkeit wartet ungeduldig auf die ersten Entscheidungen. Kaiser Franz Joseph schreibt am 3. August 1870 an seine Mutter:

Wir stehen jedenfalls am Vorabend von schweren Zeiten, und der Krieg, der jetzt beginnt, wird ein langer werden. Das Vorgehen Preußens bietet auch im Detail wieder viel des Infamen und das Frankreichs manches des Ungeschickten und Leichtsinnigen. Meine Hoffnung beruht hauptsächlich darauf, daß Frankreich den Krieg länger aushalten kann als Preußen, das jetzt schon seine letzten Ressourcen eingespannt hat.

In zur Veröffentlichung bestimmten Depeschen an Königin Augusta gibt Wilhelm I. Nachricht von den Ereignissen auf dem Kriegsschauplatz. Am 4. August telegrafiert er:

Unter Fritzens [*Kronprinz Friedrich Wilhelm*] Auge heute einen glänzenden, aber blutigen Sieg erfochten durch Stürmung von Weißenburg und des dahinterliegenden Gaisberges.

Am 6. August meldet Kronprinz Friedrich Wilhelm den Sieg bei Wörth. König Wilhelm I. berichtet darüber an Königin Augusta:

Welches Glück, dieser neue große Sieg durch Fritz! Preise nur Gott für seine Gnade! Gewann einige 30 Geschütze, 2 Adler, 3 Mitrailleusen, 4 000 Gefangene. Mac-Mahon war verstärkt aus der Hauptarmee – es soll Viktoria geschossen werden.

Das rasche Eintreffen der Siegesnachrichten versetzt Deutschland in einen nationalen Taumel. Der Schriftsteller Paul Lindenberg überliefert die Begeisterung, die die Bekanntgabe des Sieges von Wörth in Berlin auslöst:

Der General ist an die Brüstung getreten, ein Blatt Papier in der Hand, und nun vernimmt man weithin seine markige Stimme: »Ein neuer Sieg ist erfochten worden. Soeben kam folgende Depesche hier an: ›Siegreiche Schlacht bei Wörth. Mac-Mahon mit dem größten Teil seiner Armee vollständig geschlagen. Franzosen auf Bitsch zurückgeworfen. Auf dem Schlachtfelde bei Wörth. Friedrich Wilhelm, Kronprinz.‹«
Welch ein Jubel erbrauste da, wie leuchteten die Augen, wie pochten die Herzen! Mac-Mahon geschlagen, der glänzendste Feldherr der Franzosen, auf den sein Vaterland die

größten Hoffnungen gesetzt! Nun würde, nun mußte es ja
für uns siegreich weitergehen!

*Der durch die Siegesnachrichten ausgelösten nationalen Eu-
phorie können sich auch Politiker und Professoren nicht entziehen. In der in Augsburg erscheinenden »Allgemeinen Zeitung« befaßt sich Ferdinand Gregorovius, der Geschichtsschreiber der Stadt Rom, in einem grundsätzlichen Artikel mit
der europäischen Lage, wobei er die verdiente Bestrafung
Frankreichs und die ebenso verdiente Wiedergeburt Deutschlands ankündigt:*

Die Würfel fallen am Rhein. Für ewige Zeiten wird dieser
deutsche Strom ruhig und ungestört zwischen seinen herrlichen
Ufern dahinfließen. Unsere Brüder kämpfen siegreich den
letzten Kampf mit dem Usurpator des Reichs. Und schon
heute zeigen sie der Welt, daß auch dieses großsprecherische
Frankreich nur ein Koloß auf tönernen Füßen war. Die Welt
wird bald dem deutschen Volke dankbar sein. Denn es erlöst
sie von dem Inkubus eines doppelten Größenwahns. Es hat
schon bei Weißenburg und Wörth den Wahn dieser franzö-
sisch-militärischen Infallibilität für ewig zerstört, und ihm
wird auch die Infallibilität des römischen Papsttums in das
Nichts nachfolgen müssen. Die lateinische Welt sinkt, die germanische steigt nach langer Pause wieder empor. Schon seit
langen Zeiten hat sie durch die Macht ihrer reformatorischen
Idee das Abendland beherrscht. Wenn das Cäsarengespenst
vom Thron Frankreichs in sein schon offenes Grab gesunken
ist, dann wird der Friede stiftende deutsche König sagen:
»Das deutsche Reich ist der Friede!«, und dieses Wort wird
eine Wahrheit sein.

*Die Berlin durcheilende Meldung, französische Kriegsge-
fangene seien eingetroffen, veranlaßt Angehörige der Gesellschaft und Schuljugend, diese auf den Bahnhöfen zu bestau-
nen. Paul Lindenberg erlebt die erste Ankunft französischer
Kriegsgefangener in Berlin als Schuljunge:*

Zwei Tage darauf. Wer uns benachrichtigt hatte, weiß ich
nicht. Jedenfalls, als um die Mittagsstunde die bimmelnde

Glocke den Schluß des Unterrichts verkündete, wußten wir es: »Die Gefangenen kommen, die Turkos und Zuaven!« Niemand von uns kümmerte sich um das Mittagbrot. Im Sturm zum Halleschen Tor, atemlos langten wir dort an. Zur rechten Zeit! Denn sie kam gerade langsam daher, die Verbindungsbahn, und hielt wohl hier eine halbe Stunde. Welch unvergeßliche halbe Stunde! Weit offen standen die Schiebetüren der Güterwagen und ermöglichten uns den Anblick des lebenden, schwatzenden, bunt zusammengewürfelten Inhalts, der aus französischen Liniensoldaten, aus Zuaven und Turkos bestand. Mit einem aus unbestimmter Furcht und grenzenloser Neugierde zusammengesetzten Gefühl staunten wir zunächst die gebräunten und schwarzen Gestalten an, besonders die Turkos, von denen wir die phantasievollsten Schaudergeschichten gehört hatten. Der erste Blick flog scheu zu ihren Schultern: dort sollten ja die blutgierigen Katzen sitzen, die im Nahkampf den Gegnern in das Gesicht sprangen und sie kampfunfähig machten.

»Wo habt ihr denn eure Katzen?« rief ein stämmiger Handwerksmeister im grünen Schurzfell einem der dunklen Gesellen zu. »Das versteht er nicht«, meinte sein Nachbar, »mit dem Kerl muß man anders sprechen. Du, Turko, wo hast du denn Miau-Miau?« Allgemeines Gelächter. Auch ein anderer wollte eine Unterhaltung anknüpfen. Der Turko antwortete. Darauf der Berliner: »Ach wat, deinen Quatsch kann ick nich verstehn. Verstehst du das?« Und er reichte ihm ein paar Zigarren. Ja, diese Sprache verstanden die Fremdlinge, deren kleine Gestalten in den beschmutzten blauen Jacken und den zerrissenen roten Hosen von den stämmigen Figuren der Landwehrmänner lebhaft abstachen. Mit unglaublichem Stolz, mit innigster Genugtuung wurden von uns die bisher mühselig erlernten französischen Brocken hervorgekramt: »Avez-vous faim?« – »Voulez-vous de la bière?« – »Voulez-vous Cognac?« Und das im Chor als Antwort erschallende: »Oui, oui, oui!« erfüllte uns mit grenzenlosem Hochmut ... wir hatten mit Franzosen französisch gesprochen und waren von ihnen verstanden worden!

Was war das bald für ein emsiges Hin- und Herrennen

zwischen den Waggons und den nahen Destillationen und Kellerlokalen! Eine Weiße nach der anderen, ein Seidel nach dem anderen wurde herangeschleppt und den Gefangenen dargeboten. Aber auch die braven Landwehrmänner, deren Uniformen die Spuren heißer Kampfestage zeigten, vergaßen wir nicht. Und welche Seligkeit, wenn wir von ihnen ein Fünfcentimes-Stück, einen französischen Wappenknopf, wohl gar eine Chassepotkugel zur Belohnung erhielten! Im Fluge eilte die halbe Stunde dahin, und als sich der Zug wieder in Bewegung setzte, als unsere sonnenverbrannten Krieger die »Wacht am Rhein« anstimmten, da sangen wir nicht nur mit, wir trotteten noch lange singend und hochrufend neben der recht gemütlich fahrenden Bahn her, bis wir keuchend, mit hitzegeröteten Wangen, einhalten mußten, noch einmal wiederholend: »Fest steht und treu die Wacht am Rhein!«

Besorgt über das Betragen der Berliner gegenüber den Kriegsgefangenen fragt Königin Augusta ihren Mann, ob es notwendig sei, Kriegsgefangene nach Berlin zu bringen. Von Saarbrücken aus antwortet der König am 10. August:

Den Berlinern gänzlich den Anblick der Gefangenen zu entziehen, halte ich nicht für politisch richtig; man müßte es mit einem Transport versuchen, und wenn dann, trotz zu verstärkender Polizeiaufsicht, etwas Unpassendes vorfällt, so würden von dann ab nur nachts Transporte durch Berlin anzuordnen sein. Eines besonderen Befehls zu schonender Behandlung bedarf es wohl nicht, und was vom Publikum geschieht, ist durch Befehl nicht zu hindern, wenn es nicht die Gesittung von selbst diktiert. Bisher ist hier nichts derart gemeldet worden. – Ich habe soeben das hiesige Schlachtfeld [*von Saarbrücken*] beritten, wo es furchtbar noch aussieht durch zertrümmerte Waffen, Kleidungsstücke aller Art! Tote und Blessierte sind schon alle beseitigt; hier sollen 1 700 Blessierte liegen, die ich nach Tisch besuchen will. Die Position, die wir stürmten, dann momentan verließen, bis die Verstärkungen die Flankenbewegung ausführten und so der Sieg entschieden wurde, ist auf dem steilen Abhang, auf dem sie liegt, ungemein stark, so daß die gefangenen Offiziere sagen, sie

hätten die Wegnahme derselben für unmöglich gehalten, aber
sie hätten mit solchem Feinde auch noch nicht gekämpft, weder
in Italien noch in der Krim, noch in Algier, da unsere Soldaten
gerade so vorgingen, als würde ohne Kugeln auf sie geschossen. Ein größeres Lob ist wohl nicht zu erteilen! Überall haben
unsere Soldaten auf den Massengräbern Kreuze von Ästen
angebracht und die Offiziersnamen angeschrieben; an einem
Grabe stand angeschrieben: 30 Preußen, 75 Franzosen!

*Von Saarbrücken aus erläßt König Wilhelm I. am 11. Au-
gust eine Proklamation an das französische Volk, in der er
gleichzeitig das Überschreiten der französischen Grenze durch
sein Hauptquartier ankündigt:*

Nachdem der Kaiser Napoleon die deutsche Nation, welche
wünschte und noch wünscht, mit dem französischen Volk in
Frieden zu leben, zu Wasser und zu Lande angegriffen hatte,
habe ich den Oberbefehl über die deutschen Armeen übernommen, um diesen Angriff zurückzuweisen; ich bin durch die
militärischen Ereignisse dahin gekommen, die Grenzen Frankreichs zu überschreiten. Ich führe Krieg mit den französischen
Soldaten und nicht mit den Bürgern Frankreichs.

*Mit dem Hauptquartier des Königs überschreitet auch das
»mobilisierte Auswärtige Amt« die französische Grenze. Zur
Erledigung der außen- und innenpolitischen Angelegenheiten
steht Bismarck ein Stab von Mitarbeitern zur Verfügung, der
die Angelegenheiten sowohl des Bundeskanzleramtes als auch
des Auswärtigen Amtes des Norddeutschen Bundes, soweit sie
Bismarck vorgelegt werden, bearbeitet. Dieser Stab wird zur
Zentrale der deutschen Politik im Herbst 1870 und im Winter
1870/71. Von ihr gehen alle Anregungen, Weisungen und Entscheidungen in der Frage des Zusammenschlusses des Norddeutschen Bundes einerseits und der süddeutschen Staaten andererseits aus. Innerhalb des Hauptquartiers bildet sich eine
politische Instanz, die alle Fragen der Gründung des Deutschen Reiches behandelt; sie übertrifft an Bedeutung die militärischen Gruppen des Hauptquartiers. Anschaulich schildert
Moritz Busch, der sich inzwischen dem Gefolge Bismarcks angeschlossen hat, das Auswärtige Amt im Felde:*

Und hier am Anfang unsrer Reise durch Frankreich will ich in meiner Erzählung für eine Weile abbrechen, um einige Worte über das mobilisierte Auswärtige Amt und über die Art und Weise zu sagen, wie der Kanzler mit seinen Leuten reiste, wohnte, arbeitete und überhaupt lebte. Der Minister hatte sich zu seiner Begleitung die Wirklichen Geheimen Legationsräte Abeken und von Keudell, den früher mehrere Jahre der Gesandtschaft in Paris zugeteilt gewesenen Wirklichen Legationsrat Graf Hatzfeldt und den Legationsrat Graf Bismarck-Bohlen gewählt. Dazu kam der Geheimsekretär Bölsing vom Zentralbureau, die Chiffreure Willisch und St. Blanquart, endlich ich. Als Boten und Aufwärter gingen die Kanzleidiener Engel, Theiß und Eigenbrodt mit; der letzte wurde anfangs September durch den flinken und anstelligen Krüger ersetzt. In ähnlicher Eigenschaft begleitete uns Herr Leverström, der damals vielgenannte »schwarze Reiter«, der sonst in den Straßen Berlins für das Ministerium Stafettendienste tat. Die Sorge für unser Leibliches war einem Koch anbefohlen, der während der Fahrt als Trainsoldat fungierte und dessen Name Schulz oder Schultz war. Man sieht, ich bestrebe mich, genau zu sein und niemand an seinem Namen oder Titel zu verkürzen. In Ferrières vervollständigte sich der Kreis der Räte durch Lothar Bucher, auch schloß sich uns hier ein dritter Chiffreur, Herr Wiehr, an. In Versailles endlich traten noch der jetzige Legationsrat von Holstein, der junge Graf Wartensleben und – für nicht zum Bereiche des Auswärtigen Amts gehörende Zwecke – der Geheime Oberregierungsrat Wagener hinzu. Bölsing wurde hier nach einigen Wochen als unwohl geworden durch den Geheimsekretär Wollmann ersetzt, und die gesteigerte Masse der Geschäfte erforderte einen vierten Chiffreur, auch trafen noch einige Kanzleidiener ein, von deren Namen ich leider keinen behalten habe. Die Güte unsers »Chefs« – so wird der Reichskanzler von den Angehörigen des Auswärtigen Amtes in gewöhnlicher Rede bezeichnet – hatte es so angeordnet, daß seine Mitarbeiter, Sekretäre wie Räte, auch gewissermaßen Glieder seines Haushalts waren; wir wohnten, wenn es die Umstände gestatteten, in demselben Hause mit ihm und hatten die Ehre, an seiner Tafel zu speisen.

Der Kanzler trug während des ganzen Krieges Uniform, und zwar in der Regel den bekannten Interimsrock des gelben Regiments der schweren Landwehrreiterei, dessen weiße Mütze und weite Aufschlagstiefel, bei Ritten nach Schlachten oder Aussichtspunkten auch an einem über Brust und Rücken gehenden Riemen ein schwarzes Lederfutteral mit einem Feldstecher und zuweilen außer dem Pallasch einen Revolver. Von Dekorationen sah man bei ihm in den ersten Monaten regelmäßig nur das Komturkreuz des Roten Adlerordens, später auch das Eiserne Kreuz. Nur in Versailles traf ich ihn einigemal im Schlafrock an, und da war er nicht wohl – ein Zustand, von dem er sonst während des Feldzugs meines Wissens fast ganz unangefochten blieb. Auf der Reise fuhr er meist mit Abeken, einmal mehrere Tage nacheinander auch mit mir. In betreff der Quartiere machte er äußerst geringe Ansprüche, so daß er sich auch da, wo Besseres zu haben war, mit einem höchst bescheidnen Unterkommen begnügte. Einmal hatte er nicht einmal eine Bettstelle, so daß man ihm sein Lager auf dem Fußboden bereiten mußte.

Auf der Reise fuhren wir meist unmittelbar hinter dem Wagenzuge des Königs her. Wir brachen dann gewöhnlich gegen 10 Uhr morgens auf und machten bisweilen starke Touren, bis zu sechzig Kilometern. Im Nachtquartier eingetroffen, ging man stets sofort an die Einrichtung eines Bureaus, wo es dann selten an Arbeit mangelte, zumal, wenn uns der Feldtelegraf erreicht hatte und der Kanzler durch ihn wieder geworden war, was er in dieser Zeit mit kurzen Unterbrechungen immer gewesen ist, der politische Mittelpunkt der zivilisierten Welt Europas. Auch da, wo nur für eine Nacht haltgemacht wurde, erhielt er, selbst rastlos tätig, seine Umgebung bis spät in fast nie abreißender Geschäftigkeit. Feldjäger kamen und gingen, Boten brachten Briefe und Telegramme und schafften deren fort. Die Räte verfaßten nach den Weisungen ihres Chefs Noten, Erlasse und Verfügungen, die Kanzlei kopierte und registrierte, chiffrierte und dechiffrierte. Von allen Richtungen der Windrose strömte Material in Berichten und Anfragen, Zeitungsartikeln und dergleichen herzu, und das meiste davon erheischte unverzügliche Erledigung.

Die fast übermenschliche Befähigung des Kanzlers zu arbeiten, schöpferisch, aufnehmend, kritisch zu arbeiten, die
schwierigsten Aufgaben zu lösen, überall ohne Verzug das
Rechte zu finden und das allein Geeignete anzuordnen, war
vielleicht nie so bewundernswert wie während dieser Zeit,
und sie war in ihrer Unerschöpflichkeit um so erstaunlicher,
als nur wenig Schlaf die bei solcher Tätigkeit aufgewandten
Kräfte ersetzte. Wie daheim stand der Minister auch im Felde,
wenn ihn nicht eine zu erwartende Schlacht schon vor Tages-
anbruch an die Seite des Königs und zum Heere rief, meist
spät, in der Regel gegen 10 Uhr auf. Aber er hatte dann die
Nacht durchwacht und war erst mit dem durchs Fenster schei-
nenden Morgenlichte eingeschlafen. Oft kaum aus dem Bette
und noch nicht in den Kleidern, begann er schon wieder zu
denken und zu schaffen, zu studieren, den Räten und andern
Mitarbeitern Instruktionen zu erteilen, Fragen vorzulegen
und Aufgaben der verschiedensten Art zu stellen, selbst zu
schreiben oder zu diktieren. Später waren Besuche zu empfangen oder Audienzen zu geben, oder es war dem Könige
Vortrag zu halten. Dann wieder Studium von Depeschen und
Landkarten, Korrektur von befohlnen Aufsätzen, Niederschrift von Konzepten mit den bekannten großen Bleistiften,
Abfassung von Briefen, Information zu Telegrammen oder
Äußerungen in der Presse und dazwischen mitunter abermals
Empfang unabweislicher Besuche, die zuweilen nicht willkommen sein konnten. Erst nach 2, manchmal erst nach 3 Uhr
gönnte sich der Kanzler an Orten, wo für längere Zeit haltgemacht worden war, einige Erholung, indem er einen Spa-
zierritt in die Nachbarschaft unternahm. Darauf wurde nochmals gearbeitet, bis man zwischen 5 und 6 Uhr zum Diner
ging. Spätestens anderthalb Stunden nachher war er wieder in
seinem Zimmer am Schreibtisch, und häufig sah ihn noch die
Mitternacht lesen oder Gedanken zu Papier bringen.

Wie der Graf es mit dem Schlafen anders wie unter gewöhnlichen Menschen üblich hielt, so lebte er auch hinsichtlich
seiner Mahlzeiten in eigner Weise. Früh genoß er eine Tasse
Tee und wohl auch ein oder zwei Eier, dann aber in der Regel
nichts bis zu dem in die Abendstunden verlegten Diner. Sehr

selten nahm er am zweiten Frühstück und nur dann und wann am Tee teil, der zwischen 9 und 10 Uhr serviert wurde. Er aß somit, gelegentliche Ausnahmen abgerechnet, innerhalb der vierundzwanzig Stunden des Tages eigentlich nur einmal, dann aber – beiläufig wie Friedrich der Große – reichlich. Diplomaten halten sprichwörtlich auf eine gute Tafel und stehen hierin, wie ich mir habe sagen lassen, kaum den Prälaten nach. Es gehört das zu ihrem Gewerbe, da sie häufig einflußreiche oder sonst bedeutende Gäste bei sich sehen, die zu dem oder jenem Zwecke in angenehme Stimmung gebracht werden müssen, und da erfahrungsmäßig nichts so angenehm stimmt wie die Vorräte eines wohlversorgten Kellers und die Ergebnisse der Kunst eines durchgebildeten Kochs. Auch Graf von Bismarck führte einen guten Tisch, der sich da, wo die Umstände es erlaubten, zur Opulenz erhob. Dies war namentlich in Reims, Meaux, Ferrières und zuletzt in Versailles der Fall [...].

Ich bemerke zum Schlusse dieses Abschnitts noch, daß außer dem Kanzler zu Anfang nur die Räte Uniform trugen, von Keudell die der hellblauen Kürassiere, Graf Bismarck-Bohlen die eines Gardedragonerregiments, Graf Hatzfeldt und Abeken die Interimsuniform der Beamten des Auswärtigen Amtes. Später wurde der Gedanke angeregt, dem gesamten Personal der Festangestellten in der Begleitung des Ministers mit Ausschluß der zuerst genannten beiden Herren, die zugleich Militärs waren, diesen Schmuck zuteil werden zu lassen. Der Chef willigte ein, und so sah Versailles auch die Kanzleidiener in dieser Bekleidung erscheinen, die in einem dunkelblauen Rocke mit zwei Reihen von Knöpfen und schwarzem Kragen und Aufschlag von Sammet, einer Mütze mit denselben Farben und, bei den Räten, Sekretären und Chiffreuren, in einem Degen mit goldnem Portepee bestand. Der alte Geheimrat Abeken, der auch sein Roß wacker tummelte, nahm sich in diesem Kostüm ungemein kriegerisch aus, und ich glaube, er empfand das und war glücklich darüber. Es tat ihm wohl, wie ein Offizier auszusehen – fast so wohl wie damals, wo er, ohne Türkisch oder Arabisch zu verstehen, in orientalischer Tracht das Heilige Land durchreiste.

Nicht nur das »mobilisierte Auswärtige Amt«, auch Kron-
prinz Friedrich Wilhelm beschäftigt sich mit dem politischen
Ergebnis der militärischen Auseinandersetzung. In seinem
Hauptquartier hält sich der Schriftsteller Gustav Freytag auf,
mit dem sich der Kronprinz am 11. August über die Denk-
schrift unterhält, die er an Bismarck zu richten gedenkt:

Noch einmal sprach der Kronprinz die Denkschrift durch,
deren schnelle Absendung ihm am Herzen lag, dann begann
er: »Und was soll mit Deutschland werden, welche Stellung
soll der König von Preußen nach dem Kriege erhalten?« – Ich
antwortete, wenn es ein Friede wird, wie wir ihn jetzt hoffen
dürfen, so ist die Mainlinie kein Hindernis mehr, die Süddeutschen können unter ähnlichen Bedingungen wie die Staaten des Nordbundes in den Bund treten, und wir dürfen
hoffen, daß sie dies selbst wollen, wenn auch nicht sämtlich so
warm wie Baden. Das fand der Kronprinz selbstverständlich,
aber er fragte wieder: »Und was soll der König von Preußen
werden?« – Antwort: Kriegsherr des neuen Bundes, braucht
man dafür einen Namen, so wird dieser sich wohl finden. Im
Notfall kann man ja eine uralte volkstümliche Bezeichnung
zu neuer Ehre erheben und den königlichen Titeln die Worte
Herzog von Deutschland zufügen. Die Preußen begehren für
ihren König keine neuen Namen, nur die Macht. Da aber
brach der Kronprinz stark heraus, und sein Auge leuchtete:
»Nein, er muß Kaiser werden.« Betroffen sah ich auf den
Herrn, er hatte seinen Generalsmantel so umgelegt, daß er
wie ein Königsmantel seine hohe Gestalt umfloß, und um den
Hals die goldene Kette des Hohenzollern geschlungen, die er
doch sonst in der Ruhe des Lagers nicht zu tragen pflegte, und
schritt gehoben auf dem Dorfanger dahin. Offenbar hatte er,
erfüllt von der Bedeutung, die der Kaisergedanke für ihn
hatte, auch sein Äußeres der Unterredung angepaßt. Wir aber
waren gerade über der Arbeit, den Mann, welcher sich einen
neuen Kaiserstuhl errichtet hatte, von diesem hinabzuwerfen,
und uns Norddeutschen war das alte Kaisertum durch mehr-
hundertjährige Demütigung und gehäuftes nationales Unglück verleidet. Deshalb vernahm der Hörer diesen Ausbruch

warmen Begehrens bei dem künftigen König von Preußen
ohne Begeisterung. Den Einwurf, daß die süddeutschen Könige schwerlich mit solcher Einrichtung zufrieden sein würden,
beantwortete der Herr mit der Annahme, daß bereits die
Macht vorhanden sei, Widerstrebende zu nötigen. Die nahe-
liegenden Bedenken hiergegen hörte er geduldig an, dann
wurde er selbst beredt und sprach von der Bedeutung und
hohen Würde des deutschen Kaisertums; daß die Kaiserwürde
zuletzt an Wert und Ansehen gering geworden sei, räumte er
ein, »aber das soll jetzt anders werden«. Der Kronprinz hatte
viel Geschichtliches gelesen und war in der Haus- und Fami-
liengeschichte sehr wohl bewandert, nicht ebenso vertraut waren ihm die alte Verfassung und die Machtbefugnisse der
römischen Kaiser deutscher Nation. Er gab bereitwillig zu,
daß die Wiederbelebung des Kaisertums etwas weit Besseres
schaffen müsse, als in früheren Jahrhunderten bestanden habe,
konnte aber nicht dem Gedanken entsagen, daß der König
von Preußen als Kaiser von Deutschland Erbe der alten tau-
sendjährigen Würden und Ehren sein werde. Da eine Auseinandersetzung über diese Auffassung zwecklos wurde und
er doch das Widerstreben des Hörers empfand, so fragte er
wieder in seiner herzlichen Weise: »Was haben Sie also im
Grunde einzuwenden?« Als ich den Herrn so vor mir sah,
mochte ich mir auch nicht versagen, vorzutragen, was ich auf
der Seele hatte: Über die politische Zweckmäßigkeit eines
neuen Kaisertums Deutschland mögen andere urteilen, mir,
als einem persönlich verpflichteten Mann, gibt große Huld
vielleicht ein Recht zu sagen, daß mir noch eine ganz andere
Rücksicht die Kaiseridee unlieb macht. Ihre Durchführung
bedroht das Geschlecht der Hohenzollern mit einer Anhäu-
fung derselben Gefahren, durch welche mehr als eine erlauchte
Herrenfamilie zum Unglück ihres Volkes an Kraft und Tüchtigkeit verloren hat. Was unterscheidet die Hohenzollern, die,
als Menschen betrachtet, keineswegs immer bedeutender und
kräftiger gewesen sind als ihre Standesgenossen, von anderen
Königen, die, wie sie, in sicherem Erbe stehen? Doch zumeist
der Umstand, daß sie um ihrer Selbsterhaltung willen und
zur Mehrung ihrer Macht genötigt waren, den Vorteil der

deutschen Nation gegen das Hausinteresse anderer erlauchter
Familien zu vertreten. Jeder große Fortschritt ist durch sie
in den Zeiten errungen, wo diese Notwendigkeit ihr Leben
und ihre Tätigkeit beherrschte. Die Gefahren ihrer erhabenen
Stellung, die Abgeschlossenheit vom Volke, das leere Schau-
gepränge, das Verharren in einem verhältnismäßig engen
Kreise von Anschauungen, die Besetzung ihrer Tage mit an-
mutigen Nichtigkeiten, das alles ist in diesen zwei Jahrhunderten scharfer Arbeit für sie wenig gefährlich gewesen. Eine
gewisse spartanische Einfachheit und Strenge hat Beamtentum, Heer und Volk in Zucht gehalten. Die neue Kaiserwürde
wird das schnell ändern. Die deutsche Kaiserkrone hat zur
Voraussetzung nicht nur die achtungsvolle Bewahrung der
regierenden Häuser, durch deren Genehmigung sie jetzt gewonnen werden soll, sondern auch eine unablässige Repräsen-
tation den Fürsten gegenüber. Aller Glanz der Majestät, die
Staatsaktion bei vornehmen Besuchen, die Hofämter, die
Schneiderarbeit in Kostüm und Dekorationen werden zunehmen und, wenn sie erst einmal eingeführt sind, immer größere
Wichtigkeit beanspruchen. Der einfache blaue Rock der Hohenzollern wird zuletzt nur noch als altertümliche Erinnerung
hervorgeholt werden. Das Selbstgefühl aller Fürsten wird sich
steigern; aber ebensosehr das Selbstgefühl des Adels, der ganze fast überwundene Kram alter, nicht mehr zeitgemäßer Ansprüche wird sich schnell mehren. Überall wird das fühlbar
werden, auch im Beamtentum und im Heere. Die Zahl der
vornehmen Herren, welche in der Armee hohe Kommandos
nicht wegen erprobter Tüchtigkeit, sondern wegen ihrer Geburt erhalten, ist schon gerade groß genug, eine Mehrung
solcher Befehlshaber, von deren Urteil Schicksal und Leben
unserer wackeren Soldaten abhängen soll, wird zum Nachteil
werden. Bei der schnellen Steigerung des Wohlstandes ist es
schon jetzt sehr schwer, in den Offizierskasinos die alte Zucht
und Einfachheit zu erhalten, für die Zukunft wird das nur
möglich, wenn unsere Fürsten selbst unablässig ein gutes Beispiel der Einfachheit geben und den Regimentern die Gelegenheit nicht gewähren, in vornehmer Kameradschaft Geld aus-
zugeben.

Am 11. August veröffentlicht die deutsche Presse einen offenen Brief des Historikers Theodor Mommsen an das italienische Volk, in dem er dieses auffordert, für das deutsche Volk Partei zu ergreifen. Er erinnert daran, daß Preußen die italienischen Siege über Österreich mit Begeisterung aufgenommen hat:

Habt ihr schon den Jubel vergessen, der in Berlin erschallte, als ihr bei Novara die österreichischen Ketten zerbrachet? Waren wir nicht von Enthusiasmus erfüllt, als ihr 1866 ins Venezianische vorrücken konntet? Möget ihr Italiener wissen, daß die Preußen nie und nimmer nach dem streben, was euch gehört; und möget ihr nie vergessen, daß die Wiege eures Königs und eures Helden [*Garibaldi*] von den Franzosen euch entrissen wurde. Dies habt ihr nun den Franzosen zu verdanken, die sich eure Befreier nennen! Ein zweites Sadowa [*Königgrätz 1866*] am Rhein wird euch erst die ersehnte Freiheit verschaffen, welche ihr nicht besitzt und deren ihr wert seid. Wir verlangen von euch nicht eure Bataillone zu Hilfe; unsere Scharen reichen aus, die Freiheit des Kontinents gegen den gemeinsamen Tyrannen zu wahren.

Während die deutschen Armeen ihren Vormarsch beinahe unbehindert fortsetzen und Fürsten, Politiker und Publizisten Überlegungen über die politische Gestalt Deutschlands nach dem Kriege anstellen, sind Professoren bemüht, die Notwendigkeit dieser Entwicklung moralisch zu rechtfertigen. Am 12. August richtet der Philosoph und Theologe David Friedrich Strauß, bekannt geworden durch seine erstmals 1835 erschienene Untersuchung »Das Leben Jesu, kritisch bearbeitet«, an den französischen Philosophen Ernest Renan, Verfasser der von Strauß ins Deutsche übersetzten Darstellung »Das Leben Jesu« (1862), einen öffentlichen Brief, in dem er sich leidenschaftlich gegen die französische Politik wendet und die deutschen Vorstellungen darlegt und begründet:

Die gloire insbesondere, die noch jüngst einer Ihrer Minister das erste Wort der französischen Sprache genannt hat, ist vielmehr ihr schlechtestes und verderblichstes, das die Nation gut tun würde für eine Zeitlang ganz aus ihrem Wörterbuche zu streichen; ist sie doch das goldene Kalb, um das diese seit Jahrhunderten ihre Tänze aufführt; der Moloch, dem sie so viele Tausend ihrer Söhne und der Söhne ihrer Nachbarvölker zum Opfer gebracht hat und eben jetzt wieder bringt; das Irrlicht, das sie von gedeihlichen Arbeitsfeldern hinweg immer wieder in die Wüste und oft genug an den Rand des Abgrundes gelockt hat. Und während jene frühern Herrscher, Napoleon I. insbesondere, von diesem nationalen Dämon selbst auch besessen, mithin bei ihren wenn auch ungerechten Kriegen doch gewissermaßen naiv waren, ist es bei dem jetzigen Napoleon die bewußte raffinierte Absicht, zu den Zwecken kalter Selbstsucht die Nation irrezuführen, ihre Aufmerksamkeit von der sittlichen und politischen Verkommenheit im Innern nach außen abzulenken, was ihn die nationale Leidenschaft der Glanz-, Ruhm- und Raubsucht fort und fort schüren heißt. Es ist ihm gegen Rußland in der Krim, gegen Österreich in Italien gelungen; in Mexiko hat er empfindliches Mißgeschick gehabt; gegenüber Preußen den rechten Zeitpunkt verpaßt; zu Anfang dieses Jahres konnte man einen Augenblick meinen, es sei ihm Ernst damit, von dieser Straße ab auf die der innern Reformen im Sinne vernünftiger Freiheit und Wirtschaftlichkeit einzulenken; bis der Rückgriff zum Plebiszit alle Welt belehrte, daß er der alte geblieben sei. Von da an war auch für Deutschland alles zu fürchten – oder daß ich besser rede, alles zu hoffen.

Die Einheit, die er hintertreiben wollte, jetzt haben wir sie; die unerhörte Anmaßung, die in dem Ansinnen an den König von Preußen lag, war dem geringsten Bauer in der Mark wie den Königen und Herzögen südlich des Mains gleich verständlich und unerträglich; wie ein Sturm wehte der Geist der Jahre 1813 und 1814 durch alles deutsche Land, und bereits haben die ersten Kriegserfolge uns ein Pfand gegeben, daß einer Nation, die nur für dasjenige kämpft, wozu sie das Recht und die Macht in sich fühlt, der Erfolg unmöglich fehlen kann. Dieser Erfolg, um den wir ringen, ist einzig die Gleichberechtigung der europäischen Völker, ist die Sicherheit, daß fortan nicht mehr ein unruhiger Nachbar nach Belieben uns in den

Arbeiten des Friedens stören und der Früchte unseres Fleißes
berauben kann. Dafür wollen wir Bürgschaften haben, und
erst wenn diese gegeben sind, wird von einem freundlichen
Einvernehmen, von einem einträchtigen Zusammenwirken
der beiden Nachbarvölker an allen Arbeiten der Kultur und
Humanität die Rede sein können; dann aber auch erst, wenn
dem französischen Volke der falsche Weg versperrt ist, wird
es in der Lage sein, Stimmen wie der Ihrigen das Ohr zu öff-
nen, die es von jeher auf den rechten, den Weg der redlichen
Arbeit an sich selbst, der Zucht und Sitte, hingewiesen haben.

*Als »Gedankenspäne für den Fall eines Friedens, wie auch
für die endliche Feststellung der deutschen Gesamteinheit«
übersendet Kronprinz Friedrich Wilhelm Bismarck seine am
12. August niedergeschriebene Denkschrift, die sich mit zwei
Fragen beschäftigt, nämlich mit den Bedingungen, unter welchen Frieden mit Frankreich geschlossen werden könne, und
mit den Vorteilen, die das bereits durch den Kriegsausbruch
moralisch geeinte gesamte deutsche Vaterland gewinnen müsse. Zu der zweiten Frage führt der preußische Kronprinz aus:*

Zur endlichen Einigung des ganzen deutschen Vaterlandes
ist es unumgänglich notwendig und erforderlich, die gegenwärtige großartige nationale Begeisterung, welche durch die
ersten glücklichen Erfolge der verbündeten Waffen womöglich
noch gehoben oder fester geworden ist, nicht verrauchen zu
lassen. Sobald mit Gottes Hilfe ein Sieg über die gesamte
französische Armee errungen ist, muß sofort ans Werk gegangen werden.

1. Zunächst muß noch auf der blutigen Walstatt mit sämtlichen süddeutschen Staaten eine Militärkonvention geschlossen werden, durch welche die Leitung und Verwaltung des
gesamten Militärwesens in Deutschland dem König von Preußen als Oberstem Bundesfeldherrn übertragen wird.

Es gibt von jenem Tage an nur ein Heer, mit einem Regle-
ment, einer Art der Bewaffnung und Ausrüstung und einem
Prinzip des Ersatzwesens sowie des Avancements.

2. Die Südstaaten treten in den Bund derjenigen deutschen
Staaten ein, die bisher der »Norddeutsche Bund« genannt

wurden, unter Wahrung der Titulatur und aller persönlichen
Ehrenrechte und Würden der deutschen Souveräne und ihrer
Häuser sowie derjenigen unwesentlichen Dinge, welche ihrerseits als Zeichen der Selbständigkeit betrachtet werden, wie
z. B. Gesandtschaften zu halten und zu besetzen.

Es würde sich empfehlen, wenn die deutschen Fürsten Gelegenheit erhielten, durch persönliche Teilnahme an einzelnen
großen Akten der Gesetzgebung bei Bundesrat und Reichstag
ihren patriotischen Anteil an dem deutschen Staat zu betätigen.

Es sei hier noch eingeschaltet, daß unter Umständen vielleicht die deutschen souveränen Fürsten ihrerseits eine Urkunde an den präsidierenden Fürsten einreichen, kraft welcher sie
um persönliche Aufnahme in irgendeine Vertretung des deutschen Volkes (Reichstag oder Zollparlament) bitten, um im
Verein mit den Häusern der ehemaligen reichsunmittelbaren
und reichsständischen Geschlechter ein Oberhaus zu bilden.

Die weitere Regelung der Angelegenheiten Deutschlands
geschieht mit Hilfe der bereits bestehenden Gesamtvertretung,
welche als Zollparlament bereits wiederholt getagt hat. Dieses
Haus würde sofort zu einer konstituierenden Versammlung
berufen werden müssen, da dasselbe zu Recht besteht, also
ohne Oktroyierung oder Wahlgesetzberatung tagen kann.

Der Norddeutsche Reichstag würde keine Gesamtvertretung unter solchen Umständen vorstellen können.

Es wäre baldmöglichst dafür Sorge zu tragen, daß die Ma-
trikularbeiträge der Bundesstaaten insoweit anders geregelt
würden, als das Drückende des gegenwärtigen Verhältnisses
gehoben würde, wofür die souveränen Fürsten sich freiwillig
gewisser Rechte begeben würden, welche ihnen Lasten auferlegen, die auf die oberste leitende Bundesbehörde überzu-
gehen hätten, so z. B. geistliche und Schulangelegenheiten.

Jedem einzelnen deutschen Staat bleibt es nach wie vor unzweifelhaft gestattet, seine inneren Angelegenheiten zu verwalten und zu diesem Zweck Vertreter des Landes zu berufen,
deren Zusammensetzung und deren Rechtsbefugnisse lediglich
den lokalen Verhältnissen anzupassen sein werden und von
denen die Bundesverwaltung nicht berührt wird.

Auch der an der 1866 erfolgten Gründung der National-
liberalen Partei entscheidend beteiligte Politiker Eduard Las-
ker hält den Zeitpunkt für gekommen, um Bismarck auf das
politische Ziel des Krieges anzusprechen. Am 15. August be-
fürwortet er in einem Brief eine Staatseinheit zwischen dem
Norddeutschen Bund und den süddeutschen Staaten »in Form
des Bundes«:

Zwischen dem Reichstage und der Abreise zum Kriegsschauplatz schien es mir wenig angemessen, Ew. Exzellenz
auch nur eine Minute in Anspruch zu nehmen, so sehr mir eine
Rücksprache am Herzen lag. Dann hielt mich die gespannte
Erwartung der ersten Kriegsereignisse ab. Jetzt ist vielleicht
der günstigste Moment, einige Mitteilungen und Anfragen
über das, was nächst dem Erfolg der Waffen weite Kreise auf
das Ernsteste beschäftigt, Ew. Exzellenz zu unterbreiten.

Nachdem die Abwehr gesichert ist, tritt die Frage über das
Endziel des Krieges in den Vordergrund, und sie beherrscht
das Gespräch nicht bloß unter berufsmäßigen Politikern. Über
territorialen Erwerb spreche ich nicht; das Verlangen ist angeregt, mannigfache Verhältnisse werden darüber entscheiden,
aber die Grenzerweiterung war nicht der deutsche Zweck des
Krieges und wird nicht der Preis sein, welcher die Nation befriedigt. Dagegen darf ich, aus Wahrnehmung, als tiefe Überzeugung des Volkes bezeichnen, daß Deutschland jetzt, anstelle der Verträge mit den süddeutschen Staaten, die Staatseinheit in Form des Bundes gewinnen werde. Ein minderer
Ausgang würde zu den schwersten Täuschungen zählen. Das
Volk mit seinen großen Instinkten setzt als vollzogen voraus,
was es eifrig erfaßt hat. Die Denkenden erwägen jedoch die
Schwierigkeiten, welche die zuletzt doch prompte Vertrags-
treue der beiden Königreiche vermehrt hat. Denn von der
bayerischen Regierung gilt die Vermutung, daß die Lust nach
ungeminderter Selbständigkeit ihren Eifer verstärkt hat.

Kaum brauche ich zu sagen, daß das Vertrauen der meisten
auf Ew. Exzellenz gerichtet ist, und ich gehöre zu diesen
meisten. Wer die Ausführung des großen Werkes begonnen
hat, der ist zunächst berufen und gewiß auch entschlossen, sie

zu vollenden. Steht diese Ihre Absicht fest, so zweifele ich keinen Augenblick, daß das Ende des gegenwärtigen Krieges uns die Staatseinheit bringt. Die Frage lautet dann nicht: ob, sondern wie die Schwierigkeiten zu überwinden seien. Die wir aus inniger Überzeugung die Staatseinheit für den allein würdigen Ausgang des Nationalkrieges halten, werden natürlich nicht ermüden, unsere Dienste unter allen Umständen dieser großen Sache zu widmen. Aber unsere Arbeit würde doppelt fruchtbar sein und ließe sich vielleicht zweckmäßig regeln, wenn wir über Art und Inhalt uns in Übereinstimmung mit Ihnen wüßten. Dies hat in mir den Entschluß hervorgerufen – und Freunde haben den Schritt gebilligt –, bei Ew. Exzellenz direkt anzufragen, inwieweit Sie die Bestrebungen gutheißen, welche die bundesstaatliche Einheit Deutschlands als unmittelbaren Erfolg des Krieges hervorkehren, und ob Sie ferner eine gewisse Verständigung über den äußeren Betrieb dieser Bestrebungen für wünschenswert erachten. Von mir selbst und vielen Freunden hier und im Süden darf ich versichern, daß Sie uns zu jeder Anstrengung bereit finden werden.

Die Frage des politischen Ergebnisses des Krieges ist das zentrale politische Thema für alle, die an der Entwicklung in Deutschland interessiert sind. Friedrich Engels legt am 15. August in einem Brief an Karl Marx seine Auffassung über die Auseinandersetzung zwischen Frankreich und dem staatsrechtlich noch nicht geformten Deutschland dar:

Deutschland ist durch Badinguet [*Napoleon III.*] in einen Krieg um seine nationale Existenz hineingeritten. Unterliegt es gegen Badinguet, so ist der Bonapartismus auf Jahre befestigt und Deutschland auf Jahre, vielleicht auf Generationen, kaputt. Von einer selbständigen deutschen Arbeiterbewegung ist dann auch keine Rede mehr, der Kampf um Herstellung der nationalen Existenz absorbiert dann alles, und bestenfalls geraten die deutschen Arbeiter ins Schlepptau der französischen. Siegt Deutschland, so ist der französische Bonapartismus jedenfalls kaputt, der ewige Krakeel wegen Herstellung der deutschen Einheit endlich beseitigt, die deutschen Arbeiter können sich auf ganz anders nationalem Maßstab als

bisher organisieren, und die französischen, was auch für eine
Regierung dort folgen mag, werden sicher ein freieres Feld
haben als unter dem Bonapartismus. Die ganze Masse des
deutschen Volkes aller Klassen hat eingesehn, daß es sich eben
um die nationale Existenz in erster Linie handelt, und ist
darum sofort eingesprungen.

*Der Wunsch, den Krieg moralisch zu rechtfertigen, be-
stimmt die Gespräche zwischen Kronprinz Friedrich Wilhelm
und dem Schriftsteller Gustav Freytag, der die Auffassung
vertritt, daß dieser Krieg Frankreich die Zivilisation bringen
wird:*

Der viertägige Aufenthalt in dem schönen Nancy vom 16.
bis 20. August wurde unserem Hauptquartier durch die Nachrichten über die Kämpfe vor Metz verdüstert. Die Franzosen,
welche den Kronprinzen inmitten seiner Getreuen an den
Abenden dieser Tage vor dem Hotel de France beobachten
konnten, durften sich wohl dem Wahne hingeben, daß die
Fremden über große Niederlagen zu trauern hatten.

In Wahrheit werden unsere Siege den Franzosen die Zivilisation bringen, und die Vorsehung hat das edle deutsche
Blut, das auf den Schlachtfeldern Frankreichs dahinrinnt, unter anderem auch dazu erkoren, unseren Feinden zugleich mit
der Achtung vor unserer militärischen Überlegenheit die Notwendigkeit allgemeiner Dienstpflicht für Frankreich in die
Seele zu schlagen. Mit dieser höchsten und edelsten Form des
Kriegsdienstes hört die Möglichkeit frecher Eroberungskriege
und der Wahnsinn militärischer Eitelkeit, dies widerliche Leiden der Franzosen, ganz von selbst auf. Sobald der Stoff des
französischen Heeres so kostbar wird wie der unsere, sobald
der Sohn des Senators und Bankiers von Paris als Gemeiner
neben dem Arbeiter von St. Antoine im Gliede steht, wird das
freche Gesindel, welches die öffentliche Meinung Frankreichs
jetzt erregt, an Macht verlieren, und die Familiengefühle der
anständigen Leute werden in der Politik mitsprechen. Allgemeine Wehrpflicht macht nicht nur im Kriege stark, sie
macht eine Nation auch im Frieden friedfertig.

In allen Teilen Deutschlands steigern die Meldungen von den siegreichen Schlachten und Gefechten die nationale Erregung, die sich bei jeder geeigneten Gelegenheit entlädt. Bei der ersten Vorstellung des Königlichen Schauspiels in Berlin nach den Theaterferien steht Friedrich von Schillers »Wilhelm Tell« auf dem Programm. Alle Stellen, die an die Gegenwart erinnern, werden vom Publikum mit stürmischem Beifall bedacht:

Wohl am lebhaftesten war die Aufnahme, welche die Worte des Rütlischwures fanden, der bei der Darstellung am Schlusse des Dramas recht passend wiederholt wurde:

Wir wollen sein ein einig Volk von Brüdern,
In keiner Not uns trennen und Gefahr:
Wir wollen frei sein, wie die Väter waren;
Eher den Tod als in der Knechtschaft leben!
Wir wollen trauen auf den höchsten Gott
Und uns nicht fürchten vor der Macht der Menschen.

Zwischen den einzelnen Akten wurde die patriotische Feststimmung durch den Vortrag nationaler Musikstücke von seiten der Kapelle noch erhöht; dieselbe spielte »Die Wacht am Rhein«, den Pariser Einzugsmarsch, Arndts »Was ist des Deutschen Vaterland« und das »Preußenlied«. Jedes der Stücke wurde mit dem lebhaftesten Beifall begrüßt.

Den Brief Engels' vom 15. August beantwortet Marx am 17. August, wobei auch er sich um eine politische Bestimmung des Krieges in Europa bemüht:

Dein Brief stimmt ganz mit dem Plan der Antwort überein, die ich mir im Kopf bereits zurechtgemacht. Indes wollte ich in einer so wichtigen Sache – es handelt sich dabei nicht um Wilhelm [*Liebknecht*], sondern um Verhaltungsinstruktion für die deutschen Arbeiter – nicht vorgehn ohne vorherige Rücksprache mit Dir.

Der Wilhelm schließt seine Übereinstimmung mit mir

1. aus der Adresse der Internationalen, die er sich natürlich vorher ins Wilhelmsche übersetzt hat;

2. aus dem Umstand, daß ich seine und Bebels Erklärung im Reichstag gebilligt habe. Das war ein »Moment«, wo die Prinzipienreiterei un acte de courage war, woraus aber keineswegs folgt, daß dieser Moment fortdauert, und noch viel weniger, daß die Stellung des deutschen Proletariats in einem Krieg, der national geworden ist, sich in Wilhelms Antipathie gegen die Preußen zusammenfaßt. Es wäre gradeso, als wenn wir, weil wir im passenden Moment unsre Stimme gegen die »bonapartistische« Befreiung Italiens erhoben – die relative Unabhängigkeit, die Italien infolge dieses Kriegs erhalten hat, redressieren wollten.

Das Elsaß-Lothringen-Gelüst scheint in zwei Kreisen vorzuherrschen, in der preußischen Kamarilla und im süddeutschen Bierpatriotismus. Es wäre das größte Unglück, welches Europa und ganz spezifisch Deutschland treffen könnte. Du wirst gesehn haben, daß die meisten russischen Blätter bereits von der Notwendigkeit europäisch-diplomatischer Intervention sprechen, um das europäische Gleichgewicht zu erhalten.

Die Briefe, die Wilhelm I. an Königin Augusta schreibt, enthalten nur noch Siegesmeldungen. Der Monarch, voll des Lobes über die Leistungen seiner Armeen, schildert am 19. August seiner Frau die Schlacht von Gravelotte, die am Vortage stattgefunden hat:

Gravelotte wurde von Truppen des VII. und VIII. Korps und die Wälder zu beiden Seiten genommen und behauptet, mit großen Verlusten.

Um die durch die Umgehung zurückgedrängten feindlichen Truppen nochmals anzugreifen, wurde ein Vorstoß über Gravelotte bei einbrechender Dunkelheit unternommen, der auf ein so enormes Feuer hinter den Schützengräben en étage [*gestaffelt*] und Geschützfeuer stieß, daß das eben eintreffende II. Korps den Feind mit dem Bajonett angreifen mußte und die feste Position vollständig nahm und behauptete.

Es war 8¹/₂ Uhr, als das Feuer auf allen Punkten nach und nach schwieg. Bei jenem letzten Vorstoß fehlten die historischen Granaten von Königgrätz für mich nicht, aus denen mich dieses Mal Minister v. Roon entfernte. Alle Truppen, die ich sah, begrüßten mich mit enthusiastischen Hurras. Sie taten Wunder der Tapferkeit gegen einen gleich braven Feind, der jeden Schritt verteidigte und oft Offensivstöße unternahm, die jedesmal zurückgeschlagen wurden.

Was nun das Schicksal des Feindes sein wird, der in dem verschanzten, sehr festen Lager der Festung Metz zusammengedrängt steht, ist noch nicht zu berechnen.

Ich scheue mich, nach den Verlusten zu fragen und Namen zu nennen, da nur zu viele Bekannte genannt werden, oft unverbürgt. Dein Regiment soll sich brillant geschlagen haben, Waldersee ist verwundet, ernst, aber nicht tödlich, wie man sagt. Ich wollte hier biwakieren, fand aber nach einigen Stunden eine Stube, wo ich auf dem mitgeführten Krankenwagen ruhte und, da ich nicht ein Stück meiner Equipage von Pont-à-Mousson bei mir habe, völlig angezogen seit 36 Stunden bin. Ich danke Gott, daß er uns den Sieg verlieh.

Da die militärischen Erfolge und die politischen Erklärungen zu der Annahme führen, die Einigung Deutschlands sei praktisch schon vollzogen, sieht sich der nationalliberale bayerische Politiker Marquard Barth, Advokat in Kaufbeuren, veranlaßt, am 19. August in einem Brief an einen Gesinnungsfreund auf die reservierte Haltung des Bayerischen Gesamtministeriums aufmerksam zu machen, womit er mehrere Ziele verfolgt; er will vor einem unbegründeten Optimismus warnen, an das Verharrungsvermögen politischer Haltung in Bayern erinnern und auf Möglichkeiten, die bayerische Zurückhaltung zu überwinden, verweisen:

Rechnen Sie also nicht so weit auf die nationale Gesinnung der bayrischen Regierung, daß diese einen Teil ihrer bisherigen sogenannten Selbständigkeit freiwillig auf dem Altare des Vaterlandes niederlegte, sondern seien Sie überzeugt, daß ihr jede Konzession abgerungen werden muß. Einem Impuls von Berlin, zumal wenn er durch die nationale Erhebung unterstützt ist, wird man aber nicht Widerstand leisten können, vorausgesetzt, daß das, was verlangt wird, nicht übermäßig ist und daß man Bayern bei dem Vollzug der Bundesgesetze eine gewisse Selbständigkeit läßt. Übrigens ist nicht zu befürchten, daß Preußen seine Forderungen zu weit treibt, denn Graf Bismarck weiß sehr wohl, daß ein Staat mit fünf Millionen Einwohnern nach wie vor dem Kriege nicht nach dem nämlichen Leisten behandelt werden kann wie die Reuß-Greiz und Reuß-Schleiz. Will man einen solchen Staat nicht, so muß man ihn auflösen, wenn man kann, aber solange er besteht, muß man ihn seinen Verhältnissen entsprechend behandeln.

An eine Kammerauflösung denkt weder die Regierung zur Zeit, noch könnte ich zu derselben raten. Sie irren nämlich sehr, wenn Sie glauben, daß jetzt die Majorität des bayrischen Volkes eine andre politische Gesinnung habe als vor den letzten Wahlen. Das ist wenigstens jetzt noch nicht der Fall, wenn auch die eigentliche Gesinnung der sogenannten Patrioten zur Zeit nicht so grell hervortritt, latet anguis in herba [*die Schlange lauert im Grase*], und bei manchen ist der Ingrimm nur um so größer, weil sie ihn dermal nicht auslassen können. Es kann sich dies bessern, wenn unsre Soldaten zurückkehren und ihre Erlebnisse vis-à-vis den Preußen mitteilen, aber das geht langsam, bis es in Fleisch und Blut der Leute dringt. Überschätzen Sie ja den Beschluß unsrer Kammer vom 19. Juli nicht; wir haben unsern damaligen Sieg nicht der geänderten Überzeugung der Patrioten, sondern lediglich ihrer schlechten Taktik und Disziplin sowie der Piepmeierei einzelner davon zu danken.

Was Elsaß und Lothringen betrifft, so glaube ich, daß man sich hier nur dann für den Erwerb derselben interessieren wird, wenn man selbst etwas davon bekommt. Man wird dann gern einwilligen, den Rest an Baden abzulassen, sofern nur gleichzeitig die bayrische Rheinpfalz vergrößert wird. Dagegen würde man eine Vergrößerung Preußens im Süden sehr ungern sehen. Ich für mein Teil habe dagegen meine großen Zweifel, ob eine weitere Vergrößerung der Südstaaten im deutschen Interesse liegt. Ich glaube übrigens, daß eine Gebietsvergrößerung Bayerns der Köder wäre, wodurch man dieses leichter für die Erledigung der deutschen Verfassungsfrage in einer den nationalen Wünschen entsprechenden Weise bestimmen könnte.

Auf der Fahrt zu seinem Hauptquartier in Pont-à-Mousson
sieht König Wilhelm I. am 19. August die Schlachtfelder der
letzten Tage. Bestürzt über den Anblick, versichert er Königin
Augusta seine Unschuld am Ausbruch des Krieges:

Auf der Fahrt hierher am 19. passierten wir einen Teil des
Schlachtfeldes vom 16., den ich noch nicht gesehen hatte! Da
hört jede Beschreibung auf, über den Anblick der Leichen der
französischen Garde, weit über tausend noch unbestattet! und
wenig Schritte gegenüber die der unsrigen, aber weit geringer
an Zahl! – Bei solchen Anblicken mußte man [an] die denken,
die solche Schrecknisse verursachten, da hätte man Gramont,
Ollivier und noch Höherstehende hinführen müssen, um ihr
Gewissen zu rühren! Gott sei gelobt, daß das meinige ruhig
dabei sein konnte, wenngleich es wohl dazu angetan war, sich
selbst zu prüfen, was man doch selbst wohl verschuldete. Ach!
das sind so furchtbare ernste Augenblicke, die man durch-
kämpft haben muß, um sie zu verstehen: Und nun der Gedanke, daß es ebenso aussehen mußte auf den Feldern, wo der
Kampf am 18. wütete und wo so entsetzlich viele der besten
Bekannten gefallen sind oder verstümmelt! Ich habe und nenne Dir keinen, denn es ist zu schmerzlich, und Du erfährst sie
immer noch zu früh! Aber Du kannst Dir denken, wie mein
Herz blutet bei dem Gedanken an viele der allernächsten Bekannten und besten Offiziere, die dahin sind! [. . .]
Gestern war Fritz auf einige Stunden von Nancy hier! Du
kannst Dir dies Wiedersehen denken! Wir beide nach solchen
Tagen, mit solchen Erfolgen durch Gott gegeben, und wir
selbst unversehrt – das war ein Segen von oben! Er sieht sehr
wohl aus. Für Weißenburg verlieh ich ihm gleich das Eiserne
Kreuz zweiter und gestern für Wörth das erster Klasse, was
ihn sehr beglückte. Heute war der Kronprinz von Sachsen
hier, dem ich momentan einige Korps unterstellt habe, die
nicht zur Zernierung von Metz unter Fritz Carl gebraucht
werden.

Die militärische Entscheidung steht noch aus, doch Bismarck
beschäftigt sich bereits mit dem Problem, den Krieg zu been-
den. In einem Gespräch mit Kronprinz Albert von Sachsen

am 21. August entwickelt er seine Vorstellungen und Absichten. Der Kronprinz berichtet darüber seinem Vater Johann:

Bismarck begann damit, daß bereits indirekte Friedensanträge an Preußen gelangt seien, ebenso Vermittlungsvorschläge von Österreich, Rußland und Italien in Aussicht stünden, und zwar zugunsten des Feindes. Nun habe sein König zwar das Recht, allein Frieden zu schließen, wolle aber bei dieser wichtigen Gelegenheit nicht handeln, ehe er seine Bundesgenossen gehört habe. Er will daher alle nord- und süddeutschen Fürsten in einem Fürstenkongreß um sich versammeln, ehe er Bedingungen stellt oder akzeptiert. Sollte ein europäischer Kongreß vorgeschlagen werden, so werde auch dieser nicht eher beschickt werden, als bis die deutschen Fürsten gehört seien. Im Falle es den deutschen Fürsten zu unbequem sei, wolle er sich auf den Bundesrat beschränken. Als Ort bezeichnete er Nancy, eventuell Paris. Auf die Friedensbedingungen selbst übergehend, meinte er, der Krieg müsse positive Resultate ergeben, sonst würde das monarchische Prinzip geschädigt. Als solche bezeichnete er Abtretung von Elsaß und Deutsch-Lothringen. Diese Länder sollen im Besitz von Gesamtdeutschland verbleiben; dadurch werde sich ein näheres Verhältnis von Nord und Süd am natürlichsten herstellen lassen. Hierauf kam er zum Hauptpunkt; er hoffe, bei der erwähnten Zusammenkunft die deutsche Frage regeln zu können. Zu der freiwilligen Einigung aber hoffe er wesentlich auf Deine Hilfe. Gegen Preußen herrsche immer noch das Mißtrauen, es hege dynastische Gelüste; daher Du der rechte Mittelsmann seiest.

Am gleichen Tage erläutert Bismarck in einem Erlaß an den Botschafter des Norddeutschen Bundes in London, Albrecht Graf von Bernstorff, die Voraussetzungen für einen Friedensschluß und empfiehlt, die britische Presse auf Gebietsabtretungen als deutsche Friedensbedingungen vorzubereiten:

Die öffentliche Meinung in England wird es begreifen, daß wir eine baldige Wiederholung der ungeheuren Opfer, welche dieser Krieg unserem Volke, von den Palästen bis zu den

Hütten, kostet, nach Möglichkeit verhüten, und daß wir namentlich Süddeutschland gegen die Gefahr seiner offnen Lage besser sichern müssen als bisher, wo von Straßburg aus bei geschickter und energischer Führung nicht nur Baden, sondern Württemberg und Bayern jederzeit überfallen werden können. Wir stehn heute im Felde gegen den 12. oder 15. Überfall und Eroberungskrieg, den Frankreich seit zweihundert Jahren gegen Deutschland ausführt. 1814 und 1815 suchte man Bürgschaften gegen Wiederholung dieser Friedenstörungen in der schonenden Behandlung Frankreichs. Die Gefahr liegt aber in der unheilbaren Herrschsucht und Anmaßung, welche dem französischen Volkscharakter eigen ist und sich von jedem Herrscher des Landes zum Angriff auf friedliche Nachbarstaaten mißbrauchen läßt. Gegen dieses Übel liegt unser Schutz nicht in dem unfruchtbaren Versuche, die Empfindlichkeit der Franzosen momentan abzuschwächen, sondern in der Gewinnung gut befestigter Grenzen für uns. Wir müssen dem Druck ein Ende machen, den Frankreich seit zwei Jahrhunderten auf das ihm schutzlos preisgegebene Süddeutschland ausübt und der ein wesentlicher Hebel für die Zerrüttung der deutschen Verhältnisse geworden ist. Frankreich hat sich durch die konsequent fortgesetzte Aneignung deutschen Landes und aller natürlichen Schutzwehren desselben in den Stand gesetzt, zu jeder Zeit mit einer verhältnismäßig kleinen Armee in das Herz von Süddeutschland vorzudringen, ehe eine bereite Hilfe da sein kann. Seit Ludwig XIV., unter ihm, unter der Republik, unter dem Ersten Kaiserreich haben sich diese Einfälle immer und immer wiederholt; und das Gefühl der Unsicherheit, welches sie zurückgelassen, und die Furcht vor einer Wiederholung dieses Schrecknisses zwingt die süddeutschen Staaten, den Blick stets auf Frankreich gerichtet zu halten. Wir können nicht immer auf eine außerordentliche Erhebung des Volkes rechnen und der Nation nicht ansinnen, stets das Opfer so starker Rüstung zu tragen. Wenn die Entwaffnungstheorie in England ehrliche Anhänger hat, so müssen dieselben wünschen, daß die nächsten Nachbarn Frankreichs gegen diesen alleinigen Friedensstörer Europas mehr als bisher gesichert werden. Daß in den Franzosen dadurch eine Bitterkeit ge-

weckt werde, kann dagegen nicht in Betracht kommen. Diese
Bitterkeit wird ganz in demselben Maße stattfinden, wenn sie
ohne Landabtretung aus dem Kriege herauskommen. Wir haben Österreich, wesentlich mit aus jener Rücksicht, keine Ge-
bietsabtretung angesonnen; haben wir irgendeinen Dank davon gehabt? Schon unser Sieg bei Sadowa hat Bitterkeit in den
Franzosen geweckt; wieviel mehr wird es unser Sieg über sie
selbst tun! Rache für Metz, für Wörth wird auch ohne Landabtretung länger das Kriegsgeschrei bleiben als Revanche für
Sadowa oder Waterloo! Die einzig richtige Politik ist unter
solchen Umständen, einen Feind, den man nicht zum aufrich-
tigen Freunde gewinnen kann, wenigstens etwas unschädlicher
zu machen und uns mehr gegen ihn zu sichern, wozu nicht die
Schleifung seiner uns bedrohenden Festungen, sondern nur die
Abtretung einiger derselben genügt.

Von der Notwendigkeit überzeugt, auf die sich abzeichnen-
den politischen Entwicklungen rechtzeitig bestimmenden Ein-
fluß zu nehmen, legt Bismarck in einem am 25. August aus-
gefertigten Erlaß an den Staatssekretär Hermann von Thile
seine Gedanken über die Behandlung der süddeutschen Staa-
ten und über die Gestaltung des Friedensschlusses ausführlich
dar. Die dadurch vorgenommene Sprachregelung soll die Ein-
mütigkeit der Ansichten und die Einheitlichkeit des Vorgehens
sicherstellen:

Der Wunsch der deutschen Staaten, welche mit ihrer ganzen
Kraft und mit Opfern, die den unsrigen analog sind, sich am
Kriege beteiligt haben, ist nicht allein natürlich und gerecht-
fertigt und wäre daher an und für sich kaum abzuweisen,
sondern es wird auch für den moralischen Eindruck in Deutschland und gegenüber der zu erwartenden und im stillen schon
sich vorbereitenden Einmischung der neutralen Mächte von
großer Wichtigkeit sein, wenn wir uns gegen die Zumutungen
derselben auf die Einstimmigkeit des gesamten Deutschlands
stützen können und nicht allein in unserem oder in des Norddeutschen Bundes Namen zu sprechen haben. Durch die Teilnahme aller Staaten an den Verhandlungen wird das berechtigte Gleichgewicht der Ansprüche der einzelnen am besten

hergestellt werden. In einer für ganz Deutschland so folgen-
reichen Frage, wie es der nächste Friedensschluß mit Frankreich ist, ist Sr. M. die Beratung mit allen deutschen Verbündeten ein persönliches und politisches Bedürfnis.

Wenn die Zeit der Friedensverhandlungen gekommen sein
wird, beabsichtigt S. M., über den Inhalt des Friedens die
Verständigung auf deutscher Seite durch gemeinsame Vorbe-
ratung der deutschen Fürsten herzustellen, um dem Auslande
gegenüber die Vertretung der gemeinsamen deutschen Interessen sicherzustellen.

Ich teile Ew. pp. dies vertraulich mit und ersuche Sie, es
zunächst mit dem Präsidenten Staatsminister Delbrück und
mit Graf Eulenburg ebenso vertraulich zu besprechen.

Daß Herr Delbrück seinen Kollegen im Bundesrat schon
jetzt vertraulich Andeutungen darüber gebe, scheint mir zur
Zeit noch nicht indiziert. Dagegen wünsche ich, daß der Minister Delbrück sich, wenn es seine Zeit erlaubt, gelegentlich
selbst nach Dresden begebe und mit dem Minister von Friesen
persönlich und vertraulich sich über die Gedanken bespreche,
welche man in Dresden und welche namentlich Seine Majestät
der König Johann selbst über die eventuellen Friedensbedingungen hegt. Er wird dabei nicht zu verhehlen brauchen, daß
Seine Majestät der König unter allen Umständen entschlossen
ist, nicht Frieden zu schließen ohne eine bedeutende territoriale Abtretung von seiten Frankreichs an Deutschland, welche für die Sicherung der deutschen Grenze und den Schutz
Deutschlands unentbehrlich ist und der schon jetzt so einmütig
laut werdenden Forderung des deutschen Volkes entspricht,
die wir nicht ohne große Gefahren im Innern unbeachtet lassen dürfen. Eine spezielle Vergrößerung Preußens im Süden
erstreben wir nicht in erster Linie, sondern nur die allgemeinen Interessen Deutschlands werden bei der Bestimmung über
die abzutretenden Landesteile maßgebend sein.

*Da die militärischen Erfolge Preußens und seiner Verbün-
deten politische Veränderungen in Europa zur Folge haben
werden, ist Kaiser Franz Joseph auf das äußerste beunruhigt
und besorgt. Am 25. August schreibt er an seine Mutter:*

Die Katastrophen in Frankreich sind fürchterlich und für unsere Zukunft nicht tröstlich. Der französische Leichtsinn und die Ungeschicklichkeiten, die dort begangen wurden, übersteigen alle Grenzen. Übrigens ist es noch nicht aus und scheinen die Verluste der Preußen kolossal zu sein, von denen sie sich nicht so schnell erholen werden. Der König mit seinem Hochmut, seiner Eitelkeit und Scheinheiligkeit hat ein unverschämtes Glück.

Mit dem Problem des Friedensschlusses beschäftigen sich auch Königin Augusta und König Wilhelm I. in ihrer Korrespondenz. Fragen seiner Frau dazu beantwortet der preußische König am 29. August mit der Versicherung:

Deine Betrachtung, wer den einstigen Frieden schließen wird von französischer Seite, ist vollkommen richtig. Ebenso schlimm sind bereits die Andeutungen der neutralen Ligue, uns jeden Ländererwerb zu untersagen (wenn wir Sieger bleiben). Daß dies unmöglich wäre, bei dem Verlangen in ganz Deutschland nach Elsaß und selbst Deutsch-Lothringen, ist einleuchtend, und die gebrachten Opfer verlangen eine solche Entschädigung unbedingt.

Die militärischen Erfolge verstärken die territorialen Erwartungen. Heinrich von Treitschke beantwortet am 30. August die allenthalben gestellte Frage »Was fordern wir von Frankreich« mit der unmißverständlichen Feststellung:

Überall, wo Deutsche wohnen, bis zu den fernen Kolonien jenseits des Meeres, flattern die Fahnen vor den Fenstern, Glockengeläut und Kanonendonner verkünden Sieg auf Sieg. Wir wissen alle: Noch drei schwere Schläge, in Metz, in Straßburg, in Paris, und der Krieg ist glorreich beendet. Wer sich der bitteren Scham noch erinnert, die wir seit dem Tage [*des Vertrages*] von Olmütz [*vom 29. November 1850*] durch so viele Jahre im Herzen trugen, dem ist heut oft, als ob er träume. Die Nation kann ihres Sieges nicht aus voller Seele sich freuen. Zu gräßlich sind die Opfer, die er heischte, zu lächerlich ungleich der Einsatz in dem blutigen Spiele: Da sinkt die Blüte deutscher Jugend im Kampfe wider Turkos und Landsknechte! Aus dem Kummer um die gefallenen Helden erhebt sich den Deutschen der feste Entschluß, den Kampf hinauszuführen bis zum letzten Ende. König Wilhelm, der so oft in diesen Wochen seinem Volke das Wort von den Lippen nahm, hat bereits feierlich verheißen, der Friede solle solcher Opfer würdig sein ...

So bleibt unserer Presse nur die Pflicht, die stillen unbestimmten Hoffnungen, die jede Brust bewegen, zu klarem Bewußtsein zu erwecken, auf daß beim Friedensschlusse ein fester durchgebildeter Nationalstolz schirmend hinter unseren Staatsmännern stehe. Als Deutschland zum letzten Male in Paris den Frieden diktierte, da haben wir schmerzlich gebüßt, daß den deutschen Diplomaten ein solcher Rückhalt fehlte.

Der Gedanke aber, welcher, zuerst leise anklopfend wie ein verschämter Wunsch, in vier raschen Wochen zum mächtigen Feldgeschrei der Nation wurde, lautet kurzab: heraus mit dem alten Raube, heraus mit Elsaß und Lothringen!

Ungewaschen und ungefrühstückt gegen Sedan

Die militärischen Operationen konzentrieren sich Ende August auf die Festung Sedan. Die Armee des Generals Mac-Mahon, die die bedrängte Festung Metz entsetzen soll, wird durch die Armeen des Kronprinzen Friedrich Wilhelm von Preußen von Westen und die des Kronprinzen Albert von Sachsen von Osten in konzentrischen Kämpfen auf die Festung Sedan zurückgeworfen und dort eingeschlossen. Verzweifelte Ausbruchsversuche sind erfolglos. Nach der Verwundung von General M. E. P. Maurice Graf von Mac-Mahon übernimmt General Felix Freiherr von Wimpffen den Oberbefehl. Napoleon III., der sich bei der eingeschlossenen Armee befindet, richtet am 31. August an die Soldaten einen noch teilweise zuversichtlich gehaltenen Aufruf:

Bisher hat ein Erfolg eure Anstrengungen nicht gekrönt; ich vernehme jedoch, daß die Armee des Marschalls Bazaine sich unter den Mauern von Metz wieder gekräftigt hat, und die des Marschalls de Mac-Mahon ist gestern nur leicht angegriffen worden. Es ist daher keine Veranlassung vorhanden, den Mut sinken zu lassen. Wir haben den Feind verhindert, bis zur Hauptstadt vorzudringen, und ganz Frankreich erhebt sich, um die Eindringlinge zu verjagen. Unter so ernsten Verhältnissen habe Ich, von der Kaiserin in Paris würdig vertreten, die Rolle des Soldaten der des Herrschers vorgezogen. Nichts werde Ich scheuen, um unser Vaterland zu retten. Es birgt noch, Gott sei Dank, beherzte Männer, und wenn es Feiglinge gibt, wird das Kriegsgesetz und die öffentliche Verachtung sie strafen.

Bereits einen Tag später ist Napoleon III. gezwungen, sich dem preußischen König zu ergeben:

Monsieur mon frère!

N'ayant pas pu mourir au milieu de mes troupes, il ne me reste qu'à remettre mon épée entre les mains de Votre Majesté. Je suis de Votre Majesté le bon frère

Napoléon

[Mein Herr Bruder!
Da ich inmitten meiner Truppen nicht sterben konnte, bleibt mir nichts, als meinen Degen in die Hände Euer Majestät zu legen. Ich bin Euer Majestät guter Bruder

Napoleon]

Wilhelm I. antwortet umgehend:

Monsieur mon frère. En regrettant les circonstances dans lesquelles nous nous rencontrons, j'accepte l'épée de Votre Majesté et je prie de bien vouloir nommer un de Ses officiers, muni de pleins pouvoirs pour traiter de conditions de la capitulation de l'armée, qui s'est si bravement battue sous Vos ordres. De mon côté j'ai désigné le général de Moltke à cet effet.

Je suis de Votre Majesté le bon frère Guillaume

[Mein Herr Bruder. Indem ich die Umstände, unter denen wir uns begegnen, bedaure, nehme ich den Degen Eurer Majestät an, und ich bitte Euch, einen von Euren Offizieren zu benennen und mit allen Vollmachten auszustatten, um über die Kapitulationsbedingungen der Armee, die unter Eurem Befehl so tapfer gekämpft hat, zu verhandeln. Meinerseits habe ich den General von Moltke zu diesem Zweck bestimmt.

Ich bin Euer Majestät guter Bruder Wilhelm]

In einem Telegramm teilt König Wilhelm I. Königin Augusta das Ereignis mit:

Die französische Armee ist in Sedan eingeschlossen, und der Kaiser Napoleon hat mir seinen Degen angeboten. Ich habe ihn angenommen und verlange die Kapitulation der Armee als Kriegsgefangene. Gott hat uns sichtlich gesegnet.

Den Verlauf der Kapitulationsverhandlungen schildert der
»Sieger von Sedan«, General Helmuth von Moltke, in seiner
Darstellung »Geschichte des deutsch-französischen Krieges von
1870/71«:

Die Verhandlungen fanden in der Nacht zum 2. September in Donchery statt. Auf deutscher Seite mußte man sich sagen, daß man einem mächtigen Feinde wie Frankreich gegenüber die gewonnenen Vorteile nicht aus der Hand geben dürfe. Hatten die Franzosen schon den Sieg deutscher Waffen über Nichtfranzosen als Beleidigung empfunden, so konnte keine unzeitige Großmut sie die eigene Niederlage vergessen machen. Es blieb nur übrig, auf der Waffenstreckung und Gefangennahme der ganzen Armee zu bestehen, doch wurde Entlassung der Offiziere auf Ehrenwort nachgegeben.

General v. Wimpffen erklärte, daß er so harte Bedingungen nicht annehme, die Verhandlungen wurden abgebrochen, und die französischen Offiziere kehrten um 1 Uhr nach Sedan zurück, wobei ihnen jedoch erklärt wurde, daß, falls das Abkommen nicht bis morgens 9 Uhr abgeschlossen, die Artillerie das Feuer wieder eröffnen werde.

So wurde denn auch die Kapitulation bei der offenbaren Unmöglichkeit ferneren Widerstandes vom General v. Wimpffen am Vormittage des 2. September unterzeichnet.

Für den Marschall Mac-Mahon war es ein besonderer Glücksfall, daß er schon am Anfang der Schlacht verwundet worden war, sonst wäre unausbleiblich er der Unterzeichner gewesen, und obwohl er nur die Befehle ausgeführt hatte, die ihm von Paris aus aufgedrungen waren, würde er schwerlich später über den Waffengefährten zu Gericht gesessen haben, dessen Befreiung ihm nicht gelungen war.

Schwer zu verstehen ist, weshalb wir Deutschen den zweiten September feiern, an welchem nichts Denkwürdiges geschah, als was unausbleibliche Folge war des wirklichen Ruhmestages der Armee, des ersten September.

Der glänzende Sieg an diesem Tage hatte die deutschen Armeen 460 Offiziere, 8 500 Mann gekostet. Viel größer ist dagegen der Verlust der Franzosen, 17 000 Mann, hauptsächlich verursacht durch die volle Entwicklung der deutschen Artillerie. Schon während des Kampfes fielen 21 000 und durch die Kapitulation 83 000, zusammen 104 000 Mann in Gefangenschaft.

Diese wurden zunächst auf der von der Maas umflossenen Halbinsel Iges versammelt. Da Lebensmittel für sie gänzlich fehlten, gab der Kommandant von Mézières die Heranführung auf der Bahn bis Donchery frei. Zwei Armeekorps mußten die Bewachung und Begleitung auf dem Transport übernehmen. Letzterer erfolgte in Abteilungen zu 2 000 Mann auf zwei Straßen, nach Etain und über Clermont nach Pont-à-Mousson, wo die Gefangenen von der Einschließungsarmee von Metz übernommen und nach den verschiedensten Teilen von Deutschland weitergeführt wurden.

Auf belgischem Gebiet waren 3 000 Mann entwaffnet worden.

An Kriegsbeute wurden erobert: 3 Fahnen, 419 Feld- und 139 Festungsgeschütze, 66 000 Gewehre, über 1 000 Fahrzeuge und 6 000 noch brauchbare Pferde.

Mit der völligen Vernichtung dieses Heeres brach das Kaisertum in Frankreich zusammen.

Den Abschluß der Kapitulationsverhandlungen meldet König Wilhelm I. am 2. September in einem Telegramm nach Berlin, das mit einem später viel zitierten Satz endet:

Die Kapitulation, wodurch die ganze Armee in Sedan kriegsgefangen, ist soeben mit dem General Wimpffen geschlossen, der anstelle des verwundeten Marschalls Mac-Mahon das Kommando führte. Der Kaiser hat nur sich selbst Mir übergeben, da er das Kommando nicht führte und alles der Regentschaft in Paris überläßt. Seinen Aufenthaltsort werde ich bestimmen, sobald ich ihn gesprochen habe in einem Rendezvous, das sofort stattfindet. Welch eine Wendung durch Gottes Führung!

In einem am 2. September erstatteten Immediatbericht gibt Bismarck eine eingehende Schilderung der Kapitulationsverhandlungen:

Nachdem ich mich gestern abend auf Eurer Königlichen Majestät Befehl hierher begeben hatte, um an den Verhandlungen über die Kapitulation teilzunehmen, wurden letztere bis etwa 1 Uhr nachts durch die Bewilligung einer Bedenkzeit unterbrochen, welche General Wimpffen erbeten, nachdem General von Moltke bestimmt erklärt hatte, daß keine andere Bedingung als die Waffenstreckung bewilligt werden und das Bombardement um 9 Uhr morgens wieder beginnen würde, wenn bis dahin die Kapitulation nicht abgeschlossen wäre. Heut früh gegen 6 Uhr wurde mir der General Reille angemeldet, welcher mir mitteilte, daß der Kaiser Napoleon mich zu sehen wünsche und sich bereits auf dem Wege von Sedan hierher befinde. Der General kehrte sofort zurück, um Seiner Majestät zu melden, daß ich ihm folgte, und ich befand mich kurz darauf etwa auf halbem Wege zwischen hier und Sedan, in der Nähe von Fresnois, dem Kaiser gegenüber. Seine Majestät befand sich in einem offenen Wagen mit drei höheren Offizieren und ebenso vielen zu Pferde daneben. Persönlich bekannt waren mir von letzteren die Generale Castelnau, Reille, Moskowa, der am Fuße verwundet schien, und Vaubert. Am Wagen angekommen, stieg ich vom Pferde, trat an der Seite des Kaisers an den Schlag und fragte nach den Befehlen Seiner Majestät. Der Kaiser drückte zunächst den Wunsch aus, Eure Königliche Majestät zu sehen, anscheinend in der Meinung, daß Allerhöchstdieselben sich ebenfalls in Donchery befänden. Nachdem ich erwidert, daß Euerer Majestät Hauptquartier augenblicklich drei Meilen entfernt, in Vendresse, sei, fragte der Kaiser, ob Euere Majestät einen Ort bestimmt hätten, wohin er sich zunächst begeben solle, und eventuell, welches meine Meinung darüber sei. Ich entgegnete ihm, daß ich in vollständiger Dunkelheit hierhergekommen und die Gegend mir deshalb unbekannt sei, und stellte ihm das in Donchery von mir bewohnte Haus zur Verfügung, welches ich sofort räumen würde. Der Kaiser nahm dies an und fuhr im Schritt gegen Donchery, hielt aber einige hundert Schritt von der in die Stadt führenden Maasbrücke vor einem einsam gelegenen Arbeiterhause an und fragte mich, ob er nicht dort absteigen könne. Ich ließ das Haus durch den Lega-

tionsrat Grafen Bismarck-Bohlen, der mir inzwischen gefolgt
war, besichtigen; nachdem gemeldet, daß seine innere Beschaf-
fenheit sehr dürftig und eng, das Haus aber von Verwundeten
frei sei, stieg der Kaiser ab und forderte mich auf, ihm in das
Innere zu folgen. Hier hatte ich in einem sehr kleinen, einen
Tisch und zwei Stühle enthaltenden Zimmer eine Unterredung von etwa einer Stunde mit dem Kaiser. Seine Majestät
betonte vorzugsweise den Wunsch, günstigere Kapitulationsbedingungen für die Armee zu erhalten. Ich lehnte von Hause
aus ab, hierüber mit Seiner Majestät zu unterhandeln, indem
diese rein militärische Frage zwischen dem General von Moltke und dem General von Wimpffen zu erledigen sei. Dagegen
fragte ich den Kaiser, ob Seine Majestät zu Friedensunter-
handlungen geneigt sei. Der Kaiser erwiderte, daß er jetzt
als Gefangener nicht in der Lage sei, und auf mein weiteres
Befragen, durch wen seiner Ansicht nach die Staatsgewalt
Frankreichs gegenwärtig vertreten werde, verwies mich Seine
Majestät auf das in Paris bestehende Gouvernement. Nach
Aufklärung dieses aus dem gestrigen Schreiben des Kaisers an
Eure Majestät nicht mit Sicherheit zu beurteilenden Punktes
erkannte ich und verschwieg dies auch dem Kaiser nicht, daß
die Situation noch heut wie gestern kein anderes praktisches
Moment als das militärische darbiete, und betonte die daraus
für uns hervorgehende Notwendigkeit, durch die Kapitula-
tion Sedans vor allen Dingen ein materielles Pfand für die
Befestigung der gewonnenen militärischen Resultate in die
Hand zu bekommen. [...]
  Der Kaiser begab sich demnächst ins Freie und lud mich ein,
mich vor der Tür des Hauses neben ihn zu setzen. Seine Majestät stellte mir die Frage, ob es nicht tunlich sei, die französische Armee über die belgische Grenze gehen zu lassen, damit
sie dort entwaffnet und interniert werde. Ich hatte auch diese
Eventualität bereits am Abend zuvor mit General von Moltke
besprochen und ging unter Anführung der oben bereits ange-
deuteten Motive auch auf die Besprechung dieser Modalität
nicht ein. In Berührung der politischen Situation nahm ich
meinerseits keine Initiative, der Kaiser nur insoweit, daß er
das Unglück des Krieges beklagte und erklärte, daß er selbst

den Krieg nicht gewollt habe, durch den Druck der öffentlichen Meinung Frankreichs aber dazu genötigt worden sei. Ich hielt es nicht für meinen Beruf, in diesem Augenblick darauf hinzuweisen, wie das, was der Kaiser als öffentliche Meinung bezeichnete, nur das künstliche Produkt von einigen ehrgeizigen und politisch beschränkten Koterien der französischen Presse sei. Ich entgegnete nur, daß in Deutschland niemand den Krieg gewollt habe, namentlich Eure Majestät nicht, und daß die spanische Frage für keine deutsche Regierung ein Interesse, welches eines Krieges wert gewesen wäre, dargeboten hätte. Euerer Majestät Stellung zu der spanischen Thronbesetzung sei schließlich durch den Gewissenszweifel bestimmt worden, ob es recht sei, der spanischen Nation den Versuch, durch diese Königswahl zur Wiederherstellung dauernder innerer Einrichtungen zu gelangen, aus persönlichen und dynastischen Bedenken zu verkümmern; daran, daß es dem Erbprinzen gelingen würde, sich mit Seiner Majestät dem Kaiser über die Annahme der spanischen Wahl in befriedigendes Einvernehmen zu setzen, hätten Euere Majestät bei den langjährigen guten Beziehungen der Mitglieder des Fürstlich Hohenzollernschen Hauses zum Kaiser niemals Zweifel gehegt, dies aber nicht als eine deutsche oder preußische, sondern als eine spanische Angelegenheit angesehen.

Durch Erkundigungen in der Stadt und insbesondere durch Rekognoszierungen der Offiziere vom Generalstabe war inzwischen, etwa zwischen 9 und 10 Uhr, festgestellt worden, daß das Schloß Bellevue bei Fresnois zur Aufnahme des Kaisers geeignet und auch noch nicht mit Verwundeten belegt sei. Ich meldete dies Seiner Majestät in der Form, daß ich Fresnois als den Ort bezeichnete, den ich Euerer Majestät zur Zusammenkunft in Vorschlag bringen würde, und deshalb dem Kaiser anheimstelle, ob Seine Majestät sich gleich dahin begeben wolle, da der Aufenthalt innerhalb des kleinen Arbeiterhauses unbequem sei und der Kaiser vielleicht einiger Ruhe bedürfen würde. Seine Majestät ging hierauf bereitwillig ein, und geleitete ich den Kaiser, dem eine Ehren-Eskorte von Euerer Majestät Leib-Kürassier-Regiment voranritt, nach dem Schlosse Bellevue, wo inzwischen das weitere Gefolge und die Equi-

pagen des Kaisers, deren Ankunft aus der Stadt bis dahin für
unsicher gehalten zu werden schien, von Sedan eingetroffen
waren. Ebenso der General Wimpffen, mit welchem in Erwartung der Rückkehr des Generals von Moltke die Besprechung der gestern abgebrochenen Kapitulationsverhandlungen durch den General von Podbielski im Beisein des Oberstleutnant von Verdy und des Stabschefs des Generals von
Wimpffen, welche beiden Offiziere das Protokoll führten,
wieder aufgenommen wurde. Ich habe nur an der Einleitung
derselben durch die Darlegung der politischen und rechtlichen
Situation nach Maßgabe der mir vom Kaiser selbst gewordenen Aufschlüsse teilgenommen, indem ich unmittelbar darauf
durch den Rittmeister Grafen von Nostitz im Auftrage des
Generals von Moltke die Meldung erhielt, daß Euere Majestät
den Kaiser erst nach Abschluß der Kapitulation der Armee
sehen wollten – eine Meldung, nach welcher gegnerischerseits
die Hoffnung, andere Bedingungen als die abgeschlossenen zu
erhalten, aufgegeben wurde. Ich ritt darauf in der Absicht,
Euerer Majestät die Lage der Dinge zu melden, Allerhöchst-
denenselben nach Chéhery entgegen, traf unterwegs den General von Moltke mit dem von Euerer Majestät genehmigten
Texte der Kapitulation, welcher, nachdem wir mit ihm in Fresnois eingetroffen, nunmehr ohne Widerspruch angenommen
und unterzeichnet wurde. Das Verhalten des Generals von
Wimpffen war, ebenso wie das der übrigen französischen Generale in der Nacht vorher, ein sehr würdiges, und konnte dieser tapfere Offizier sich nicht enthalten, mir gegenüber seinem
tiefen Schmerz darüber Ausdruck zu geben, daß gerade er
berufen sein müsse, 48 Stunden nach seiner Ankunft aus Afri-
ka und einen halben Tag nach seiner Übernahme des Kommandos seinen Namen unter eine für die französischen Waffen
so verhängnisvolle Kapitulation zu setzen; indessen der Mangel an Lebensmitteln und Munition und die absolute Unmöglichkeit jeder weiteren Verteidigung lege ihm als General die
Pflicht auf, seine persönlichen Gefühle schweigen zu lassen, da
weiteres Blutvergießen in der Situation nichts mehr ändern
könne. Die Bewilligung der Entlassung der Offiziere auf ihr
Ehrenwort wurde mit lebhaftem Danke entgegengenommen

als ein Ausdruck der Intentionen Euerer Majestät, den Gefühlen einer Truppe, welche sich tapfer geschlagen hatte, nicht über die Linie hinaus zu nahe zu treten, welche durch das Gebot unserer politisch-militärischen Interessen mit Notwendigkeit gezogen war. Diesem Gefühle hat der General von Wimpffen auch nachträglich in einem Schreiben Ausdruck gegeben, in welchem er dem General von Moltke seinen Dank für die rücksichtsvollen Formen ausdrückt, in denen die Verhandlungen von seiten desselben geführt worden sind.

Am 3. September äußern sich König Wilhelm I. und Bismarck in Briefen an ihre Frauen über die zurückliegenden Tage. König Wilhelm I. schreibt an Königin Augusta:

Abends 10 Uhr. Ich will noch rasch den gestrigen Tag erzählen. Da ich keine Meldungen von Moltke über die Kapitulationsverhandlungen erhalten hatte, die in Donchery stattfinden sollten, so fuhr ich verabredetermaßen nach dem Schlachtfelde um 8 Uhr früh und begegnete Moltke, der entgegenkam, um meine Einwilligung zur vorgeschlagenen Kapitulation zu erhalten, zugleich anzeigte, daß Napoleon früh 5 Uhr Sedan verlassen habe, nach Donchery gekommen sei und Bismarck habe wecken lassen, der ihn vor einem kleinen, einzeln gelegenen Hause mit seinen Herren sitzend gefunden habe und ihm gesagt, er wünsche zu mir. Auf Bismarcks Bemerkung, daß ich in einigen Stunden gegen Sedan reiten würde, hat er sich mit B[ismarck] in das kleine Haus zurückgezogen und Konversation über ganz nichtssagende Dinge gepflogen. Da der Kaiser immer wieder auf ein Wiedersehen mit mir zurückkam, auf der Straße, die ich kam, aber kein ordentliches Lokal zu finden sei, ganz in der Nähe aber ein Schlößchen mit Park sich befand, so schlug dies Bismarck zum Rendezvous vor. Um 10 Uhr kam [*ich*] auf einer Höhe von Sedan an. Ungefähr um 12 Uhr erschienen Moltke und Bismarck mit der vollzogenen Kapitulationsurkunde. Nach angehörten Erzählungen des oben Vorgetragenen, um 2 Uhr, setzte ich mich mit meiner und Fritzens Suite, vorauf die Kavalleriestabswache, in Bewegung zum Rendezvous. Beim Eintreten in den Park sahen wir die ganze Feldequipage in wohlbekannter

Livree usw. des Kaisers, woraus es klar war, daß er Sedan verlassen hatte, um nicht mehr dahin zurückzukehren! Ich stieg vor dem Schlößchen ab und fand den Kaiser in einer Veranda vitrée [*verglast*], die in ein Zimmer führte, in das wir gleich eintraten. Ich begrüßte ihn mit Darreichung der Hand und den Worten: Sire, le sort des armes a décidé entre nous, mais il m'est bien pénible de revoir V. M. dans cette situation [*das Los der Waffen hat zwischen uns entschieden, doch fällt es mir schwer, Eure Majestät in dieser Lage wiederzusehen*]. Wir waren beide sehr bewegt. Er fragte, was ich über ihn beschlösse, worauf ich ihm Wilhelmshöhe vorschlug, was er annahm; er fragte nach dem Weg, ob über Belgien oder durch Frankreich, was letzteres angeordnet war, jedoch noch geändert werden könne (was auch geschehen ist). Er bat, seine Umgebung mitnehmen zu dürfen, die Generale Reille, Moskowa, Prinz Murat II. usw., ebenso, daß er seinen Hausstand beibehalten dürfe, was alles ich natürlich akkordierte. Dann lobte er meine Armee, vorzüglich die Artillerie, die nicht ihresgleichen habe (was sich in diesem Kriege vollkommen erwiesen hat), tadelte die Indisziplin seiner Armee.

Beim Abschied sagte ich ihm, daß ich glaubte, ihn hinreichend zu kennen, um überzeugt zu sein, daß er den Krieg nicht gewünscht habe, aber zu demselben gezwungen zu sein! Er: Vous avez parfaitement raison, mais l'opinion publique m'y a forcé [*Sie haben vollkommen recht, aber die öffentliche Meinung hat mich dazu gezwungen*]. Ich: L'opinion publique forcée par le ministère [*Die öffentliche Meinung, bestärkt durch das Ministerium*], ich hätte bei Ernennung dieses Ministeriums sofort gefühlt, daß der mit demselben eingetretene Prinzipienwechsel nicht zum Heil seiner Regierung ausfallen werde, was er achselzuckend bejahte. Die ganze Konversation schien ihm wohlzutun, und ich darf glauben, daß ich ihm seine Lage sehr erleichtert habe, und wir schieden beide tief bewegt! Was ich alles empfand, nachdem ich ihn vor drei Jahren im Kulminationspunkt gesehen habe, kann ich nicht beschreiben! Von diesem Rendezvous beritt ich von $^1/_2$ 3 bis $^1/_2$ 8 die ganze Armee um Sedan! Den Empfang der Truppen, das Wiedersehen des dezimierten Gardekorps, das alles kann ich heute nicht beschreiben; ich war tief, tief ergriffen von so viel Beweisen der Liebe und Hingebung!!! Es war unbeschreiblich! – Die Armee, welche kapituliert, ist 60 000 bis 70 000 Mann, viele hundert Kanonen und unzähliges Material! Der Gefangenentransport ist eine wahre Kalamität. – Am 31. und 1. hat Manteuffel zwei energische Ausfälle aus Metz brillant zurückgeschlagen. Nun adieu mit bewegtem Herzen am Schluß eines solchen Briefes!!! Dein W.

Ich überlasse Dir, was Du aus diesen Erzählungen veröffentlichen willst. Jedenfalls sind die Details des Rendezvous auszuschließen und einfach zu sagen, daß der Besuch eine Viertelstunde dauerte und daß beide Monarchen sehr bewegt über dieses Wiedersehen gewesen schienen. Auch die Details über Bismarcks erste Entrevue sind nur allgemein zu erzählen.

In einem kurzen, aber eindrucksvollen Brief erzählt Bismarck seiner Frau seine Beteiligung am Schlußakt der Einschließung von Sedan:

Vorgestern vor Tagesgrauen [*1. September 1870*] verließ ich mein hiesiges Quartier, kehre heut [*3. September*] zurück und habe in der Zwischenzeit die große Schlacht von Sedan am 1. erlebt, in der wir gegen 30 000 Gefangne machten und den Rest der französischen Armee, der wir seit Bar le Duc nachjagten, in die Festung warfen, wo sie sich mit dem Kaiser kriegsgefangen ergeben mußte. Gestern früh 5 Uhr, nachdem ich bis 1 Uhr früh mit Moltke und den französischen Generalen über die abzuschließende Kapitulation verhandelt hatte, weckte mich der General Reille, den ich kenne, um mir zu sagen, daß Napoleon mich zu sprechen wünschte. Ich ritt ungewaschen und ungefrühstückt gegen Sedan, fand den Kaiser im offnen Wagen mit drei Adjutanten und drei zu Pferde daneben auf der Landstraße vor Sedan haltend. Ich saß ab, grüßte ihn ebenso höflich wie in den Tuilerien und fragte nach seinen Befehlen. Er wünschte den König zu sehn; ich sagte ihm der Wahrheit gemäß, daß S. M. drei Meilen davon an dem Orte, wo ich jetzt schreibe, sein Quartier habe. Auf N.'s Frage, wohin er sich begeben solle, bot ich ihm, da ich Gegend unkundig, mein Quartier in Donchery an, einem kleinen Ort

an der Maas dicht bei Sedan; er nahm es an und fuhr von seinen sechs Franzosen, von mir und von Carl [*Graf Bismarck-
Bohlen*], der mir inzwischen nachgeritten war, geleitet, durch
den einsamen Morgen nach unsrer Seite zu. Vor dem Ort wurde es ihm leid, wegen der möglichen Menschenmenge, und er
fragte mich, ob er in einem einsamen Arbeiterhause am Wege
absteigen könne; ich ließ es besehn durch Carl, der meldete, es
sei ärmlich und unrein; n'importe, meinte N., und ich stieg mit
ihm eine gebrechliche enge Stiege hinauf. In einer Kammer von
zehn Fuß Gevierte, mit einem fichtnen Tische und zwei Binsen-
stühlen, saßen wir eine Stunde, die andern waren unten. Ein
gewaltiger Kontrast mit unserm letzten Beisammensein, 67 in
den Tuilerien. Unsre Unterhaltung war schwierig, wenn ich
nicht Dinge berühren wollte, die den von Gottes gewaltiger
Hand Niedergeworfnen schmerzlich berühren mußten. Ich hatte durch Carl Offiziere aus der Stadt holen und Moltke bitten
lassen zu kommen. Wir schickten dann einen der erstern auf
Rekognoszierung und entdeckten eine halbe Meile davon in
Fresnois ein kleines Schloß mit Park. Dorthin geleitete ich ihn
mit einer inzwischen herangeholten Eskorte vom Leib-Kürras-
sier-Regiment, und dort schlossen wir mit dem französischen
Obergeneral Wimpffen die Kapitulation, vermöge deren
40 000 bis 60 000 Franzosen, genauer weiß ich es noch nicht,
mit allem, was sie haben, unsre Gefangnen wurden. Der vor-
und gestrige Tag kosten Frankreich 100 000 Mann und einen
Kaiser. Heut früh ging letztrer mit allen seinen Hofleuten,
Pferden und Wagen nach Wilhelmshöh bei Kassel ab.

Es ist ein weltgeschichtliches Ereignis, ein Sieg, für den wir
Gott dem Herrn in Demut danken wollen und der den Krieg
entscheidet, wenn wir auch letztern gegen das kaiserlose
Frankreich noch fortführen müssen.

*Die Nachricht von der Gefangennahme des Kaisers Napo-
leon III. und dem Schicksal seiner in Sedan eingeschlossenen
Armee versetzt Berlin in eine nationale Ekstase:*

»Er ist gefangen worden!« Mit Windeseile verbreitete sich
am Morgen des 3. September die Nachricht durch Berlin. Jeder wußte, wer mit dem »Er« gemeint war: Napoleon, der ja

für uns der Inbegriff der Feindseligkeit, des Neides, des Ehrgeizes war. Woher die Botschaft gekommen und ob sie sich bestätigte, darum kümmerte sich niemand; man hatte zwar nach den letzten Depeschen eine große Schlacht erwartet, jedenfalls mußte es sich um diese handeln. In unserm Gymnasium harrten wir fiebernd, daß der Unterricht ausfallen würde, und brachen in ein Hoch aus, als dies der Pedell mitten in der Stunde dem Ordinarius verkündete. In wildem Knäuel stürmten wir davon, schleuderten die Mappe zu Haus hin und jagten nach den Linden.

An den Litfaßsäulen drängten sich Dutzende, Hunderte von Menschen, den Inhalt der noch feuchten Siegesdepesche laut vorlesend, in der der König die Gefangennahme der in Sedan eingeschlossenen Armee und Napoleons mitteilte. Einer rief dem anderen die Freudenbotschaft zu, Unbekannte umarmten sich auf der Straße – gewiß, nun mußte bald der Krieg zu Ende sein, nun mußte wieder Frieden werden. Überall sogleich Fahnen und Banner, in den Schaufenstern, von dichtem Grün umrahmt, die Büsten und Bilder des Königs und Kronprinzen, Bismarcks und Moltkes. Musik und Jubel allüberall. [...]

Welch ein Gedränge Unter den Linden. Aber wir Schlingels wußten uns doch durchzuschlängeln und erreichten, mit manchem Knuff bedacht, das Denkmal des Alten Fritz. Der weite Platz bis zur Universität gedrängt voll, Kopf an Kopf stand die Menge, brausend erklang die »Wacht am Rhein«, überstimmt durch lauten Jubel und Hochrufe. Mehrmals erschien die Königin auf dem Balkon, ihre Mienen freudig bewegt, mit dem Taschentuch winkend und grüßend. Immer drangvoller wurde es, mehr und mehr wurden wir an das das Denkmal umschließende eiserne Gitter gepreßt; man hörte einzelne Angstrufe, keiner achtete darauf. Wupps war einer von uns über das Geländer geklettert, wupps folgten andere. Hoch atmeten wir auf, als wir glücklich hinüber waren! Die Lage war natürlich gebessert; man stand nicht mehr in der fürchterlichen Quetscherei, besser sehen aber konnte man auch nicht. Schnell die breiten und großen Granitstufen erstiegen, die bald dicht gefüllt waren. Noch höher also, aber wie dies anstellen? Da zeigte uns ein Bäckerlehrling den Weg, indem er, die Schultern seiner Nachbarn benutzend, sich keck weiter hinaufschwang und, durch den Beifall der Untenstehenden und die Untätigkeit der Schutzleute ermutigt, von Absatz zu Absatz bis zum Fuß des Alten Fritz emporturnte. Dort, hoch oben, schwenkte er seine Mütze und stieß ein fröhliches Hurra aus, das von unten stürmisch erwidert wurde. Durch seinen Erfolg und die vielfachen Zurufe angespornt, kletterte er wieder herab, ließ sich eine schwarz-weiß-rote Fahne sowie einen Eichenkranz geben, legte den schwierigen Weg nochmals zurück, befestigte die Fahne an des Großen Königs Hand und setzte ihm den Kranz auf das Haupt.

Unten brausender Jubel, ein Schutzmann winkte den flotten Kletterer herab; nicht zur Strafe, sondern zur Belohnung, denn er führte ihn in das Palais. Als die Königin ihn fragte, ob er denn da oben Angst gehabt, erwiderte der mehlbestaubte junge Spreeathener: »Nee, Majestät, ick dachte nur, der olle Fritz ist eklig dreckig!« Alsbald kehrte der flinke Bengel zurück; freudestrahlend zeigte er von der Rampe aus eine mit dem Bild des Königspaares geschmückte vergoldete Tasse und einige Goldstücke. Das war das Zeichen, es ihm gleichzutun! Alsbald kribbelte und wibbelte es um die Helden des Siebenjährigen Krieges und ihres großen Königs, überall brachten wir die uns gereichten kleinen Fahnen an.

Horch, aus der Ferne – ich weiß nicht, war es von der Schloßkuppel oder vom Rathausturm – dringen feierlich die Klänge des »Nun danket alle Gott« herüber. Und tiefergreifend war es, als die tausendköpfige Menge in den Choral einstimmte.

Den überbordenden nationalen Gefühlen gibt Emanuel Geibel in seinem in die Lesebücher des kaiserlichen Deutschen Reiches aufgenommenen Gedicht »Am 3. September 1870« Ausdruck. Der sieben Verse umfassende Lobpreis beginnt mit einem Überschwang der Empfindungen:

> Nun laßt die Glocken von Turm zu Turm
> Durchs Land frohlocken im Jubelsturm!
> Des Flammenstoßes Geleucht facht an!

Der Herr hat Großes an uns getan.
Ehre sei Gott in der Höhe!

Im Felde und in der Heimat finden in den folgenden Tagen Dankgottesdienste und Siegesfeiern statt, bei denen die Schlacht von Sedan den Charakter einer Zeiten- und Weltenwende erhält. Major Hans von Kretschman beschreibt in einem Brief an seine Frau Jenn Gefühle, die sicher nicht bei allen Soldaten, wohl aber bei den Offizieren verbreitet gewesen sind:

Ich komme von einer erhebenden Feier zurück. Denke Dir ein weit geöffnetes Tal, die Ränder desselben steigen steil an und sind mit schönen Laubbäumen bewachsen; der Boden grüne Grasnarbe. Am höchsten Punkte ist ein Altar errichtet, umgeben von den Fahnen und Standarten des III. Armeekorps; in einem weiten Viereck steht das III. Korps; die Reihen sind gelichtet; auf den Höhen ringsum sieht man Grabhügel mit zwei ins Kreuz gelegten Hölzern bezeichnet, hier ein Helm, dort ein Käppi als Zeichen, ob ein Preuße oder ein Franzose die Ewigkeit erwartet.

Es waren die Nachrichten von der Gefangenschaft des Kaisers, von der Waffenstreckung der französischen Armee unter Mac-Mahon angelangt; und wofür hatten wir nicht zu danken!

Herr Gott Dich loben wir, wurde gesungen; der Geistliche sprach über Jakobs Traum und deutete ihn; dann: Ein feste Burg ist unser Gott; und am Schlusse: Nun danket alle Gott; jener Gesang, der auf allen preußischen Schlachtfeldern Zeugnis gab, daß wir Gott die Ehre geben.

Nach dem Gottesdienste sagte Prinz Friedrich Carl, er habe es sich als besondere Auszeichnung vorbehalten, die ersten Eisernen Kreuze, die der König für besonders hervorragende Taten bestimmt habe, selbst anzuheften. Es wurden die Generale v. Buddenbrock, v. Stülpnagel, v. Bülow, ein Teil der Brigadegenerale, ein anderer der übrigen Offiziere und Mannschaften vorgerufen. Ich auch. Der Prinz band jedem den Orden ein, sagte einige Worte, mir: »Ich weiß, daß Sie nicht vergessen, daß es auch eine I. Klasse gibt.«

Solche Momente: Gottesdienst, blauer Himmel, grüne Bäume und das Herz voll, die bleiben ewig im Gedächtnis. Ich habe nichts getan, das in mir den Gedanken an ein Verdienst erzeugt, aber es ist mir eine Beruhigung, daß, wenn ich einmal nicht mehr bin, Lily und Du sagen könnt, daß ich meine Schuldigkeit getan habe.

Dem Jubel in Deutschland entspricht die Verzweiflung in Frankreich. Die Nachricht von dem Schicksal der in Sedan eingeschlossenen Armee führt in Paris am 3. September zu Demonstrationen, die am 4. September auf die gesetzgebenden Körperschaften übergreifen, in denen es zu leidenschaftlichen Auseinandersetzungen kommt. Die Regierung wird zum Rücktritt gezwungen. Kaiserin Eugenie, von ihrem Mann bei seiner Abreise an die Front als Regentin eingesetzt, verläßt Paris; über Belgien begibt sie sich nach Großbritannien, von wo aus sie Kontakte mit Bismarck aufnimmt. Der Kaiser in Gefangenschaft, die Kaiserin-Regentin im Exil – Frankreich befindet sich in einer revolutionären Veränderung. Bemüht, angesichts des im Lande stehenden Feindes ihre Autorität durchzusetzen, erläßt die neu gebildete Regierung der nationalen Verteidigung, bestehend aus Politikern, die zu dem Regime Napoleons III. in Opposition stehen, am 4. September folgenden Aufruf:

Franzosen! Das Volk hat die Kammer überholt, welche zauderte. Um das Vaterland zu retten, das sich in Gefahr befindet, hat es die Republik verlangt. Es hat seine Vertreter nicht in die Regierungsgewalt, sondern in die Gefahr eingesetzt. Die Republik hat die Invasion im Jahre 1792 besiegt; die Republik ist proklamiert. Die Revolution ist im Namen des Rechtes, des öffentlichen Wohles, vollzogen. Bürger! Bewacht die Stadt, die euch anvertraut worden ist; morgen werdet ihr mit der Armee die Rächer des Vaterlandes sein.

Durch den Ausgang der Schlacht von Sedan und durch die Ausrufung der Republik in Frankreich ist in Europa eine neue militärische und politische Lage entstanden. Die Frage, ob die Fortsetzung des Krieges noch vonnöten ist, drängt sich den

*handelnden und den beobachtenden Zeitgenossen auf. Mit ihr
beschäftigt sich auch das am 5. September in Braunschweig
verkündete Manifest des Ausschusses der Sozialdemokratischen Arbeiterpartei:*

Eine neue unerwartete Wendung der Dinge ist eingetreten.
Napoleon ist in deutscher Gefangenschaft, in Paris ist die Republik erklärt und eine republikanische Regierung eingesetzt
worden. Nach zwanzigjährigem schmachvollem Bestehen des
Zweiten Kaiserreichs hat sich das französische Volk in der
Stunde der größten Bedrängnis ermannt und seine Geschicke
in seine Hände genommen. Es hat sich losgesagt von dem
Manne, von dem es sich zwanzig Jahre hatte knechten lassen
und der endlich diese Bedrängnis auf Frankreich herabbe-
schworen. Ein »Hurra« der französischen Republik!

Mit dieser Wendung der Dinge ist, so hoffen wir, das Ende
des Krieges gewiß. Solange die napoleonischen Söldnerscharen
Deutschland bedrohten, war es unsere Pflicht, als Deutsche
den »Verteidigungskrieg, den Krieg um die Unabhängigkeit
Deutschlands« zu führen. Ein solcher Verteidigungskrieg
schließt nicht aus, daß man den Feind angreife; er schließt,
wie jeder Krieg, ein, daß letzterer zum Frieden gezwungen
wird. Daher mußten wir selbst dann noch den deutschen Heeren den Sieg wünschen, als die unmittelbare Bedrohung der
deutschen Grenzen beseitigt und unser braves Heer mitten in
Frankreich hineingedrungen war; freudig bewegten uns die in
unerhörter Tapferkeit, in großartigster Todesverachtung von
unseren deutschen Brüdern errungenen glorreichen Siege. Und
gewiß können wir stolz darauf sein, einem solchen Helden-
volke anzugehören. Aber mehr als je ist es jetzt, in dem Bewußtsein des ruhmvollsten Sieges, unsere Pflicht, uns nicht zu
berauschen in dem wilden Siegestaumel, »der so leicht der
Menschen Geister berückt«, sondern kühl und besonnen uns
zu fragen nach dem, was wir jetzt zu tun haben. Doppelt ist
dies unsere Pflicht der neuen Wendung der Dinge gegenüber.

Die neue Volksregierung muß und wird den Frieden mit
Deutschland zu erreichen suchen, sie muß und wird die Kriegserklärung des Napoleoniden zurückziehen.

*Am 7. September setzt Wilhelm I. Königin Augusta die
Gründe für die Fortsetzung des Krieges mit dem zur Republik
gewordenen Frankreich auseinander. Er erläutert die Ver-
langsamung des Tempos der militärischen Operationen und
befaßt sich mit den von den neutralen Mächten unternommenen Versuchen, einen Waffenstillstand herbeizuführen:*

Wir gehen langsam vor, teils, um die Truppen durch kleine
Märsche sich erholen zu lassen, da sie durch den Stoß nach
Norden, der unaufhaltsam gehen mußte, sehr fatiguiert sind,
teils, um sich die Dinge in Paris entwickeln zu lassen. Man
sagt, daß die Orleans in Paris sind! – Die Neutralligue, welche
schon Velleitäten [*zögernde Bereitschaft*] zur Friedensvermitt-
lung verspüren ließ, wird durch die neuesten Ereignisse ihre
Fühlhörner wohl wieder einziehen. Diese Velleitäten geben
schon zu verstehen, daß sie auf Integrität Frankreichs gerichtet seien! Wie dies möglich ist, begreift man nicht! Selbst aus
Petersburg kommen solche Andeutungen, weil Landabzwei-
gung (Elsaß und Deutsch-Lothringen) ein neuer pomme de
discorde [*Zankapfel*] sein würde, als wenn das linke Rheinufer dies nicht auch schon seit 55 Jahren gewesen sei, so daß,
um Ruhe zu haben, wir logischermaßen jenen das linke Rheinufer abtreten müßten! Im Gegenteil, um Deutschland vor
Frankreichs steten Gelüsten auf Einfälle in Deutschland endlich sicherzustellen, muß jene Länderabtretung verlangt werden, Elsaß vor allem. Dies ist auch die allgemeine Stimme in
ganz Deutschland, und wollten sich die Fürsten dieser Stimmung entgegenstemmen, so riskieren sie ihre Throne; denn die
Opfer, die ganz Deutschland an Menschen und Geld usw.
bringt, verlangen einen Frieden, der dauernd sei, und das ist
nur möglich, wenn dasjenige Land genommen wird, was
deutsch war und ist. Es ist gewiß vermessen, von solchen Dingen heute schon zu sprechen, wo der Krieg noch in vollem
Gange ist; wenn aber andere bereits davon sprechen, daß das
und das nicht sein solle, so haben wir ein Recht zu sagen, was
wir nicht zugeben würden, wenn es erst so weit ist.

*Die erkennbare Weigerung Preußens, den Krieg zu been-
den, ist für den Generalrat der Internationalen Arbeiterasso-*

ziation Grund, sich mit der im Gang befindlichen Verände-
rung des Charakters des Krieges zu beschäftigen; in seiner,
von Karl Marx verfaßten zweiten Adresse über den deutsch-
französischen Krieg führt er aus:

Die deutsche Arbeiterklasse hat den Krieg, den zu hindern
nicht in ihrer Macht stand, energisch unterstützt, als einen
Krieg für Deutschlands Unabhängigkeit und für die Befreiung Deutschlands und Europas von dem erdrückenden Alp
des Zweiten Kaiserreiches. Es waren die deutschen Industrie-
arbeiter, welche mit den ländlichen Arbeitern zusammen die
Sehnen und Muskeln heldenhafter Heere lieferten, während
sie ihre halbverhungerten Familien zurückließen. Dezimiert
durch die Schlachten im Auslande, werden sie noch einmal
dezimiert werden durch das Elend zu Hause. Sie verlangen
nun ihrerseits »Garantien«, Garantien, daß ihre ungeheuren
Opfer nicht umsonst gebracht worden, daß sie die Freiheit
erobert haben, daß die Siege, die sie über die bonapartistischen
Armeen errungen, nicht in eine Niederlage des deutschen Volkes verwandelt werden wie im Jahre 1815. Und als erste dieser Garantien verlangen sie »einen ehrenvollen Frieden für
Frankreich« und »die Anerkennung der französischen Republik«.

Der Ausgang der Schlacht von Sedan und die Ausrufung
der Republik in Frankreich zerstören auch die Hoffnungen
auf einen Dreibund Österreich/Ungarn-Italien-Frankreich.
Ein russischer Truppenaufmarsch an der galizischen Grenze
hat Österreich-Ungarn zum Stillhalten gezwungen. Nach dem
Sturz des französischen Kaiserreichs kündigt Italien die mit
Napoleon III. geschlossene Konvention über den Kirchen-
staat und marschiert in Rom ein, womit noch vor dem deut-
schen Nationalstaat der italienische Nationalstaat vollendet
wird. Die internationale Lage nach der Schlacht von Sedan
und nach der Proklamation der Republik in Frankreich ana-
lysiert die »Allgemeine Zeitung« am 11. September:

Dem Kaiser Alexander von Rußland allein verdankt es
Deutschland, daß die übrigen europäischen Mächte bis zur

Kapitulation von Sedan nicht aus der Neutralität herausge-
treten sind. Neigung dazu war bei allen vorhanden, wenn
dieselbe auch durch die Schlachten bei Wörth, Vorbach und
Metz stufenweise ermäßigt wurde. Bei den englischen Ministern taten persönliche Wünsche und einseitige Berichterstattung einiges zugunsten Frankreichs, mehr die Eifersucht auf
eine noch nicht übersehbare Kraftentwicklung Deutschlands,
bei der auch Kriegs- und Handelsschiffe in Betracht kommen.
Zu einem Vorgehen durch Blockade, Landungstruppen und
Subsidien fehlte noch viel, aber an Ermunterungen und Ver-
sprechungen haben es die englischen Diplomaten in verschiedenen Residenzen nicht mangeln lassen. In Wien begannen
die Zusagen des Biedermannes von Salzburg [*Napoleons III.*]
ihre Wirksamkeit. Gegen die definitive Machtbegründung
Deutschlands wurde dort geltend gemacht, daß Deutsch-Öster-
reich sich dazu zentripedal und gegen die Habsburg-Lothrin-
gische Gesamtmonarchie zentrifugal verhalten werde. Wie das
abzustellen, sollte erst von den Erfolgen der französischen
Waffengemeinschaft abhängen. [...] Nach der Kapitulation
von Sedan, der Gefangennahme Napoleons, der Ausrufung
der französischen Republik hat sich der Standpunkt Rußlands
nicht geändert, wohl aber die Stellung der Neutralen wider
Willen. Zu nahe Berührung mit der französischen Republik
könnte die italienischen Republikaner gegen Viktor Emanuel
ermutigen. Seine Rüstungen reichen vielleicht aus, um Rom zu
besetzen. Ob ihre ursprünglichen Motive nicht bei den demnächst zu erwartenden Verträgen die Behauptung der Hauptstadt Italiens erschweren werden, ist noch nicht ausgemacht.
Österreich wird von den Salzburger Illusionen gründlich ge-
heilt sein. England befolgte natürlich nur konservative Grundsätze, indem es einen Machtinhaber gegen einen Machtbegrün-
der begünstigte. Hätte England aber geahnt, wie furchtbar
Frankreich niedergeschmettert werden würde, so würden
Herr Gladstone und seine Kollegen ihre angelegentliche Verwendung für dasselbe wahrscheinlich gespart haben. Denn der
überaus vorsichtige John Bull [*England*] reicht einem fröhlich
am Ufer Stehenden lieber die Hand als dem Ertrinkenden,
der nach ihr hascht.

Am gleichen Tage, am 11. September, berichtet Friedrich Nietzsche Richard Wagner den Verlauf und das Ende seines kurzen Einsatzes als Krankenpfleger. Von Erlangen aus schreibt er an den Freund einen Brief, in dem er sowohl seine persönlichen Erfahrungen als auch seine politischen Ansichten mitteilt:

Meine Hilfstätigkeit hat einen einstweiligen Abschluß gefunden, leider durch Krankheit. Meine mannigfachen Aufträge und Verpflichtungen führten mich bis in die Nähe von Metz; es wurde mir und meinem – sehr bewährten – Freunde Mosengel möglich, den größten Teil unserer Aufgaben mit Glück zu erledigen. In Ars sur Moselle übernahmen wir die Pflege von Verwundeten und kehrten dann mit diesen nach Deutschland zurück. Dieses dreitägige und dreinächtige Zusammensein mit Schwerverwundeten war der Höhepunkt unserer Anstrengungen. Ich hatte einen elenden Viehwagen, in dem sechs Schwerleidende lagen, allein während jener Zeit zu besorgen, zu verbinden, zu verpflegen usw. Alle mit zerschossenen Knochen, mehrere mit vier Wunden; dazu konstatierte ich bei zweien noch Wunddiphtheritis. Daß ich es in diesen Pestdünsten aushielt, selbst zu schlafen und zu essen vermochte, erscheint mir jetzt wie ein Zauberwerk. Kaum aber hatte ich meinen Transport an ein Karlsruher Lazarett abgeliefert, stellten sich auch bei mir ernstliche Zeichen von Unwohlsein ein. Mit Mühe kam ich nach Erlangen, um meinem Vereine über verschiedenes Bericht zu erstatten. Dann legte ich mich zu Bett und liege bis jetzt. [. . .]
Über die deutschen Siege möchte ich kein Wort sagen: das sind Feuerzeichen an der Wand, allen Völkern verständlich.

Das vom Ausschuß der Sozialdemokratischen Arbeiterpartei am 5. September verkündete Manifest ist für den Generalgouverneur von Norddeutschland, General Eduard Vogel von Falckenstein, Grund, die Mitglieder des Parteiausschusses, darunter Leonhard von Bonhorst, Wilhelm Bracke und Samuel Spier, sowie weitere Braunschweiger Parteimitglieder festnehmen und in Ketten auf die Festung Boyen bei Lötzen in Ostpreußen überstellen zu lassen. Friedrich Engels kommentiert

am 13. September in einem Brief an Karl Marx diese Maß-
nahme, wobei er auch auf die Veränderung des Charakters
des Krieges eingeht:

Was diese Preußen für unverbesserliche Esel sind! Haben
sie den ganzen unglücklichen sozialdemokratischen Ausschuß
in Braunschweig und sogar den Drucker der wohlmeinenden
und wahrhaftig noch zahmen Proklamation auf Befehl Vogel
von Falckensteins arretiert und geschlossen nach Lötzen in
Ostpreußen abgeführt. Du weißt, daß unter dem Vorwande
der französischen Landung fast ganz Norddeutschland in
Kriegszustand erklärt ist und daher die Militärbehörde nach
Belieben arretieren kann. Zum Glück beweist die sofortige
Deportation nach Ostpreußen, daß man sie bloß bis zum Frieden festhalten, nicht aber vor ein Kriegsgericht stellen will, in
welchem Fall ihnen zehn Jahr Festung oder Zuchthaus von
den zur Verdonnerung kommandierten Leutnants wohl sicher
gewesen wären. Man sieht aber, wie die bloße Phrase der
Republik diese Jammerseelen erschreckt und wie unbehaglich
sich die offizielle Welt ohne Staatsgefangne fühlt.

Überhaupt nimmt der Krieg mit der Zeit eine unangeneh-
me Gestalt an. Die Franzosen haben noch nicht Prügel genug,
und die deutschen Esel haben schon viel zuviel gesiegt. Victor
Hugo schreibt Blödsinn auf französisch, und der schöne Wilhelm verschimpfiert die deutsche Sprache. »Nun lebe wohl mit
bewegtem Herzen am Schluß eines solchen Briefes.« Das will
ein König sein! Und noch dazu von der jebildetsten Nation
der Welt! Und seine Frau läßt das drucken!

Den Brief von David Friedrich Strauß vom 12. August
gegen die französische Politik beantwortet Ernest Renan am
13. September ausführlich. Er zeigt sich bestürzt über die Na-
tionalisierung des deutschen Geistes, fürchtet um den Bestand
eines erzwungenen Friedens und beschwört den Freund, an
das Gesamtschicksal Europas zu denken. Entschieden befür-
wortet er das Prinzip einer europäischen Föderation:

Die Stunde ist feierlich. Es gibt in Frankreich zwei Strö-
mungen der Meinung. Die einen räsonieren so: »Machen wir

diesem verhaßten Handel so rasch wie möglich ein Ende; treten wir alles ab, Elsaß, Lothringen; unterzeichnen wir den Frieden; dann aber Haß auf den Tod, Vorbereitungen ohne Rast, Allianz, mit wem es sich trifft, unbegrenzte Nachgiebigkeit gegen alle russischen Anmaßungen; ein einziges Ziel, eine einzige Triebfeder für das Leben: Vertilgungskampf gegen die germanische Rasse.« Andre sagen: »Retten wir Frankreichs Integrität, entwickeln wir die konstitutionellen Einrichtungen, machen wir unsre Fehler gut, nicht indem wir Rache träumen für einen Krieg, worin wir die ungerechten Angreifer waren, sondern indem wir mit Deutschland und England ein Bündnis schließen, dessen Wirkung sein wird, die Welt auf dem Wege der freien Gesittung weiterzuführen.« Deutschland wird entscheiden, ob Frankreich diese oder jene Politik erwählen wird; es wird damit zugleich über die Zukunft der Gesittung entscheiden.

Ihre hitzigen Germanisten berufen sich darauf, das Elsaß sei ein deutsches Land, unrechtmäßigerweise vom deutschen Reiche abgerissen. Bemerken Sie, wie die Nationalitäten sämtlich nur gleichsam in Bausch und Bogen miteinander abgefunden sind; fängt man einmal an, in dieser Art über die Ethnographie jedes Gaues zu räsonieren, so öffnet man endlosen Kriegen Tür und Tor. Schöne französisch redende Provinzen bilden keinen Bestandteil von Frankreich, und das ist sehr vorteilhaft, für Frankreich selbst. Slavische Länder gehören zu Preußen. Diese Unregelmäßigkeiten sind der Zivilisation sehr förderlich. Die Vereinigung des Elsasses mit Frankreich z. B. ist eines der Ereignisse, die der Propaganda des Germanismus am meisten Vorschub geleistet haben; das Elsaß ist das Tor, durch welches die Ideen, die Methoden, die Bücher aus Deutschland in der Regel eingehen, um zu uns zu gelangen. Es ist außer Streit, wollte man das elsässische Volk befragen, so würde eine unermeßliche Majorität sich für das Verbleiben bei Frankreich aussprechen. Ist es Deutschlands würdig, sich mit Gewalt eine widersetzliche, erbitterte, vollends seit der Verwüstung Straßburgs unversöhnlich gewordene Provinz anzueignen? Man ist in der Tat zuweilen betroffen von der Kühnheit Ihrer Staatsmänner. Der König von Preußen scheint

im Zuge, sich die Lösung der französischen Frage aufzubür-
den, Frankreich eine Regierung geben und diese demgemäß
auch aufrechterhalten zu wollen. Kann man mutwilligerweise
nach einer solchen Last verlangen? Wie ist es möglich, nicht
einzusehen, daß die Konsequenz dieser Politik wäre, Frankreich für ewige Zeiten mit 300 000 bis 400 000 Mann besetzt
zu halten? Deutschland will also mit dem Spanien des 16.
Jahrhunderts wetteifern? Und seine große und hohe Geistes-
bildung, was sollte aus ihr bei solchem Spiele werden? Es
nehme sich in acht, daß nicht eines Tags, wenn man die ruhmvollsten Tage der germanischen Rasse bezeichnen will, man
der Periode ihrer Militärherrschaft, die vielleicht durch geistige und sittliche Erniedrigung bezeichnet sein wird, die ersten
Jahre unsres Jahrhunderts vorziehe, wo sie, äußerlich besiegt,
erniedrigt, der Welt die höchste Offenbarung der Vernunft
gab, welche die Menschheit bis dahin gekannt hatte.

Man muß erstaunen, daß einige Ihrer besten Geister dies
nicht einsehen, und besonders, daß sie gegen eine europäische
Intervention in diesen Fragen sind. Der Friede kann, so
scheint es, nicht direkt zwischen Frankreich und Deutschland
geschlossen werden; er kann nur das Werk Europas sein, das
den Krieg mißbilligt hat und wollen muß, daß kein Glied der
europäischen Familie allzusehr geschwächt werde. Sie sprechen
mit gutem Rechte von Garantien gegen die Wiederkehr ungesunder Gelüste; aber welche Garantie könnte stärker sein, als
wenn Europa von neuem die gegenwärtigen Grenzen sanktio-
nierte und jedem Teile untersagte, an eine Verrückung der
durch die alten Verträge gesetzten Marksteine zu denken?
Jede andere Lösung würde das Tor offen lassen für Rache-
handlungen ohne Ende. Wenn Europa dies tut, so wird es für
die Zukunft den Keim der fruchtbarsten Institution gelegt
haben, einer Zentralautorität, meine ich, einer Art von Kongreß der vereinigten europäischen Staaten, der den Nationen
Recht spricht, sich über sie stellt und das Nationalitätsprinzip
durch das Prinzip der Föderation reguliert. Bis auf unsere
Tage hat diese Zentralmacht der europäischen Gemeinschaft
sich nur wirksam gezeigt in vorübergehenden Koalitionen gegen das Volk, das auf Universalherrschaft Anspruch machte;

es wäre gut, wenn sich eine permanente und präventive Koalition bildete zur Aufrechterhaltung der großen gemeinsamen Interessen, die doch zuletzt die der Vernunft und Zivilisation sind.

Das Prinzip der europäischen Föderation kann so eine Grundlage der Vermittlung bilden, ähnlich derjenigen, die im Mittelalter die Kirche bot.

Sedan bedeutet das Ende der ersten Phase des Krieges zwischen Frankreich einerseits und Preußen und seinen Verbündeten andererseits. Es markiert eine gegensätzliche Entwicklung in beiden Ländern: In Frankreich kommt es zum Sturz des Kaisers und damit zur Beseitigung eines politisch unbeliebten Systems; an seine Stelle tritt eine von revolutionären Tendenzen bestimmte Regierung, die zwar bereit ist, Frieden zu schließen, wenn der Gebietsstand Frankreichs unversehrt bleibt, jedoch entschlossen ist, den Krieg als Volkskrieg mit allen ihr zu Gebote stehenden Mitteln fortzusetzen. In Deutschland wird Sedan zum Synonym des nationalen Enthusiasmus, des bleibenden Ergebnisses des Krieges von 1870/71. Das Erlebnis ist so stark, daß Zeitgenossen sehr früh daran denken, diesen Tag zum nationalen Feiertag des deutschen Volkes zu machen, was er dann auch geworden ist. Sedan – das bedeutet einen glorreichen Sieg über den Erbfeind, in dem die Überlegenheit nicht nur der preußischen Kriegführung, sondern auch, wie Publizisten und Professoren zu versichern nicht müde werden, des deutschen Geistes und der deutschen Zivilisation sichtbar wird. Die Erinnerung an Sedan wird kultisch institutionalisiert. Unter dem Eindruck der Nachricht vom Ausgang der Schlacht von Sedan schreibt der Historiker H. Baumgarten seine Betrachtung »Wie wir wieder ein Volk geworden sind«, die er mit folgenden Worten beschließt:

Die rasche Skizze, welche ich unter dem Eindruck unserer ersten Siege über Frankreich begonnen habe, schließe ich unter dem Jubel über die neuesten Triumphe bei Sedan und Metz. Vor dem wunderbaren Ereignis des 2. September verstummt meine schwache Stimme. In diesen staunenswerten Taten, welche in wenigen Wochen die Gestalt der Welt verwandelt haben, liegt der unwiderstehliche Beweis für die Wahrheit meiner Sätze. Jede Siegesbotschaft, die unser dankerfülltes Herz von neuem freudig erzittern macht, verkündigt die große Tatsache, daß der lange schwere Auferstehungsprozeß unseres Volkes auf dem Punkt steht, von derselben staatbildenden Kraft, die ihn begonnen und fortgeführt hat, abgeschlossen zu werden, daß wir, was wir so lange so heiß ersehnt haben, jetzt vollbracht sehen, daß wir wieder ein Volk sind. Und wahrlich, wir müßten nicht das deutsche Volk sein, wenn nicht ein jeder von uns sich getrieben fühlte, angesichts dieses erhabenen Daherschreitens providentieller Mächte seine kleine Weisheit, seinen engen Parteisinn zu beugen vor dem donnernden Eintritt einer neuen Epoche.

Ein wunderbar günstiges Geschick hat alle Deutschen plötzlich aus erbittertem Hader zu herzlicher Eintracht geführt und das erste wahrhaft einmütige Handeln, von dem unsere Geschichte weiß, mit den herrlichsten Erfolgen gekrönt. Wir alle haben Teil an diesem Ruhm. Keiner von uns wünscht sich ein höheres Verdienst anzurechnen. Aber indem wir so verbunden sind in neidloser Anerkennung, werden wir nicht undankbar die Kräfte vergessen, deren Jahrhunderte füllendes rastloses Mühen allein diesen herrlichen Aufschwung möglich gemacht hat. Indem wir jetzt aus nationaler Ohnmacht mit raschem sicherem Schritt auf den Vordergrund der Weltbühne treten, ernten wir alle, was die Hohenzollern seit dem Tage des großen Kurfürsten in harter Arbeit, unzählige Male von unserer Gleichgültigkeit, fast ebensooft von unserem kurzsichtigen Widerstreben gehemmt, auf preußischem Boden gezogen haben. In fest geschlossenen Reihen werden wir das Friedenswerk unter demselben Banner vollenden, unter dem uns das Kriegswerk so über all unser Hoffen gelungen ist. Oder könnte es auch jetzt noch viele unter uns geben, welche sich dem providentiellen Gange unserer Geschicke in den Weg zu werfen blind oder eigensinnig genug wären? Die Nation, welche jetzt in unvergeßlichen Tagen erfahren hat, wer ihr berufener Führer ist, würde ihrer nicht achten.

Leiser Druck auf Bayern

Nach der militärischen Entscheidung von Sedan rückt die Frage der politischen Neugestaltung Deutschlands in den Mittelpunkt des allgemeinen Interesses. Bismarck benutzt die bereits vor Ausbruch des Krieges bekundete Bereitschaft des Großherzogtums Baden, sich dem Norddeutschen Bund anzuschließen, um die süddeutschen Staaten, vornehmlich Bayern, unter Druck zu setzen, wobei er sich der Tatsache bewußt ist, daß bayerische Minister, bayerische Beamte und ein Teil der bayerischen Öffentlichkeit seine Absicht unterstützen, Bayern zum Eintritt in den Norddeutschen Bund zu veranlassen. Am 8. September empfängt er einen Mitarbeiter des früheren bayerischen Ministerpräsidenten Chlodwig Fürst zu Hohenlohe-Schillingsfürst, Karl Graf von Tauffkirchen, der als Gesandter beim Hl. Stuhl Bayern in der Zeitspanne des I. Vatikanischen Konzils, vom 1. Dezember 1869 bis zum 3. August 1870, vertreten hat. Am 15. Juli hat Tauffkirchen an den Nachfolger des Fürsten Hohenlohe-Schillingsfürst, Otto Graf Bray-Steinburg, angesichts der noch unentschiedenen Haltung Bayerns geschrieben, er werde

[...] seinem König mit Aufopferung dienen, solange er mit Deutschland geht, aber nicht länger.

Aus Rom zurückgekehrt wird Tauffkirchen am 11. August von König Ludwig II. empfangen. Da sich seine Hoffnung auf eine politische Mission nicht erfüllt, reist er im Interesse des Vereins für Verwundete in die Pfalz. Auf sein Betreiben wird er am 29. August zum Präfekten der provisorischen Verwaltung des Maas-Departements in Bar le Duc ernannt.

Im Hochgefühl des Sieges von Sedan erläutert ihm Bismarck am 8. September die Chancen Bayerns im Falle seiner Beteiligung und die Gefahren für Bayern im Falle seiner Ablehnung der Verwirklichung der deutschen Einheit und fordert ihn auf, unverzüglich König Ludwig II. zu unterrichten. Auf Bismarcks Veranlassung begibt sich der Präsident des Bundeskanzleramtes des Norddeutschen Bundes, Staatsminister von Delbrück, ins Hauptquartier in Reims. Sowohl Wilhelm I. als auch Bismarck erörtern mit ihm nach seiner Ankunft am 10. September die nächsten Schritte zur Veränderung der politischen Struktur Deutschlands:

Der König empfing mich sehr gnädig; nachdem er mich entlassen, begann die Beratung mit dem Grafen Bismarck. Wohl eine Stunde lang schritten wir in der Cour d'honneur des erzbischöflichen Palastes, dem Quartier des Königs, auf und ab, neugierig begafft von dem Publikum, das an dem den Hof abschließenden Gitter vorbeiging. Es kam darauf an, den Beitritt der süddeutschen Staaten zu dem Norddeutschen Bund, also dessen Umwandlung in den Deutschen Bund, und weiter das Kaisertum in die Wege zu leiten. Die Berufung des Zollparlaments war ins Auge gefaßt, weil von ihm eine Manifestation im Sinne der politischen Einheit und damit ein Druck auf die Regierungen erwartet wurde. Ich riet dringend von der Betretung dieses Weges ab. Schon bei dem Schluß der letzten Session des Zollparlaments hatte ich mich mit Besorgnis gefragt, was aus dieser Institution werden solle, nachdem der Stoff für ihre gesetzgeberische Tätigkeit vollständig erschöpft und alle Handelsverträge von Bedeutung erledigt waren. Das Zoll- und Steuerwesen der eroberten Gebiete konnte, solange dieselben nichts anderes waren als erobertes Land, nur im Verwaltungswege geordnet werden, gehörte also zur Zeit nicht vor das Zollparlament. Ein Handelsvertrag mit S. Salvator war zur Vorlage reif, vielleicht hätten sich noch ein paar legislative Kleinigkeiten auffinden lassen, aber niemand würde uns geglaubt haben, daß wir wegen solcher Lappalien mitten im Kriege das Zollparlament beriefen, alle Welt würde fühlen, daß anderes in der Absicht liege, und schon die Ahnung solcher Absicht würde verstimmen. Daß das Zollparlament unzweifelhaft nicht die Kompetenz hatte, einen politischen Beschluß zu fassen, hätte nicht viel zu sagen gehabt, wenn er mit überwältigender Mehrheit gefaßt worden wäre. Daran war aber nicht zu denken. Es war sicher, daß die Mehrzahl der bayerischen und manche württembergische Abgeordnete gegen den Beschluß stimmen würden, und zwar nicht bloß solche, welche die Sache nicht wollten, sondern auch solche, die einen Druck auf ihren König nicht ausüben mochten. Ein gegen eine so geartete Minderheit gefaßter Beschluß würde aber der Sache unwiderbringlichen Schaden tun. Überhaupt vertrat ich die Überzeugung, daß im Jahre 1870 so wenig wie im Jahre 1849 ohne die Initiative der Fürsten etwas zustande kommen werde, und ich begründete aus der Natur der Dinge und aus meinen Dresdener Wahrnehmungen die Zuversicht, daß es, wenn man nur zu warten verstehe, an dieser Initiative nicht fehlen werde. Schlimmstenfalls würde das Schicksal der eroberten Gebiete Veranlassung zu einer vertraulichen Verhandlung mit den Regierungen bieten, aus welcher weiteres sich entwickeln müßte. Zu einem Beschluß kam es bei dieser Unterredung nicht. Ich übernahm es, ein Bild der Gestaltungen zu entwerfen, zu denen die Ausdehnung des Bundes auf Süddeutschland führen würde.

Meine Unterhaltungen bei der Tafel des Königs und am Tische des Grafen Bismarck konnten mich überzeugen, daß im militärischen Hauptquartier die Herstellung der deutschen Einheit mit der kaiserlichen Spitze als eine leichte Aufgabe angesehen wurde. Acht siegreiche Schlachten, in denen die Söhne aller deutschen Länder vereint gekämpft und geblutet hatten, hatten im Bewußtsein der Armee die Einigung Deutschlands vollzogen, und der Zauber, den die Person des Königs auf Offiziere und Mannschaften des ganzen Heeres ausübte, schien in der Kaiserkrone seinen natürlichen Ausdruck zu finden. Sachlich war alles fertig; »man brauchte nur zu wollen«, um alles auch formell in Ordnung zu bringen. Das durch große Taten und große Erfolge gehobene Bewußtsein übertrug ohne weiteres die Stimmung der Armee auf die einzelnen Staaten, deren Kontingente die Armee bildeten, und wollte deshalb jede andere Stimmung als unberechtigt ignorieren oder niederwerfen. Wer die Stimmung in Bayern und Württemberg anders ansah und weder von einer Ignorierung noch von einer Vergewaltigung etwas wissen wollte, lief Gefahr, für träge und kleinmütig, wenn nicht für noch Schlimmeres zu gelten.

Aber nicht nur im Hauptquartier werden die Probleme der Einigung Deutschlands diskutiert. Der sächsische Minister Richard Freiherr von Friesen legt am Tage der Ankunft Delbrücks in Reims, dem 10. September, in einem ausführlichen Erlaß dem sächsischen Gesandten in München die Notwendigkeiten und Möglichkeiten der anstehenden Entscheidungen dar. Er handelt, wie er versichert, im Auftrag des Königs von Sachsen und befiehlt dem Gesandten, dem bayerischen Ministerpräsidenten die Ansicht Sachsens zur Kenntnis zu bringen:

Eure Hochgeboren haben mehrfach Gelegenheit genommen, mir über den außerordentlichen Aufschwung zu berichten, welchen die deutsch-nationale Bewegung infolge der überwältigenden Fortschritte der deutschen Waffen im gegenwärtigen Kriege auch im Süden Deutschlands genommen hat. Eine gleiche Erscheinung zeigt sich auch in dem Gebiete des Norddeutschen Bundes, und das, was hier wie dort diese Bewegung besonders charakterisiert und ihr eine große und nicht zu verkennende Bedeutung beilegt, ist der Umstand, daß sie nicht von einzelnen politischen Parteien künstlich angeregt, sondern aus dem Gange der Ereignisse selbst und der allgemeinen Überzeugung entstanden ist, daß die ungeheuren Erfolge, durch welche der größte und mächtigste Gegner Deutschlands auf lange Zeit hin niedergeschmettert ist, nicht bloß der Tapferkeit unserer Armee, nicht bloß der Energie, dem Geschicke und der Klugheit ihrer Führer, sondern ganz besonders und in erster Linie der Tatsache zu verdanken sind, daß hier einmal alle reindeutschen Staaten, und zwar in allen übereinstimmend die Regierungen und die Völker, mit gleicher Begeisterung und gleicher Energie des Willens zu demselben Zwecke zusammenstehen und daß hier, zum ersten Male in der deutschen Geschichte, die Gesamtkraft der Nation unter einer einheitlichen Leitung zusammengefaßt worden und die fast sprichwörtlich gewordene Eifersucht der deutschen Stämme untereinander sich nicht in gegenseitigem Mißtrauen und in Zerwürfnissen, sondern einzig und allein in dem Eifer zeigt, mit welchem ein jeder Stamm sich bestrebt, es den anderen an hingebender Tapferkeit und todesverachtendem Mute gleich- oder zuvorzutun. Daß eine solche Bewegung sich nicht nach Beendigung des Krieges ohne weiteres zur Ruhe legen, daß die nationale Stimmung Deutschlands sich nicht mit der Ab- tretung einzelner Teile von Frankreich und der Gewährung einer Kriegskostenentschädigung begnügen wird, das bedarf keines Beweises. Es würde gegen die Natur der Dinge sein, wenn man sich dem Glauben hingeben wollte, daß das deut- sche Volk nach den Erlebnissen des Krieges wieder ruhig in die frühere Zerrissenheit zurückkehren und durch die Beibe- haltung der Mainlinie als einer unübersteiglichen Grenze des deutschen Nordens und Südens sich werde befriedigen lassen. Selbst diejenigen Regierungen, in deren Staaten das nationale Bewußtsein noch nicht die Majorität der Bevölkerung durch- drungen haben sollte, werden sich sagen müssen, daß eine Ent- täuschung nach solchen Erfolgen nicht zu einer Schwächung, sondern zu einer wesentlichen Verstärkung der nationalen Bewegung hinführen müßte. Wenn Deutschland jetzt wieder auseinanderfallen sollte, dann würde dem aufs tiefste ver- letzten Ehrgeize Frankreichs die Aussicht eröffnet werden, durch eine geschickte Wahl eines Kriegsfalles und eine bessere Vorbereitung zum Kriege vielleicht bald wieder in einem Kampfe mit einem Teile Deutschlands allein sich die heißer- sehnte Genugtuung zu verschaffen, wenn nicht inzwischen schon das Schlimmste eingetreten wäre und der innere Zwist, der dann unaufhaltsam ausbrechen würde, zu einem erneuten Bruderkriege zwischen den deutschen Stämmen und dadurch zur gewaltsamen Herstellung der Vereinigung geführt hätte.

Es scheint daher, als ob für alle deutschen Regierungen aus diesen Erwägungen ein dringender Anlaß hervorgehen müßte, nichts zu versäumen, was zu einer definitiven Regelung der deutschen Frage entweder vor oder gleichzeitig mit dem Frie- densschlusse mit Frankreich hinführen könnte.

Aber auch abgesehen von dem Einflusse, welchen die vorstehenden Erwägungen auf die Entschlüsse der Regierungen jedenfalls ausüben müssen, scheint der gegenwärtige Zeitpunkt aus einem anderen Grunde zu einer definitiven Regelung der deutschen Verhältnisse ganz besonders geeignet zu sein. Die gegenwärtige Bewegung unterscheidet sich nämlich von früheren, ähnlichen Bewegungen ganz wesentlich auch durch den doppelten Umstand, daß sie nicht revolutionär, d. h. nicht gegen das monarchische Prinzip gerichtet ist, wie zum Teil die Bewegung von 1848 und 1849, und daß sie auch nicht unitarisch, d. h. auf die Vernichtung der einzelnen Staaten und deren Einverleibung in einen Einheitsstaat gerichtet ist, wie die nationalliberalen Bestrebungen der letzten Jahre. Im Gegenteile scheint in diesem Augenblicke durch die Ergebnisse des Krieges in der großen Majorität des Volkes die Überzeugung begründet zu sein, daß die den Charakter Deutschlands am besten entsprechende Form der Einigung eine solche sei, in welche unter fester Zusammenfassung der militärischen Kräfte nach außen hin und unter gemeinschaftlicher Regelung gewisser, die Gesamtheit als solche berührender Angelegenheiten den einzelnen Bundesstaaten ein angemessener Anteil an der Verwaltung dieser gemeinschaftlichen sowie die nötige Selbständigkeit bei der ihnen verbleibenden Verwaltung der dem Bunde nicht überwiesenen Angelegenheiten sichergestellt würde. Es ist mit Bestimmtheit zu erwarten, daß der größte deutsche Staat, Preußen, dem naturgemäß die militärische Führerschaft zufallen muß, gerade im gegenwärtigen Augenblicke um so geneigter sein wird, seinen Bundesgenossen freundlich entgegenzukommen und ihnen die gewünschte Sicherstellung zu gewähren, je mehr und je unumwundener gerade Preußen es wiederholt anerkannt hat, in wie hohem Grade die Erfolge des Krieges auch der Mitwirkung der süddeutschen Staaten und der Tapferkeit ihrer Armeen zu verdanken sind. Der lebendige Eindruck dieser Ereignisse, das gegenseitige Vertrauen, welches dadurch unter den Regierungen und Volksstämmen erweckt worden ist, die Achtung und Anerkennung, die sie sich gegenseitig zollen, das alles muß in diesem Augenblicke eine Verständigung wesentlich erleichtern, die zu anderen Zeiten außerordentlich schwierig sein, dann aber, wenn dieser Moment unbenutzt vorübergehen, wenn die Hoffnung des deutschen Volkes getäuscht und dadurch anstelle des Vertrauens, der Achtung und Anerkennung wieder Mißtrauen, Parteizwist und Sucht zu gegenseitiger Verkleinerung treten sollte, auf lange Zeit hin geradezu unmöglich werden würde.

Selbst die neueste Wendung der Dinge in Paris, die Proklamierung der Republik, durch welche auch in Deutschland die Bestrebungen der sozialistischen und republikanischen Parteien vielfach angeregt und ermutigt werden dürften, muß die Regierungen dringend daran mahnen, diesen Moment zur Herstellung eines festen und dauernden Zustands der Dinge in Deutschland nicht unbenutzt vorübergehen zu lassen.

In einem Erlaß an den Gesandten des Norddeutschen Bundes in Karlsruhe, Flemming, trägt Bismarck am 12. September seine Ansichten über die politische Auswirkung eines Friedensschlusses vor. Unmißverständlich erklärt er, daß er eine Initiative des Großherzogtums Baden über die Einigung Deutschlands begrüßen würde:

Auch ich hege keinen Zweifel, daß die Gemeinsamkeit aller deutschen Stämme im gegenwärtigen Kriege einen fördernden Einfluß auf die dauernde Einigung Deutschlands üben wird, ohne daß von irgendeiner Seite ein Zwang oder ein Druck ausgeübt werde. Auch in dieser Hinsicht wird die gemeinsame und persönliche Verständigung der deutschen Fürsten nicht ohne Frucht bleiben. Die Initiative zu bestimmteren Vorschlägen werden wir von den süddeutschen Regierungen erwarten dürfen, deren freien Willen wir in der Sache wie in der Form achten werden. Wenn, wie wir überzeugt sind, die Großherzogliche Regierung diese Entwicklung zu fördern wünscht, so würde sie meines Erachtens besser als wir in der Lage sein, durch vertrauliche Anregungen, namentlich in München, die dortige Regierung zur Aussprache ihrer Auffassungen über das künftige Verhältnis Süddeutschlands und besonders Bayerns zum Norden zu bewegen. Unsere Stellung zur Sache ist bisher schwierig, weil wir ganz im Dunkeln über die persönlichen Stimmungen des Königs von Bayern sind und vor allem

Eröffnungen vermeiden müssen, welche vielleicht nur deshalb Mißtrauen und Empfindlichkeit wecken könnten, weil sie in der Form und in einzelnen Materien anders bemessen sind, als erwartet wird, während in anderen vielleicht mehr Bereitwilligkeit zum Entgegenkommen, als wir vermuten, vorhanden sein kann. Auch müssen wir jeden Schein einer Pression auf den König verhüten, während die Großherzogliche Regierung sich ohne Bedenken vertraulich informieren und dadurch eine von Bayern gegebene Basis der Verhandlungen zu Tage fördern könnte.

Obwohl Bismarck mit der militärischen und auch mit der politischen Entwicklung zufrieden ist, findet er am Leben im Hauptquartier keinen Gefallen. Seiner Frau gesteht er am 12. September seinen Unmut:

Wir sind hier acht Tage geblieben, um der großen Armee Zeit zu lassen, daß sie ihre langen Schwenkungen von Sedan nach Paris ausführt. Etwa übermorgen gehn wir weiter. Ich glaube nicht an Schlachten bei oder in Paris. In der kriegerischen Ruhe hier haben sich die diplomatischen Korrespondenzen wieder gemehrt, der aufgestaute Tintenbach hat sich über mich ergossen, falsche Friedenstauben schwirren umher und girren mich heuchlerisch an, vor allem aber die Verwaltungsorganisation macht mir viel Reibungen, wegen der unglaublichen Zopfigkeit und Ressort-Eifersucht der Militärs, namentlich im Generalstabe, dem Post- und Telegrafen- und Etappenwesen. Wenn ich mit solcher Ressort-Verwirrung im Zivil haushalten sollte, so wäre ich längst gesprungen wie eine Granate. Hier aber denkt keiner daran, ob das Ganze leidet, jeder tut, was ihm befohlen wird, und was nicht befohlen wird, darüber tröstet er sich wie der Junge, dem sein Vater keine Handschuh kaufte. Vor dem Feinde lauter Helden, aber an ihren Schreibtischen wie ein Rattenkönig mit den Zöpfen zusammengewachsen.

Ein Ministerwechsel in Stuttgart, die Ordensverleihung König Karls I. von Württemberg an den preußischen König und die Entsendung des württembergischen Kriegsministers Albert von Suckow in das preußische Hauptquartier lösen bei den Mitgliedern des bayerischen Gesamtministeriums Unruhe aus, da sie glauben, Grund zu der Befürchtung zu haben, daß auch das Königreich Württemberg bereit ist, sich dem Norddeutschen Bund anzuschließen. Bayern ist nach seiner Ansicht in Gefahr, isoliert zu werden. Das bayerische Gesamtministerium hat keine Zweifel mehr darüber, daß es zu Gesprächen und Verhandlungen über die zukünftige Gestaltung Deutschlands kommt; es stellt deshalb am 12. September an König Ludwig II. einen Antrag auf die königliche Ermächtigung zu Verhandlungen mit dem Norddeutschen Bund. Wie Ministerpräsident Bray-Steinburg offen zugibt, handelt er dabei unter dem Druck der öffentlichen Meinung und unter dem Eindruck der Schlacht von Sedan. Im gleichen Zeitpunkt unterrichtet Graf Tauffkirchen in einer Audienz König Ludwig II. über die Möglichkeiten und die Gefahren für Bayern, wobei er den Wunsch Bismarcks übermittelt, er würde die Entsendung eines bayerischen Bevollmächtigten in das Hauptquartier begrüßen und jeden Vorschlag einer bundesmäßigen Annäherung mit weitgehenden Bürgschaften für Bayern entgegennehmen. Der Vortrag des Grafen Tauffkirchen veranlaßt König Ludwig II. zu folgender Anordnung an Ministerpräsident Bray-Steinburg:

Durch Grafen Tauffkirchen habe Ich soeben erfahren, daß Graf Bismarck einer Initiative Bayerns bezüglich Vorschlägen über dessen Stellung in Deutschland entgegensehe und bezüglich deren Berücksichtigung weitgehende Zusicherung gemacht habe. Ich beauftrage Sie, dem norddeutschen Gesandten sofort behufs telegrafischer Kundgabe an Graf Bismarck zu eröffnen, daß Ich jene Mitteilung mit Befriedigung aufgenommen habe und sich demnächst ein bayerischer Bevollmächtigter mit entsprechenden Vorschlägen im preußischen Hauptquartier einfinden wird.

Zugleich erwarte Ich, daß jene Vorschläge sobald als immer möglich Mir zur Prüfung und Genehmigung unterbreitet werden, zumal Ich durch Grafen Tauffkirchen gehört, daß eine weitere Zögerung Graf Bismarck immerhin zu einseitigem

Vertragsabschlusse mit anderen süddeutschen Staaten veranlassen könnte.

Aufgrund von Berichten des preußischen Gesandten in München, von Werthern, meldet Staatssekretär von Thile am 13. September Bismarck:

Die bayerische Regierung erkennt die Notwendigkeit einer politischen Veränderung Deutschlands. Graf Bray-Steinburg wünscht zu wissen, ob nach preußischer Auffassung der Norddeutsche Bund weiterbestehen oder einem neuen, ganz Deutschland umfassenden Bund Platz machen solle. Nach Lösung dieser Vorfrage wird Bayern mit geeigneten Vorschlägen auftreten. Nützlich zu diesem Zwecke wäre es, wenn Minister Delbrück nach München kommt.

Als »Reisende der deutschen Einheit« weilen vom 10. bis 15. September die nationalliberalen Politiker Rudolf von Bennigsen und Eduard Lasker in München, um mit Hofbeamten, Ministern, Parlamentariern und Publizisten zu sprechen. In einer Unterredung mit dem ins Hauptquartier gereisten württembergischen Kriegsminister, General Albert von Suckow, am 17. September äußert Bismarck, die Initiative für die Erweiterung des Norddeutschen Bundes solle von den süddeutschen Staaten ausgehen:

Nachher hatte ich die Besprechung mit Bismarck; er sagte: »Unser Grundsatz war und ist, wie Sie wissen, Süddeutschland keinen Zwang anzutun, und gegen Bundesgenossen wäre dies nun vollends unmöglich. Also erwarten wir in der deutschen Sache Ihr freiwilliges Anerbieten. Um aber dieselbe anzuregen, soviel wir vermögen, haben wir eine Fürstenzusammenkunft von Preußen, Bayern und Württemberg in Versailles vorgeschlagen, was nun aber durch ein Verhandlungsanerbieten des bayerischen Ministers Bray gekreuzt worden ist, und worauf Delbrück jetzt nach München abgereist ist. Aber die Fürstenzusammenkunft bleibt trotzdem festgehalten.« Ich sagte, es werden doch wohl die Verhandlungen mit uns getrennt von den Bayern stattfinden, und Bismarck bestätigte mir dies auch als seine Ansicht.

*Es kommt nicht, wie zunächst angenommen, zur Entsen-
dung eines bayerischen Unterhändlers in das preußische
Hauptquartier, wohl aber zur Reise eines preußischen Kund-
schafters nach München. Staatsminister von Delbrück begibt
sich auf Weisung Bismarcks, der damit einem Wunsche Bayerns entspricht, in die bayerische Landeshauptstadt. Von seinen Gesprächen erwartet die deutsche Öffentlichkeit eine Vor-
entscheidung über die Beziehungen zwischen dem Norddeutschen Bund und dem größten süddeutschen Staat, dem Königreich Bayern. Wird es lediglich zu einer Fortsetzung und Vertiefung des bestehenden Schutz- und Trutzbündnisses kommen? Oder wird sich Bayern dem Norddeutschen Bund, der
damit zu einem neuen Deutschen Bund wird, anschließen?
Die Frage, welche Angebote zu machen Delbrück berechtigt
und beauftragt ist, beschäftigt vor allem die bayerischen Minister und Diplomaten. Der bayerische Gesandte in Berlin,
Maximilian Freiherr Pergler von Perglas, berichtet am 19.
September in einem mit dem Vermerk »vertraulichst« ver-
sehenen Brief an Bray-Steinburg über ein am gleichen Tage
mit Staatsminister von Delbrück geführtes Gespräch:*

Ich sagte ihm dann, wie er »willkommen« in München sei,
worauf er mir erwiderte, daß er ja einem von München geäußerten Wunsche entgegenkomme, deshalb auch mehrere Tage
früher das k. Hauptquartier verlassen habe, als es seine Absicht gewesen sei.

Über seine Mission äußerte sich der Staatsminister nicht
eingehend, doch hörte ich von ihm zuerst, daß für den künftigen Friedensabschluß eine deutsche Fürstenkonferenz, ein
Fürstenkongreß, in Aussicht genommen werde, und von einer
anderen Seite vernehme ich, daß er auf französischem Boden
stattfinden soll; darüber weißt Du vielleicht mehr als ich.

Thile konnte ich heute nicht sprechen; gleichwohl habe ich
mich bemüht, mich zu informieren, wie Delbrück in München
zu operieren gedenke, und habe hierfür ganz verlässige Daten
erhalten.

Eine Initiative soll Delbrück nicht nehmen, daher bringt er
keine Vorschläge und erwartet vielmehr das Entgegenkom-

men und die Anträge Bayerns. Delbrück sagte mir allerdings
so viel, daß die Erwerbung französischen Gebiets, die nach
seiner Ansicht unerläßlich ist, den Anlaß biete in militärischer
und politischer Beziehung sich zu besprechen und zu verständigen, aber war im übrigen schweigsam.

Nun, meine ich, muß die bayerische Regierung in Berücksichtigung der politischen Lage und gewisser notwendiger
Konsequenzen des Krieges und der nationalen Stimmung in
der deutschen Frage, nämlich der künftigen Gestaltung
Deutschlands, Entgegenkommen bezeugen, aber im voraus gegenüber Delbrück sehr bestimmt die Grenze dieser Konzessionen gezogen haben. Von Bayern wird das Geschick Süddeutschlands abhängen. Die Grundsätze, die Du vertrittst mit
Deinen Kollegen, verbürgen wohl, daß der Krone und Selbständigkeit Bayerns nichts wird vergeben werden. Von hier
aber werden die heftigsten Anläufe genommen, um den Boden
des patriotischen konservativen Ministeriums zu untergraben,
den König zu gewinnen, dessen nächste Umgebung man mehr
oder weniger als diesen preußischen nationalliberalen Wüh-
lern geneigt betrachtet, deren Genosse Stauffenberg ist, aber
auch nicht weniger Tauffkirchen, der ja immer nur da ver-
wendet wird, wo es ihm gilt, seine Person für diese Interessen
zu verwerten. Die nationalliberale Partei hat deshalb das
Terrain in München aufgesucht, und möglich ist, daß sie die
Anwesenheit Delbrücks benutzt, um Pression nach oben und
unten zu üben. Delbrück hält stets Fühlung mit diesen Leuten,
daher warne ich. Hier träumt diese Partei schon von einem
nahenden Ministerium Hohenlohe, Tauffkirchen, Stauffenberg, Luxburg, und kommt ihre Zeit, würde es bald aus sein
mit der Souveränität des Königs von Bayern.

Entgegen bin ich versichert, daß je bestimmter Bayern aufgrund der Interessen seiner politischen Existenz das Programm für die neue Gestaltung Deutschlands selbst aufstellt
und die Grenze seiner (etwaigen) Konzessionen bezeichnet,
desto mehr wird es geachtet werden. Delbrück darf keinem
Schwanken, keiner Unentschiedenheit, keiner Disharmonie im
Ministerium, am allerwenigsten aber nationalliberalen Zusicherungen an offiziellen Stellen und bei triebigen Persönlich-

keiten begegnen (welch letztere besser an ihren Posten wären), sondern im Gegenteile muß er die bayerische Regierung fest und entschlossen finden, die Selbständigkeit des Landes zu erhalten, wie es schon Deine Sorge war beim Ausbruche des Krieges und wofür Dir direkt und durch mich die besten Zusicherungen gemacht worden sind, von denen nur zu profitieren ist. Pression will man auch hier nicht üben, aber man läßt sie ausüben. Der König unser Allerhöchster Herr will sich nichts vergeben, aber von oben scheint doch ein Wind zu wehen, im Widerspruche mit den konservativen Grundsätzen, welcher die ganze liberalnationale Sippschaft in Berlin in die freudigste Stimmung versetzt, um das Terrain in München und dadurch ganz Süddeutschland gewinnen zu können.

Daß Bayern die Initiative nimmt bezüglich der Lage und neuen Ordnung der Dinge, ist vortrefflich. Die Zeitverhältnisse sind zudem günstig, indem mehr als je die Fürsten sich im monarchischen Interesse aneinander zu schließen haben. Die Achtung für Bayern und Anerkennung seiner Leistungen, die es aus eigener selbständiger Kraft vollbracht hat, ist so groß, daß man mit uns rechnen wird.

Delbrück ist entfernt kein Diplomat und muß mit ihm ganz positiv verkehrt und verhandelt werden. Versichere ihm von Anfang an, daß die Nationalliberalen sich irren, wenn sie etwa ihm (Delbrück) weismachen wollen, daß das Terrain in München bereits gewonnen sei.

Da der Wunsch, über die Absichten Bismarcks zuverlässig unterrichtet zu werden, bei den bayerischen Ministern groß ist, sind sie an möglichst zahlreichen und umfassenden Informationen interessiert. In Kenntnis dieser Tatsache benutzt der bayerische Ministerialdirektor Maximilian Graf von Berchem am 21. September die Übergabe eines Schreibens im Hauptquartier zu Ferrières, um Bismarck eingehend zu befragen. Der Bundeskanzler des Norddeutschen Bundes gibt, wie Berchem in seinem Bericht vom gleichen Tage nach München meldet, bereitwillig Aufschluß:

In betreff der künftigen inneren Gestaltung Deutschlands begann Graf Bismarck zu bemerken, daß er auf die Frage, ob der Fortbestand des jetzigen Nordbundes oder dessen Ersetzung durch einen auf veränderten Grundlagen zu errichtenden allgemeinen Deutschen Bund in Aussicht genommen sei, vorerst eine bestimmte Antwort abzugeben nicht in der Lage sei. Es komme hierbei zunächst darauf an, welches die Wünsche der süddeutschen Staaten seien, und handle es sich darum zu wissen, ob – je nach dem Resultate der erzielten Verständigung – der Zuwachs an Macht, den das in sich zu festigende Deutschland durch Erweiterung des Bundes auf Süddeutschland erhalten solle, einen Ersatz bieten würde für den eventuellen Verzicht auf die enge Zentralisation des Norddeutschen Bundes, die doch zunächst Deutschland zu der gegenwärtigen dominierenden Stellung in Europa verholfen habe.

Es seien verschiedene Wege denkbar, fuhr Graf Bismarck fort, um die Verbindung zwischen den deutschen Staaten zu kräftigen; und besprach Seine Exzellenz zuerst die Möglichkeit der Erstreckung des Norddeutschen Bundes auf ganz Deutschland unter allgemeinem Verzichte auf gewisse der Zentralgewalt im Norddeutschen Bunde bisher zuständigen Rechte. In dieser letzteren Beziehung könnten allerdings preußischerseits Konzessionen gemacht werden, allein der Bundeskanzler betonte, daß dieselben über ein gewisses Maß nicht hinausgehen könnten, und schien er selbst daran zu zweifeln, daß dieselben den deutschen Süden – speziell Bayern – befriedigen würden. Allerdings wurde als zulässig erachtet, Bayern, welches allein an Größe um mehr als zweimal den größten süddeutschen Staat überrage, hierbei ein besonderes Präzipuum in der Weise einzuräumen, wie es der K. bayerischen Regierung etwa konveniere und wie es selbst im Deutschen Reiche von einzelnen Kurfürstentümern und Kreisen besessen worden sei. Diese Eventualität schien dem Herrn Grafen zunächst für den Fall vorzuschweben, wenn, wie dies als Hypothese bemerkt wurde, nicht bloß Baden, sondern auch Württemberg in dem bisherigen Norddeutschen Bunde einbegriffen würde.

Auch den Fortbestand des bisherigen Status quo unter Regelung derjenigen Punkte, in denen seitens der süddeutschen Staaten eine Verständigung gewünscht werden würde, berührte der Bundeskanzler oberflächlich und sozusagen – nebenbei. Ich glaubte jedoch zu entnehmen, daß dies als eine Lösung des Problems seinerseits nicht erachtet werde.

Vorzüglich besprach Seine Exzellenz – ohne in eine Detailfrage einzugehen – die Eventualität der Forterhaltung des Norddeutschen Bundes unter Abschluß eines weiteren Bundes mit Süddeutschland, wobei, behufs Kreierung der Verfassung des weiteren Bundes, den süddeutschen Staaten gegenüber aus der norddeutschen Bundesverfassung dasjenige gestrichen würde, was den süddeutschen Staaten nicht koveniere. Dies scheint mir Graf Bismarck als den am nächsten liegenden Weg zu betrachten, und legt derselbe großen Wert darauf – innerhalb dieses Rahmens –, Vereinbarungen zu erzielen, welche es der deutschen Demokratie unmöglich machten, die deutschen Staaten und speziell die – nach Ansicht des Herrn Grafen zunächst in dieser Beziehung bedrohten – süddeutschen Staaten militärisch wehrlos zu machen. In der eventuellen Realisierung dieser Idee erblickt Graf Bismarck die Schaffung des Deutschen Reiches. – Obgleich es hier nicht speziell erwähnt wurde, bin ich der Überzeugung, daß auch bei dieser Art und Weise der Gestaltung der inneren Verhältnisse Deutschlands für Bayern speziell eine besonders privilegierte Stellung zu erreichen wäre.

In diesem Sinne – bemerkte Graf Bismarck weiter – habe er sich gegenüber Exzellenz von Delbrück, dem Präsidenten des Bundeskanzleramtes, geäußert, welcher seiner Aufforderung gemäß bereits in München eingetroffen sein müsse, um die Wünsche der K. Regierung zu vernehmen, hierbei Detailfragen zu besprechen und Aufschlüsse zu geben, wenn sie verlangt werden sollten. Von den süddeutschen Staaten mehr zu verlangen, als dieselben selbst zu bieten bereit seien, wurde als vollkommen unzulässig bezeichnet.

Am 22. September beginnen die Münchener Konferenzen – informierende Vorbesprechungen über den Beitritt Bayerns und Württembergs zum Norddeutschen Bund, die als Gedankenaustausch gedacht sind. Dabei wird der Norddeutsche Bund von Staatsminister von Delbrück, Bayern von den Mi-

nistern Otto Graf von Bray-Steinburg, Johann Freiherr von Lutz und Siegmund Freiherr von Pranckh und Württemberg von Minister Hermann Freiherr von Mittnacht vertreten. Sie sind nur ein Teil der Bemühungen Bismarcks um Bayern. Er selbst beteiligt sich an den Bestrebungen, Bayern zum Beitritt zum Norddeutschen Bund zu bewegen. Am 23. September schlägt er dem Grafen Tauffkirchen ein Tauschgeschäft vor, nämlich bayerische Reservatrechte gegen preußisches Kaisertum. Die ihm dabei zugedachte Rolle findet nicht den Beifall Ludwigs II. Der Gedanke, einer Einladung ins preußische Hauptquartier nachkommen zu müssen, ist ihm unerträglich. Mißtrauisch verfolgt er die Besprechungen in München. Er sieht sich jedoch veranlaßt, sowohl Staatsminister von Delbrück als auch Minister von Mittnacht in Schloß Berg am Starnberger See zu empfangen. Die Audienzen beschäftigen sich nicht mit dem in München zur Diskussion stehenden Problem des Beitritts Bayerns und Württembergs zum Norddeutschen Bund, sondern mit der kirchenpolitischen Situation, wie Staatsminister von Delbrück berichtet:

Einige Tage nach unserer Ankunft befahl König Ludwig Herrn von Mittnacht und mich zum Diner nach Berg [...]. Vor Tisch wurden wir, und zwar getrennt, in Audienz empfangen. Meine über eine Stunde dauernde Audienz hatte einen unerwarteten Verlauf. Über den Zweck meiner Anwesenheit in München fiel kein Wort, der König erwähnte ihn nicht, und ich schwieg, weil ich den Anschein vermeiden mußte, als wäre ich gekommen, um Zugeständnisse von Bayern zu begehren. Den größten Teil der Zeit füllte der König mit kirchenpolitischen Darlegungen. Vor zwei Monaten war das Dogma der päpstlichen Unfehlbarkeit verkündet worden, und der König begründete in klarem und elegantem Vortrage und mit einer staunenswerten Kenntnis des Kirchenrechts die Stellung, welche er einzunehmen habe, um den Staat vor den Folgen dieses gefährlichen Dogmas zu schützen, und seine Zweifel an der ferneren Haltbarkeit des Systems, das Preußen der Kurie gegenüber befolge. Personen aus seiner nächsten Umgebung hatten mich gebeten, ihm zuzureden, daß er seine bei Versailles stehenden Truppen besuchen möge, ich fand, daß es der deutschen Sache nur förderlich sein könne, wenn er in die geistige Atmosphäre des Heeres käme, und brach deshalb die Gelegenheit vom Zaune, ihm zu sagen, wie glücklich mein König sein würde, seinen erhabenen Verbündeten in Versailles zu begrüßen, und wie der historische und künstlerische Reiz des prachtvollen Königssitzes durch die patriotischen Gefühle gesteigert werde, welche das Wehen der deutschen Siegesfahnen an der Stelle hervorrufe, von wo vor zweihundert Jahren die Verwüstung der Pfalz befohlen wurde. Einen Augenblick leuchtete das Antlitz des Königs auf, aber nur einen Augenblick; mit einer ausweichenden Redewendung ließ er den Gegenstand fallen.

Daß die Haltung König Ludwigs II. gegenüber der Frage des Beitrittes Bayerns zum Norddeutschen Bund nicht identisch ist mit der Meinung des bayerischen Volkes, bringt der nationalliberale Politiker Lasker in seinem Bericht an Staatsminister von Delbrück am 24. September zum Ausdruck. Er schildert seine und Bennigsens Beobachtungen und Erfahrungen bei ihrer Reise durch die süddeutschen Staaten:

In Baden verlangen Volk und Regierung den Eintritt in den Bund als eine Wohltat, zu welcher das Land berechtigt sei; hier gibt es keine Modifikation.

Am nächsten diesem Lande steht jetzt Württemberg, doch wirkt hier der Augenblick, und selbst die Regierung teilt die Ansicht, daß ein schneller Abschluß der Verhandlungen ratsam ist. Viele und verschiedenartige Ursachen haben den Wechsel im Volke und am Hofe herbeigeführt. Die Regierung will sich jetzt erhalten, zukünftig möglich machen, indem sie der herrschenden Stimmung genügt, wünscht aber schnell vorzugehen, damit kein Umschlag sie kompromittiere. Selbst unabhängig von Bayern will sie vorgehen, doch hat nicht mit Sicherheit erforscht werden können, welche Wirkung es auf den einen Souverän ausüben würde, wenn der benachbarte Souverän seine Rechte unangetastet wahrt und um deswillen dem Bunde fernbleibt. Für diesen Fall fühlt sich die Regierung nicht ganz sicher, und deswegen wünscht sie durch Entschiedenheit auf Bayern einen Druck auszuüben. Wesentliche Modifikationen werden nicht gefordert, wenn auch mancher Wunsch zur Sprache gebracht werden sollte. Die jetzige Regierung halte ich für ein wohlgeeignetes Organ. Über die Zustimmung des Landtags bin ich außer Zweifel, wenn dieser sich sträubt, hilft eine Neuwahl gewiß.

In Bayern ist das Volk gleichfalls für den Beitritt reif, auch hier würde eine Neuwahl das gewünschte Ergebnis herbeiführen, wenn nur die Regierung sich gebunden hat. Die Volksbewegungen, welche den Wunsch nach dem Beitritt zum Bunde kundtun, werden Ew. Exzellenz nicht entgangen sein. Sie gehen von den angesehensten Kreisen aus und verbreiten sich über die weitesten Schichten. Die Petition an den König von Bayern drückt den Ideengang aus: die positive Gestalt des Norddeutschen Bundes und seine Verfassung bilden die entscheidende Grundlage, die Berücksichtigung der gebotenen Modifikationen wird erwartet.

Da Bismarck daran interessiert ist, daß die Münchner Verhandlungen zu einem Ergebnis führen, das die Verwirklichung eines deutschen Nationalstaates unter preußischer Führung erwarten läßt, gibt er unmißverständlich zu verstehen, daß die Wünsche Bayerns so weit wie möglich erfüllt werden sollen. Am 24. September telegrafiert er an den preußischen Gesandten in München, von Werthern, wobei er sowohl die Richtung des Entgegenkommens gegenüber Bayern andeutet als auch empfiehlt, gegebenenfalls das anschlußbereite Baden an den Verhandlungen zu beteiligen, um dadurch einen Druck auf Bayern auszuüben:

Der Ausschluß der Bundeskompetenz in Bayern bezüglich einer Anzahl selbst erheblicher Gegenstände der Bundesgesetzgebung ist meines Erachtens an sich kein Grund, die Aufnahme Bayerns zu versagen. Die Zeit müßte dann nachhelfen, das Überschreiten des Rubikon wäre immer gewonnen. Schwierig aber ist die zweite Frage, ob Bayern über die Gegenstände, über welche die andern in Bayern nicht mitreden sollen, seinerseits im Gebiete der andern sechs Stimmen führen kann. Das wird Streit geben. Wäre die Beteiligung Badens Ihren

Besprechungen förderlich? Eventuell bitte ich geheime Anregung durch Mohl oder Chiffer Flemming. Abweisen läßt sich Badens Anspruch nicht, wenn er erhoben wird. Benachrichtigung Badens scheint jedenfalls schicklich.

Obwohl die Münchner Verhandlungen nicht öffentlich sind, wird ihr Verlauf bekannt. Der an der Universität Erlangen lehrende nationalliberale Politiker Heinrich Marquardsen schreibt am 25. September an Lasker:

Nach direkten Äußerungen Delbrücks ist derselbe mit seiner Aufnahme sehr zufrieden. Dafür spricht der Umstand, daß er angeblich ohne Instruktionen, nur zur Information, gekommen sein wollte, aber am Tage darauf die fehlenden Instruktionen da waren. Es hat dann am Donnerstag morgen eine Ministerberatung stattgefunden, der auch Delbrück und Mittnacht beiwohnten. Mittnacht hat sich ganz entschieden auf den Standpunkt gestellt, wie Sie denselben in Stuttgart kennenlernten, und dadurch auch bei unsren Herren großen Eindruck gemacht. Das Resultat war der Beschluß, auf Grundlage der norddeutschen Bundesverfassung in Verhandlung über den Anschluß Bayerns zu treten. Graf Bray hat die königliche Genehmigung zu diesem Schritte noch am Abende desselben Tages von Berg mitgebracht. Seitdem ist Delbrück beim König gewesen, und da ich ihn selber nicht gesprochen habe, kann ich nur noch hinzufügen, daß er in einer Unterhaltung mit dem Bürgermeister Erhardt und Abgeordneten Thomas, die, bei Gelegenheit der vorgestrigen Serenade, von Werthern Delbrück vorgestellt wurden, seine Überzeugung von dem Zustandekommen der Einigung erklärt hat. Die Minister haben seitdem jeden Morgen Sitzung wegen der Modifikationen, deren Ausarbeitung Lutz persönlich übernommen hat. Charakteristisch ist eine Äußerung Schlörs, der natürlich mit Widerwillen bei der ganzen Sache ist: Wenn die Soldaten aus dem Feld kommen, hätte man es (d. h. wohl vor allem sich) gar nicht halten können. Über die Widerstandslosigkeit Württembergs hat er sehr geschimpft. Gerne ist übrigens von allen Ministern, vielleicht mit Ausnahme Brauns, niemand auf die neue Position eingegangen. Deshalb wird man wegen des Fortgangs der Sache auch noch sehr aufmerksam sein müssen. Wegen der Kompetenz nach Artikel 4 muß ein Abkommen ganz im Sinne unserer desfallsigen Besprechungen getroffen werden, daß die vor unserem Beitritt erlassenen Gesetze nicht ohne weiteres auf Bayern Anwendung finden. Über diesen Punkt habe ich mit verschiedenen Ministerialräten verhandelt und gegen die Anerkennung der Kompetenzen an sich keinerlei Bedenken gefunden. Auch unser Barth ist mit einem solchen Vorbehalt, der im Vertrag auszusprechen wäre, ganz zu beruhigen.

Während seines Aufenthaltes in München unterläßt es Staatsminister von Delbrück, sich mit den bayerischen Politikern, die einen Beitritt Bayerns zum Norddeutschen Bund fordern, in Verbindung zu setzen. Die Befürworter der politischen Einigung Deutschlands in München sehen sich dadurch brüskiert; sie befürchten ein Scheitern der informativen Vorgespräche. M. Barth schreibt an Baumgarten:

Delbrück ist nun seit mehreren Tagen hier, ohne daß jedoch jemand von uns Gelegenheit gehabt hätte, ihn zu sprechen. Mit ihm sind die Verhandlungen im Ministerium im Gang, zu welchen Mittnacht und Mohl, wie ich höre, mitunter zugezogen werden. Anfangs ging, soweit unsre Notizen schließen ließen, alles gut, jetzt hat sich aber die Fazies [*das Bild*] wieder zum Nachteil geändert, man steht an dem Kapitel von der Armee, und da macht unser Kriegsminister Schwierigkeiten, weil ihm die Beaufsichtigung durch den Bund in dem Umfange, wie sie von D[*elbrück*] gefordert wird, zu weit geht. Das Ende ist noch nicht abzusehen, doch glauben wir, daß man D. von hier nicht weggehen lassen kann, ohne etwas zustande gebracht zu haben. Man hat sich schon zu weit eingelassen, um rückwärts gehen zu können. Freilich kommt viel darauf an, wie D. die Sache behandelt. Würde eine anständige Vertagungsform gefunden, so hätte das Ministerium später wieder freie Hand, und das alte Leporellolied fände keine Anwendung mehr auf unsern Fall. Die Maus hätte dann das Loch gefunden, zu dem sie wieder hinaus könnte. Hoffentlich tut D. da zuvor und läßt sich auf keine Dilatorien ein. Der

König weilt in Berg, ihm wird die Sache erst vorgelegt, wenn die Beratungen zu Ende sind, D.s Audienz bei ihm in Berg war eine Formalität. Er soll auch wieder bedenklicher geworden sein. Mohl habe ich, seit D. hier ist, nicht wieder gesehen. Was Württemberg betrifft, so dürfen Sie nicht zu rosig sehen. Kommt hier nichts zustande, so macht man wohl auch in Stuttgart wieder eine Schwenkung, trotz Suckow. Mittnacht versteht sich auf solche Manöver. Bayern vorläufig aus dem Bunde zu lassen, halte ich weder im Interesse Bayerns noch Deutschlands [*für ratsam*]. Man muß der Nation gerecht werden, die in diesem großen Moment endlich den Abschluß und gewiß mit allem Fug verlangt. Man muß sich eben auf beiderseits akzeptable Bedingungen einigen. Daß dies möglich ist, haben wir hier gesehen, als Lasker und Bennigsen hier waren.

Am 27. September gehen die Münchner Konferenzen zu Ende. Noch am gleichen Tage erstattet Staatsminister von Delbrück eine »Hauptrelation« über ihren Verlauf, wobei er ausführlich auf die bayerischen Wünsche eingeht, die er darlegt und erläutert. Entsprechend seinem Auftrag habe er sich, wie er betont, auf die Entgegennahme der bayerischen Vorstellungen beschränkt, ohne diesen die Ansichten Bismarcks entgegenzustellen. Er habe freilich in behutsamer Weise Bedenken und Einwände geltend gemacht und seinen Gesprächspartnern, den bayerischen Ministern Bray-Steinburg, Lutz und von Pranckh und dem württembergischen Minister von Mittnacht, die Grenzen des Entgegenkommens zu erkennen gegeben. In seiner »Hauptrelation« rechtfertigt er seine Zurückhaltung, äußert sich jedoch gleichzeitig über die nach seiner Meinung gegebenen Möglichkeiten zur Fortsetzung der Beratungen:

Ich habe es absichtlich unterlassen, mich in München über die weitere formelle Behandlung der Angelegenheit auszusprechen, weil ich den Allerhöchsten Entschließungen Sr. M. des Königs in keiner Weise vorgreifen wollte.

Formell zulässig sind zwei Wege: wir können Bayern ersuchen, sich zunächst über die noch nicht zugestandenen prinzipiellen Fragen, völkerrechtliche Vertretung, Konsulatswesen und Marine, auszusprechen, oder wir können mit Gegenvorschlägen vortreten.

Welcher von diesen Wegen zu wählen ist, hängt meines Erachtens von der Entschließung über die Frage ab, ob die Vorschläge Bayerns über das Kriegswesen mit dem bundesstaatlichen Organismus für vereinbar erachtet werden. Wird diese Frage verneint, so würde ich für den ersten Weg stimmen, weil sich alsdann die Dinge so lenken ließen, daß die Verständigung nicht bloß an der Militärfrage scheitert. Wird sie bejaht, so kann ich nicht dringend genug empfehlen, unverzüglich zur Eröffnung von Verhandlungen auf der Grundlage der Vorschläge Bayerns einzuladen und dabei unsere Gegenvorschläge zu machen. Alle unsere Freunde in Bayern raten zur Eile, und die der Sache zugetanen Mitglieder des bayerischen Ministeriums selbst wünschen nichts sehnlicher als eine rasche Entscheidung.

Am 21. September berichtet der bayerische Gesandte in Wien, Karl Freiherr von Schrenck von Notzing, über Äußerungen des österreich-ungarischen Reichskanzlers Friedrich Ferdinand Graf von Beust zur Frage der künftigen Instituierung Deutschlands. Diesen Bericht nimmt der bayerische Staatsminister Bray-Steinburg zum Anlaß, sich am 28. September über das Ergebnis der Münchner Konferenzen und über die Haltung Bayerns zu der sich abzeichnenden Schaffung eines kleindeutschen Staates zu äußern:

Es ist nicht zu verkennen, daß die allen deutschen Staaten gemeinsame Führung des Krieges gegen Frankreich und die großen Ereignisse dieses Feldzuges – für die Zukunft der deutschen Staaten und die Gestaltung der deutschen Verhältnisse nicht ohne Einwirkung bleiben können. Auch Bayern wird diesen historischen Tatsachen und der in allen Klassen der Bevölkerung hervorgerufenen Stimmung Rechnung tragen müssen. Dabei besteht aber die feste Absicht, die Selbständigkeit des Landes, die Souveränität der Krone aufrechtzuerhalten und der neu zu begründenden Gemeinschaft nur jene Zugeständnisse zu machen, welche ein föderatives Verhältnis unbedingt erheischt.

Um eine sichere Grundlage für unsere Beschlußnahmen zu gewinnen, war es uns von Wert zu erfahren, ob Preußen beabsichtige, den deutschen Nordbund unverändert zu erhalten, oder ob es dessen Ersetzung durch einen auf veränderten Grundlagen zu errichtenden allgemeinen Deutschen Bund in Aussicht nehme.

Die Berufung des Präsidenten des Bundeskanzleramtes Delbrück in das Hauptquartier und dessen bevorstehende Rückkehr nach Deutschland bot uns Gelegenheit zu sicherer Information, und auf meinen Wunsch erfolgte des Ministers Delbrück Abordnung nach München.

Derselbe erschien hier ohne alle Vollmacht, lediglich beauftragt zum Austausche der preußischen Ansichten gegen die der bayerischen Regierung über die künftige Gestaltung der deutschen Verhältnisse. Wir erfuhren durch ihn, daß, wie es zu vermuten gewesen, von seiten Preußens an ein Aufgeben des festgegliederten Norddeutschen Bundes, insbesondere an die Gestattung des Austrittes des Königreiches Sachsen oder Oberhessens, nicht gedacht werde.

Letzteres wäre in vielfacher Hinsicht erwünscht gewesen. Angesichts aber der feststehenden Tatsache des unveränderten Fortbestandes des Nordbundes und der Wahrscheinlichkeit des Eintrittes Badens in denselben blieb für Bayern nur der Ausweg: in Gemeinschaft mit Württemberg, welches sich ihm anschließen zu wollen durch das Organ des Ministers Mittnacht erklärte, die Gründung eines weiteren Bundes neben dem Norddeutschen Bunde und außerhalb desselben zu versuchen.

Es ist dies der Gegenstand der Besprechungen mit Herrn Delbrück gewesen. Im großen und ganzen hat sich keine bedeutende Divergenz der Ansichten ergeben, nachdem Herr Delbrück von vornherein erklärte, lediglich die Vorschläge Bayerns entgegenzunehmen, selbst aber keine Anträge zu stellen zu haben.

Unzufrieden mit dem Ergebnis der Münchner Konferenzen läßt Bismarck das Bayerische Gesamtministerium unter den Druck der öffentlichen Meinung setzen. Er erteilt Anweisung,

einen ihm vorgelegten Bericht des badischen Gesandten in
München, von Mohl, der eine sehr detaillierte Schilderung der
Stimmung des bayerischen Volkes enthält, auszugsweise in
die deutsche Presse zu bringen. Er erhofft sich davon eine
wesentliche Beeinflussung nicht nur der deutschen, sondern
vor allem auch der bayerischen Öffentlichkeit. Sein publizisti-
scher Mitarbeiter Moritz Busch vermerkt unter dem 29. Sep-
tember 1870 in seinen »Tagebuchblättern«:

> In den Zeitungen findet sich ein Bericht über die Stimmung
> in Bayern, der ganz augenscheinlich aus zuverlässiger und
> hoch liegender Quelle geschöpft ist und dessen Inhalt wir uns
> darum in seinen wesentlichen Punkten notieren wollen. Die
> hier mitgeteilten Nachrichten sind großenteils gut, nur einige
> davon könnte man sich besser wünschen. Der deutsche Gedan-
> ke hat durch den Krieg offenbar an Stärke und Verbreitung
> gewonnen, aber auch das spezifisch bayrische Selbstgefühl hat
> sich gesteigert.

Presseveröffentlichungen dieser Art erwecken den Eindruck,
Bayern sei angesichts der militärischen Erfolge und der natio-
nalen Stimmungen bereit, sich dem Norddeutschen Bund anzu-
schließen. Der württembergische Gesandte in München, Oskar
Freiherr von Soden, warnt am 30. September vor dieser An-
nahme:

> Ich halte es für meine Pflicht, noch einmal [...] zu konsta-
> tieren, daß S. M. der König von Bayern sich gegen irgend-
> welche Einschränkungen seiner Souveränitätsrechte erst neu-
> erdings wieder bei mehreren Gelegenheiten den Ministern
> gegenüber ausgesprochen hat und daß alle entgegengesetzten
> Nachrichten [...] irrig sind.

Den neuen Bund
auf dem Kriegsschauplatz schließen

Auch in militärischer Hinsicht tritt nach der Schlacht von Sedan eine Veränderung ein: Der Vormarsch der deutschen Truppen verlangsamt sich, ohne jedoch ins Stocken zu geraten. Die französische Armee zeigt Auflöseerscheinungen, leistet jedoch hinhaltenden Widerstand. Es kommt zur Vernichtung einer einheitlichen Front und zur Bildung von militärischen Schwerpunkten. Hauptziel des deutschen Vormarsches ist Paris. Seine Einschließung erfolgt, wie Helmuth Graf von Moltke in seiner »Geschichte des deutsch-französischen Krieges von 1870/71« knapp meldet, in der zweiten Septemberhälfte:

Sonach war am 19. September die Einschließung von Paris von allen Seiten vollständig bewirkt. Sechs Armeekorps standen in elf Meilen langer Entwickelung unmittelbar vor dem feindlichen Platz, zum Teil selbst im Bereich seiner Geschütze, im Rücken bewacht von zahlreicher Kavallerie.

Die Empfindungen der Soldaten des Einschließungsringes um Paris schildert Oskar Leibig in seinen »Erlebnissen eines freiwilligen bayerischen Jägers im Feldzug 1870/71«:

Die Vorpostenkette verlief, wie gesagt, in einem Hohlweg, über dessen Rand hinweg eine prächtige Aussicht auf Paris sich eröffnete. Über Fort Montrouge hinweg und an ihm vorüber schweifte der Blick über das unendliche Häusermeer, aus welchem größere Gebäude und Türme, besonders aber das in der Morgensonne funkelnde Golddach des Invalidenhotels, deutlich hervortraten, bis er sich in den blauen Linien des Montmartre verlor. Zwei Kilometer vor uns etwas in der

Tiefe lag das genannte Fort mit zwei ausgedehnten mehr-
stöckigen Kasernen in seiner Mitte, sauber und friedlich,
wenn's auch manchmal herüberblitzte wie von blanken Waffen. Heute sahen wir es zum ersten Male, ohne zu ahnen, daß
es monatelang unser ernstes Gegenüber sein werde.

*Nach der Gefangennahme des Kaisers und der Flucht der
Kaiserin-Regentin Eugenie hat die republikanische Regierung
Mühe, sich durchzusetzen. Dieser Umstand kommt der Absicht Bismarcks entgegen, einem Friedensschluß nur zuzustim-
men, wenn Frankreich seine Forderungen annimmt. Da er an
seiner Bereitschaft, Frieden zu schließen, in der europäischen
Öffentlichkeit keine Zweifel aufkommen lassen will, empfängt er den Außenminister der republikanischen Regierung,
Jules Favre, am 20. und 21. September im preußischen Hauptquartier. Dieser erstattet seiner Regierung einen ausführlichen
Bericht, der am 23. September im »Journal officiel« veröffentlicht wird. Favre schildert eindrucksvoll das letzte Gespräch
mit Bismarck:*

Ich war im Schloß zu Ferrières um 11 Uhr morgens. Der
Graf trat um 11 ³/₄ Uhr aus den Appartements des Königs,
und ich vernahm von ihm die Bedingungen, welche er an den
Waffenstillstand knüpfte. Sie waren in einem in deutscher
Sprache geschriebenen Texte niedergelegt, von welchem er mir
mündlich Mitteilung machte. Er verlangte als Pfand die Besetzung von Straßburg, Toul und Pfalzburg, und da ich am
Tage vorher gesagt, daß die Versammlung in Paris zusammentreten sollte, so wollte er in diesem Falle ein Fort, welches
die Stadt beherrsche, z. B. das des Mont-Valérien.

Ich unterbrach ihn, um ihm zu sagen: »Es wäre viel einfacher, Paris von uns zu verlangen. Wie wollen Sie, daß eine
Französische Versammlung unter Ihren Kanonen berate? Ich
hatte die Ehre, Ihnen zu sagen, daß ich meiner Regierung
unsere Unterhaltung mitteilen werde; ich weiß wahrlich nicht,
ob ich wagen werde, zu sagen, daß Sie mir eine solche Propo-
sition gemacht haben.«

»Suchen wir eine andere Kombination«, erwiderte er mir.
Ich sprach ihm von dem Zusammentritt der Versammlung in

Tours, ohne daß man nach der Seite von Paris ein Pfand nehme.

Er schlug mir vor, mit dem König darüber zu sprechen, und auf die Besetzung von Straßburg zurückkommend, fügte er hinzu: »Die Stadt wird in unsere Hände fallen; das ist nur noch Sache der Berechnung eines Ingenieurs. Deshalb verlange ich auch von Ihnen, daß die Garnison sich als kriegsgefangen übergebe.«

Bei diesen Worten sprang ich vor Schmerzen in die Höhe und rief aus: »Sie vergessen, daß Sie zu einem Franzosen sprechen, Herr Graf! Eine heldenmütige Besatzung opfern, welche der Gegenstand von unserer und aller Welt Bewunderung ist, wäre eine Feigheit, und ich verspreche Ihnen, nicht zu sagen, daß Sie mir eine solche Bedingung gestellt haben.«

Der Graf antwortete mir, daß er nicht die Absicht habe, mich zu verletzen, daß er sich nach den Gesetzen des Krieges richte, daß übrigens, wenn der König einwillige, dieser Artikel modifiziert werden könne.

Nach einer Viertelstunde kehrte er zurück. Der König akzeptierte die Kombination von Tours, aber er bestand darauf, daß sich die Besatzung von Straßburg als kriegsgefangen ergebe.

Meine Kräfte waren erschöpft, und ich fürchtete einen Augenblick lang, zusammenzusinken. Ich wandte mich ab, um die Tränen zu verschlucken, die mich erstickten, und indem ich mich wegen dieser unfreiwilligen Schwäche entschuldigte, verabschiedete ich mich mit diesen einfachen Worten: »Ich habe mich getäuscht, Herr Graf, indem ich hierherkam; ich bereue es nicht, ich habe genug gelitten, um mich vor mir selbst zu entschuldigen; übrigens habe ich nur dem Gefühle meiner Pflicht gehorcht. Ich werde alles, was Sie mir gesagt haben, meiner Regierung berichten, und wenn dieselbe für passend hält, mich abermals zu Ihnen zu schicken, so werde ich, wie schmerzlich mir auch dieser Schritt sein möge, die Ehre haben, Sie wiederzusehen. Ich weiß Ihnen Dank für Ihr Wohlwollen gegen mich, aber ich fürchte, daß wir den Ereignissen ihren Lauf lassen müssen. Die Bevölkerung von Paris ist mutig und zu allen Opfern bereit. Ihr Heldenmut kann den Gang der

Ereignisse ändern. Wenn Sie die Ehre haben, sie zu besiegen – unterwerfen werden Sie dieselbe nicht. Die ganze Nation ist von derselben Gesinnung. So lange wir in ihr ein Element des Widerstandes finden, werden wir Sie bekämpfen. Es ist dies ein endloser Kampf zwischen zwei Völkern, welche sich die Hände reichen sollten. Ich hatte eine andere Lösung gehofft. Ich entferne mich sehr unglücklich und dennoch voll Hoffnung.«

Seinem verwundeten ältesten Sohn Herbert berichtet Bismarck am 23. September über seine Gespräche mit Favre; er äußert dabei offen seine finanziellen und territorialen Forderungen:

Ich habe hier mit den Franzosen (Favre, von Ring und Hall, sehr kleinlaut, begleitet) schon dreimal stundenlang verhandelt, sie bekamen aber über das Elsaß noch immer so schweres Bauchkrümmen, daß wir abbrechen mußten. Fünftausend Millionen Franken glauben sie zahlen zu können und schienen bereit dazu, wenn wir ihnen Straßburg ließen. Aber ich sagte ihnen, von dem Gelde wollen wir erst später reden, vorher die deutsche Grenze feststellen und dicht machen. Denn sobald sie zu Kräften kämen, griffen sie uns doch wieder an, sagte ich, was sie unter ganz pomphaften Friedensschwüren bestritten. Alles schon dagewesen.

Der Bericht von Jules Favre bewirkt, daß die europäische Öffentlichkeit die Notwendigkeit, den Krieg fortzusetzen, in zunehmendem Maße bezweifelt. Von Zukunftsängsten bedrängt, schreibt Jacob Burckhardt am 27. September an F. von Preen:

Es ist ein neues Element in der Politik vorhanden, eine Vertiefung, von welcher frühere Sieger noch nichts gewußt, wenigstens keinen bewußten Gebrauch gemacht haben. Man sucht den Besiegten möglichst tief vor sich selbst zu erniedrigen, damit er sich künftig nicht einmal mehr etwas Rechtes zutraue. Es kann sein, daß man dies Ziel erreicht; ob man dabei selber besser und glücklicher wird, ist eine andere Frage.

O wie wird sich die arme deutsche Nation irren, wenn sie daheim das Gewehr in den Winkel stellen und den Künsten und dem Glück des Friedens obliegen will! da wird es heißen: vor allem weiter exerziert! und nach einiger Zeit wird niemand mehr sagen können, wozu eigentlich das Leben noch vorhanden ist. Denn nun kommt der deutsch-russische Krieg in den Mittelgrund und dann allmählich in den Vordergrund des Bildes zu stehen.

Die von Jacob Burckhardt geäußerten Befürchtungen sind Bismarck nicht bekannt. Mit wachsender Sorge beobachtet er jedoch den Umschwung der öffentlichen Meinung Europas, die zunächst mit Preußen und seinen Verbündeten sympathisiert hat, jetzt jedoch ihre Anteilnahme dem besiegten Frankreich, das eine Revolution erlebt, entgegenbringt. In einem Erlaß an die Auslandsvertretungen des Norddeutschen Bundes beschreibt er am 27. September die politische Situation des Krieges; er verfolgt damit die Absicht, der Darstellung von Jules Favre entgegenzutreten, obwohl er einräumt, daß Favre bemüht gewesen sei, »den Hergang der Sache im ganzen richtig wiederzugeben«. Eingehend legt er dar, daß Preußen und seine Verbündeten einen »Waffenstillstand nicht ohne militärisches Äquivalent gewähren könnten«:

Eine praktischere Wendung nahmen unsere Besprechungen erst in Ferrières, wo sie sich mit der Frage des Waffenstillstandes beschäftigten und durch diesen ausschließlichen Inhalt schon die Behauptung widerlegen, daß ich erklärt hätte, einen Waffenstillstand unter keinen Umständen zu wollen. Die Art, in welcher Herr Favre mir die Ehre erzeigt, mich mit Bezug auf diese und andere Fragen als selbst redend einzuführen (»il faudrait un armistice, et je n'en veux à aucun prix« [*ein Waffenstillstand wäre notwendig, doch will ich ihn um keinen Preis*] und ähnliches), nötigt mich zu der Berichtigung, daß ich in dergleichen Unterredungen mich niemals der Wendung bedient habe oder bediene, daß ich persönlich etwas wollte oder versagte oder bewilligte, sondern stets nur von den Absichten und Forderungen der Regierungen spreche, deren Geschäfte ich zu führen habe.

Als Motiv zum Abschluß eines Waffenstillstandes wurde in dieser Unterredung beiderseits das Bedürfnis anerkannt, der französischen Nation Gelegenheit zur Wahl einer Vertretung zu geben, welche allein imstande sein würde, die Legitimation der gegenwärtigen Regierung so weit zu ergänzen, daß ein völkerrechtlicher Abschluß des Friedens mit ihr möglich würde. Ich machte darauf aufmerksam, daß ein Waffenstillstand für eine im siegreichen Fortschreiten begriffene Armee jederzeit militärische Nachteile mit sich bringe, in diesem Falle aber für die Verteidigung Frankreichs und für die Reorganisation seiner Armee einen sehr wichtigen Zeitgewinn darstelle, und daß wir daher einen Waffenstillstand nicht ohne militärisches Äquivalent gewähren könnten.

Am 27. September erfolgt die Kapitulation Straßburgs. Der in Berlin erscheinende »Staatsanzeiger« meldet:

Am 27. September nachmittags 5 Uhr, während noch von beiden Seiten gefeuert wurde, sah man plötzlich vom Münster, Bastion 11 und 12 weiße Fahnen wehen. Infolgedessen wurde das Feuer diesseits eingestellt. Ein Parlamentär brachte von dem Kommandanten von Straßburg, General Uhrich, einen Brief, in welchem derselbe die Übergabe der Stadt auf Gnade und Ungnade anzeigte. Zur Vereinbarung der näheren Verhandlungen wurden als Bevollmächtigte der Chef des Generalstabes, Oberstleutnant von Leszcynski, und Graf Henckel von Donnersmarck nach Königshofen entsendet, woselbst nachts 2 Uhr die Kapitulation unterschrieben wurde, nach welcher 17 111 Mann, einschließlich der Nationalgarden, 451 Offiziere die Waffen streckten und 1 843 Pferde nebst sämtlichem Material in unsere Hände fielen.

Die Einnahme von Straßburg löst eine neue Welle nationaler Begeisterung aus, zumal die Annexion Straßburgs als ein Ziel des in Gründung befindlichen deutschen Nationalstaates betrachtet wird. Der Berliner Magistrat erläßt am 2. Oktober einen Aufruf zu einer Spendenaktion für Straßburg:

Straßburg, die altehrwürdige Stadt des Deutschen Reiches, ihm einst durch frechen Raub entrissen, ist in dem Kriege, in welchem Frankreich zu neuem Raub gegen uns ausziehen wollte, Deutschland wiedergewonnen! Wir verloren es 1681, weil das alte Band, das die Ottonen und die Staufen um die deutschen Stämme geschlungen hatten, nicht einmal die Stärke bewahrt hatte, unser Volk zu gemeinsamer Verteidigung des vaterländischen Bodens zusammenzufassen. Wir gewinnen es 1870 wieder, weil der neueste Angriff des alten Feindes uns einig fand unter dem Banner der Hohenzollern. Es ist wiedergewonnen, aber das ist der Fluch der bösen Tat derer, die es raubten, und derer, die den Raub duldeten – wiedergewonnen mit Kriegsgewalt. Durch die Bresche, welche deutsche Kugeln geschossen, haben deutsche Krieger einziehen müssen in die deutsche Stadt. Ja: in die trotz alledem deutsche Stadt. Die Stätte des gesegneten Rheintales, wo, wetteifernd mit dem Emporkommen der anderen großen Städte des Reiches, deutsche Bürgerkraft ein freies Gemeindewesen schuf, wo ein Wahrzeichen weithin in die deutschen Gaue, Erwin von Steinbachs Münster, zum Himmel ragt, wo der jugendliche Goethe aus der Tiefe des deutschen Volksgemütes Lieder schöpfte, wie sie seit den Tagen der Minnesänger nicht erklungen waren; – diese Stätte war dem Herzen des deutschen Volkes niemals eine fremde geworden. Davon wollen wir jetzt mit Taten Zeugnis geben. Wir wollen nicht warten bis zu dem hoffentlich nicht fernen Zeitpunkt, wo die wiedergefundenen Brüder auch ihrerseits die Bande des Blutes und der geistigen Gemeinschaft erkennen werden, durch welche sie mit uns verbunden sind. Was wir als Feinde zerstörten, wir wollen es als Brüder wieder aufrichten. Den Eigentümern, deren Häuser in Trümmer liegen, den Gewerbetreibenden und Arbeitern, deren Erwerb unterbrochen ist, den Ausgewanderten, die auf fremdem Boden Obdach suchten, wir wollen ihnen reiche Hilfe bringen.

Den Brief Renans vom 13. September erwidert David Friedrich Strauß am 29. September. Die Erklärungen und Erwägungen weist er scharf zurück, betont die Überlegenheit Deutschlands und rechtfertigt die Zulässigkeit der geforderten Gebietsabtretungen:

Ein Volk, das für Sadowa, also für eine ihm ganz fremde Niederlage, Genugtuung haben wollte, wird für Wörth und

Metz, für Sedan und Paris zehnfach um Rache schreien, wenn
wir ihm auch weiter nichts zuleide tun, als daß wir es so oft
geschlagen haben. Wir verbessern also unsere Lage für die
Zukunft im mindesten nicht, wenn wir es schonen, im Gegenteil, wir verschlechtern sie. Da wir von seinem guten Willen
unter keinen Umständen etwas zu erwarten haben, müssen
wir darauf bedacht sein, daß sein übler Wille uns fortan nicht
mehr schaden kann. Wie das zu machen? – Nun, sehen Sie nur
die Landkarte an. Mit dem Winkel hier, der zwischen Basel
und Luxemburg in das deutsche Gebiet einspringt, ist es ein
für allemal nicht richtig. Man sieht gleich: das ist keine Grenze, die sich natürlich gemacht hat; hier ist einmal Gewalt
geschehen. Hier hat der Nachbar sich ein Tor in unser Haus
gebrochen: dieses Tor müssen wir ihm vermauern. Hier hat
der Feind einen Fuß auf unser Land gesetzt: wir werden ihn
veranlassen, diesen Fuß zurückzuziehen. Sie fragen wohl,
welches Volk sich nicht, genaugenommen, über seine Grenzen
zu beklagen hätte. Aber welches Volk, frage ich, wird diese
Grenzen nicht berichtigen, wenn ihm der Nachbar einmal die
Waffen in die Hand gedrückt hat und es über dieselben siegreich bis ins Herz des feindlichen Landes vorgedrungen ist?

*Weder die militärischen Operationen noch die diplomati-
schen Bemühungen um Beendigung des Krieges drängen das
politische Problem des Krieges, den Zusammenschluß Deutschlands, in den Hintergrund. Mit dem Nachlassen des beinahe
täglichen Eintreffens von Siegesnachrichten wendet sich die
politische Aufmerksamkeit der Regelung der deutschen Frage
zu. Eduard Lasker gibt in seinem Brief vom 3. Oktober dem
württembergischen Minister von Mittnacht eine eingehende
Schilderung der Haltung der süddeutschen Staaten:*

Wenn ich mir von den Vorverhandlungen ein richtiges Bild
entwerfe, so hängt gerade jetzt sehr viel von der Haltung der
württembergischen Regierung ab, und ich wende mich an Sie,
welchem die Leitung anvertraut ist. Die bayrische Regierung
schwankt offenbar noch; sie hält es für Gewinn, soviel als
möglich in Einzelheiten der Herrschaft des Bundes sich zu
entziehen, und da Norddeutschland im Nachgeben eine ge-

wisse Grenze nicht überschreiten wird, so ist noch immer nicht ausgeschlossen, daß die Verhandlungen mit Bayern in der letzten Stunde scheitern könnten. Die Gefahr beginnt in meiner Schätzung schon, wenn Bayern und Württemberg die mit ihnen gepflogenen Verhandlungen hinziehen und die beiden anderen Südstaaten tatsächlich vorangehen lassen. Zeigt sich aber die württembergische Regierung entschlossen, auch ohne Bayern dem Bunde beizutreten, dann fällt sie die Entscheidung auch für den größeren Staat. Bayern und Württemberg zusammen können, wenn die jetzt günstige Zeit ungenutzt vorübergeht, zum Nachteil für sich selbst und das übrige Deutschland, die Lösung um kostbare Jahre verzögern; allein vermag es keiner der beiden Staaten. Im äußersten Falle würde das zögernde Bayern nach kurzer Frist zur Nachfolge gezwungen sein. Selten gibt es für den kleinen Staat ein geschichtliches Moment, so entscheidend in die Geschicke des großen Vaterlandes einzugreifen und der Nation so erhebliche Dienste zu leisten; auf Sie fällt in hervorragendem Maße die Mitverantwortlichkeit, daß nicht die Gunst des Augenblicks ungenutzt vorübergehe. Sie teilen mit mir die Anschauung, daß das Interesse Württembergs den Anschluß dringend fordert, bald unabweislich machen wird, die versäumte Gelegenheit aber das Land beschädigt. Darum hoffe ich, daß Ihre Regierung nicht den eigentümlichen Bedenken Bayerns sich unterordnen, sondern die in Ihrer Hand ruhende Macht benutzen wird. [. . .]

Mich bewegt der Gedanke, daß die jetzige Krisis uns die Einheit des gesamten Vaterlandes bringe und kein ungelöster Rest zu einer neuen Krisis dränge. Jetzt übersehen wir, wohin die Lösung führt, die Zukunft ist ungewiß. Beruhigung erfahren wir weder hier noch drüben, solange wir nicht alle zusammen sind, aber die kleineren Staaten leiden viel schlimmer unter den unfertigen Zuständen.

Am 5. Oktober beziehen König Wilhelm I. und sein inzwischen vergrößertes Gefolge ein neues Hauptquartier. Der in Berlin erscheinenden »Kreuzzeitung« wird darüber aus Versailles berichtet:

Heute ist das Große Hauptquartier Sr. Majestät des Königs hier in der alten zweiten Residenz des früheren Königlichen Frankreichs etabliert worden und wird jedenfalls bis zum Beginne des Bombardements von Paris, vielleicht sogar bis zur Kapitulation, hier verbleiben.

Die sonst stillen Straßen hatten sich nachmittags, und besonders die Avenue de Paris, die mittelste unter den drei vom Palais Ludwigs XIV. ausstrahlenden Hauptstraßen, ungewöhnlich belebt, und der Haß gegen diese so »prompten« Preußen hatte doch nicht die Neugier bezwingen können, den König von Preußen und womöglich auch den noch gefürchteteren Bismarck zu sehen, der bereits anfängt, auch in Frankreich populär zu werden. Da der König in dem Gebäude der Präfektur wohnen sollte, so hatte sich bei derselben eine große Menschenmenge gesammelt, und die nach und nach aus den bisherigen Hauptquartieren Ferrières und Lagny Ankommenden waren überrascht, zum erstenmal seit dem Einmarsch der deutschen Armeen in Frankreich eine größere Zahl von wohlangezogenen Menschen und selbst toilettierten Damen zu sehen, denn bisher hatte auf dem ganzen Wege, den die Armee zurückgelegt, nur die Bluse in mehr oder weniger schmutzigem Zustand vorgeherrscht... Man wußte, daß der König in Willeneuve-le-Roi zu Pferd steigen würde, um die 11. und 12. Division zu besichtigen, erwartete also, S. Majestät hier einreiten zu sehen. Es geschah aber nicht, sondern der Kavallerie-Stabswache folgte die Königliche Equipage, in welcher der Kronprinz neben seinem Königlichen Vater saß. Vor der Einfahrt in das Gitter der Präfektur hielt der Wagen, und S. Majestät ging an der Front der Ehrenwache herunter, welche nach dem Eintritt Sr. Majestät in den Hof mit klingendem Spiel abmarschierte. Die Rüstung, mit welcher der König sich an der Front herabbewegte, schien die Franzosen etwas zu frappieren, und man hörte sie ihr Erstaunen darüber aussprechen.

Während deutsche Fürsten, Politiker, Professoren und Publizisten sich ausschließlich mit der Frage des politischen Ertrags des Krieges, mit der Annexion von Elsaß-Lothringen und mit der Herstellung der Einheit Deutschlands befassen, registrieren ausländische Beobachter die Veränderungen, die sowohl in der deutschen Mentalität als auch in den deutschen Städten vor sich gehen. Der norwegische Dichter Henrik Ibsen, der in Deutschland lebt, schildert am 10. Oktober die Situation in Dresden:

Die Stadt ist voll von Kranken und Verwundeten; zu jeder Stunde kann man sicher sein, militärischen Leichenzügen oder neuen Lazaretttransporten zu begegnen. Einige tausend französische Gefangene haben wir auch; sie gehen teilweise frei umher, erfreuen sich guter Behandlung und scheinen guter Dinge zu sein. Hier herrscht auch nicht die Spur von Begeisterung für den Krieg; was die Zeitungen in dieser Beziehung erzählen, ist die reinste Erfindung. Das Land leidet schrecklich; jede Tätigkeit ist so gut wie eingestellt; halbwüchsige Knaben und Familienväter mittleren Alters werden zu den Fahnen gerufen und nach Frankreich geschickt; fast jede Familie hat Trauer; viele haben alle ihr abkommandierten Verwandten verloren, und noch kennt man die Verlustlisten der letzten sechs Wochen nicht. Wie gesagt, es lebt sich ungemütlich hier.

Die Frage der Gebietsabtretungen Frankreichs an Deutschland beherrscht alle politischen Gespräche. Der Historiker Leopold von Ranke begegnet bei einem Aufenthalt in Wien seinem »alten Freund«, dem französischen Historiker und Staatsmann Louis Adolphe Thiers, mit dem er ein ebenso langes wie heftiges Gespräch über die Lage Frankreichs und über die von Deutschland geforderte Abtretung von Elsaß-Lothringen hat. Ranke berichtet in einem Brief vom 12. Oktober dem preußischen Gesandten in Wien, General Hans Lothar von Schweinitz, über die Unterhaltung zweier Historiker:

Der Zufall wollte [. . .], daß ich, zu archivalischen Zwecken nach Wien kommend, in dem Hotel Wohnung nahm, wo gleich darauf Mr. Thiers, mein alter Freund, auf seiner Reise von Petersburg nach Florenz begriffen, abstieg. Ungesucht bahnte sich ein Verkehr zwischen uns an, der sich auf die großen vorliegenden Angelegenheiten bezieht und der sich über das gewöhnliche Politisieren dadurch erhob, daß Thiers, obwohl ohne besondere Mission und Stellung, doch virtuell als einer der vornehmsten Repräsentanten der jetzigen Regierung von Frankreich betrachtet werden kann.

Davon nun, was er in London oder Petersburg oder auch in Wien gesucht und ausgerichtet habe, was er jetzt in Wien oder in Florenz auszurichten hoffe, sagte er mir kein Wort. Es mag sein, daß er die Idee einer europäischen Einwirkung hegt, doch sprach er davon nicht. Sein ganzes Augenmerk war ausschließend auf Seine Majestät den König und eine mit Allerhöchstdemselben zu schließende Abkunft gerichtet. Unser Gespräch ging von der eminenten Gefahr aus, in welcher Paris in diesem Augenblicke schwebe. Ich bezeichnete es als unwahrscheinlich, daß die Stadt den siegreichen Waffen Seiner Majestät widerstehen könne; er hielt das für möglich. Aber wir vereinigten uns darin, daß das Ereignis unter allen Umständen die schwersten Folgen nach sich ziehen werde. Auch dann, wenn Paris erobert ist, wird die Frage, wie ein Friede möglich sei, der nicht auf bloßer Gewalt ruhe, in den Vordergrund treten; besser immer vorher als nachher, aber auch dann, die Gegensätze träten nur um so stärker auf.

Ich betonte, daß Seine Majestät der König durch den Verlauf der Ereignisse, die frühere Geschichte, die gegenwärtige Stimmung genötigt werde, auf eine wesentliche und erhebliche Abtretung in den östlichen Provinzen Frankreichs zu bestehen, wie denn schon in der letzten Thronrede von Sicherheit für den Frieden die Rede ist.

Thiers erwiderte: der Kaiser, der Preußen bedroht habe, sei gefallen; die imperialistische Partei schlug er sehr gering an. Seiner Majestät dem Könige stehe jetzt das Frankreich gegenüber, welches den Krieg nicht gewollt habe, es wünsche nichts als den Frieden. Neuer Garantien bedürfe Preußen nicht. Man habe kein Beispiel, daß ein Staat so rasch zu großer Macht emporgestiegen sei wie in den letzten Jahren der preußische. Das nichtimperialistische Frankreich, gleichviel ob unter der Form der Republik oder unter den Orleans, stelle sich Seiner Majestät dem Könige nicht mehr feindselig entgegen;

die Mainlinie sei demselben gleichgültig. Es werde damit über-einstimmen, wenn Seine Majestät sich zum Kaiser erklären werde. Unter diesen Umständen bedürfe Preußen keiner Ga-rantien.

Ich erwiderte, nicht gegen Frankreich an sich, aber gegen die möglichen Revolutionen, deren Frankreich in den letzten Jahrzehnten so viele gehabt habe. Wie leicht, daß da wieder ein gewaltsamer Kriegsführer emporkomme und uns angreife.

Thiers stellte diese Eventualität in Abrede, besonders aber legte er darauf Nachdruck, daß es keine Regierung in Frank-reich geben könne, welchen Namen sie auch immer trage, die sich verstehen würde, einen Frieden zu unterzeichnen, der eine bedeutende Abtretung involviere. Was könne aber als-dann folgen als ein fortwährender Krieg, welcher die Nation immer mehr aufbringe und Frankreich tief herabwürdige.

Ich sagte ihm, Seine Majestät denke daran nicht. Selbst, wovon man gesprochen hat, daß Frankreich in die zweite Klasse der Mächte herabgedrückt werden solle, sei keine preu-ßische Idee; ein starkes Frankreich müsse sein, und eine alte deutsche Provinz zurückzugeben an Deutschland könne die Nation als solche nicht in dem Grade aufregen, welchen er annehme.

Er sagte auch, Elsaß sei französisch, es wolle nicht deutsch werden, was gegen alle seine Interessen laufe.

Das lasse sich bestreiten, erwiderte ich, denn es rede deutsch. Eine Verbindung mit Preußen und Deutschland eröffne dem Lande die Aussicht eines steigenden Wohlstandes.

Aber ich will ehrlich sein, erwiderte er. Sie kennen mich als wahrhaftig. Ich für meine Person will meine grauen Haare nicht durch eine Lösung beflecken, welche den Gefühlen des Landes und dem, was ich mein ganzes Leben gesagt habe, so vollkommen entgegenläuft.

Aber, sagte ich zu der Gesellschaft gewendet, die ihn um-gab, der König von Preußen kämpft nicht mehr gegen Napo-leon, der gefangen ist, noch auch gegen Frankreich an sich; er bekämpft die Idee Ludwigs XIV., der in der Zeit deutscher Zerrissenheit und Schwäche ohne alles Recht Straßburg und das Elsaß an sich brachte. Daran hat man schon in den Jahren

1814/15 gedacht. Es ist eine gemeinsame Forderung der Nation.

Die Verzögerung sowohl der militärischen als auch der politischen Entscheidung führt zu einer allgemeinen Unruhe. Gerüchte über die Verhandlungen zwischen dem Norddeutschen Bund und den süddeutschen Staaten beschäftigen die Politiker, die darauf bestehen, die Gunst der Stunde für die Schaffung eines deutschen Nationalstaates zu nutzen. Der bayerische Politiker Barth informiert am 13. Oktober Rudolf von Bennigsen in Beantwortung eines Briefes vom 4. Oktober über die Lage in Bayern:

Von unsern Ministern wissen wir gar nichts, sie beobachten das Amtsgeheimnis in einer sonst nicht gewohnten Weise. Dagegen wissen wir aus der besten Quelle, daß Delbrück mit dem Gang der Verhandlungen hier sich zufrieden erklärt hat. Er sagte beim Weggehen zu dem hiesigen preußischen Gesandten, es sei die höchste Wahrscheinlichkeit vorhanden, daß sie zum erwünschten Ziele führten. Im gleichen Sinne schrieb Lasker von Berlin. Ich habe von Ihrer Zuschrift Veranlassung genommen, durch einen Dritten nochmals im Kabinettssekretariat in Berg sondieren zu lassen, wie die Dinge stehen, wobei der Dritte durchblicken ließ, daß, wenn Bayern, wie es scheine, übertriebene Anforderungen gemacht habe, dies leicht später zu einer Kalamität für die Dynastie werden könnte; Eisenhart versicherte aber, man könne ruhig sein, es stehe alles aufs beste.

Das Großherzogtum Baden hat am 3. Oktober den Anschluß an den Norddeutschen Bund beantragt und damit die Bildung einer Einheitsfront der süddeutschen Staaten unmöglich gemacht. In Karlsruhe herrscht Besorgnis wegen der Stagnation in der deutschen Frage, und Großherzogin Luise von Baden wendet sich beunruhigt an ihren Bruder, den Kronprinzen von Preußen, der ihr am 15. Oktober antwortet:

Jetzt will ich mich an die Beantwortung Deiner politischen Fragen machen, bemerke aber noch zuvor, daß ich die Dinge seit einigen Tagen als in einer guten Bahn fahrend betrachte,

so daß ich gegründete Ursache habe anzunehmen, daß wir
einen festen Bund hier in Versailles erst mit Abgesandten,
dann mit Fürsten selbst schließen, dem Kaiser und Reich auch
noch hier unmittelbar folgen müssen. Mit Dir stimme ich vollkommen überein, daß der neue Bund hier auf dem Kriegsschauplatz geschlossen werden muß, weil sonst nach der Heim-
kehr auf vaterländischem Boden sofort die alten Häkeleien
wieder erwachen, namentlich, wenn die Begeisterung sich gelegt haben wird.

Bismarck will die endliche Einigung Deutschlands; soweit
man überhaupt für seine Ansichten aufkommen kann, zweifle
ich nicht an seiner Aufrichtigkeit hierin. Ebenso will er die
Kaiserfrage regeln, mithin sind unsererseits keine Schwierigkeiten mehr zu erwarten, um so mehr als ich Papa [*König
Wilhelm I.*] kürzlich auf die unabweisbare Kaiserfrage angeredet habe, ihm klarmachte, daß dieselbe nicht mehr zu
umgehen oder abzuweisen sei, aber der preußischen Krone
dadurch keineswegs zu nahe getreten würde, vielmehr ähnlich
wie in Österreich Kronen nebeneinander bestehen könnten.
Bismarck hat auch bereits hier seinen Vortrag gehalten, und
wäre denn soweit das Eisen geschmiedet. Ich tue mein mög-
lichstes, um die Augen offenzuhalten, und werde nichts unterlassen, um endlich diese große Frage hier auf französischem
Boden zu Ende zu führen. Ich mache mir nicht die geringste
Illusion über die Schwierigkeiten, die alle Augenblicke sowohl
hier als auch künftig im Vaterlande bei fernerer Regelung der
Reichsfrage entstehen werden. Preußischer Partikularismus
wird das seinige ebenso als Hemmschuh wie auch die süddeutschen Staaten leisten, und es wird beständig laviert werden müssen. Doch ist der Kaiser einmal da, dann ist ein
Faktum für Deutschland in der Welt gesetzt, gegen welches
nicht mehr angestürmt werden kann, und werden sich die
Schwierigkeiten unter solcher Krone jedenfalls leichter beile-
gen lassen als auf dem entsetzlichen Wege weiterer Vereinbarungen.

*Das Hauptquartier in Versailles ist nicht nur der Sitz der
obersten militärischen Kommandobehörden, sondern auch der*

Ort der politischen Erwägungen und Vorgespräche sowohl für die Herbeiführung eines Waffenstillstandes und des Friedens als auch für die Schaffung eines deutschen Nationalstaates. Versailles wird im Herbst 1870 zum politischen Wallfahrtsort, den alle aufsuchen, die sich befähigt oder berufen halten, an der Verwirklichung des politischen Zieles des Krieges mitzuarbeiten, das in dem Maße hervortritt, in dem sich die militärischen Aktionen verlangsamen. Durch ungebetene Besucher fühlt sich Bismarck in seiner Arbeit aufgehalten. Gebetene Gäste benutzt er, um sich zu unterrichten und seine Auffassungen zu verbreiten. Bevor noch die Verhandlungen mit den Vertretern der süddeutschen Staaten ihren Anfang genommen haben, verständigt er sich mit maßgebenden Abgeordneten des Norddeutschen Reichstags. Über eines dieser Gespräche berichtet von Bennigsen aus Versailles am 22. Oktober seiner Frau:

Graf Bismarck, mit dem ich heute eine stundenlange, sehr interessante Unterredung hatte, voll der unglaublichsten Details (von denen sich aber füglich nichts schreiben läßt), hat außer mir zu einer Besprechung wegen der Abänderung der norddeutschen Verfassung noch den Altkonservativen von Blanckenburg und den Freikonservativen Dr. Friedenthal aus dem Reichstage hierherzitiert. Der erstere ist unterwegs, der letztere als Johanniter schon hier eingetroffen. Heute traf ich auf der Straße schon eine ganze Anzahl Bekannte aus Berlin, Reichstagsmitglieder, Abgeordnete usw. Sehr freundlich redete mich der Kronprinz zu Pferde an, als er mit seiner Suite von einer Besichtigung zurückkehrte, und teilte mir sehr günstige Aussichten wegen der Festung Metz für eine nahe Zukunft mit. [...]
In Versailles war die ganze Garnison alarmiert und bis auf zwei Bataillone und etwas Artillerie auch ausgerückt.

Die nationalliberalen Politiker betrachten es als ihre Aufgabe, die Mitarbeiter Bismarcks und diesen selbst über die Stimmungen und Ansichten in den süddeutschen Ländern zu informieren, denen jetzt besondere Aufmerksamkeit gewidmet wird; sie verfolgen damit die Absicht, Hilfestellung zu

leisten. Am 23. Oktober gibt Eduard Lasker in einem
Brief an Staatsminister von Delbrück einen Überblick über
die Situation in Württemberg und in Bayern am Vorabend
der Verhandlungen in Versailles:

Aus Stuttgart empfange ich Nachrichten, welche mir nicht
ohne Interesse scheinen, und es knüpft sich daran eine Bitte,
welche nach meiner Ansicht erfüllt werden sollte. Die Minister
hatten sich dort mit der nationalen Partei in Verbindung gesetzt; diese hat auf den Wunsch der Unterstützung sofort geantwortet, daß ihr Bürgschaften gegeben werden müssen: wegen des Anschlusses an den Bund, sowie gegen Schwanken,
wenn Bayern unsicher würde. Die nationale Partei glaubt
jetzt schon zwar an die gegenwärtig guten Absichten der Regierung, fürchtet aber das herkömmliche Schwanken und
einen möglichen Umschwung der Absichten in den Hofkrei-
sen, welchem die Minister Rechnung tragen möchten. Der
Landtag wird jetzt aufgelöst, die Neuwahlen stehen bevor;
die nationale Partei will die Regierung rückhaltlos unterstützen, wenn diese fest und unwiderruflich sich verpflichtet,
sonst aber will sie die Wahlen gegen die Regierung benutzen,
wenn diese unzuverlässig wird. Der Probierstein ist der Anschluß an den Bund, allenfalls mit wenigen, doch nur solchen
Modifikationen, welche gar kein Bedenken erregen. [...]
Aus Bayern habe ich vor einigen Tagen gute Nachrichten
gehabt, besonders infolge einer Rücksprache mit dem Herrn
Minister Lutz, welcher selbst an ein Gelingen glaubt. Es ist
gut, daß dieser Minister zur Teilnahme an den Verhandlungen eingeladen ist; er ist für die Auszeichnung empfänglich
und geeignet, zuweilen über Schwierigkeiten wegzuhelfen.
Gänzlich beruhigt werde ich darüber, daß schon unter den
jetzigen Abgeordneten für jede, selbst eine im nationalen
Sinne weitgehende Abmachung der Regierung die vorgeschrie-
bene Zweidrittelmehrheit zu finden sein werde; ein gut Unter-
richteter schreibt mir dies aufgrund angestellter Prüfung, wie
er versichert. Dunkel klingt mir der allgemein gehaltene Satz:
»Nur in finanziellen Dingen wird man norddeutscherseits
etwas nachgiebig sein müssen.« Die schlimmste Deutung wäre

für mich, daß Bayern an dem selbständigen Militärbudget
festhalten wolle. Dies gäbe auf beiden Seiten eine Quelle
immerwährender Streitigkeiten oder Verstimmung.

*Europa befindet sich im Herbst 1870 in einer von den Zeit-
genossen mit größter Aufmerksamkeit beobachteten Über-
gangssituation: Die Regierungsgewalt des republikanischen
Frankreich hat Mühe, sich durchzusetzen; die Folge ist ein
Verfall der Staatlichkeit Frankreichs, dessen Tempo die militärische Entwicklung bestimmt. Die politische Gestalt Deutschlands ist zwar in ihren geographischen Umrissen erkennbar –
über die staatsrechtliche Form gehen jedoch die Ansichten auseinander. Sicher ist nur, daß Preußen dabei ist, Deutschland
unter seiner Führung in einem Nationalstaat zu einen. Die
Konsequenzen für die Zukunft Europas, des Niedergangs
Frankreichs und des Aufstiegs Deutschlands, beunruhigen
Kaiser Franz Joseph. Am 23. Oktober schreibt er an seine
Mutter:*

Der fürchterliche Krieg scheint jetzt bald zu Ende zu gehen,
wenigstens zeigt sich auf beiden Seiten doch schon ziemlich
viel Friedensbedürfnis. Die Preußen haben unerhörtes Glück,
und es wird jetzt noch schwerer mit ihnen auszukommen sein,
um so mehr, als das ganze übrige Europa von einer entsetzlichen Mattigkeit und Indolenz ist. Ich sehe sehr trüb in die
Zukunft, die noch trauriger werden dürfte als die Gegenwart.

*Von ihrem Exilort London aus unternimmt Kaiserin Euge-
nie im September und Oktober 1870 Versuche, mit Bismarck
in Verbindung zu treten. Sie bedient sich dabei Mittelsmän-
ner, die Bismarck den Gedanken einer Wiedereinsetzung der
napoleonischen Dynastie in Frankreich nahelegen. Die aufgrund von Vorgesprächen eröffneten Möglichkeiten bestimmen Kaiserin Eugenie, einen autorisierten Vertreter in das
preußische Hauptquartier zu entsenden. Ihre Wahl fällt auf
den ebenfalls nach England geflüchteten kaiserlichen Präfekten Théophile Gautier, den Sohn des Dichters Théophile Gautier, der, am 23. Oktober in Versailles eingetroffen, Wilhelm
I. einen Brief der Kaiserin übergibt. Im Verlauf seines Auf-*

enthaltes führt Théophile Gautier mehrere Gespräche mit
Bismarck, in denen die politische Lage sowohl der betroffenen
Länder als auch Europas erörtert wird. Die Annexion von
Elsaß und Lothringen spielt dabei eine entscheidende Rolle:

Ich war von Herrn [*Senatspräsidenten*] Rouher ermächtigt
worden, dem Kanzler Friedensbedingungen vorzuschlagen
und ihm darzulegen, welche äußersten Opfer die Kaiserin-
Regentin im Namen Frankreichs bewilligen zu können glaubte. Diese Bedingungen waren dem Grafen von Bismarck teilweise bekannt; er forderte mich jedoch auf, sie ihm noch einmal mitzuteilen. Dies sind die wesentlichsten Punkte: Die
Festungswerke von Straßburg und die dazugehörigen Forts
sowie alle militärischen Anlagen werden vollständig zerstört
und geschleift, und zwar so, daß man sie niemals wieder herstellen kann. Straßburg wird zu einer freien Stadt erklärt, die
von einem Gebiet umgeben wird, das ausreichend für ihren
materiellen und finanziellen Bedarf ist; die Stadt erhält eine
unabhängige Verwaltung, ähnlich der, wie sie Frankfurt am
Main vor 1866 besaß und wie sie heute noch in Hamburg besteht. Das, was noch vom Departement des Niederrheins zu-
rückbliebe, nachdem man die an die Stadt Straßburg abzutretenden Kantone davon abgetrennt haben würde, sowie die
Departements des Oberrheins, der Meurthe und der Mosel
würde Frankreich behalten. Frankreich würde Preußen eine
Kriegsentschädigung von zwei Milliarden zahlen: diese Zahlung sollte nach Unterzeichnung des Friedens in fünfprozen-
tigen französischen Wertpapieren ausgezahlt werden, die eine
Garantie für mögliche Kursschwankungen bieten würden. Ich
stellte dem Kanzler vor, daß die drei Milliarden, die der
Krieg uns schon kostete, die zwei Milliarden, die wir Deutschland zu zahlen hätten, die Millionen indirekter Kontributio-
nen, die von den Okkupationstruppen an Ort und Stelle von
dem französischen Schatze erhoben seien, schon ein Kapital
darstellten, dessen Zinsen zu decken man dem Volke vier-
oder fünfhundert Millionen neuer und fortlaufender Steuern
auferlegen müsse. War das Lösegeld nicht groß genug und
hatte etwa der Sieger nicht eine genügende Garantie gegen

jede Anwandlung von Revanche in der vollständigen Erschöpfung, die das Ergebnis so drückender Bedingungen sein würde?

Endlich bot man Deutschland die Abtretung von Cochinchina an: es war ein sehr aussichtsvoller Besitz, der schon jetzt unter der weisen Verwaltung der Marine nicht nur die dafür gemachten Auslagen deckte, sondern sogar noch dem Mutterland einen bedeutenden Überschuß einbrachte. Bei dem Namen von Cochinchina zuckte der Graf, der bisher zugehört hatte, ohne mich zu unterbrechen, leicht die Achseln, und mit dem Instinkte der bekannten preußischen Knauserigkeit, die bei ihm noch nicht durch den Größenwahn des deutschen Kaisertums ausgelöst war, sagte er mit einem Anfluge von Bescheidenheit: »Oh! Oh! Cochinchina! Das ist aber ein sehr fetter Brocken für uns; wir sind aber noch nicht reich genug, um uns den Luxus von Kolonien leisten zu können.« Unsere erste Zusammenkunft endete bei diesen Worten, da der Graf zum König gerufen wurde, der auf der Präfektur wohnte. Er lud mich jedoch ein, an demselben Abend um $1/2$ 9 Uhr wiederzukommen ...: Ich wurde in den Speisesaal geführt ... Das Mahl war eben beendet. Die Beamten der Staatskanzlei, die alle in Uniform waren, sowie die anwesenden Offiziere zogen sich sofort zurück, und ich blieb allein mit dem Kanzler. Der Graf, der vom Tisch aufgestanden war, bot mir eine Zigarre an und ging, während er fortfuhr, an der seinen zu kauen, mit langen Schritten im Saale auf und nieder. Ohne weitere Umschweife nahm er sofort die Unterhaltung des Nachmittags wieder auf. Er hatte den König gesehen und war vollständig einig mit Seiner Majestät, daß die vorgeschlagenen Bedingungen, besonders, soweit sie sich auf Elsaß bezogen, nicht annehmbar seien; sie würden in gegebener Zeit Frankreich gestatten, eine offensive Haltung gegen Deutschland einzunehmen, dessen Organisation – wie Herr von Bismarck sagte – eine durchaus defensive sei. Ich schlug darauf dem Kanzler, dem die Schleifung von Straßburg und die Umwandlung der Festung in eine freie Stadt nicht behagte, noch eine andere Lösung vor: Das Departement des Oberrheins und das des Niederrheins – also das ganze Elsaß – sollten vorläufig für den Zeitraum von fünf Jahren die Konstitution eines freien neutralen Landes mit autonomer Regierung erhalten. Nach Ablauf dieser Frist sollte die Bevölkerung selbst befragt werden und darüber entscheiden, ob sie zu ihrer alten Nationalität zurückkehren, mit Deutschland vereinigt werden oder definitiv einen selbständigen Staat bilden wolle. In allen Fällen aber müsse Elsaß für immer als neutrales Land gelten, das keine Festungen und keine andere militärische Besatzung haben dürfe, als absolut notwendig zur Aufrechterhaltung der bürgerlichen Ordnung sei. Ich versuchte, es dem Grafen klarzumachen, daß in dieser Bevölkerung der lokale und der munizipale Geist sehr entwickelt sei und daß sie unter einer autonomen Regierung sehr rasch Sitten und Gesinnungen annehmen würde, die denen der Schweiz, ihrer Nachbarin und alten Alliierten, ähnlich seien. Der Kanzler schien es nicht zu glauben, daß der in der elsässischen Bevölkerung herrschende Geist wirklich so sei, wie ich es ihm geschildert. Er meinte, ein so konstituierter Staat würde einen Vorposten für Frankreich und gegen Deutschland bedeuten: keine Regierung in Europa würde die Garantie für die Neutralität eines solchen Landes übernehmen. »Außerdem aber« – fügte er mit jener ungenierten Ausdrucksweise hinzu, die er zuweilen anstelle der korrekten diplomatischen Sprache anzuwenden liebte –, »außerdem würde man uns mit Steinen werfen, wenn der König und ich heimkehren wollten, ohne das Elsaß ..itzubringen.« Abgesehen von ihrer Ungeniertheit, hatte diese Sprache den Vorzug der Aufrichtigkeit: der Wille, Elsaß unter allen Umständen zu behalten, sprach sich darin offen aus, während der Graf in unserer am Nachmittag stattgefundenen Unterhaltung, die dem Besuche des Kanzlers bei seinem König voranging, sich nur mit großer Zurückhaltung über diesen Punkt geäußert hatte. [...]

Herr von Bismarck wollte aus dem Elsaß eine Provinz machen, ohne Aushebung zum Kriegsdienste, ohne Vertretung im Reichstage, die zwar einen Teil ihrer gegenwärtigen Organisation behalten, aber sehr stark von deutschen Truppen besetzt werden sollte. Die Verwaltung sollte durch Beamte geschehen, die man aus den verschiedenen Staaten Deutsch-

lands berufen würde. Es würde keine einfache, glatte Annexion sein. Es würde weder ein französisches noch ein neutrales Elsaß geben, aber es würde auch kein ganz deutsches
Elsaß sein. Ein gleiches System sollte in Lothringen angewen-
det werden – ich hatte bei unserer ersten Unterhaltung sehr
zu Unrecht angenommen, daß diese Provinz gerettet sein würde. Der Graf versicherte mir mit offenbarer Überzeugung,
daß der Verlust von Elsaß und Lothringen Frankreich nicht
wesentlich verkleinern und daß es immer eine Macht ersten
Ranges bleiben würde. Alle Hauptpunkte noch einmal kurz
wiederholend, erklärte mir dann Herr von Bismarck, daß der
unmittelbar bevorstehende Fall von Metz sowie die dem-
nächstige Einnahme von Paris, über die bei den Führern des
deutschen Heeres nicht der leiseste Zweifel bestehe, dem König nicht erlaubten, die von der Kaiserin gemachten Friedens-
vorschläge in Erwägung zu ziehen, ohne Gefahr zu laufen,
sich den ernsten Unwillen der Armee und des deutschen Volkes zuzuziehen.

Im Laufe dieser Gespräche drückte der Kanzler wiederholt
sein Erstaunen darüber aus, daß die Kaiserin nicht versucht
habe, in Frankreich für die Wiedereinsetzung des Kaisers zu
wirken, und daß sie nicht schon vor wenigstens einem Monat
Verhandlungen angeknüpft habe, die am Tage nach Sedan
noch Aussichten auf Erfolg gehabt hätten, während sie jetzt
durch die Siege und das immer weitere Vorrücken der deutschen Armeen unmöglich geworden seien. [...]

Am übernächsten Tage ließ mir der Graf sagen, daß ich abreisen könne, daß er mich aber vorher noch einmal zu sehen
wünsche. In dieser letzten und kurzen Zusammenkunft war
der Graf zartfühlend genug, des Falles von Metz mir gegenüber nicht direkt zu gedenken; er sagte mir ganz einfach, daß
infolge der Wendung, die die militärischen Ereignisse genommen hätten, es ihm unnütz erscheine, meinen Aufenthalt in
Versailles noch zu verlängern.

Die militärische Entwicklung kann nach der Schlacht von
Sedan das Tempo der Augustwochen nicht beibehalten. Nach
der Einschließung von Paris geraten die französischen Festun-

*gen, die von den deutschen Armeen umgangen worden sind,
mehr und mehr in Bedrängnis, wobei sich das Ausbleiben des
Nachschubs an Soldaten, Waffen, Munition und Versorgung
bemerkbar macht. Sie müssen sich nach und nach ergeben,
obwohl die republikanische Regierung alles in ihren Kräften
Stehende unternimmt, um ihre Widerstandskraft zu stärken.
In einem Brief an seinen Bruder Adolf kündigt General von
Moltke am 27. Oktober die bevorstehende Kapitulation der
Festung Metz an:*

Ehe diese Zeilen an Euch gelangen, wird der Telegraf das
große Ereignis verkündet haben und 101 Kanonenschuß auf
dem Lustgarten den Berlinern die Mitteilung gemacht haben.
Neue 150 000 Franzosen wandern in die Gefangenschaft, und
die gewaltige Festung Metz fällt in unsere Gewalt. Seit der
babylonischen Gefangenschaft hat die Welt nichts derart erlebt. Wir brauchen eine Armee, um jetzt über 300 000 Gefangene zu bewachen.

Frankreich ist ohne Heer, und dennoch muß erst abgewartet werden, ob die in Fieberhitze rasenden Pariser diesen
hoffnungslosen Widerstand aufgeben. Vorher möchte ich nicht
gern zu dem letzten blutigen Mittel des förmlichen Angriffs
schreiten.

Die Ausfälle sind bisher an unseren Vorposten gescheitert,
sie sind nirgends bis zu unseren Hauptstellungen durchgedrungen. Aber jede Verfolgung unsererseits ist unmöglich,
und wir verlieren täglich Leute durch das Feuer der Forts, die
mit der unglaublichsten Munitionsverschwendung auf gut
Glück und auf Entfernungen von 8 000 Schritt, über dreivier-
tel Meilen, feuern. Jeder Schuß kostet 6 Taler, der mit dem
großen Stahlgeschoß der Marine bis zu 93 Talern; mit 60 bis
100 Schuß töten sie uns drei, fünf bis zwanzig Mann, je nachdem der Zufall will. Zum Teil stehen wir auch im Bereich des
Infanteriefeuers, und man nimmt vorsichtig die Mütze ab, ehe
man über die Kante einer Mauer oder einer Brustwehr hin-
überschaut. Alle Zuzüge von außen ferner sind geschlagen und
versprengt worden, aber durch lügenhafte Berichte und patriotische Phrasen stachelt die Regierung die unglückliche Be-

völkerung der Provinzen stets zu neuem Widerstande auf, der dann durch Vernichtung ganzer Städte niedergeschlagen werden muß. Die Neckereien der Franktireurs müssen durch blutige Repressalien erwidert werden, und der Krieg nimmt einen immer gehässigeren Charakter an. Schlimm genug, wenn sich die Armeen zerfleischen müssen; man führe doch nicht die Völker gegeneinander, das ist kein Fortschritt, sondern ein Rückschritt zur Barbarei. Wie wenig selbst die Massenerhebung, selbst einer so tapferen Nation wie diese, gegen eine noch so kleine, aber geschulte Truppenabteilung vermag, davon sollten sich unsere Liberalen, welche die Volksbewaffnung predigen, an deren Erfolg in diesem Feldzuge überzeugen.

Es bleibt uns, so lange eine wirkliche und von der Nation anerkannte Gewalt in Frankreich nicht konstituiert ist, nur übrig, die Verheerungen des Krieges in immer größerer Ausdehnung zu verbreiten.

Über den militärischen Ertrag der Kapitulation von Metz schreibt General von Moltke in seiner »Geschichte des deutsch-französischen Krieges von 1870/71«:

Am 29. [Oktober] morgens wurden die preußischen Fahnen auf den großen Außenwerken von Metz aufgepflanzt. Um 1 Uhr rückte die französische Besatzung in lautloser Stille und guter militärischer Haltung auf sechs Straßen aus dem Platz. An jeder stand ein preußisches Armeekorps zur Empfangnahme der Gefangenen, welche sogleich in vorbereitete und mit Vorräten versehene Biwaks abgeführt wurden. Die Offiziere durften den Degen behalten und einstweilen nach Metz zurückkehren, wohin nun auch alsbald Lebensmittel geschafft wurden.

Marschall Bazaine reiste nach Kassel ab.

Noch im Laufe des Tages rückte die 26. Brigade in Metz ein. In der Stadt bemerkte man keine Zerstörungen, aber der Zustand der Lager zeugte von den Leiden, welche die Truppen während 72tägiger Einschließung ertragen hatten.

Die Deutschen hatten in dieser Zeit 240 Offiziere und 5 500 Mann an Toten und Verwundeten verloren.

Vom Gegner gingen 6 000 Offiziere und 167 000 Mann, außerdem 20 000 zur Zeit noch nicht transportable Kranke, zusammen gegen 200 000 Mann, in Gefangenschaft. In die Hände der Deutschen fielen 56 kaiserliche Adler, 622 Feld-, 876 Festungsgeschütze, 72 Mitrailleusen und 260 000 Gewehre.

Die Gefangenen wurden über Trier und Saarbrücken durch Landwehrbataillone transportiert, waren dann aber auch in der Heimat durch letztere zu bewachen, so daß auf deren Rückkehr nicht gerechnet werden durfte.

In der Gesellschaft Berlins wird die Nachricht von der Übergabe der Festung Metz mit Begeisterung und Dankbarkeit aufgenommen, da sie die Hoffnungen auf ein baldiges Ende des Krieges erhöht. Die Frau des württembergischen Gesandten in Berlin, Hildegard Freifrau von Spitzemberg, geborene Freiin von Varnbüler, notiert darüber in ihrem Tagebuch:

27. Oktober – Als wir bei Tische saßen, klingelte es überlaut, so daß ich bemerkte: »So darf auch nur einer läuten, der die Ergebung von Metz bringt!« Und richtig ... Ja, Gott sei Dank, daß diese Tragödie einmal zu Ende geht und die arme, brave, tapfere Metzer Armee von ihrem harten Amte erlöst, aus diesem Typhus- und Ruhrbrutneste fortkommt. Und für uns welcher Vorteil, diese 200 000 Mann frei zu haben, um den Osten und Süden Frankreichs zu säubern und zu brandschatzen. Schon seit einer Woche munkelte man von der Ergebung der Armee und Festung, weil die Vorräte, besonders einzelne Lebensmittel, z. B. Salz, zu fehlen begannen und die Überläufer sich mehrten; auch hatte Bazaine den General Boyer nach Versailles gesandt, der aber, wie es hieß, nichts zustande gebracht haben sollte. Im Augenblicke ist der alte Thiers im Hauptquartier, um den von England und den anderen Neutralen vorgeschlagenen Waffenstillstand zu unterhandeln, an dessen Zustandekommen man indes deshalb zweifelt, weil die Franzosen noch immer, wenigstens in ihren Blättern, behaupten, von Gebietsabtretungen könne keine Rede sein. Ob sie die Ergebung von Metz vielleicht mürber macht?

*Für den Oberbefehlshaber der in der Festung Metz einge-
schlossenen französischen Armee, Marschall François Achille
Bazaine, hat die Kapitulation ein Nachspiel. Er wird 1873
von einem Militärgericht wegen pflichtwidrigen Verhaltens
zum Tode verurteilt. Der Präsident der französischen Republik, Marschall Mac-Mahon, begnadigt den Kameraden zu
zwanzigjähriger Festungshaft. Ein Jahr später, 1874, gelingt
Bazaine die Flucht nach Spanien. Seine drückende finanzielle
Not veranlaßt ihn 1888, den Reichskanzler des Deutschen
Reiches, Bismarck, um eine Unterstützung zu bitten. Er erhält
auf sein Ersuchen eine jährliche Pension von 4 800 Mark zugesagt. Da er bereits am 24. September 1888 in Madrid stirbt,
ist er vermutlich nur in den Genuß von zwei Vierteljahres-
raten gekommen, die aus dem Reptilienfonds, gebildet aus
den Zinsen des beschlagnahmten Vermögens des abgesetzten
Königs Georg V. von Hannover, gezahlt worden sind. –
Während sich Marschall Bazaine in Gefangenschaft begibt,
hält König Wilhelm I. den Zeitpunkt für gekommen, zwei
Armeeführer, seinen Sohn, den Kronprinzen Friedrich Wilhelm von Preußen, und den Prinzen Friedrich Carl, auszu-
zeichnen:*

Mit der Kapitulation der Armee des Marschalls Bazaine
und der Festung Metz, durch welche nunmehr die beiden
feindlichen Armeen, welche im Juli dieses Jahres in dem jetzigen blutigen – wahrlich nicht von uns provozierten – Kriege
gegen Preußens und Deutschlands vereinte Kräfte aufgestellt
waren, als Gefangene in unsere Hände gefallen sind, ist ein so
wichtiger Abschnitt in demselben eingetreten, daß ich mich
veranlaßt sehe, dies Ereignis durch einen besonderen Akt in
seiner ganzen Wichtigkeit zu bezeichnen. Du hast an der Herbeiführung des Gelingens unserer schweren Aufgabe einen
überaus wichtigen Anteil gehabt, indem Du die Kampagne
durch zwei Siege kurz nacheinander eröffnetest; dann durch
Deinen strategischen Vormarsch die linke Flanke der Hauptarmee decktest, so daß diese gesichert zur Besiegung der Armee Bazaines schreiten konnte; dann Dich mit Deinen Armee-
teilen der großen Armee angeschlossen, um in die Operationen

gegen Sedan einzugreifen und die großen Ergebnisse daselbst mitzuerkämpfen, und Du hast endlich jetzt die Zernierung von Paris – teilweise kämpfend – bewerkstelligt. Das alles zusammengenommen bezeichnet den großen, den glücklichen Feldherrn. Dir gebührt daher die höchste Stufe des militärischen Ranges, und somit ernenne ich Dich zum Generalfeldmarschall. Es ist das erstemal, daß diese Auszeichnung, die ich auch Friedrich Carl verleihe, Prinzen unseres Hauses zuteil wird!

Nicht nur die Armeeführer, auch der Chef des Großen Generalstabes, Helmuth von Moltke, erfährt die Huld des Königs, der ihm in einem Handschreiben die Standeserhöhung mitteilt:

Wir stehen heute an einem neuen bedeutenden Abschnitte des blutigen Krieges, der uns mit unverzeihlichem Leichtsinn aufgenötigt worden ist. Die unermeßlichen Erfolge, welche wir erkämpft haben, verdanke ich Ihrer von neuem so glänzend sich erwiesen habenden weisen Führung der Operationen.

Die Genugtuung, die Ihnen dafür Ihr eigenes Gewissen zollt, kann durch nichts erhöht werden. Aber vor der Welt Ihr großes Verdienst öffentlich anzuerkennen, ist meine Aufgabe, und ich wünsche sie dadurch zu lösen, daß ich Sie hiermit in den Grafenstand erhebe!

Begeisterung und Befriedigung erfüllen den Brief, den Major Hans von Kretschman am 28. Oktober an seine Frau Jenn richtet. Er reflektiert die Beobachtungen und die Empfindungen der kämpfenden Truppe:

Seit vierundzwanzig Stunden befinde ich mich in einer Art von Taumel. Die Eindrücke und Ansprüche sind eben zu verschiedener, oft entgegengesetzter Natur, die an mich gemacht werden. Hier ziehen die Soldaten singend durch die Dorfstraße: »Heil dir im Siegerkranz«; da sitze ich und rechne an einem Marsch-Tableau. Wie sehr bei uns nationale Regungen im Spiele sind, beweist, daß, als die Kapitulation bekannt wurde, alle Leute mit der Musik vor die Wohnung des kom-

mandierenden Generals zogen und dem König ein Hurra aus-
brachten. Und daß gestern kein betrunkener Soldat zu sehen
war. Ich schicke Dir die Proklamation des Prinzen, die Zahlen
waren nach einer anfänglichen Schätzung gedruckt worden,
sie sind etwas anders:

3 Marschälle, 50 Generale, über 6 000 Offiziere, 173 000
Mann, 500 Feldgeschütze, 100 Mitrailleusen. Ein ungeheures
Heeresmaterial. Morgen findet die formelle Übergabe statt.

Gott bewahre mich vor ähnlicher Gefangenschaft. Die
Franzosen haben mehr geleistet, als von der bravsten Truppe
zu erwarten war. Die Armee hat die furchtbarsten Entbehrungen ertragen, ohne zu wanken. Allerdings: wäre ein leid-
lich intelligenter Führer an der Spitze gewesen, so mußten die
Franzosen uns durchbrechen. Statt dessen haben sie täglich
kanoniert, ohne einen Eindruck zu machen. Haben ihre Frau-
enzimmer auf die Wälle geführt und ihnen etwas Krieg gezeigt und nichts mehr.

Die deutsche Einheit ist gemacht

Nach den Münchner Konferenzen ist den an der Frage der Einigung Deutschlands Interessierten und den davon Betroffenen zunächst nicht klar, wie es weitergehen soll. Die Berichte des Staatsministers von Delbrück über seine Gespräche in München enthalten Widersprüche, die Bismarck bestimmen, ihn in das Hauptquartier zu befehlen. Bevor er dort eintrifft, ergreift das Großherzogtum Baden die Initiative, indem es am 3. Oktober den Antrag auf Eintritt in den Norddeutschen Bund stellt, wobei es erklärt:

Die badische Regierung beantragt keine Änderung der Bundesverfassung, behält sich aber diejenigen Modifikationen des Bundessteuerwesens vor, welche durch Vereinbarungen mit anderen süddeutschen Staaten geboten erscheinen.

Aus Berlin berichtet der bayerische Gesandte Pergler von Perglas am 5. Oktober, Delbrück habe seinen intimen Freunden erzählt, er sei von dem Ergebnis der Besprechung nicht befriedigt; er fühle sich in seiner Erwartung gewisser Dispositionen der bayerischen Regierung enttäuscht. Nach eingehenden Beratungen hält das Bayerische Gesamtministerium ein weiteres Zuwarten nicht für vertretbar und richtet am 13. Oktober an König Ludwig II. einen Antrag, in dem es an die dem König sowohl von Staatsminister von Delbrück als auch von Graf Tauffkirchen überbrachte Einladung zu einem Zusammentreffen mit dem preußischen König auf französischem Boden erinnert:

Euer Königlichen Majestät ist sowohl durch mündliche Eröffnung des preußischen Staatsministers Delbrück als durch ein Allerhöchstderselben unterbreitetes Berichtschreiben des Grafen Tauffkirchen vom 24. vorigen Monats die Absicht des Königs von Preußen bekannt geworden, an Allerhöchstdieselben eine Einladung zu einer Zusammenkunft in Frankreich gelangen zu lassen, wenn von seiten Euer Königlichen Majestät die Annahme einer solchen Einladung zu gewärtigen ist. Die Einladung sollte in diesem Falle durch ein eigenhändiges Schreiben des Königs Wilhelm erfolgen, und als Ort der Zusammenkunft war das Schloß Fontainebleau in Aussicht genommen.

Als Zweck der Zusammenkunft wird von seiten Preußens eine freundschaftliche Besprechung über das Ob und Wie der Gründung eines Deutschen Reiches mit vollständiger Wahrung und Aufrechterhaltung der Rechte Bayerns bezeichnet.

Die maßgebenden Beschlüsse der zwei mächtigsten deutschen Fürsten sollen alsdann einer später zu berufenden und bereits endgültig beschlossenen Versammlung der übrigen deutschen Fürsten und der Vertreter der freien Städte zur Annahme vorzulegen sein. Es liegt am Tage, daß durch diesen Antrag Euer Königlichen Majestät und Bayern eine ganz hervorragende, beider Machtstellung volle Rechnung tragende Rolle angeboten wird.

Es ist dadurch zugleich eine wohl nicht wiederkehrende Gelegenheit gegeben, für Bayern jene besonderen Rechte und Bevorzugungen in Anspruch zu nehmen, welche ihm gebühren und die, einmal durch Preußen zugestanden, gesichert sind, während in einer allgemeinen Versammlung von Bevollmächtigten das Geltendmachen solcher Ansprüche vielfachem Widerspruche und unendlicher Schwierigkeit begegnen würde. [...]

Die treugehorsamst Unterzeichneten begreifen sehr wohl, daß eine solche, unter jetzigen Umständen und Verhältnissen anzutretende Reise für Eure Königliche Majestät manches Peinliche und Unwillkommene mit sich bringt. Sie wissen aber auch, daß Allerhöchstderselben das Wohl Bayerns mehr gilt als jede andere Rücksicht, und sie stellen deshalb aus voller Überzeugung die alleruntertänigste und dringendste Bitte, Eure Königliche Majestät wolle geruhen, die Annahme der beabsichtigten Einladung auszusprechen und die sofortige Kundgabe derselben in das Königliche preußische Hauptquartier allergnädigst zu genehmigen.

Obwohl Bismarck das ungestüme Drängen von Fürsten, Militärs und Politikern zurückweist, hält er nach den Gesprächen mit Staatsminister von Delbrück den Zeitpunkt für gekommen, das Bayerische Gesamtministerium zum Handeln zu veranlassen. Am 14. Oktober weist er den Gesandten des Norddeutschen Bundes in München, Georg Freiherrn von Werthern, an:

Teilen Sie dem Grafen Bray vorläufig mit, daß ich von [*den württembergischen Ministern*] Mittnacht und Suckow das Anerbieten, behufs weiterer Besprechungen hierherzukommen, erhalten und angenommen habe und Bayern anheimstelle, entweder auch hier zu unterhandeln oder Staatsminister Delbrücks Rückkehr nach München abzuwarten.

Da Ludwig II. keine Bereitschaft zeigt, die Einladung nach Frankreich anzunehmen, wiederholt das Gesamtministerium am 16. Oktober seinen Antrag:

Die treugehorsamst Unterzeichneten glauben aber einer gebieterischen Pflicht gegen Euere Königliche Majestät und gegen Bayern zu genügen, indem sie – bei noch ausstehender Allerhöchsten Entschließung auf ihren alleruntertänigsten Antrag vom 13. laufenden Monats – die dort gestellte ehrfurchtsvollste Bitte um Allerhöchste Annahme der in Aussicht gestellten Einladung des Königs von Preußen submissest erneuern. Sie haben dazu um so dringenderen Anlaß, als nach neueren Nachrichten auch der König von Württemberg eine Einladung gleicher Art erhalten und bereits akzeptiert hat. Der König Karl beabsichtigt alsbald nach dem Schlusse der nun beginnenden Verhandlungen sich nach Versailles zu begeben. Von weit höherem Werte und größerer Wirkung wäre es zweifellos, wenn es Euerer Königlichen Majestät gefällig wäre, durch Allerhöchst Ihre Gegenwart den Forderungen, die im Interesse Bayerns durch dessen Vertreter zu stellen sein werden, die wirksamste und mächtigste Unterstützung zu lei-

hen, indem die Benützung des jetzigen Momentes eine wohl
nie wiederkehrende günstige Gelegenheit bietet.

*Dem bayerischen König widerstrebt es, das unterworfene
Frankreich zu betreten, dem preußischen König als dem ge-
feierten Sieger zahlreicher Schlachten seine Aufwartung zu
machen und sich an Verhandlungen über die politische Einigung Deutschlands zu beteiligen. Während sein Gesamtministerium von der Anwesenheit des Königs im Hauptquartier
Vorteile für die Verhandlungen Bayerns erwartet, betrachtet
Ludwig II. diese Vorstellung als eine unerträgliche Zumutung. Da er angesichts der öffentlichen Meinung seinen eigentlichen Grund nicht bekantmachen lassen kann, läßt er
dem Hofsekretär Düfflipp folgenden Befehl erteilen:*

Mit jedem Tag haben Majestät mehr die Überzeugung, wie
unmöglich es ihm ist, die in Aussicht stehende Reise nach
Frankreich anzutreten. Majestät glauben daher, daß es notwendig ist, irgendeine Krankheit vorzuschützen, z. B. Sehnen-
dehnung, und möchte Herr Hofrat Sorge tragen, daß dieses
unter dem Publikum und den Soldaten bekannt werde.

*Gedrängt von seinem Gesamtministerium entscheidet Kö-
nig Ludwig II. am 18. Oktober:*

Ich verfüge, daß sich die Staatsminister Graf von Bray-
Steinburg, Freiherr von Pranckh und von Lutz so rasch als
möglich ins preußische Hauptquartier begeben, und sehe pe-
riodischer Berichterstattung über den Gang der Verhandlungen entgegen. Der durch gegenwärtiges Signat erledigte Antrag vom 13. d. M. liegt bei.

*Am 20. Oktober 1870 meldet die in München erscheinende
amtliche »Korrespondenz Hoffmann«:*

Im Allerhöchsten Auftrag Seiner Majestät des Königs sind
heute morgen der Staatsminister des K. Hauses und des Äußern, Graf von Bray, der Kriegsminister Freiherr von Pranckh
und der K. Staatsminister der Justiz und des Kultus, von
Lutz, über Stuttgart und Kalrsruhe nach Versailles ins Große
Hauptquartier Sr. Majestät des Königs von Preußen zu Ver-

handlungen über die deutsche Verfassungsfrage abgereist. Der Staatsminister des K. Hauses und des Äußern, Graf von Bray, ist von dem Attaché Graf Hugo von Lerchenfeld und der Kriegsminister von dem Oberstleutnant Fries und dem Major von Roth begleitet. Für die Dauer der Abwesenheit der Minister hat Seine Majestät der König mit der Leitung der Geschäfte des Auswärtigen Ministeriums den Staatsrat von Daxenberger und des Justizministeriums den Staatsrat von Fischer betraut. Als Stellvertreter des Kriegsministers fungiert der Generalmajor Fortenbach.

In allen süddeutschen Residenzstädten rüsten sich Delegationen zur Abreise nach Versailles. Der leitende Staatsminister des Großherzogtums Hessen-Darmstadt, Freiherr von Dalwigk zu Lichtenfels, schreibt am 20. Oktober in sein Tagebuch:

Morgens erteilte ich dem Gesandten Hofmann den telegrafischen Auftrag, bei dem Bundeskanzleramt in Berlin anzufragen, ob es dem Bundeskanzler genehm sei, wenn ich in das Hauptquartier von Paris käme, um dort, wie die übrigen Minister der süddeutschen Staaten, wegen des Anschlusses an den Norddeutschen Bund zu verhandeln.

Aus Versailles schreibt der leitende bayerische Staatsminister Bray-Steinburg am 23. Oktober an seine Frau:

Mein erster Tag in Versailles soll nicht vorübergehen, ohne daß ich an Dich einige Zeilen herzlichen Andenkens richte. So sind wir denn an das Ziel dieser Reise durch Feindesland gelangt, und ich kann Dir nicht sagen, wie sehr und wie lebhaft die beständigen Gegensätze, welche sich meinem Auge darbieten, auf mich einwirken. Überall der Krieg mit seinem Gerüste und gleichzeitig in den Häusern, deren erzwungene Gäste wir sind, die fidelste, wenn nicht freudige Aufnahme.

In seinem Brief schildert Bray-Steinburg den Verlauf seiner Reise und die dabei gewonnenen Eindrücke. Über seine erste Kontaktaufnahme in Versailles fügt er hinzu:

Beim [bayerischen] Prinzen Luitpold und beim Kronprinzen von Preußen habe ich mich gemeldet, und von beiden wurde ich sofort in längerer Audienz empfangen. Auch beim König erfolgte meine Vorstellung, und endlich jetzt, abends 6 Uhr, komme ich von einer zweistündigen Besprechung mit dem Grafen Bismarck zurück. Sein Empfang war der liebenswürdigste. Wie es aber mit den Geschäften gehen wird, ist noch abzuwarten. Ich bin mit Hugo Lerchenfeld und Sekretär Graf in einem Haus untergebracht, dessen einziger Bewohner der Hausbesitzer ist. Die mir zugewiesene Wohnung gehört einem Herrn Petipa, ehemaligem Ballett-Tänzer und Tanzlehrer. Wir befinden uns darin sehr wohl.

Bismarck empfängt zwar die Delegationen der süddeutschen Staaten auf das liebenswürdigste, in Gesprächen mit seinen Mitarbeitern läßt er jedoch keinen Zweifel darüber, daß er ihre Forderungen nur teilweise zu berücksichtigen gedenkt. Bereits bei den Münchner Konferenzen hat das Bayerische Gesamtministerium zu erkennen gegeben, daß Bayern an der Vertretung Deutschlands im Ausland beteiligt zu werden wünscht; es fordert eine von Preußen und Bayern gemeinsam bestimmte Außenpolitik. Das Thema ist am 23. Oktober Gegenstand einer Unterhaltung bei Bismarck:

Als Delbrück erwähnte, daß Bayern bei den vorläufigen Verhandlungen über eine neue Organisation Deutschlands Anspruch auf eine Art Mitvertretung des Bundesstaats im Auslande erhoben habe, die man sich so vorstelle, daß, wenn der preußische oder vielmehr der deutsche Botschafter abwesend sei, der bayerische die Geschäfte fortführe, sagte der Chef: »Nein, alles andere, aber das geht wirklich nicht; denn es kommt doch nicht auf den Gesandten an, sondern auf die Instruktionen, die er bekommt, und da hätten wir zwei Minister des Auswärtigen für Deutschland«, was er dann weiter ausführte und mit Beispielen belegte.

Die bayerische Delegation erwartet den unverzüglichen Beginn der Verhandlungen entweder zwischen Preußen und Bayern oder aber zwischen Preußen und den süddeutschen Staaten. Hugo Graf Lerchenfeld, der zwischen 1880 und 1918 Bayern als Gesandter und Bevollmächtigter in Berlin und im

*Bundesrat vertreten wird, begleitet Bray-Steinburg als Atta-
ché. Über die Vorstellungen der bayerischen Delegation sagt
Lerchenfeld:*

Wir waren von München in der Erwartung abgereist, daß
die Verhandlungen zwischen den Vertretern des Norddeutschen Bundes und allen süddeutschen Vertretern gemeinschaftlich geführt werden würden. Wir erfuhren aber bald, daß dies
nicht der Absicht Bismarcks entsprach, daß vielmehr mit jedem der süddeutschen Staaten gesondert verhandelt werden
sollte. Ebenso zeigte sich, daß man zuerst mit den kleineren
Staaten zum Abschluß zu kommen suchte und Bayern für den
Schluß reservierte. An sich konnte dies unseren Ministern recht
sein; denn sie durften voraussetzen, daß man norddeutscherseits bereit war, Bayern mehr und weitergehende Konzessionen zu machen als den übrigen Staaten, was bei gemeinsam
geführter Verhandlung schwierig gewesen wäre; denn der
Neid hat im innerstaatlichen Leben stets eine Rolle gespielt.
Namentlich war es Württemberg, das eine völlige Gleich-
stellung mit Bayern beanspruchte und uns gewisse Vorrechte
zunächst sehr mißgönnte. Wenngleich Bray und Lutz mit den
gesonderten Verhandlungen einverstanden waren, so wären
sie doch bereit gewesen, mit Herrn von Mittnacht Fühlung zu
halten, um so mehr, als dieser schon an den Besprechungen mit
Delbrück in München beteiligt gewesen war. Aber Herr von
Mittnacht zeigte sich vom ersten Tage des Zusammenseins in
Versailles gegen seine bayerischen Kollegen recht verschlossen.

*Vom Leben in Versailles berichtet Lerchenfeld, es habe aus
einer Anzahl abgesonderter und introvertierter Kreise bestanden – nämlich aus König Wilhelm und seinem Hof, aus
dem Stab des Kronprinzen, als Befehlshaber der III. Armee
ständig in Versailles, ferner aus Bismarck und seinen Leuten,
aus Moltke mit seinem Stabe und daneben aus einer Anzahl
von Bundesfürsten. – Über die im Hauptquartier angetroffe-
nen Ansichten schreibt Bray-Steinburg am 24. Oktober seiner
Frau:*

Im allgemeinen finde ich nirgends ein übermäßiges Vertrauen in einen baldigen Erfolg unserer Waffen. Die höchst-

gestellten im Heere, der König selbst und die Generale Roon und Moltke sprechen sich ganz im Gegenteil mit einer merkwürdigen Mäßigung und Bescheidenheit aus und äußern sich anerkennend über die energische Gegenwehr der Franzosen. König Wilhelm sagte mir heute vor der Tafel, zu der wir alle geladen waren, daß an eine Übergabe von Paris vor sechs Wochen nicht zu denken sei. Das reicht bis in den Dezember, und unsere Truppen werden noch schwere Prüfungen zu bestehen haben. Heute früh war mir die Freude beschieden, den lieben Ernst Rechberg bei mir eintreten zu sehen. Er ist bei bester Gesundheit, sieht wohl aus und trägt einen großen, ihm wohlstehenden Bart. Nach gemeinsamem Frühstück verließ uns Ernst, um sich auf seine Station Châtenay zu begeben, wo ich ihn übermorgen mit Hugo Lerchenfeld besuchen will. Letzterem geht es ganz wohl, und mir ist er ein wertvoller Gefährte. Wir wohnen Tür an Tür und haben, so gut es ging, unsere kleine Wirtschaft geordnet. Mit der Frau des Hausmeisters hatten wir unsern Frühkaffee sichergestellt und von einem Bauern die Lieferung von Milch und Rahm, die hier schwer zu haben sind, zugesagt erhalten, als die Schreckenskunde eintraf: in Versailles sei kein Zucker mehr zu haben! Wir werden somit versuchen müssen, unsern Kaffee mit Honig zu versüßen!

Mit dem Beginn der Verhandlungen läßt sich Bismarck Zeit. Ihn beschäftigen nicht nur die Probleme der Einigung Deutschlands und der Erneuerung der Kaiserwürde – er denkt auch an den Friedensschluß mit Frankreich. Seine Vorstellungen darüber sowohl in bezug auf territoriale als auch finanzielle Forderungen nehmen Gestalt an. Am 25. Oktober notiert Moritz Busch:

Diesen Morgen äußerte der Chef in bezug auf die Nachricht des Pays, nach der von dritthalb Milliarden Kriegskostenentschädigung die Rede wäre: »Unsinn! Ich werde ihnen viel mehr abfordern.«

Die Diskussionen der in Versailles Versammelten drehen sich verständlicherweise um die Frage der politischen Einigung Deutschlands; sie beschäftigen sich aber auch mit den Kleinig-

keiten des täglichen Lebens. Ein Teil der Verpflegung der deutschen Armeen wird durch die dadurch berühmt gewordene Erbswurst bestritten. Der Historienmaler Anton von Werner, der sich auf Einladung des Kronprinzen Friedrich Wilhelm in Versailles aufhält, erzählt:

Der Gedanke der politischen Einigung Deutschlands lag nicht etwa als stiller unausgesprochener Wunsch in den Herzen begraben, sondern wurde an anderen Stellen oft recht laut und deutlich zum Ausdruck gebracht, besonders von den bayerischen und württembergischen Kriegskameraden. Im Kronprinzlichen Hauptquartier mußte man sich ja mit Rücksicht auf eine höhere Stelle mit Blicken und kurzen Ausrufen begnügen, wenn in einem vorgelesenen Zeitungsartikel etwa von der Deutschen Kaiserkrone die Rede war.

Es kursierte damals der bezeichnende Scherz: Kronprinz Friedrich Wilhelm sei L. Pietsch in Versailles bei irgendeinem Zusammentreffen entgegengetreten, in der hocherhobenen Hand ein Zeitungspapier haltend, mit der Frage: »Pietsch, was habe ich hier?«, worauf Pietsch begeistert: »Die Deutsche Kaiserkrone, Königliche Hoheit!« Darauf der Kronprinz ernsthaft und das Papier entfaltend: »Nein, 'ne Erbswurst, die erste, die ich zu sehen kriege.« In den Gesprächen, die der Großherzog Friedrich von Baden mit mir führte, behandelte dieser edle Fürst die Frage der Deutschen Kaiserkrone ernsthafter, und ich bin überzeugt, daß er den größten Anteil an der Lösung der Frage hatte, denn er war unter den in Versailles anwesenden Fürsten wohl der einzige, der wirklich einen Einfluß auf König Wilhelm hatte. Ich erfuhr dies häufig aus den Erzählungen des Abgeordneten Ludwig Bamberger, der mein Nachbar in der Rue des Réservoirs Nr. 8 und des Abends am Teetisch des Professors Dietz oft Gast war, wenn er nicht von Bismarck in Anspruch genommen wurde, der ihn, den gewiegten Kenner französischer Verhältnisse, zur Erteilung von Ratschlägen finanzieller oder volkswirtschaftlicher Art nach Versailles als stillen Mitarbeiter berufen hatte.

Zwar haben die Verhandlungen noch immer nicht begonnen, doch bringen die Vorgespräche bereits eine Klärung der

Gruppierungen. Der badische Minister von Freydorf schildert sie am 26. Oktober in einem Brief an Großherzog Friedrich:

Aus den Unterhaltungen, welche wir bei den ersten Begegnungen mit den nord- und süddeutschen Staatsmännern hatten, durften wir entnehmen, daß wir bei jenen für die von uns zu verfolgenden Ziele im allgemeinen tunliches Entgegenkommen finden würden, daß von württembergischer Seite keine unannehmbaren Forderungen für den Eintritt in den Norddeutschen Bund bzw. die erweiterte neue Gemeinschaft gestellt werden, daß dagegen bezüglich der Einigung mit Bayern noch mehrfache erhebliche Hindernisse zu beseitigen sind. Die Minister dieser zwei Staaten halten sich sowohl uns wie den norddeutschen Staatsmännern gegenüber in einer gewissen Reserve.

Die Einstellungen und Erwartungen der nach Versailles eingeladenen Minister der süddeutschen Staaten sind sehr verschieden – ein Umstand, der ihre unterschiedlichen Reaktionen erklärt. Während die württembergischen Minister eifersüchtig darüber wachen, daß die Bayern nicht bessergestellt werden als sie, der hessische Minister Dalwigk, der Bismarck mißtraut, mit der Situation unzufrieden ist, gibt sich der Ministerpräsident des Großherzogtums Baden, Julius Jolly, überschwenglich. Am 28. Oktober teilt er seine Eindrücke seiner Frau mit:

Bismarck ist ein wunderbarer Mann, ganz anders, als man nach seinem öffentlichen Auftreten erwarten sollte, auch in seinem Äußeren dadurch von unserer sonst sehr guten Fotografie wesentlich verschieden, daß er einen sehr viel weicheren, mitunter fast schwärmerischen Zug hat. Er war wohl eine starke halbe Stunde bei mir und sprach ebenso entgegenkommend wie offen über alle Verfassungsfragen; bei seinem Abschied war ich, ich muß bekennen, von seiner Persönlichkeit entzückt. Ich traf ihn abends beim Diner beim König und Dienstag beim Diner beim Kronprinzen, wo ich neben ihm saß, ohne übrigens zu einem andern als einem bloßen Tischgespräch zu kommen. Der Reiz der Persönlichkeit hat für mich bei wiederholter Beobachtung etwas verloren; sie scheint mir doch nicht rein Originalität, sondern etwas bewußt gemacht und nicht ganz frei von höfischer Kourtoisie. Die sprudelnde Fülle von Gedanken und Anschauungen, die ganz überlegene Betrachtung der Dinge im großen versteht sich von selbst, und auch der Bilderreichtum der öffentlichen Reden kehrt ungemein anregend im Privatgespräch wieder, um so auffallender bei der etwas stockenden Sprache.

Roon ist bei aller zuvorkommenden Artigkeit streng, gehalten und ernst in seinem ganzen Wesen, ein strikter Systematiker, mit der von ihm geschaffenen wunderbaren Maschine identifiziert, wie mir einstweilen scheint, nicht bloß in ihren guten und bewunderungswürdigen Zügen, sondern auch in ihren Schattenseiten. Er scheint mir der spezielle Protektor auch des spröden Kastengeistes in dem preußischen Offizierkorps.

Mit Moltke, der vorgestern seinen 70. Geburtstag feierte, wechselte ich nur die paar bei einer Vorstellung herkömmlichen Worte; er sieht noch unschuldiger als sein Bild aus, man könnte fast sagen jungfräulich. [...]

Bin ich durch alle die Menschen, die ich neu kennen gelernt oder wieder gefunden habe, auf das frohste angeregt, so haben wir, soweit ich sehe, alle Ursache, auch sachlich zufrieden zu sein. Unser Eintritt in den Bund ist, abgesehen von den Spezialitäten für das Militärwesen, in einer einzigen Konferenz mit Delbrück, der ein Geschäftsmann comme il faut ist, geregelt. Über die Militärfrage können wir ohne militärische Ratgeber nicht verhandeln; Roon scheint mir einer völligen Verschmelzung nicht geneigt; Bismarck läßt sich über diese Frage nicht präzis aus; einstweilen ist noch nicht entschieden, ob wir sofort eine Militärkonvention schließen oder damit bis nach vollzogenem Eintritt warten. Die Bier- und Branntweinsteuer wird nicht auf die Südstaaten ausgedehnt; über die Teilung der Posteinnahmen, wegen deren wir noch nähere Nachweise aus Karlsruhe bedürfen, sind wir prinzipiell mit Delbrück ziemlich einig. Auch von seiten Württembergs bestehen keinerlei ernste Schwierigkeiten. Sie scheinen für Post- und Telegrafenwesen einiges retten zu wollen, vielleicht auch sonst ein paar irrelevante Änderungen anzustreben, im ganzen akzeptieren sie aber die bestehende Verfassung. Da Hessen sich fügen muß, bestehen eigentliche Schwierigkeiten nur von seiten Bayerns. Dieses will außer allerhand gleichgültigen Torheiten einen, soweit ich sehe, noch nicht näher definierten und wohl schwer definierbaren Anteil an der diplomatischen Vertretung und Selbständigkeit des Heeres im Frieden. Bismarck setzte mir in extenso auseinander, ersteres sei unmöglich, und Roon erklärte mir kurz, aber dezidiert, das zweite sei untunlich. Ich bin also beruhigt, nur wird etwas viel Geduld notwendig sein, bis die Bayern sich überzeugen, daß sie eben nachgeben müssen. Bismarck sagte mir, er ziehe es vor, Bayern durch mögliche Konzessionen zu gewinnen, als durch Isolierung, Zollverein usw. zu zwingen; eventuell schließe er aber mit Baden und Württemberg allein ab. Mir scheint der Weg richtig und unfehlbar zum Ziel zu führen. Irgendeine Änderung in dem Organismus der Verfassung wird von allen Seiten gleichmäßig vermieden. Nur die Kaiseridee, für welche jetzt auch der König gewonnen sein soll und für welche mir Bismarck, obgleich er sich selbst auf starke Provokation nicht äußert, entschieden gestimmt zu sein scheint, wird wohl ohne Zweifel verwirklicht werden.

Der bayerische Minister Bray-Steinburg hat Mühe, seinen ungeduldigen jungen König über die Vorgänge in Versailles zu unterrichten, da die Verhandlungen noch nicht begonnen, die Vorgespräche den Charakter eines unverbindlichen Gedankenaustausches haben. Bray-Steinburg schildert in seinen Berichten die Verhandlungen zwischen den Kriegsministern Roon und Pranckh über den Abschluß einer Militärkonvention:

Die in meinem ehrerbietigsten Berichte vom 24. 1. Mts. angekündigten Vorbesprechungen der Staatsminister v. Pranckh und v. Lutz haben seitdem stattgefunden, ohne daß es bis jetzt zu einer formulierten Fassung des Textes gekommen wäre. Durch den preußischen Kriegsminister v. Roon ist indessen eine Aufzeichnung übergeben worden, welche die hauptsächlichsten das Militärwesen betreffenden Punkte in sich faßt und deren Vorlage wohl direkt durch den königlichen Kriegsminister erfolgen wird. Wie derselbe mir mitteilte, wird die Annahme des im Nordbunde bestehenden Ansatzes von 225 Taler per Mann kaum zu umgehen sein, wogegen die selbständige Verwaltung des Militärwesens, wie es scheint, nicht beanstandet wird. Im allgemeinen äußert sich der königliche Kriegsminister nicht unbefriedigt über das Ergebnis dieser ersten Konferenz.

Ebenso ist Staatsminister v. Lutz zur Verständigung über eine Anzahl von Punkten gelangt; es sind aber bezüglich der Kompetenz des Parlaments und des Bundesrats von seiten des Ministers Delbrück, insbesondere in betreff der Gesetzgebung und speziell auch des Strafrechts, weitergehende Ansprüche erhoben worden. Auch bezüglich der Schlußartikel 75, 76 und 77 ist die Einigung noch nicht erzielt, wogegen hinsichtlich des eignen Betriebes der Eisenbahnen, Posten und Telegrafen ein Anstand nicht besteht.

Die den Abmachungen zu gebende Form soll nach den Anträgen, welche von preußischer Seite hier gestellt wurden, eine von der zu München in Vorschlag gebrachten wesentlich verschiedene werden, indem nun der Antrag besteht, daß von der Kreierung eines weiteren Bundes Abstand genommen werde und für alle Staaten die norddeutsche Bundesverfassung mit Einschaltung der für die neu hinzutretenden vereinbarten Ausnahmen und Änderungen maßgebend werde. – Nachdem die Stellung der bayrischen Armee wesentlich verschieden wird von jener der übrigen deutschen Heeresteile, so wird vorgeschlagen, den desfallsigen Bestimmungen die Form einer Konvention oder etwa einer Verfassungsbeilage zu geben. Was zu dieser neuen Anschauung geführt haben mag, ist außer der Bereitwilligkeit Badens, Hessens und schließlich auch Württembergs, in den Norddeutschen Bund mit ganz geringen Vorbehalten einzutreten, wohl auch der Wunsch, durch größere Vereinfachung des Verfassungsmechanismus den Wünschen der verschiedenen im Norddeutschen Reichstage vertretenen Parteien gerecht zu werden. [...] Vor einer bestimmteren Äußerung von seiten des Bundeskanzleramtes und vor Einsichtnahme des uns angekündigten Entwurfes

enthalte ich mich einer jeden, weil notwendig voreiligen Beur-
teilung des neuen Projektes. Es wird mir aber schwer, mir
klarzumachen, wie namentlich eine Bevorzugung Bayerns bezüglich der Vertretung nach außen in einer einheitlichen Bundesakte Platz finden könnte, während dies bei der Annahme
des weiteren Bundes neben dem engeren leichter durchführbar
wäre.

*Nicht einmal die in Versailles anwesenden Vertreter des
Königreichs Bayern haben eine einheitliche Meinung. Der leitende Minister Bray-Steinburg ist der Ansicht, daß Bayern
keine andere Wahl hat. Staatsminister Lutz befürwortet als
liberaler Franke den Beitritt. Kriegsminister Pranckh ist be-
eindruckt von den Leistungen der preußischen Armee. Prinz
Luitpold von Bayern, von 1886 bis 1912 des Königreichs
Bayern Verweser (»Prinzregent«), ist gegen einen Beitritt
Bayerns, weil er trotz der Zugeständnisse Bismarcks die Mediatisierung Bayerns befürchtet. Der hessische Minister Dalwigk schildert in seinem Tagebucheintrag vom 29. Oktober
diese Situation und die Reaktion der fürstlichen Schlachten-
bummler:*

Wir (Hofmann und ich) besprachen mit dem Grafen Bray
den Eintritt Bayerns in den Norddeutschen Bund, die Frage
von den dadurch vermehrten Ausgaben und endlich den Vorschlag des Herrn Hofmann, im Norddeutschen Bunde neben
dem Reichstage ein Staatenhaus zu gründen.

Wir gaben uns alle Mühe, den Grafen Bray für dieses Projekt sowie für den, wenn auch nur bedingten Eintritt in den
Norddeutschen Bund günstig zu stimmen. – Um 12 1/2 Uhr
gingen wir mit Herrn Rothe zum Frühstück in das Restaurant
des Reservoirs. Dort kam sogleich der daselbst anwesende
Prinz Luitpold von Bayern auf mich zu, drückte mir auf das
herzlichste die Hand und begann dann ein leises vertrauliches
Gespräch, worin er sich entschieden gegen den Eintritt Bayerns
in den Nordbund äußerte.

Prinz Luitpold billigte sehr, daß ich unter den dermaligen
veränderten Umständen dennoch auf meinem Posten geblieben sei und den Großherzog nicht verlassen habe. Endlich trug

er mir, unter wiederholten herzlichen Händedrücken, viele
Grüße an den Großherzog auf. Bald nach ihm, während ich
mit Hofmann und Rothe frühstückte, kamen der Herzog von
Coburg mit dem Herzog von Augustenburg, setzten sich
höchst liebenswürdig und mit Shakehands zu uns und fingen,
jeder getrennt, mit uns von Politik zu reden an. Der Herzog
von Augustenburg sprach mir mit Bitterkeit von seiner Behandlung durch Preußen. Der Herzog von Coburg war
schlecht auf Bayern und dessen Zähigkeit bei den Verhandlungen wegen Erweiterung des Norddeutschen Bundes zu
sprechen. Er versicherte, Bismarck habe oft die größte Not mit
seinem Könige, der vom deutschen Standpunkte nichts wissen
wolle und der förmlich grob geworden sei, als man ihm die
Annahme der deutschen Kaiserkrone vorgeschlagen habe. In
Nikolsburg sei Bismarck in Tränen ausgebrochen, als ihm der
Herzog erzählt habe, der König Wilhelm wolle durchaus ein
Stück von Böhmen annektieren, dagegen von einem Norddeutschen Bunde nichts wissen. Der Kronprinz denke darin
ganz anders. Mit diesem sei zu reden. Er werde für Verbesse-
rungen der norddeutschen Bundesverfassung empfänglich sein,
namentlich für die Idee der Bildung eines Staatenhauses.
Dann werde auch Graf Bismarck, welcher jetzt nur die Ansichten seines Königs vertrete, für vernünftige Vorschläge zu-
gänglicher werden. Bismarck hänge an seinem Posten und
werde sich den kronprinzlichen Ansichten fügen. Der Herzog
bat mich, mit dem Kronprinzen zu reden. Ich entgegnete, daß
es mir scheine, als ob ich nicht so hoch in der Gunst dieses
Herrn stünde, um mir einen solchen Schritt erlauben zu dürfen. Aber der Herzog bestand auf seinem Rate. Schließlich
lobte er sehr den jungen König Ludwig von Bayern, welcher
durch seinen persönlichen Willen den Widerstand der bayerischen Kammer paralysiert und Bayern zur Teilnahme am
dermaligen Kriege gebracht habe.

*Als Ergebnis des sehr intensiven Gedankenaustauschs for-
muliert der bayerische Staatsminister Bray-Steinburg eine
Punktation seiner Vorstellungen in der Hoffnung, damit die
anhaltende Stagnation zu überwinden:*

Der durch den Beitritt von Baden, Hessen usw. erweiterte Norddeutsche Bund, Deutscher Bund, bildet nach dem Hinzutritt Bayerns das Deutsche Reich.

Der Bundespräsident, König von Preußen, führt den Titel »Deutscher Kaiser« oder »Kaiser von Deutschland«.

Im »Reichsrat« (Bundesrat) führt Bayern acht Stimmen.

Staatenhaus.

Die Vertretung des Reichs nach außen sowie der Abschluß von Verträgen für das Reich erfolgt durch den Kaiser in Gemeinschaft mit dem König von Bayern. Die Instruktion der Gesandten geschieht gemeinschaftlich.

Die bayrischen Gesandten schließen sich den Reichsgesandten an und vertreten dieselben.

Im Reichsrat wird der Kaiser durch Bayern vertreten.

In den Ausschüssen 1, 3, 4 (Art. 8) hat Bayern verfassungsmäßig eine ständige Vertretung.

Bei Friedensverhandlungen ist stets ein bayrischer Bevollmächtigter beizuziehen.

Bei der Anstellung von Reichsbeamten ist eine gewisse Zahl bayrischer vom König von Bayern vorzuschlagender Beamter zu berücksichtigen.

Bei Verfassungsänderungen steht Bayern bezüglich seiner Sonderrechte ein Veto zu.

Gemeinsame Reichsangelegenheiten sind die in der Münchener Registratur von Bayern anerkannten. Die Kosten der Bundeskriegsmarine will Bayern mittragen. Bezüglich des Bundeskriegswesens wird auf die unter den Kriegsministern zu erzielende Verständigung verwiesen.

Die Publikation der Reichsgesetze erfolgt durch das Reichsgesetzblatt.

Die Vorschläge beschäftigen Bismarck in so hohem Maße, daß er noch zu später Abendstunde den württembergischen Minister Mittnacht aufsucht, um diesem seine Stellungnahme und seinen Standpunkt ausführlich darzulegen:

Am 30. Oktober 1870 gegen 10 Uhr abends erschien Bismarck unangesagt in meiner Wohnung in Versailles, um mir Mitteilungen über den Stand der Verhandlungen mit Bayern

zu machen und eine Frage an mich zu stellen. Die Mitteilung
bestand darin, daß Graf Bray unter gleichzeitigem Anbieten
der Kaiserwürde die bayerischen Propositionen in zwölf Zif-
fern zusammengestellt, welche der Kanzler mir verlas, übergeben habe, daß aber Bismarck diese Propositionen für unannehmbar halte, welche Ansicht ich nur teilen konnte. Die Frage lautete, ob Württemberg, dessen Vorschläge keinen Schwierigkeiten begegnen, eventuell auch ohne Bayern abschließen
würde. Da meine Instruktion keine Beschränkung in dieser
Beziehung enthielt und die erwähnten Propositionen wesentlich nur auf Vorrechte Bayerns abzielten, bejahte ich die Frage
mit der Voraussetzung, daß auch unsere noch in Bearbeitung
meines Kollegen, des Kriegsministers von Suckow, befindliche
Militärkonvention einem Anstand nicht begegne. Die weitere
Frage Bismarcks, ob wohl auch mein König sich würde bereit
finden lassen, in der Kaiserfrage die Initiative zu ergreifen,
konnte ich nur dahin beantworten, daß ich in dieser Frage, die
Württemberg gegenüber nie zur Sprache gebracht worden,
ohne Instruktion sei und eine solche persönlich würde einholen
müssen. Andern Tags suchte ich den bayerischen Minister von
Lutz auf, mit welchem ich mich besser verstand als mit dem
Grafen Bray, und machte ihm mit dem Ausdruck des Er-
staunens über das bayerische Vorgehen Mitteilung von dem
Vorgefallenen; er wollte von den Propositionen Brays selbst
nicht genau unterrichtet sein und hielt sie jedenfalls nur für
vorläufige Aufstellungen als Grundlagen für weitere Verhandlungen.

*Staatsminister Bray-Steinburg läßt am 31. Oktober in
einem Brief an seine Tochter Klara erkennen, daß ihn das Zuwarten auf die Verhandlungen der »Geschäftsfragen« beunruhigt. Er tröstet seine Tochter und sich mit dem Hinweis,
von dieser Geduldsprobe schließlich Vorteile zu erhalten:*

Meine Klara, ich will Dir gleich für Deine lieben Zeilen
vom 26. danken, die mir gestern über Berlin zugekommen
sind. Mama in Köfering zu wissen, ist mir um so erwünschter,
als unser hiesiger Aufenthalt sich zu verlängern scheint. Es
hat den Anschein, daß man beabsichtigt, die Verhandlungen

mit den übrigen deutschen Einheitskandidaten zum Abschluß
zu bringen, uns aber als besten Brocken bis zuletzt aufzu-
heben.

*Die Nachricht von der Kapitulation der Festung Metz am
28. Oktober lenkt vorübergehend von der Tatsache ab, daß
das Kriegsgeschehen in Gefahr ist, zu stagnieren. Die politischen Nachrichten aus Versailles sind spärlich und wider-
sprüchlich. Trotzdem herrscht in Deutschland sowohl in militärischer als auch in politischer Hinsicht eine große Zuversicht,
worüber sich Gustav Freytag am 1. November in einem Brief
an Albrecht von Stosch ausführlich verbreitet:*

Die Deutschen sind jetzt ganz bereit, den wenigen Männern, welche die Geschäfte machen, zu vertrauen. Nächst den
am häufigsten genannten Feldherren ist Graf Bismarck jetzt
obenauf. Ein völliges, hingebendes Vertrauen, »unser Bismarck wird's schon machen«, sagen bayrische Blätter und die
Leipziger Allgemeine Zeitung. Ob Metz behalten werden soll
oder nicht, ob Distrikte in Nordschleswig den Dänen als Preis
für ihre Neutralität gegeben werden müssen oder nicht, das
wird jetzt mit einer Leidenschaftlichkeit behandelt, die seit
Jahren unter uns unerhört war. Dennoch, wenn Graf Bismarck so oder so will, wird man's bereitwillig akzeptieren,
das Murren wird zu leisem Flüstern. Und er könnte sich jetzt
viel erlauben. Aber es wäre doch ein Irrtum zu glauben, daß
das anhalten wird. Eine Nation erträgt nicht lange, ihr ge-
samtes Wollen in wenigen Personen oder gar in einer verkörpert zu sehen. Die leidenschaftliche Bewegung dieses Jahres
wird unsere gesamte Presse, das politische Parteileben fortan
steigern, auf Jahre. Der Vertrauensseligkeit wird schnell neue
Begehrlichkeit der Parteien, herber Zank und grobe Verurteilung folgen. Und der Nachklang der großen einmütigen Bewegung wird in der Politik sein Steigerung aller Forderungen,
also heftiger Unfrieden. Das wird eine gute Folge sein, denn
wir dürfen nicht einschlafen. Aber sie wird die Regierung
schwierig machen, das Los der Regenten nicht beneidenswert,
und sie wird von dem Leiter der Bundespolitik eine Geduld
und Unbefangenheit verlangen, die über seine Kräfte gehen

dürfte. Er wird wahrscheinlich daran sich zerreiben. Das Heer hat der Nation den Aufschwung gegeben, das wird der Armee zugute kommen, auch die Gefahren werden nicht ausbleiben: übergroßer Zudrang junger Volkskraft zum Militär, starkes Selbstbehagen und Befestigung mäßiger Talente oder Talentloser unter den höheren Offizieren. Diese und andere Folgen abzuparieren, wird Ihre Sorge sein.

Die Gespräche in Versailles zwischen Preußen als der Hegemonialmacht des Norddeutschen Bundes und den süddeutschen Staaten beschäftigen sich zunächst nur mit den Militärkonventionen, über die der preußische Kriegsminister von Roon mit den süddeutschen Kriegsministern verhandelt. Mit der Berichterstattung darüber ist Ludwig II. von Bayern unzufrieden. Da er gleichzeitig zum Handeln in der Kaiserfrage gedrängt wird, gerät er in eine sich steigernde Erregung, die auch in den Schreiben seines Kabinettsekretärs Eisenhart an Staatsminister Bray-Steinburg durchschlägt. Eisenhart, der die psychische Situation seines königlichen Herrn andeutet, bringt die Erwartung zum Ausdruck, daß Bayern für die ihm abverlangten Opfer an Souveränität territorial entschädigt wird:

Ein Thema, das Seine Majestät sehr häufig berühren, ist die Gebietsvergrößerung. Und ich glaube in der Tat, daß hierdurch sehr viele die politische Einbuße (die wir denn doch erleiden) leichter verschmerzen würden. Damit, daß nur Opfer gebracht werden und nichts in Austausch kommt, damit sind – mit Ausnahme der Nationalliberalen – wohl wenige zufrieden; und mit dem Gebietszuwachs kommt unzertrennlich ein gewisser Machtzuwachs, der unserer Stellung im Bunde nur nützen kann. Verzeihen Euer Exzellenz, wenn ich es versucht habe, hiermit zugleich meiner ganz unmaßgeblichen Anschauung Ausdruck zu verleihen.

Gestern kam an Seine Majestät ein acht Quartseiten langer Brief des Großherzogs von Baden – eine Verherrlichung der Kaiseridee enthaltend! »Ein unvergänglicher Ruhm – heißt es unter anderm – würde sich an den Namen König Ludwigs II. knüpfen, wenn der große Wendepunkt, an dem die Ge-

schicke Deutschlands sich gegenwärtig befinden, durch seine
kühne Initiative dahin führte, daß die schweren Opfer der
Nation zuletzt mit Anerbietung der Kaiserwürde an den greisen Heldenkönig belohnt und gekrönt würden ...« An spä-
terer Stelle wird ein baldiges Handeln nahegelegt, »ehe der
Zeitpunkt eintritt, wo das Handeln nur noch als Folge eines
übermächtigen Druckes von unten erscheint. Solch erzwungene
Schritte sind von bleibendem nachteiligen Einflusse« usw. Also
wohl deshalb der beabsichtigte Besuch! [...]

Nach Mitteilung aus Darmstadt geht auch der Großherzog
im Einladungsfalle nach Versailles. Die Reise Seiner Königlichen Hoheit des Prinzen Otto ist ohne eigentliche politische
Bedeutung; dessen Erzählungen möchten jedoch auf den Entschluß Seiner Majestät in gegenwärtiger Angelegenheit nicht
ohne jeden Einfluß sein.

*Obwohl die Ansichten der süddeutschen Staaten bekannt
sind, setzen die anwesenden süddeutschen Minister nicht nur
den Gedankenaustausch untereinander, sondern auch die Bemühungen fort, zu einer einheitlichen Stellungnahme gegenüber dem Vertreter des Norddeutschen Bundes zu gelangen.
Am 1. November zeichnet Dalwigk ein Gespräch mit dem
sächsischen Minister von Friesen und den bayerischen Ministern Bray-Steinburg, Lutz und Pranckh auf:*

Um 10 Uhr begab ich mich mit Herrn Hofmann in die
Wohnung des Grafen Bray zu einer Konferenz, der außer uns
noch die Minister v. Lutz und v. Pranckh und der sächsische
Minister v. Friesen beiwohnten. Der letztere kam etwas ver-
spätet, weil ihn Minister Delbrück besucht hatte. Minister v.
Lutz entwickelte uns zunächst den bayerischen Standpunkt.
Er bemerkte, daß Bayern anfangs an eine Reform der norddeutschen Bundesakte gedacht und erst später, nachdem Minister Delbrück in München bestimmt erklärt habe, daß Preußen sich auf keine Konzessionen in bezug auf seine Rechte im
Norddeutschen Bunde einlasse, sich auf eine Reihe unterge-
ordneter Forderungen und Vorbehalte für den Fall seines
Eintrittes in den Norddeutschen Bund habe beschränken müssen. Ich bemühte mich, den bayerischen Herren die Notwen-

digkeit der Errichtung eines Staatenhauses im Norddeutschen
Bunde zu entwickeln mit dem Ersuchen, diese Forderung den
übrigen bayerischerseits bereits gestellten hinzuzufügen. Graf
Bray sprach die Besorgnis aus, daß ein solches Staatenhaus
zum Einheitsstaat führe. Ich erwiderte, daß ich gerade das
Gegenteil für richtig hielte. Baron Pranckh sagte gar nichts.
Baron Friesen und ich machten noch darauf aufmerksam, daß
Bayerns Stellung später unhaltbar sein werde, wenn es nicht
gleich jetzt unter guten Bedingungen abschließe. Es wurde
noch über die einzelnen, bis jetzt von Bayern gestellten Forderungen, sowie über die Frage gesprochen, ob Preußen der
Eintritt Bayerns in den Norddeutschen Bund erwünscht sei
oder nicht. Schließlich trennte man sich, ohne eigentlich zu
einer Verständigung gelangt zu sein.

*Die an der Einigung Deutschlands interessierten Politiker
verfolgen die Gespräche und Verhandlungen in Versailles mit
kritischer Aufmerksamkeit, aber auch mit steigendem Unbe-
hagen, glauben sie doch Grund zu der Befürchtung zu haben,
daß die Gunst der Stunde nicht genutzt wird. Um ihre Unter-
richtung sind Bismarck und seine Mitarbeiter bemüht, da die
abzuschließenden Verträge der Zustimmung sowohl des Norddeutschen Reichstags als auch der süddeutschen Parlamente
bedürfen. Eduard Lasker bedankt sich am 1. November in
einem ausführlichen Brief an Staatsminister von Delbrück für
die erhaltene Information über den Stand der in Versailles
gepflogenen Erörterungen. An die Spitze seiner Ausführungen
über die rechtliche Form der Verständigung stellt er die Bemerkung:*

Kaum denkbar ist, daß Deutschland nicht in völliger Staats-
einigung aus dieser gewaltigen Krisis hervorgehe. Sollte auf
der Höhe seines Ruhmes ihm diese Demütigung nicht erspart
werden, so behalten doch die mit Bayern gepflogenen Unterhandlungen moralischen und praktischen Wert. Deutschland
erfährt, daß die Schuld nicht am Bunde liegt; Volk und Regierung in Bayern werden überzeugt, daß der Anschluß nicht
um den Preis der gelockerten oder verminderten Bundesge-
walt zu erlangen ist.

Lasker spielt damit auf den zunächst von Staatsminister Bray-Steinburg gemachten Vorschlag an, daß Bayern nicht in den neu gebildeten Deutschen Bund eintrete, sondern daß zwischen dem zu einem neuen Deutschen Bund erweiterten Norddeutschen Bund und Bayern ein »weiterer Bund« geschaffen wird. Bayern will nicht dem geforderten Bundesstaat beitreten, sondern mit dem zu einem neuen Deutschen Bund erweiterten Norddeutschen Bund einen Staatenbund eingehen. Für den Fall, daß es sich dem Beitritt zum Norddeutschen Bund nicht versagen kann, verlangt es weitgehende Zugeständnisse in allen politischen Angelegenheiten: Mitwirkung an der völkerrechtlichen Vertretung, eigenes Militärbudget und Militärverwaltung usw. Diese Forderungen hat Staatsminister von Delbrück in seinem Brief an Lasker als unannehmbar bezeichnet. Lasker stimmt dieser Auffassung uneingeschränkt zu:

Mich freut, in Ihrem Briefe auch das Veto gegen die Kompetenzerweiterung unter den völlig unannehmbaren Vorschlägen aufgezählt zu sehen; den nicht erwähnten Ausschluß der Justizgesetzgebung und der Bundeskompetenz hat Bayern hoffentlich schon aufgegeben. Die Verneinung der völkerrechtlichen Vertretung läßt fast an dem Ernst der Unterhandlungen zweifeln. Während ich in München verkehrte, hat nicht einer diese anders als wie selbstverständlich behandelt, besonders Herr Lutz und der sonst am meisten zurückhaltende Minister haben sie ausdrücklich zugegeben. Allgemeine Gründe und meine Erfahrungen in München bestimmen mich, trotz des ungünstigen Aussehens, welches die Stellung des bayrischen Unterhändlers vor acht Tagen hatte, nicht an dem Erfolg zu verzweifeln. Der feste Standpunkt des Bundes und der vollzogene Abschluß Württembergs werden auf Bayern mächtig einwirken. Herr Lutz hat einiges an sich von der Weise, in welcher die Geschäfte des bürgerlichen Verkehrs vollzogen zu werden pflegen. Bieten, Abdingen und der Vergleich. Einiges Entgegenkommen bewahrt er vermutlich für die letzte Instanz auf, in welcher er sich wohl noch nicht zu befinden glaubt. Aus eigener Seele urteilend rechnen die bayrischen Minister gewiß noch auf größere Schwierigkeiten bei ihren württembergischen Kollegen. Vielleicht wollen sie sogar den völligen Verlauf der Dinge in Württemberg abwarten, um sich zu überzeugen, wie weit der nationale Sinn der früher widerstrebenden Parteien jetzt gewandelt sei.

Am 1. November bittet Bismarck Bray-Steinburg zu einer vertraulichen Aussprache, in der er ihm seine Vorstellungen über die Möglichkeiten eines Kompromisses zwischen den preußischen Forderungen und den bayerischen Erwartungen darlegt. Er nimmt Anstoß an der von Bayern geforderten gemeinsamen Instruktionserteilung an die Missionen im Ausland, versichert jedoch, daß er nach einer anderen Form suche, um Bayern an der Außenpolitik zu beteiligen. Er habe keine Bedenken gegen die Vertretung der Botschafter und Gesandten des Reiches durch die bayerischen Gesandten. Ein anderes Mittel der Mitwirkung Bayerns an der außenpolitischen Leitung Deutschlands könne die Bildung eines »Diplomatischen Ausschusses« des Bundesrates mit ständigem bayerischem Vorsitz sein. Bray-Steinburg nimmt diese Eröffnungen dankbar entgegen, ohne zu erkennen, daß Bismarck ihm Scheingaben bietet. Unter dem Eindruck des Gesprächs, das die Stagnation zu überwinden scheint, schreibt Bray-Steinburg am 2. November an Bismarck:

Es liegt wohl im allgemeinen Interesse, daß die über die deutschen Verhältnisse eingeleiteten Verhandlungen sobald als möglich zum Abschluß gelangen, und ich wünsche vor allem Bayern vor dem Vorwurfe zu sichern, an einer Verzögerung schuld zu sein. Infolge der Münchner Besprechungen, wo die Bildung eines weiteren Bundes in Aussicht genommen war, erachten wir uns aber nur zum Eintritt in einen solchen von Seiner Majestät dem Könige ermächtigt, und hierauf haben bisher meine an Eure Exzellenz gebrachten Anträge abgezielt. Hochdero gestrige Äußerungen scheinen – neben der Alternative eines nur internationalen, wenn auch enger als früher geschlossenen Bündnisses, welches auch von Seiner Exzellenz v. Roon dem General v. Pranckh vorgeschlagen wurde – unsern Eintritt in den bestehenden einheitlichen

Bund zu bezwecken. Hierzu nun bedürfen wir erweiterter Vollmacht, worüber wir wohl am besten, nach Empfangnahme der bezüglichen Entwürfe in München selbst, eine Beschlußnahme unsers Allerhöchsten Souveräns zu erholen haben werden.

Ich glaube deshalb, daß es sich empfehlen würde, die dem Abschluß nahen Verhandlungen mit den übrigen Bevollmächtigten, etwa mit Vorbehalt der Bayern betreffenden Punkte, zu vollenden, uns aber zu obigem Zwecke die baldige Reise nach München durch Mitgabe der fraglichen alternativen Vorschläge zu ermöglichen.

Der politische Klatsch spielt in Versailles eine nicht geringe Rolle. An ihm beteiligen sich weniger die Minister, die Mühe haben, sich zwischen den Erwartungen ihrer Monarchen und den Forderungen Bismarcks zu behaupten, als vor allem die anwesenden Fürsten, die eigene Vorstellungen von Verfassungseinrichtungen des neuen Deutschen Bundes haben. Der hessische Minister Dalwigk notiert am 3. November:

[*Der badische Minister Franz Freiherr von*] Roggenbach klagte über den Einfluß, den der Herzog von Coburg auf den Kronprinzen von Preußen habe. Der Herzog habe die Idee, ein ganz aristokratisch komponiertes Fürstenhaus, statt eines populären Staatenhauses, in den Norddeutschen Bund einschieben zu wollen. Roggenbach sprach sich über die Nationalliberalen, die sich nicht über die Sphäre der erbärmlichen norddeutschen Bundesverfassung erheben könnten, insbesondere über die badischen Minister, die keine andere Idee hätten, als pure in den Norddeutschen Bund einzutreten, und in Konzessionen so weit gingen, daß die preußischen Minister sich genötigt sähen, mit ihnen die Rollen zu tauschen und die badischen Interessen zu wahren, sehr wegwerfend aus. Er versicherte, der Kronprinz von Preußen sei sehr entschieden für eine Verbesserung der norddeutschen Bundesverfassung, die der Prinz ebenfalls für höchst mangelhaft halte, weil sie gar keine Bundesverfassung sei.

In seinem ausführlichen Bericht vom 3. November schildert Staatsminister Bray-Steinburg die Lage Bayerns, das Ergeb-

nis der Vorgespräche in Versailles und seine Empfehlungen dazu:

Ich bin [...] bemüht gewesen, nachdem der Eintritt sämtlicher deutschen Staaten, Bayern ausgenommen, immer wahrscheinlicher erschien, mir selbst klarzumachen, welche Stellung letzteres dem übrigen Deutschland gegenüber, mit welchem verbunden zu bleiben es unter allen Umständen bemüht sein muß, einnehmen könnte. Zu diesem Behufe habe ich über die Form einer solchen, den Eintritt in den engeren Bund ausschließenden Verbindung zwei voneinander verschiedene Entwürfe aufgestellt, deren einer die Verbindung Bayerns mit dem übrigen Deutschland durch einen selbständigen Verfassungsvertrag darstellt und in positiver Formulierung das künftige Verhältnis beider darstellt, während der zweite Entwurf die Verfassung des Norddeutschen Bundes zugrunde legt und lediglich negativ gehalten die Abweichungen, welche in betreff Bayerns an dieser Verfassung stattfinden, als einen Anhang derselben erscheinen läßt. Um zu einem erwünschten Resultate zu gelangen und für die in Aussicht genommene Verbindung Bayerns mit einem alle übrigen Staaten bereits in sich fassenden Bunde die rechte Form zu finden, schien es mir unerläßlich, die Idee von Kaiser und Reich, auf welche hier Gewicht gelegt wird, in solcher Weise zu benutzen, daß jene Gesamtverbindung mit dem Namen »das Deutsche Reich« belegt würde. Durch die Annahme dieses oder eines ähnlichen Vorschlages allein würde es sich rechtfertigen, für Bayern eine Reihe wichtiger Zugeständnisse in Anspruch zu nehmen, und neben dem deutschen Kaiser den König von Bayern als Repräsentanten des Deutschen Reiches erscheinen zu lassen, nachdem jeder dieser Souveräne einen Teil Deutschlands selbständig, beide gemeinsam dagegen das Ganze repräsentieren würden. Hieraus würde sich in natürlicher Folgerung die Teilnahme Bayerns an der Vertretung des Reiches nach außen nebst Beibehaltung der eignen Repräsentanz ableiten lassen, wie dies im Artikel 5 des ersten Entwurfes versuchsweise dargestellt ist. Ich habe mich hierüber mit dem Herrn Grafen v. Bismarck und Minister Delbrück ganz vertraulich besprochen und beiden ausdrücklich erklärt, daß diese Entwürfe keinen andern Zweck hätten als den: schon früher besprochenen Ideen eine bestimmtere Form zu leihen; daß insbesondere bezüglich des Kaisertitels und der Bezeichnung Gesamtdeutschlands als »Deutsches Reich« ich mich ohne alle und jede Vollmacht oder Ermächtigung befände und daß hierin also ein Vorschlag der bayrischen Regierung noch keineswegs liege, viel weniger aber noch ein Anerbieten Eurer Königlichen Majestät. – Bei dem Herrn Bundeskanzler, der übrigens auf die näheren Modalitäten bis jetzt nicht eingegangen ist, hat insbesondere die Bestimmung über gemeinschaftliche Instruktionserteilung, worin derselbe eine Beschränkung der eignen freien politischen Beschlußnahmen erblickt, Anstoß erregt. Es würde hierfür also noch eine andre Form zu suchen sein. Eine Vertretung der Reichsgesandten durch die bayrischen würde dagegen, wie es scheint, einem Anstande nicht unterliegen, und eine weitere Handhabe für die Beteiligung Bayerns an der politischen Leitung Gesamtdeutschlands glaubt der Herr Bundeskanzler dadurch bieten zu können, daß ein diplomatischer Ausschuß des Bundesrates konstituiert würde, worin Bayern den ständigen Vorsitz zu führen hätte.

Nachdem mit der hierüber gepflogenen Besprechung noch keinerlei bestimmte Anhaltspunkte gewonnen waren, vielmehr der Wunsch, es möge sich Bayern zum Eintritt in den einheitlichen Bund unter angemessener Bevorzugung bereit finden lassen, deutlich hervortrat, während andrerseits die Besprechungen der beiden Kriegsminister auf einen internationalen Vertrag hinzudeuten schienen, habe ich mich veranlaßt gefunden, das beifolgende Privatschreiben an den Herrn Grafen v. Bismarck [*gemeint ist das Schreiben vom 2. November*] zu richten, dessen Inhalt ich heute bereits telegrafisch zu melden mich beehrt habe. Es wird nunmehr abzuwarten sein, welche Vorschläge preußischerseits an uns gelangen, und es wird von der Natur derselben abhängen, ob es sich als tunlich herausstellt, daß wir hier salva ratificatione [*unbeschadet der Beschlußfassung*] denselben beitreten, oder ob es vielmehr ratsam erscheint, ohne jeden Abschluß nach München zurückzukehren, um vor allem Eurer Königlichen

Majestät untertänigsten Bericht zu erstatten und Allerhöchste Beschlußnahmen zu beantragen.

Den Brief des Grafen Bray-Steinburg vom 2. November beantwortet Bismarck am 4. November:

So lebhaft ich gewünscht haben würde, daß ein gleichzeitiger Abschluß mit sämtlichen süddeutschen Staaten möglich gewesen wäre, so kann ich doch, in Betracht der obwaltenden Sachlage und der durch die Verhältnisse im Norddeutschen Bunde gebotenen Dringlichkeit einer baldigen Beendigung der hiesigen Verhandlungen, Eurer Exzellenz Ansicht nur teilen, daß es sich empfiehlt, die Verhandlungen mit Bayern nach dem Abschluß mit Württemberg, Baden und Hessen fortzusetzen.

Als Basis dieser Verhandlungen würde ich die Herstellung eines engeren Bundes jeder andern vorziehen. Diese Basis ist nach meiner Ansicht die einzige, welche den Wünschen der deutschen Nation entspricht und welche daher zur Gründung dauernder Institutionen geeignet ist, während sie zugleich breit genug ist, um der Stellung Raum zu gewähren, auf welche Bayern, vermöge seiner Bedeutung, in einem deutschen Bunde Anspruch hat. Die besondere Regelung der militärischen Verhältnisse durch einen neben der Verfassung abzuschließenden völkerrechtlichen Akt würde hierzu in einer vorzugsweise wichtigen Beziehung den Weg darbieten, während in anderen Beziehungen die Verfassung selbst die nötigen Maßgaben zu enthalten hätte. Welche Form zu diesem Zwecke bei den Verhandlungen mit Württemberg, Baden und Hessen gewählt ist, wollen Eure Exzellenz aus dem ganz ergebenst beigefügten Entwurfe der bei diesen Verhandlungen besprochenen Zusätze und Abänderungen der Verfassung des Norddeutschen Bundes gefälligst ersehen. Sie werden in diesem Entwurfe eine Reihe von Vorschlägen erledigt finden, welche bei den Münchner Besprechungen von Bayern gemacht worden waren.

In seinen persönlichen Briefen an seine Frau und seine Tochter nennt Bray-Steinburg nicht die Auseinandersetzung

*mit Bismarck, sondern das Eintreffen des französischen Mi-
nisters Thiers »das große Ereignis der ganzen Woche«, das er
als Gelegenheit benutzt, um sich über die Aussichten für einen
baldigen Friedensschluß und über die Situation Frankreichs
zu äußern. Er versichert seinen Angehörigen, daß die Verhandlungen zwischen Preußen und Bayern nicht in Versailles,
sondern in München zum Abschluß kommen:*

Die deutschen Verhandlungen werden uns, wie ich glaube,
hier nicht mehr lange zurückhalten. Sobald uns die preußischen Anträge, sei es in einem oder in anderm Sinne, übergeben sein werden, stimme ich für die Abreise, da die Endbe-
schlüsse doch in München zu fassen sind. Nächste Woche werden wir also mit Gottes Hilfe nach dem Promenadeplatz
[*in München, dem Dienstsitz Bray-Steinburgs*] zurückkehren
können. Sobald eine Entscheidung getroffen sein wird, telegrafiere ich.

*Am 5. November lädt Bismarck zum ersten und einzigen
Male alle in Versailles anwesenden Vertreter der Einzelstaaten ein, um sie über die Waffenstillstands- und Friedensverhandlungen zu unterrichten. Unmißverständlich bringt er
zum Ausdruck, daß ein Friedensvertrag von sämtlichen verbündeten Fürsten unterzeichnet werden soll, um dem Ausland
nach dem gemeinsam geführten Krieg ein Bild deutscher Einigkeit zu bieten. Die Fürsten sollen nicht nur zum Abschluß
des Friedensvertrages, sondern auch zur »Besiegelung der bis
dahin getroffenen Vereinbarungen über die deutsche Verfassungsfrage« vom König von Preußen eingeladen werden. Bismarcks erkennbare Absicht ist, damit auf den König von
Bayern und auf die bayerische Delegation einen Druck auszuüben, der stark genug ist, um diese zu eindeutigen Erklärungen zu zwingen. Über die einzige gemeinsame Konferenz
Bismarcks mit den in Versailles anwesenden Vertretern der
Einzelstaaten berichtet Dalwigk in seinem Tagebuch:*

Mittags 12 ½ Uhr ging ich mit Herrn Hofmann zu einer
Konferenz bei dem Grafen Bismarck, zu der sämtliche in
Versailles anwesenden deutschen Minister, einschließlich des

Herrn Delbrück, eingeladen waren. Graf Bismarck teilte uns zunächst den Inhalt der in den letzten Tagen von ihm mit dem Herrn Thiers gepflogenen Waffenstillstands- und Friedensverhandlungen mit. Er erzählte, daß er in drei Tagen 18 Stunden lang mit Thiers habe sprechen müssen, weil derselbe stets an dem auf die letzte Konversation folgenden Tage wieder auf das zurückgekommen sei, was man am Tage zuvor bereits durchgesprochen habe. Bismarck erzählte ferner, er habe Herrn Thiers die Verwendung von Turkos gegen Deutschland vorgeworfen, und dieser habe erwidert: »Mais n'avez-vous donc pas vos Hulans [*Aber haben Sie nicht Ihre Ulanen*]?« Offenbar habe Thiers die Ulanen für eine wilde Völkerschaft gehalten. Thiers spreche durchaus keine andere Sprache als seine Muttersprache, die französische, was die Verhandlungen mit ihm etwas erschwere. Thiers habe zunächst einen Waffenstillstand von fünfundzwanzig Tagen verlangt. Währenddessen sollte Paris mit einer gewissen, speziell berechneten, ungeheuren Quantität von Lebensmitteln aller Art, z. B. 36 000 Ochsen, durch die deutsche Armee selbst verproviantiert werden. Außerdem sollten die gegenseitigen Truppenteile genau da stehenbleiben, wo sie zur Zeit des Abschlusses des Waffenstillstandes stünden. Während dieser Zeit sollten die Wahlen zu einer konstituierenden Versammlung in Frankreich vorgenommen werden. Er, Bismarck, habe diese Basis als eine ganz unannehmbare bezeichnet. So etwas könnte Frankreich nur fordern, wenn es eine Armee vor den Toren von Berlin hätte. Ferner habe Thiers die Teilnahme von Elsaß und Lothringen an den allgemeinen Wahlen verlangt. Über diesen Punkt und unter welchen Modifikationen (etwa durch Absendung des bisherigen Deputierten) derselbe zuzugestehen sei, habe man sich Verständigung vorbehalten. Endlich habe er, Bismarck, eine Kriegsentschädigung von vier Milliarden Franken begehrt, das Doppelte des französischen Budgets für ein Jahr. Darüber sei Herr Thiers vor Schrecken fast vom Stuhle gefallen. Graf Bismarck zeigte uns eine Landkarte von Frankreich, auf welcher die deutsche und französische Sprachgrenze mit Farben eingetragen war, und fragte, was wir von den von Frankreich zu verlangenden Territorialabtretungen hielten. Niemand fand gegen die Abtretung des Elsasses und Deutsch-Lothringens etwas zu erinnern. Graf Bray sagte mir indessen später, daß er eine Losreißung der Festung Metz von Frankreich für bedenklich halte, weil man dann einen von Feindesland umgebenen vorgeschobenen Posten haben werde und weil in solchem Falle gar kein Grund mehr vorliege, nicht noch weitere Gebietsabtretungen zu fordern. Graf Bray schien überhaupt jeder Abtrennung französischen Gebietes mit Rücksicht auf die Stimmung der Bevölkerung abgeneigt zu sein. Die jetzigen Machthaber in Paris waren vor wenigen Tagen von einer Volkszusammenrottung im »Hôtel de Ville« verhaftet, mißhandelt und einen Tag lang eingesperrt gehalten worden. Der Volkshaufe hatte eine andere Regierung aus den extremsten Roten, wie Ledru-Rollin, Flourens usw., installiert. Dann aber waren Nationalgarden in das »Hôtel de Ville« eingedrungen, hatten die Mitglieder der neuen Regierung verjagt und die alte Regierung wieder hergestellt. Mit Bezug auf dieses ganz frische Ereignis hatte Graf Bismarck den Herrn Thiers gefragt, ob denn die jetzige französische Regierung in der Lage sei, einen Vertrag abzuschließen, und Thiers hatte geantwortet, daß »le gouvernement actuel fut plus solide que jamais [*die jetzige Regierung gefestigter sei als je*]«. Herr Thiers hatte schließlich zugestanden, Waffenstillstand und Friedensschluß nicht in zwei Akten, sondern d'emblée zustandezubringen, nachdem Graf Bismarck ihm gesagt hatte, daß man den ersten Akt nicht aufführen könne, ohne über den Verlauf des zweiten vorher im reinen zu sein. Herr Thiers war am Nachmittag nochmals in einem Hause am Seineufer, aber nicht in Paris selbst, mit einigen politischen Notabilitäten, Mitgliedern des Verteidigungskomitees, zur Besprechung zusammengetreten. Nach dem Ergebnisse sollten die Besprechungen mit dem Grafen Bismarck fortgesetzt werden. Der letztere erzählte uns noch weiter, Herr Thiers sei sehr erschrocken, als er demselben gesagt habe, daß die preußische Armee noch bis in den Februar kommenden Jahres verproviantiert sei. Thiers habe gerufen: »Grand dieu, et nous n'avons que pour 15 jours à vivre [*Großer Gott, und wir haben nur für zwei Wochen Proviant*].«

Ferner bemerkte Bismarck, Thiers habe behauptet, bei den verschiedenen Gefechten verlören die Preußen stets mehr als die Franzosen. Er, Bismarck, habe ihm das Gegenteil nachgewiesen. »Freilich«, fuhr Bismarck fort, »ist es begreiflich, daß wir bei der unzweckmäßigen Tapferkeit unserer Offiziere und wenn Obersten über vom Feinde besetzte Gartenmauern klettern, mehr Verluste haben als nötig.« – Nachdem Graf Bismarck seine Mitteilungen über die Verhandlungen mit Herrn Thiers beendet hatte, die offenbar darauf berechnet waren, dem letzteren sagen zu können, daß die anwesenden deutschen Minister es unmöglich machten, mildere Bedingungen zu stellen, ging Bismarck auf sein Hauptthema über. Er sagte uns nämlich, Seine Majestät der König, sein Allergnädigster Herr, lege großen Wert darauf, daß demnächst das Friedensinstrument von sämtlichen verbündeten deutschen Fürsten, gewissermaßen mit dem Degenknopf, unterzeichnet werde. Es sei dies ein würdigeres Verfahren als eine bloße Unterzeichnung durch den König, gebe dem Auslande ein schlagendes Beispiel der deutschen Einigkeit und werde im deutschen Volke den besten Eindruck machen. Der König Wilhelm werde an sämtliche deutsche Fürsten Einladungsschreiben erlassen.

Staatsminister Bray-Steinburg durchschaut die Absicht Bismarcks, weshalb er noch am gleichen Tag seinem König ausführlich über den Verlauf der Konferenz berichtet. Er beschreibt zunächst die Ausführungen Bismarcks über die Möglichkeiten eines Friedensschlusses und geht danach auf die von Bismarck angekündigte Einladung des preußischen Königs an die deutschen Fürsten ein, womit er Ludwig II. zwar verärgert, gleichzeitig jedoch seinen Plänen geneigt macht:

Er erwähnte, wie es schon längst der Wunsch des Königs von Preußen gewesen sei, in dem wichtigen Momente des Friedensabschlusses nach einem Kriege, der in siegreichen Kämpfen die deutschen Heere bis vor Paris geführt habe, nicht allein zu stehen. Der König wünsche vielmehr, daß ein so ruhmreicher Friede in Gegenwart und mit Zutun aller deutschen Fürsten, deren Heere ihn erfochten, geschlossen

werden möge, und Seine Majestät beabsichtige deshalb, eine
Einladung zu diesem Zwecke an alle seine deutschen Mitfür-
sten gelangen zu lassen. Graf Bismarck richtete deshalb an die
Versammlung die Frage, ob man den Moment für den erwähnten Fürstenkongreß schon jetzt gekommen glaube oder
dafür einen späteren Zeitpunkt als passend erachte. Zuerst
zur Erwiderung aufgefordert, äußerte ich meine Meinung dahin, daß, wenn eine solche Einladung überhaupt erlassen werde, sie wohl nur, nach den vorstehenden Erklärungen des
Herrn Bundeskanzlers selbst, für den Zeitpunkt Geltung haben könne, an welchem der Friede im Prinzip von beiden
Teilen bereits beschlossen sein werde, indem sonst die Möglichkeit naheliege, daß auf Friedenshoffnungen ein verlängerter
Kriegsstand nachfolge, was dem Zweck der Einladung und
des Hierseins der deutschen Souveräne zuwiderlaufen würde.

Graf Bismarck erklärte sich hiermit einverstanden, bemerkte aber, daß, wenn der Zeitpunkt für das Eintreffen der
fürstlichen Gäste nach Vorstehendem jetzt noch nicht angegeben werden könne, es doch wohl als schicklich erscheine, die
Einladung selbst schon früher zu erlassen, da bei der Möglichkeit des plötzlichen Eintretens einer dem Friedensschlusse
günstigen Wendung ein Zeitverlust nachteilig, die Absendung
telegrafischer Einladungen aber bei der erhabenen Stellung
der zu Ladenden als unpassend erscheinen müßte. Sich an den
königlich sächsischen Minister v. Friesen wendend, erwähnte
der Bundeskanzler hierauf dankend, daß auch König Johann,
der bejahrteste der deutschen Fürsten nach dem König Wilhelm, in einem Schreiben an seinen Sohn, den Kronprinzen,
sich zu einem Besuche im deutschen Lager entschlossen gezeigt
habe.

*Sowohl die Minister als auch die Hofbeamten kennen die
Abneigung Ludwigs II. gegen eine Reise in das preußische
Hauptquartier. Dieser Umstand veranlaßt Staatsminister
Bray-Steinburg, dem Kabinettsekretär des Königs am 6. No-
vember einen Kommentar zu seinem Bericht zu geben:*

Euer Hochwohlgeboren beehre ich mich, mit Bezugnahme
auf Ihre schätzbare Zuschrift vom 24. vorigen Monats und

auf mein Telegramm vom 4. dieses Monats zu bemerken, daß
die in meinem gestrigen Berichte an Seine Majestät den König
besprochene Anregung der Idee des Fürstenkongresses eine
vollständige Überraschung war. Nach dem beigebogenen Ein-
ladungsbillet waren wir alle nur auf Mitteilungen über die
Unterhandlung mit Frankreich gefaßt, und niemand dachte
an die früher recht vielfach besprochene, in jüngster Zeit aber
scheinbar in den Hintergrund getretene und bei der noch herrschenden Unklarheit über die Bedingungen und den Zeitpunkt
des Friedens noch nicht zeitgemäße Versammlung deutscher
Fürsten in Frankreich. Letzteres erkannte auch Graf Bismarck
an, mit dem ich ganz offen über die Sache sprach, und von
einer sehr baldigen Reise ist wohl jetzt noch für keinen der in
Deutschland weilenden Souveräne die Rede. Dagegen bemerkte mir der Bundeskanzler, daß der Erlaß der Einladungen nicht wohl verschoben werden könne und daß bei einer
Ladung sämtlicher deutschen Fürsten am allerwenigsten der
König von Bayern übergangen werden könne. – Ich bitte,
Vorstehendes einstweilen Seiner Majestät zu melden. Einge-
hender wird die Frage wohl nur nach unserer hoffentlich bald
zu ermöglichenden Rückkehr nach München besprochen werden können.

*Die Isolierung der bayerischen Delegation wird offenkun-
dig, als Staatsminister von Delbrück am 6. November die
Vertreter Badens, Hessens und Württembergs zur ersten und
einzigen gemeinsamen Beratung versammelt. Er betrachtet
diese Zusammenkunft, wie es der badische Ministerpräsident
Jolly formuliert, als »weiteres Pressionsmittel«. Die Gespräche nehmen einen zufriedenstellenden Verlauf. Alle Teilnehmer stimmen den vorliegenden Entwürfen der entsprechenden Verfassungsformulierungen zu. Der Abschluß der
Verhandlungen kündigt sich an, wie der Generaladjutant General Hermann von Boyen am 8. November seiner Frau mitteilt:*

Die Großherzöge von Oldenburg, Baden, Mecklenburg-
Schwerin und Weimar, die Herzöge von Altenburg und Mei-
ningen sind hier, und die Minister von Bayern, Sachsen, Würt-

temberg bilden den Hintergrund, so daß unser Hauptquartier unwillkürlich etwas von seiner militärischen Form verloren und ein Hoflagergesicht angenommen hat. Württemberg, Baden und Hessen sind mit uns bereits einig und treten auf unsere bestehende norddeutsche Verfassung in den Nordbund ein. Sie erzählen viel vom Kaiser von Deutschland und wundern sich, wenn man ihnen sagt, daß wir größeren Wert auf das Wesen der Sache als auf den Namen legten. Mit Bayern ist man leider noch weit auseinander, sie verlangen etwas ganz Besonderes für sich, und da weder wir noch die anderen Staaten Lust haben, ihnen das zu gewähren, so ist es möglich, daß sie zunächst von unserer Vereinigung noch ausgeschlossen bleiben. Die Bayern haben gestern übrigens bei Orléans eine kleine Schlappe erlitten, die erste, die wir in diesem Feldzug erfahren; so unangenehm die Sache an sich ist, so hat sie doch darin militärisch und politisch ihr Gutes, daß sie den Bayern zeigt, daß sie ohne Unterstützung der preußischen Bajonette, die ihnen diesmal zum erstenmal gefehlt haben, nichts können.

Die bayerische Delegation, die sich ihrer isolierten Lage durchaus bewußt ist, bemüht sich in Gesprächen um die Prüfung der noch gegebenen Möglichkeiten. Den Gedanken, daß Bayern mit dem übrigen Deutschland einen weiteren Bund abschließen soll, hat sie noch nicht aufgegeben. Ihre Situation schildert der dem Staatsminister Bray-Steinburg attachierte Hugo Graf Lerchenfeld:

So standen denn die bayerischen Bevollmächtigten so gut wie allein, was sachlich vielleicht nicht ungünstig, persönlich dagegen nichts weniger als angenehm war. Der Verhandlungsstoff war so verteilt, daß Bray die völkerrechtlichen, Lutz die staatsrechtlichen und Pranckh die militärischen Fragen zu vertreten hatte. Bei den Besprechungen mit Delbrück in München waren die militärischen Angelegenheiten gänzlich ausgeschaltet geblieben, so daß Pranckh und Roon ein völlig freies Feld vorfanden. Bei den Unterhandlungen Pranckhs kam es öfters zu scharfen Meinungsverschiedenheiten, sie stockten aber niemals. Anders die Verhandlungen von Bray und Lutz. Nachdem man in den ersten Tagen nach unserer Ankunft mit Bismarck und Delbrück gesprochen und gewissermaßen die Differenzpunkte festgestellt hatte, hörte der Gedankenaustausch mit Bayern in den ersten Tagen des November völlig auf. Dieser Zustand gänzlicher Beschäftigungslosigkeit war recht ungemütlich, zumal da man uns auch im ungewissen ließ, ob und wann man bereit sein würde weiterzuverhandeln. Das war die Zeit der endlosen Ritte und Spaziergänge, durch die mein Chef sich Luft machte.

In dieser ausweglosen Situation glaubt die bayerische Delegation, eine Reise König Ludwigs II. in das preußische Hauptquartier werde ihre Position verbessern, sie kennt jedoch die Bedenken des Königs dagegen. Staatsminister Bray-Steinburg meldet am 8. November den Stand der Überlegungen, den bayerischen König in das Hauptquartier einzuladen:

Wie ich bereits gestern nach München gemeldet, besteht die Absicht, Seine Königliche Hoheit den Prinzen Adalbert von Preußen mit einem die Einladung für Eure Königliche Majestät zum Kongreß deutscher Fürsten enthaltenden Schreiben Seiner Majestät des Königs von Preußen nach München zu senden.

Es wurde mir dies durch den Bundeskanzler Grafen Bismarck selbst als feststehende Absicht Seiner Königlichen Majestät mitgeteilt, jedoch ohne daß ein bestimmter Zeitpunkt für die Abreise des Prinzen angegeben worden wäre. Auf eine heute desfalls beim Adjutanten Seiner Königlichen Hoheit eingezogene Erkundigung erfolgte die Antwort, daß bezüglich der Reise überhaupt noch keine Befehle ergangen seien.

Die geringe Aussicht, welche in diesem Augenblicke für den Friedensabschluß vorhanden ist, läßt als wahrscheinlich erscheinen, daß auch die Abreise des Prinzen noch einigen Aufschub erleiden wird. Inzwischen ist das königliche Handschreiben bereits aufgesetzt und von Seiner Majestät dem Könige genehmigt.

Das Hoflager des Königs von Bayern ist beunruhigt: Die Berichte aus Versailles lassen keine rasche Verständigung mit Preußen erwarten. Die Abneigung Ludwigs II. gegen eine

Einladung des preußischen Königs ist allen Hofbeamten bekannt. Kabinettsekretär Eisenhart telegrafiert am 9. November an Staatsminister Bray-Steinburg:

König will nicht nach Versailles gehen, weshalb Euer Exzellenz die Abordnung des Prinzen Adalbert hierher verhindern sollen.

In Versailles geht das Gerücht um, die Bayern denken an ihre Abreise, was bedeuten würde, daß ein Beitritt Bayerns zu dem durch die süddeutschen Staaten erweiterten Norddeutschen Bund im Augenblick nicht erreicht werden kann. Der württembergische Minister von Mittnacht berichtet am 9. November seinem Ministerkollegen Graf Taube:

Bevollmächtigte von Bayern scheinen abreisen zu wollen, um Instruktion zu holen.

Auch Staatsminister Bray-Steinburg ist sich der unerfreulichen Situation der von ihm geführten Delegation durchaus bewußt, beschränkt sich jedoch in einem Brief an seine Frau und seine Tochter vom 9. November darauf, sie nur behutsam zu erwähnen:

Wir leben hier wie in einer Garnisonstadt, ohne andere Gesellschaft als die Offiziere. Es ist aber doch eine Dame inmitten so vieler Männer. Ihr Name ist angeblich der einer Gräfin La Torre. Sie ist eine mit einem Italiener verheiratete Engländerin oder auch Witwe, noch ziemlich jung und hübsch und dem Anschein nach wohlhabend. Sie besucht die Spitäler und speist mit Offizieren. Hugo hat ihre Bekanntschaft gemacht – das versteht sich –, und seitdem beehrt sie auch mich mit einem gnädigen Gruß, wenn ich ihr begegne. Der berühmte Home, der Spiritist, ist gleichfalls hier und soll nächstens eine Vorstellung veranstalten. Unsere hiesige Lage ist durch das neuerliche Projekt einer Berufung deutscher Landesherren zum Versailler Friedensschlusse, eines Fürstenkongresses, erschwert und verwickelter geworden. Es ist davon die Rede, den Prinzen Adalbert von Preußen nach München zu senden zur Übergabe eines Schreibens des Königs Wilhelm an seinen

Neffen, den König Ludwig. Bei dem bekannten Widerwillen Seiner Majestät für Reisen dieser Art bereitet obiges Vorhaben neue Anstände.

Vorübergehend scheint die bayerische Delegation Unterstützung zu erhalten. In Stuttgart kommen Bedenken über die politische Klugheit des Vorgehens des nach Versailles entsandten Ministers von Mittnacht auf. Württemberg beansprucht die gleichen Vorrechte, die Bayern zugestanden werden. Am 9. November weist der württembergische König Karl I. seine in Versailles weilenden Minister an, die Verträge mit dem Norddeutschen Bund nicht abzuschließen ohne volle Gleichberechtigung Württembergs mit Bayern. Am 10. November informiert sie der württembergische Innenminister von Scheurlen in einem Telegramm, daß die Verhältnisse sehr schwierig sind, die Berufung der Minister nach Stuttgart sei angeregt worden. Am 11. November erteilt Karl I. telegrafisch den Befehl, nur mit seiner ausdrücklichen Genehmigung ohne Bayern den Vertrag zu unterzeichnen. Die württembergischen Minister von Mittnacht und von Suckow befinden sich in einer außerordentlich unangenehmen Situation. Bray-Steinburg sieht in dieser Entwicklung keine Erfolg versprechende Hilfe für die Vertretung der bayerischen Forderung nach Bildung eines weiteren Bundes zwischen dem vergrößerten Norddeutschen Bund und Bayern. Am 11. November berichtet er Ludwig II.:

Mit Bezugnahme auf meinen alleruntertänigsten Bericht Nr. 4 vom 3. laufenden Monats, mit welchem ich die Ehre hatte, die Abschrift eines von mir am 2. laufenden Monats an den Grafen Bismarck gerichteten Privatschreibens in Vorlage zu bringen, glaube ich zur Vervollständigung meiner Berichterstattung in der Anlage auch die Abschrift der von dem Herrn Bundeskanzler am 4. dieses Monats darauf erteilten Rückäußerung Euer Königlichen Majestät unterbreiten zu sollen. [. . .]

Im Laufe zweier weiterer Besprechungen mit dem Staatsminister Delbrück und mit dem Bundeskanzler selbst haben sich die Ansichten einigermaßen geklärt, und es ist beschlossen worden, daß sowohl über die militärischen Verhältnisse als über die sonst zu behandelnden Punkte ausgearbeitete Entwürfe dem Bundeskanzler übergeben werden sollen, wonach die Schlußerklärungen der königlich preußischen Regierung erfolgen werden.

Die Übergabe des Entwurfes der Militärkonvention ist infolge der Erkrankung des Kriegsministers v. Roon an den Bundeskanzler bereits erfolgt, und ein Gleiches wird morgen bezüglich der übrigen Punktationen geschehen.

Dem Abschluß Preußens mit den übrigen süddeutschen Staaten steht dem Vernehmen nach nichts mehr entgegen, und die Verhandlungen mit denselben sind als beendigt zu betrachten.

Um so mehr sind wir zur Erwartung berechtigt, daß es uns nun auch gelingen wird, zum Abschluß unserer hiesigen Unterhandlungen in kurzer Zeit zu gelangen.

Am 12. November verhandelt Bismarck mit den württembergischen Ministern von Mittnacht und von Suckow. Über die abzuschließenden Verträge wird vollkommene Übereinstimmung erzielt. Am Ende der Besprechungen erklären jedoch die beiden württembergischen Minister Bismarck, daß sie nicht berechtigt sind, zu unterzeichnen, sondern eine Aufforderung erhalten haben, zur Berichterstattung nach Stuttgart zu reisen. Bismarck ist zunächst betroffen, bezwingt jedoch seine Erregung und sagt zu den beiden Ministern:

Der Weg für Sie ist, etwas Bestimmtes zu wollen.

Noch am gleichen Tag bringt Bismarck in einem Brief an seinen Sohn Wilhelm seine Verärgerung offen zum Ausdruck:

Wenn nicht ein deutsches Unwetter dazwischenfährt, so wird mit diesen Diplomaten und Bürokraten der alten Schule nichts zustande kommen, wenigstens in diesem Jahre nichts.

Großherzog Friedrich I. von Baden findet Bismarck »in großer Aufregung« über den »württembergischen Streich«. Auch Wilhelm I. ist bestürzt, da der Vorgang nach seiner Meinung die Schwierigkeiten bei der Verwirklichung des politischen

Zieles des Krieges zeigt. Inzwischen sind Meldungen über die Isolierung der bayerischen Delegation nach München gelangt, wo sie bei den Befürwortern der Einigung Deutschlands Empörung, bei ihren Gegnern Beifall auslösen. Die amtliche »Korrespondenz Hoffmann« verbreitet am 12. November folgende Meldung:

Die dahier vielfach verbreitete Nachricht, daß die bayerischen Staatsmänner von Versailles zurückgekehrt seien, ist irrig. Der Zeitpunkt ihrer Rückkehr läßt sich, wie wir hören, im Augenblick noch nicht mit völliger Sicherheit bestimmen. Was speziell den K. Staatsminister des Äußern, Grafen Bray, betrifft, so war nach früherer Bestimmung die Rückkehr desselben bis zum 16. d. M. in Aussicht genommen.

Obwohl zunächst verärgert über die von Stuttgart aus unternommene Intervention widmet Bismarck jetzt den Gesprächen mit Bayern seine volle Aufmerksamkeit. Hugo Graf Lerchenfeld bemerkt über die beginnenden Verhandlungen:

Am 12. November 1870 setzte er [*Bismarck*] sich mit uns an den Tisch, und nach rascher ununterbrochener Arbeit wurde schon am 23. November 1870 der Vertrag zwischen Bayern und dem Norddeutschen Bund unterzeichnet.

Über die Taktik des Leiters der bayerischen Delegation, des Staatsministers Bray-Steinburg, sagt Hugo Graf Lerchenfeld:

Bray hatte so manches von seinen hochgespannten Ansprüchen fallenlassen, aber auch Bismarck hatte gewisse Opfer seiner Überzeugung gebracht, indem er Bestimmungen wie die der regelmäßigen Vertretung der Bundesgesandten durch den betreffenden bayerischen Gesandten und die Bildung eines diplomatischen Bundesratsausschusses unter dem Vorsitz Bayerns hinnahm. Es ist dies allerdings wohl nur mit dem inneren Vorbehalt geschehen, von diesen Vertragsbestimmungen nur das zu halten, was Bismarck im Reichsinteresse unschädlich scheinen würde. So ist denn tatsächlich die Bestimmung, daß die bayerischen Gesandten regelmäßig die Reichsgesandten zu vertreten hätten, ein toter Buchstabe geblieben. Nur ein Fall ist bekannt, nämlich als 1871 der bayerische Gesandte beim Vatikan den preußischen Gesandten vertreten hat. Auch der Bundesratsausschuß für Auswärtige Angelegenheiten hat nicht die Bedeutung erlangt, die sein Schöpfer, Graf Bray, ihm zugedacht hatte. Er ist, solange Bismarck im Amte geblieben ist, nur zweimal zusammengetreten, hat auch später nur selten getagt, also ein Scheindasein geführt. Dennoch haben zu ihrer Zeit diese Konzessionen die Verständigung erleichtert.

Während nun endlich die Gespräche zwischen Bismarck und der bayerischen Delegation in Gang gekommen sind, teilt Kabinettsekretär Eisenhart mit, daß der König, wie angekündigt, nicht in der Lage ist, einer Einladung in das preußische Hauptquartier zu folgen:

Beehre mich, im Auftrage Seiner Majestät, Euer Exzellenz mitzuteilen, daß Allerhöchstdieselben wegen Sehnenverdehnung keinenfalls nach Versailles kommen können. Briefe aus München melden erregte Stimmung.

Die Situation in Versailles schildert am 14. November der badische Ministerpräsident Jolly seiner Frau:

Die momentane Lage nimmt sich freilich wunderlich genug aus. Die Württemberger sind, nachdem ihnen untersagt war, irgend etwas ohne Spezialermächtigung zu unterschreiben, gestern abgereist, um sich diese zu holen; die Bayern, die immer erklärten, keine genügenden Vollmachten zum Abschluß zu haben und solche schon seit acht bis zehn Tagen holen wollen, sind ganz gemütlich noch hier; die Hessen müssen ganz contre cœur [*wider Willen*] aushalten und unterschreiben. Im ganzen scheint mir aber doch die Sache gut zu liegen und liegt sie jedenfalls für uns gut. In Stuttgart scheint die Gegenpartei so viel Einfluß gewonnen zu haben, daß sie den sofortigen Abschluß verhindern konnte. Der Einhalt kam aber erst in dem Augenblick, in welchem die Bevollmächtigten sich aufgrund ihrer Instruktionen über alle Punkte mit Preußen geeinigt hatten, so daß sie persönlich nicht mehr zurück können und auch bei ihrer Abreise bestimmt erklärten, sie würden im Fall

der Nichtgenehmigung von ihren Stellen zurücktreten. Ich
halte die schließliche Genehmigung in Stuttgart, zumal nach
dem hiesigen ganz vortrefflichen Vorgehen, für sicher. In Hessen heißt es natürlich: der Bien muß [*Redensart, die auf die
Schwierigkeit zurückgeht, einen Bienenschwarm einzubringen*], und hinsichtlich Bayerns habe ich den Verdacht, oder
anständiger, die Vermutung, die auch durch einzelne, wohl
absichtliche Äußerungen Delbrücks bestätigt scheint, daß sie
in offener oder stiller Übereinstimmung mit Preußen nur warten, bis die anderen beigetreten sind, um dann mit wirklichen
oder scheinbaren Vorzügen ebenfalls beizutreten. Wie dem
auch sei, zunächst ist man hier über Württemberg etwas verstimmt, und dies hat uns teils für unsere Sonderinteressen
(indem man uns die recht anständige Entschädigung für die
Post von jährlich 100 000 Talern für acht Jahre zugestand),
teils in unseren Wünschen und Bestrebungen für das Ganze
nicht unerheblich geholfen. Im Drange der Umstände, da am
23. oder 24. der Reichstag zusammentreten muß, kam man
endlich zu der Einsicht, daß es am klügsten ist, da anzufangen,
wo man guten Willen findet, nicht da, wo man Widerstreben
zu bekämpfen hat. So ist denn heute mit Baden (und Hessen)
der Vertrag über den neuen unter ihrem Anschluß zu bildenden Deutschen Bund materiell in allen Punkten festgestellt
worden und soll morgen 1 Uhr die formelle Unterschrift erfolgen. Hinsichtlich Württembergs ist in einem besonderen
Protokoll, das vortreffliche Daumenschrauben à la Bismarck
enthält, konstatiert, daß Württemberg an allen Feststellungen
bisher partizipierte, daß man hoffe, seine Bevollmächtigten
würden rechtzeitig (vor dem Reichstag) in den Stand gesetzt
werden, zu unterschreiben, und daß man deshalb zum voraus
den alsdann notwendig werdenden weiteren Modifikationen
der Verfassung zustimme; sie bestehen in Vorbehalt der Post
für Württemberg und der Zusage, daß Ersparnisse am Militärbudget nach voller Erfüllung der Bundespflichten Württemberg verbleiben. Man hält hier solche Ersparnisse für unmöglich. Bei dieser Prozedur wird es Württemberg ziemlich
unmöglich, zurückzutreten, und es kann keine weiteren Änderungen mehr begehren. Könnten wir nach diesem Stand der

Dinge übermorgen abreisen, so werden wir durch unsere noch schwebende Militärkonvention wohl jedenfalls noch bis Ende der Woche zurückgehalten. Prinzipiell ist dieselbe aufgrund voller Vereinigung mit dem preußischen Heer und also Wegfall des Kriegsministeriums festgestellt; wegen der Details erwarten wir noch Nachrichten aus Karlsruhe und müssen hier etwas Geduld haben, da Roon, der bedenklich unwohl war, noch nicht geschäftsfähig ist. Während man anfänglich hier einer solchen Konvention abgeneigt schien, ist man jetzt tatsächlich darüber erfreut, so daß ich hoffe, man wird in den Details traitabel sein, vielleicht auch eine gute Frucht der Bockbeinigkeit der Württemberger.

Am 15. November wird in Versailles die »Vereinbarung zwischen dem Norddeutschen Bunde, Baden und Hessen über die Gründung des Deutschen Bundes und Annahme der Bundesverfassung« unterzeichnet. Die Vertragspartner erklären, daß die Verfassung am 1. Januar 1871 in Kraft treten soll, und sagen einander zu, »daß sie unverzüglich den gesetzgebenden Faktoren des Norddeutschen Bundes bzw. Badens und Hessens zur verfassungsmäßigen Zustimmung vorgelegt und nach Erteilung dieser Zustimmung im Laufe des Monats Dezember ratifiziert werden soll«. Über den Verlauf der Unterzeichnungszeremonie informiert eine Tagebucheintragung des hessischen Ministers Dalwigk:

Um 1 Uhr begab ich mich zum Minister Delbrück, wohin Herr Hofmann bereits vorausgegangen war; außer Herrn v. Friesen und uns waren die badischen Minister anwesend. Erst nach vorausgegangener lebhafter Diskussion über den Inhalt des Art. 68 der neuen Bundesakte, und erst nachdem Minister Delbrück die Zusicherung gegeben hatte, daß jedes etwa anderen süddeutschen Staaten bezüglich der Fassung dieses Artikels gemachte werdende Zugeständnis auch Hessen und Baden zugut kommen solle, unterzeichneten wir und die Vertreter Badens das Protokoll, in welchem der Eintritt Hessens und Badens in den Norddeutschen, modo [*jetzt*] Deutschen, Bund erklärt wurde. Über unser Verlangen bezüglich des Art. 68 der Bundesakte und die entsprechende Erklärung des Ministers Delbrück wurde ein besonderes, vorerst vertrauliches Protokoll aufgenommen. Herr Delbrück war bei dieser Verhandlung in sichtbarer Verlegenheit. Er wehrte sich solange er konnte gegen ein wiederholtes Zugeständnis dessen, was Württemberg und uns in der ersten gemeinsamen Sitzung bezüglich jenes Artikels bereits zugestanden war. Er behauptete, daß er damals nur Württemberg allein vor Augen gehabt habe und daß überdies durch die inzwischen erfolgte Abreise der württembergischen Minister alle denselben gemachten Konzessionen hinfällig geworden seien. Endlich, als wir und die badischen Minister nicht nachgaben, lief er zu dem in der Nähe wohnenden Grafen Bismarck und kam von da mit der Ermächtigung zurück, die von uns verlangte Zusicherung zu geben. Offenbar hatte Minister Delbrück in der ersten mit den württembergischen Ministern gemeinschaftlichen Sitzung mehr zugegeben, als dem Grafen Bismarck erwünscht war, und er hatte nun, wiewohl vergeblich, sein Nachgeben wieder rückgängig zu machen versucht. Nach beendigter Sitzung begaben wir uns zum Grafen Bismarck. Dort wurde der neue Bundesvertrag nebst Schlußprotokoll von diesem und uns sowie von den badischen Ministern unterzeichnet und besiegelt. Graf Bismarck sah leidend aus. Er klagte über seine Gesundheit und sagte, die Galle trete ihm zu leicht in das Blut. Ein Minister eines absoluten Herrschers sei in der angenehmen Lage, einfach die Befehle seines Herrn befolgen zu können. Ein konstitutioneller Minister dagegen, der seinen eigenen Überzeugungen Rechnung tragen müsse, gerate mitunter in Konflikte, welche die Gesundheit nicht förderten. Graf Bismarck sprach auch von den Ballons, die von Zeit zu Zeit in Paris losgelassen würden. Er erklärte, die Personen, die mit solchen Ballons Paris verließen, müßten als Spione betrachtet werden und würden erschossen, wenn es gelänge, sie abzufangen.

Staatsminister Bray-Steinburg weiß, daß er seinem König die Reise in das preußische Hauptquartier nicht zumuten darf, wenn er mit seiner Zustimmung für weitere Verhandlungen rechnen will. Er telegrafiert deshalb an den Kabinettsekretär Eisenhart:

Feierliche Überbringung des Einladungsschreibens wird laut Ankündigung Delbrücks unterbleiben.

Noch am gleichen Tage antwortet Eisenhart, wobei er den alten Wunsch des Königs wiederholt:

Seine Majestät, erfreut über heutiges Telegramm, wünscht, daß Euer Exzellenz unsere Gebietsvergrößerung wirksam vertreten.

Obwohl die Gespräche zwischen Bismarck und der bayerischen Delegation in Gang gekommen sind, nehmen sie nicht den von Bray-Steinburg gewünschten Verlauf. Er benutzt die Unterbrechungen, um sich Versailles genau anzusehen. An seine Frau und seine Tochter schreibt er am 17. November:

Unsere Unterhandlung stockt noch immer. Der preußische Kriegsminister General v. Roon ist unwohl, Graf Bismarck auch leidend. Delbrück spricht davon, nach Berlin abzureisen. Wir sind nach dem Abgang der Vertreter der übrigen deutschen Regierungen allein noch hier und müssen also trachten, an einem der nächsten Tage auf unsere Bedingungen ein Ja oder Nein zu erlangen. Wenn eine Verständigung nicht gelingt, so wird nicht die Frage der äußeren Vertretung und der Diplomatie das Hindernis bilden, denn darüber sind wir so gut wie im reinen, wohl aber wird dies die militärische Frage, und wenn ich nicht sehr irre, kommt hier der Widerspruch nicht vom Grafen Bismarck. Er war gestern bei mir, wir haben uns aber leider verfehlt.

Ich komme eben aus dem Versailler Schloß, in welches Hugo und ich oft gern zurückkehren. Heute galt unser Besuch dem Privatgemach der Könige und Königinnen von Frankreich. Wie reich ist der Ort an Erinnerungen, an begangene Fehler, und welche Buße!

Bismarck ist zwar mit den »Diplomaten und Bürokraten alter Schule«, wie er die anwesenden Minister der deutschen Staaten genannt hat, ausreichend beschäftigt, vergißt jedoch nicht das Problem des Friedensschlusses. Moritz Busch überliefert ein Tischgespräch vom 17. November, in dem sich Bis-

marck über die Zukunft Frankreichs äußert. Dabei kommt er auch auf die den Krieg auslösende Ursache, die spanische Thronkandidatur, zu sprechen:

Jemand sprach hierauf von dem Artikel des Diplomaten in der »Independance Belge«, der die Wiederkehr Napoleons prophezeit. »Gewiß«, bemerkte der Kanzler, »bildet der sich so was ein, wenn er ihn gelesen hat. Ganz und gar unmöglich ist das übrigens nicht. Er könnte mit den Truppen, die er in Deutschland hat, wenn er Frieden mit uns machte, zurückkehren. So was wie Klapkas ungarische Legion im großen Stile neben uns. Er ist immer noch die rechtmäßige Regierung. Er brauchte nach Wiederherstellung der Ordnung höchstens zweimal hunderttausend Mann zu ihrer Erhaltung. Die großen Städte außer Paris mit Truppen zu belegen, wäre nicht notwendig. Vielleicht noch Lyon und Marseille. Die anderen könnte er dem Schutze der Nationalgarde überlassen. Stünden die Republikaner auf, so bombardierte man sie und brennte sie nieder.« [...]

Jemand äußert, jetzt sei es aus mit der Kandidatur des Prinzen von Hohenzollern. »Ja«, entgegnete der Chef, »aber nur, weil er nicht wollte. Noch vor ein paar Wochen sagte ich ihm: Jetzt ist's noch Zeit. Aber er hatte keine Lust mehr.

Weil Bismarck an einem baldigen Friedensschluß interessiert ist, wenn dabei die von ihm geforderten Bedingungen erfüllt werden, beklagt er seine geringe Einflußnahme auf die Kriegführung. Trotz der Verhandlungen mit Bayern findet er Zeit, am 18. November in einem Immediatbericht seine nach seiner Meinung unzulängliche Teilnahme an den militärischen Entscheidungen eingehend darzulegen:

Die politische Situation Europas und die Krisis, welche sich in derselben vorbereitet, sowie die wichtigen Entscheidungen, welche Eure Königliche Majestät in politischer Beziehung zu treffen haben werden, rufen für mich in verstärktem Maße das Bedürfnis hervor, mehr als bisher mit den Operationen und den Intentionen der Kriegführung vertraut zu sein, da die Verhältnisse unserer Kriegführung im großen und ganzen und die Politik in einer notwendigen Wechselwirkung stehen und die eine nicht ohne Rücksicht auf die andere geleitet werden kann.

Im Jahre 1866 ist dies Bedürfnis vollständig befriedigt worden, indem ich zu solchen militärischen Beratungen, welche eine Rückwirkung auf die Politik haben konnten, auf Befehl Eurer Königlichen Majestät zugezogen und mir außerdem von der militärischen Lage der Dinge sowie von den Intentionen der obersten Kriegsleitung nach Bedürfnis Mitteilung gemacht wurde. In dem gegenwärtigen Feldzuge hat das Verhältnis sich anders gestaltet. Die allgemeinen und großen Umrisse unsrer Kriegführung sind mir jederzeit unbekannt, auch wo deren Kenntnis einen unabweisbaren Einfluß auf die politischen Erwägungen und auf die Aussichten auf Krieg und Frieden mit Frankreich oder den Neutralen ausüben, ja denselben zur Grundlage dienen mußte.

Solche Punkte, wo die politischen Verhältnisse aufs engste von den militärischen berührt wurden und auf dieselben wieder einen großen Einfluß ausüben mußten, waren die Tage nach der Schlacht bei Sedan, die Bestimmungen über die Fortsetzung des Krieges und die Art der Führung desselben nach dem Falle von Metz, die Entscheidungen über die Einschließung und die eventuelle Belagerung von Paris und über die Beschießung der Forts.

Ich habe schon Veranlassung genommen, Eurer Königlichen Majestät die politische Bedeutung der letzteren hervorzuheben, und nicht geglaubt, mich dadurch dem Vorwurfe auszusetzen, daß ich mich in rein militärische, meinem Ressort fremde Dinge einmische. Überhaupt bin ich weit entfernt davon, in die einzelnen strategischen Gesichtspunkte einzugreifen oder eine Teilnahme an den militärischen Vorträgen bei Eurer Königlichen Majestät zu beanspruchen oder auch nur zu wünschen. Dies würde mir ganz fremd liegen und in meine eigenen Geschäfte nur störend eingreifen. Nur die allgemeinen, der Kriegführung zugrunde liegenden Ideen und Ziele glaube ich den Intentionen Eurer Königlichen Majestät gemäß auch von meinem Standpunkt aus in Erwägung ziehen und das Resultat der Betrachtung vom politischen Gesichtspunkt aus Eurer Königlichen Majestät ehrfurchtsvollst unterbreiten zu sollen. Um dies zu können, ist es aber erforderlich, daß ich auch von den größeren leitenden strategischen Ideen in Kenntnis erhalten werde.

Ich bin aber in bezug auf die Auskunft, die ich mir über militärische Dinge zu erbitten in die Lage kam, bei dem Generalstabe der Armee einer Unwillfährigkeit begegnet, welche den Formen, wie sie sonst im Verkehr zwischen den höheren Staatsbehörden üblich sind, kaum entsprechen dürfte und welche mir auch praktisch mehrfach hinderlich gewesen ist. Dies ist so weit gegangen, daß ich erst hier in Versailles habe durchsetzen können, daß mir vom Generalstabe wenigstens die für die Berliner Zeitungen bestimmten Nachrichten über die Resultate militärischer Operationen gleichzeitig mitgeteilt werden.

Es handelt sich aber für mich nicht um zeitungsmäßige Kenntnis einzelner Vorfälle und Details der Operationen, sondern um die Kenntnis der allgemeinen Intentionen der Kriegführung und um die Möglichkeit, die politischen Erwägungen, da, wo sie notwendig von Einfluß auf die Kriegführung sein müssen, zur Sprache zu bringen. Ganz besonders gilt dies in einem Kriege wie dem jetzigen, dessen Fortsetzung und Durchführung so wesentlich von den Beziehungen zu den bisher neutralen Mächten abhängt und in welchem zugleich die Art und selbst die Möglichkeit des künftigen Friedensschlusses durch die Art der Kriegführung bedingt wird. Die Stellung, welche Eurer Majestät Regierung in politischer Beziehung den anderen europäischen Mächten gegenüber einzunehmen haben wird, wird wiederum durch die Stellung der Armeen und die Aufgaben, welche denselben in Frankreich gestellt werden, bedingt.

Mit prinzipiellen Fragen über die Kompetenzverhältnisse und über die Stellung, welche dabei dem für die politischen Resultate des Krieges in erster Linie verantwortlichen Minister Eurer Majestät zu geben wäre, habe ich im Drange der Beschäftigung und der Operationen Eure Majestät nicht belästigen wollen und darf mir dies bis nach dem Frieden vorbehalten. Ich halte mich nur für verpflichtet, infolge des oben alleruntertänigst dargelegten praktischen und momentanen Bedürfnisses Euere Majestät ehrfurchtsvollst zu bitten, dem Generalstabe allergnädigst befehlen zu wollen, daß derselbe mich von den wesentlichen Zügen der militärischen Pläne und Entwicklung in fortlaufender Kenntnis erhalte und die Fragen, die ich ihm in bezug darauf zu stellen haben würde, willfährig und eingehend beantworte.

Ich bedarf dessen jetzt namentlich im Hinblick auf die Eventualitäten, welche durch die mögliche direkte oder indirekte Beteiligung neutraler Mächte am Kriege eintreten können und bei welchen die genaue Bekanntschaft unsrer militärischen Kräfte und Absichten unentbehrlich ist, um den richtigen Ton in den Verhandlungen mit England, Rußland und Österreich zu bemessen.

Am gleichen Tag berichtet Jolly seiner Frau die Vorgänge beim Abschluß der Vereinbarungen über den Beitritt Badens und Hessens zum Norddeutschen Bund:

Am Dienstag den 15. haben wir also, wie ich Dir schon voraus anzeige und wie Du mittlerweile aus der Karlsruher Zeitung als vollendete Tatsache erfahren haben wirst, die Vereinbarung über unseren und Hessens Zutritt zu dem einstweilen in den »Deutschen Bund« umgetauften Norddeutschen Bund unterschrieben und untersiegelt. Ich hatte mir den Augenblick, in welchem dieses seit Jahren von mir mit so mancher Mühe erstrebte Ziel erreicht sei, brillanter gedacht, als er in Wirklichkeit war; er war mir nämlich infolge meines alten mit ziemlicher Heftigkeit aufgetretenen Übels nichts weniger als reizend, und ich hatte stets nur den einen Wunsch im Kopf, ich wollte es wäre vorüber. Und als wir nach dreistündiger ermüdender Diskussion über allerlei Nebenfragen endlich zu Bismarck zur Unterschrift kamen, klagte auch er über Unwohlsein: seine Galle sei ruiniert, und so schlage ihm jeder Ärger auf den Magen.

Die Verhandlungen zwischen Bismarck und der bayerischen Delegation sind zäh und mühsam – doch ist eine Verständigung in Sicht. Erleichtert telegrafiert Bray-Steinburg am 20. November an seinen Stellvertreter, Staatsrat v. Daxenberger:

Nach wiederholten Besprechungen wurden Verständnisse in der Hauptsache erzielt und ist Schluß bevorstehend.

Bitte Vorstehendes Seiner Majestät zu melden namens sämtlicher Bevollmächtigter.

Der Chef der Operationsabteilung im Großen Generalstab, Oberstleutnant Paul Bronsart von Schellendorff, trägt am 20. November in sein geheimes Kriegstagebuch ein:

Die Verhandlungen in der deutschen Frage sollen eine Wendung genommen haben, welche den nahen Abschluß, auch mit Bayern, in Aussicht stellt. Ob wir nachgegeben haben oder ob Bayern zur Erkenntnis gekommen, weiß ich noch nicht. Jedenfalls scheint Graf Bismarck geneigt, um nur überhaupt etwas zustande zu bringen, auf militärischem Gebiet viel Zugeständnisse machen zu wollen, und General von Roon ist nicht der Mann, mit Ernst und Klarheit entgegenzutreten; er ist müde. Ein gewisses Gefühl des Mißbehagens lastet auf Graf Bismarck, er hat entschieden das Gefühl, in diesem Kriege eine untergeordnete Rolle zu spielen, denn bisher hat der Soldat noch alles, der Diplomat noch nichts vor sich gebracht. Die kleinen politischen Kunststücke haben sich als Spinngewebe erwiesen. So findet denn der Bundeskanzler anscheinend ein Bedürfnis, die militärischen Anordnungen zu bemäkeln und Einfluß auf dieselben zu gewinnen. Er behauptet, daß die Kapitulation von Verdun, welche die Rückgewähr von Festung und Material in sich schloß, nicht ohne seine Konkurrenz hätte erfolgen dürfen, da durch dieselbe die Friedensverhandlungen präjudiziert wären; er nimmt sich eines infamen Pfaffen an, welchem Oberst von Krohn bei Säuberung der Argonnen von Franktireurs, statt ihn zu erschießen, 25 auf den blanken Hintern aufzählen ließ; er dringt auf das Bombardement von Paris, welches vom politischen Standpunkt aus notwendig sei.

Am 21. November kündigt Bray-Steinburg sichtlich froh gestimmt seiner Frau und seiner Tochter die alsbaldige Rückkehr nach München an. Er ist sich darüber im klaren, daß der ausgehandelte Kompromiß bei allen auf Ablehnung stößt:

Ich hoffe Euch alle in München vereinigt zu finden, wenn es mir gegönnt sein wird, dahin zurückzukehren. Es liegt darin für mich ein großer Trost, denn in Eurem liebevollen Kreise kann ich auf freudigen Empfang rechnen, während ich sonst ganz darauf gefaßt bin, getadelt, angeklagt, bekrittelt zu werden für alles, was wir hier getan oder zu tun unterlassen haben.

Mama Lerchenfeld hatte wohl recht, in ihrem musterhaften Briefe an Hugo zu sagen: »Recht werdet Ihr es niemand machen, und heulen werden sie alle!« Was mich betrifft, so nehme ich das feste Bewußtsein von hier mit, daß in dem von uns vorbereiteten Abkommen die günstigsten Bedingungen enthalten sind, die unter den gegenwärtigen Verhältnissen zu erlangen irgend möglich war.

Übrigens ist ja nichts endgültig abgemacht. Der König und die Kammern werden zu beschließen haben. Wenn die letzteren vorziehen sollten, jede Verständigung zurückzuweisen, so wäre ich doch jeder eignen Verantwortung, die immer schwer zu tragen ist, enthoben. Unsere Pflicht und Aufgabe war es, den vaterländischen maßgebenden Gewalten die Möglichkeit zu erwirken, ihre Wahl zu treffen.

Auf telegrafische Aufforderung erstattet Bray-Steinburg am 22. November König Ludwig II. einen Bericht über die Verhandlungen mit Bismarck. Geschickt auf die Mentalität des Königs eingehend, stellt er dabei die Bayern zugestandenen Vorrechte heraus:

In Beantwortung des heute eingetroffenen Telegrammes, in betreff der Vorlage eines Spezialberichtes über die militärische und diplomatische Frage, beehre ich mich submissest zu bemerken, daß eine solche Vorlage während des Ganges der Verhandlungen sich als untunlich darstellte, weil wir außerstande waren, die Grundlagen zu bezeichnen, über welche man sich schließlich einigen würde, und weil die Vorlage bloßer Entwürfe, welchen die Annahme von seiten Preußens nicht zuteil geworden, den Intentionen Eurer Königlichen Majestät nicht entsprochen haben würde. Erst jetzt, nachdem vorbehaltlich Allerhöchster Genehmigung über die Haupt-

punkte eine Einigung erfolgte, ist das Material für eine Berichterstattung gegeben. Dasselbe wird sich aber übersichtli-
cher aus dem Gesamtentwurfe, welchen wir vor Ende dieser
Woche selbst nach Bayern zu überbringen hoffen, entnehmen
lassen.

Bezüglich der äußeren Verhältnisse, welche, wie Eurer Königlichen Majestät bekannt ist, gleich anfangs als zu den
schwierigsten Punkten unserer Verhandlungen gehörig erkannt wurden, ist die unbedingte Erhaltung des bayerischen
Gesandtschaftsrechtes, insofern nur bayrische Interessen in Betracht kommen, angestrebt und erreicht worden. Damit allein
wäre aber wenig gewonnen, da es in der Natur eines Bundes
liegt, daß viele wichtige Staatszwecke auf die Gemeinschaft
übergehen. Diese für uns allein zu vertreten, ließ sich nicht
beanspruchen; es blieb somit nichts übrig, als für Bayern Einfluß auf die Bundespolitik zu vindizieren und diesen Einfluß
durch eine feste, vertragsmäßig zu konzedierende Stellung zu
garantieren.

Was sich in dieser Richtung erzielen ließ, ist im wesentlichen
folgendes: Ständige Vertretung der Bundesgesandten in Ver-
hinderungsfällen durch die bayrischen und Beteiligung der
letzteren an äußeren gemeinsamen Angelegenheiten überhaupt; Einsetzung eines ständigen diplomatischen Ausschusses
im Bundesrate durch die Vertreter der drei Königreiche: Bayern, Sachsen und Württemberg unter bayerischem Vorsitz,
welchem sämtliche auswärtigen Angelegenheiten des Bundes
zuzuweisen sind. Wahrung des Rechtes, über rein bayerische
Verhältnisse Staatsverträge abzuschließen, soweit sie dem
Zwecke des Bundes nicht widerstreiten.

Die vertragsmäßige Zusage, daß zu Friedensverhandlungen nach einem Bundeskriege stets auch ein bayrischer Bevollmächtigter zugezogen werden wird;

endlich finanzielle Abmachungen mit dem Bunde zugunsten
des bayrischen Gesandtschaftswesens.

Die große Mehrzahl dieser Zugeständnisse sind Bayern
allein mit Ausschluß aller übrigen dem Bunde beigetretenen
Staaten bewilligt worden. Sie sind also wirkliche Privilegien,
mittels welcher der Krone Bayern eine mittelbare Einfluß-

nahme auch auf europäische Verhältnisse gesichert ist, und Eure Königliche Majestät wollen Allerhöchst sich versichert halten, daß deren Einräumung nicht ohne Mühe und ohne Kampf erlangt worden ist.

Über die militärischen Verhältnisse erstattet Freiherr v. Pranckh, welchem das Telegramm Eurer Königlichen Majestät mitgeteilt worden ist, gesonderten Bericht, welcher gleichzeitig mit dem gegenwärtigen an Allerhöchstdieselben gelangen wird.

Im Laufe des Mittwoch, des 23. November, empfängt Bismarck den Abgeordneten Fred Graf Frankenberg, mit dem er sich sowohl über die Frage der Bombardierung von Paris als auch über den Abschluß des Vertrages mit Bayern unterhält:

Der Kanzler kam zuerst auf die Verschleppung des Bombardements von Paris, sodann auf den Reichstag zu sprechen, der am Tage nach meiner Tischeinladung in Berlin wieder eröffnet wurde. »Ich hatte ursprünglich vor«, so bemerkte er, »zum Reichstag nach Berlin zu reisen, als ich mich aber fragte, ob mein Körper es aushalten würde, drei Tage und ebenso viele Nächte zu fahren, sodann vierzehn Tage eine aufreibende parlamentarische Kampagne durchzumachen und dann hierher zurückzueilen, um mit Frankreich einen für Deutschland segensreichen Frieden abzuschließen, da mußte ich mir sagen, daß dies über meine Kräfte gehe. Übrigens war auch der König durchaus gegen meine Reise. ›Sie werden mich doch hier mit den Europäern nicht allein lassen?‹ entgegnete er auf meine erste Andeutung, und der hohe Herr hat recht. Die Noten und Depeschen, welche nur der Eingeweihte beurteilen und beantworten kann, jagen sich jetzt hier so sehr, daß ich durchaus unabkömmlich bin. Nimmt der Reichstag die Verträge mit den süddeutschen Staaten an, so ist die Session in vierzehn Tagen beendet; mäkelt er aber daran herum und findet er das zu wenig, was wir hier erreicht haben, so sind meine Dispositionen getroffen. In diesem Falle wird der Reichstag bis Weihnachten versammelt bleiben – und bis dahin bin ich selbst dort«, fügte er mit bedeutsamem Lächeln hinzu. »Es ist

eine sehr schwere Verantwortung für mich«, fuhr Bismarck
fort, »hier allein Verträge abzuschließen und Abmachungen
zu treffen, die für die Zukunft von entscheidendster Bedeutung
sind. Ich bin in schlecht geregelter Verbindung mit der Heimat, habe keine Akten zur Hand, und doch muß ich entscheiden: dies nehme ich an, jenes nicht. Ich setze mich der herbsten
Kritik für mein ganzes Leben aus, wenn die mit den süddeutschen Staaten getroffenen Abmachungen übel ausschlagen, und
doch läßt der Erfolg sich so wenig vorausberechnen wie der
nächste Abzug im Pharao.« [. . .] »Heute abend«, fuhr Graf
Bismarck fort, »denke ich den Vertrag mit Bayern zu unterzeichnen. Ich hoffe, der Reichstag ist klug genug, um einzusehen, daß nicht mehr erreichbar war, und daß er nicht ver-
wirrt, was ich mühevoll zustande gebracht habe.«
      Ich fragte, was wohl die Sondergelüste der Bayern für sich
behalten hätten. »Post, Telegrafie, Eisenbahnen, selbständige
Armee mit Ernennung der Stellen in derselben, beschränktes
Gesandtschaftsrecht, das behalten sie sich vor – im übrigen
nehmen sie die Bundesgesetzgebung voll an. Wenn ich also die
Annahme der allgemeinen Wehrpflicht, die Präsenzstärke von
ein Prozent der Bevölkerung mit der dreijährigen Dienstzeit
in Anschlag bringe und die übrige gemeinsame Gesetzgebung,
so ist der Fortschritt ein so bedeutender, daß ich ihn nicht
zurückweisen kann. Hoffentlich denkt man zu Hause daran,
mit welcher Freude noch vor drei Monaten solch eine Übereinkunft begrüßt worden wäre, gegen die man jetzt nicht genug
zu mäkeln hat. Man glaube ja nicht, daß die Bayern durch
diesen Krieg mürbe und kleinmütig geworden sind. Im Gegenteil! Sie haben sich tapfer geschlagen, haben im Vergleich
zu 1866 ihr kriegerisches Selbstgefühl neu gewonnen und befestigt. Sie sind jetzt hartnäckig, weil sie sich stark fühlen.«

Wie von Bismarck angekündigt, wird in den späten Abend-
stunden des 23. November 1870 der »Vertrag, betreffend den
Beitritt Bayerns zur Verfassung des Deutschen Bundes« unter-
zeichnet. Moritz Busch notiert die erste Reaktion Bismarcks
danach:

Gegen 10 Uhr ging ich hinunter zum Tee und fand da noch Bismarck-Bohlen und Hatzfeldt. Der Chef war mit den drei bayerischen Bevollmächtigten im Salon. Nach einer Viertelstunde etwa öffnete er die Flügeltür, steckte den Kopf mit freundlichster Miene herein und kam dann, als er noch Gesellschaft sah, mit einem Becher zu uns an den Tisch, wo er Platz nahm. »Nun wäre der bayrische Vertrag fertig und unterzeichnet«, sagte er bewegt. »Die deutsche Einheit ist gemacht, und der Kaiser auch.«

Einen Moment herrschte Stille. Dann bat ich, mir die Feder holen zu dürfen, mit der er sich unterschrieben habe. »In Gottes Namen holen Sie sich alle drei«, erwiderte er, »die goldene ist aber nicht darunter.« Ich ging und nahm mir die drei Federn, die neben dem Dokument lagen und von denen zwei noch naß waren. Daneben standen zwei leere Champagnerflaschen. »Bringen Sie uns noch eine von diesem«, sagte der Chef zum Diener. »Es ist ein Ereignis.« Dann bemerkte er nach einigem Nachsinnen: »Die Zeitungen werden nicht zufrieden sein, und wer einmal in der gewöhnlichen Art Geschichte schreibt, kann unser Abkommen tadeln. Er kann sagen (ich zitiere, wie immer bei Anführungszeichen, genau seine eigenen Worte), der dumme Kerl hätte mehr fordern sollen; er hätte es erlangt, sie hätten gemußt; und er kann recht haben – mit dem Müssen. Mir aber lag mehr daran, daß die Leute mit der Sache innerlich zufrieden waren – was sind Verträge, wenn man muß! –, und ich weiß, daß sie vergnügt fortgegangen sind. Ich wollte sie nicht pressen, die Situation nicht ausnutzen. Der Vertrag hat seine Mängel, aber er ist so fester. Was fehlt, mag die Zukunft beschaffen. – Auch der König war mit der Sache nicht zufrieden, er meinte, ein solcher Vertrag sei nicht viel wert. Ich aber bin anderer Ansicht. Ich rechne ihn zu dem Wichtigsten, was wir in diesen Jahren erreicht haben. Und ich brachte ihn doch zuletzt zur Einwilligung, indem ich ihm mit der englischen Einmischung Angst machte, wenn wir die Sache nicht beschleunigten. – Was den Kaiser betrifft, so habe ich ihnen den bei den Verhandlungen damit annehmbar gemacht, daß ich ihnen vorstellte, es müsse für ihren König doch bequemer und leichter sein, gewisse Rechte an den deutschen Kaiser abzutreten als an den benachbarten König von Preußen.« Als der Minister sich dann über den König von Bayern äußerte, »er lebe in Träumen« und dergleichen, bemerkte Abeken, der inzwischen hereingekommen war und den dies natürlich mit Betrübnis erfüllte: »Aber der junge König ist doch so ein netter Mensch.« »Das sind wir alle hier auch«, entgegnete der Chef, indem er uns der Reihe nach ansah. Starkes Gelächter im Zentrum sowie auf der Linken. Bei einer zweiten Flasche Sekt, die er mit uns trank, kam er, ich weiß nicht wodurch veranlaßt, auf seinen Tod zu sprechen und behauptete, er werde in seinem einundsiebzigsten Jahre sterben, indem er das aus einer mir unverständlichen Zahlenkombination herleitete. Ich sagte: »Das dürfen Exzellenz nicht. Das wäre zu früh. Da muß man den Todesengel wegjagen.« »Nein«, erwiderte er. »Sechsundachtzig – sechzehn Jahre noch. Ich weiß es – es ist eine mystische Zahl.«

Mit dem Vertrag über den Beitritt Bayerns zum Deutschen Bund wird eine »Geheime Verabredung« unterzeichnet, die erstmals 1917/18 bekannt wird. Sie hat folgenden Wortlaut:

Im Anschluß an die heute geschlossene Übereinkunft wird zwischen Sr. Majestät dem König von Bayern und Sr. Majestät dem Könige von Preußen verabredet:

1. Daß bei Friedensverträgen, welche nach einem Bundeskriege geschlossen werden, stets auch ein Bevollmächtigter Sr. Majestät des Königs von Bayern zugezogen werden wird, welcher sich an den Verhandlungen beteiligen und durch das Bundeskanzleramt seine Instruktionen erhalten wird;

2. Daß den durch Artikel XIII des Berliner Friedensvertrages vom 22. August 1866 erhobenen Ansprüchen Preußens auf die vormalige Düsseldorfer Gemäldegalerie eine Folge nicht gegeben werden soll, womit auch auf obige Ansprüche ein für allemal verzichtet wird.

3. Die heut vollzogene Verabredung über das Verfassungsbündnis zwischen Bayern und dem Norddeutschen Bunde ist in der Voraussicht des Beitritts Württembergs geschlossen, soll aber auch, bis dieser Beitritt erfolgt, insoweit die Bestimmungen desselben Württemberg nicht berühren, Gültigkeit haben.

4. Vorstehende Verabredung wird die Ratifikation der beiden Allerhöchsten Monarchen erhalten.

Aufgrund des Artikels 1 dieser »Geheimen Verabredung« hat eine bayerische Delegation an den Friedensverhandlungen in Brest-Litowsk und Bukarest 1918 teilgenommen. Bei der in Artikel 2 genannten »Düsseldorfer Galerie« handelt es sich um die in Düsseldorf errichtete Gemäldegalerie der Wittelsbacher, die, nach München übergeführt, in den Bestand der Alten Pinakothek München aufgegangen ist. Im Friedensvertrag vom 22. August 1866 hat sich Bayern bereit erklären müssen, diesen Bestand an Preußen auszuliefern. Da diese Bestimmung in Bayern besondere Empörung ausgelöst hat, bringt die »Geheime Verabredung« zum Ausdruck, daß Preußen auf Ansprüche an diese »Düsseldorfer Galerie« verzichtet. Bray-Steinburg ist der Ansicht, daß dieses Entgegenkommen den besonderen Beifall König Ludwigs II. findet. Mit der Berichterstattung über die Beendigung der Verhandlungen läßt er sich Zeit. Erst am 25. November teilt er seinem königlichen Herrn mit:

Eurer Königlichen Majestät beehre ich mich, die bereits telegrafisch erstattete Anzeige zu bestätigen, daß die Unterzeichnung des Verfassungsbündnisses und seiner Beilagen am 23. abends stattgefunden hat. Nachdem von den umfassenden Aktenstücken erst eine Abschrift vorhanden war, wurde im Laufe des gestrigen Tages das zweite Exemplar angefertigt und letzteres nach geschehener Kollationierung gestern abends von den beiderseitigen Bevollmächtigten unterzeichnet.

Am gleichen Tage beschreibt er in seinem letzten Brief aus Versailles seiner Frau seine Empfindungen:

Dies ist wohl die letzte Nummer meiner an Dich gerichteten Berichterstattung. Gestern um 10 Uhr haben wir alle einzelnen Dokumente unseres mit Graf Bismarck getroffenen Abkommens unterzeichnet. Dies ist der Anfang des neuen Deutschlands und, wenn unsere Entwürfe genehmigt werden, das Ende Altbayerns! Es wäre nutzlos, sich darüber täuschen zu wollen. In München wird man zu wählen haben. Alles dieses hat mehr als einmal meine Nachtruhe gestört. Aber mein Gewissen ist ruhig. Was wir tun konnten, ist schon geschehen; und ich habe das Bewußtsein, die feste Überzeugung, daß wir alles erlangt haben, was an staatlicher Selbständigkeit, vorbedungenem Sonderrechte und gesicherter Einflußnahme in jenem Staatenbunde zu erreichen möglich war, welcher jetzt noch der Deutsche Bund genannt wird, in naher Zukunft aber das Deutsche Reich heißen wird. Was mich beruhigt und zu meiner Entschlußnahme mächtig beigetragen hat, ist die hier herrschende Geneigtheit, sich Österreich zu nähern und zu diesem Reiche die freundschaftlichsten Beziehungen zu unterhalten. Da dies dem wohlverstandenen Interesse beider Länder entspricht, hoffe ich, daß es gelingen wird, dieses gute Verständnis auf der sicheren Grundlage eines Staatsvertrages zu befestigen.

Als nach 1919 Hugo Graf Lerchenfeld nach 38jähriger Tätigkeit als Gesandter Bayerns in Berlin seine Erinnerungen niederschreibt, schildert er auch die Stimmung der bayerischen Delegation bei der Abreise aus Versailles am 25. November:

Die bayerische Delegation, die am 25. November Versailles verließ, befand sich in gehobener Stimmung. Graf Bray namentlich war innerlich davon überzeugt, daß der Abschluß des Bündnisvertrages eine politische Notwendigkeit gewesen und im Interesse Bayerns gelegen war. Er hatte das Bewußtsein, manches für die Selbständigkeit Bayerns bei den Verhandlungen gerettet zu haben. Dennoch gab es nach seinem Gefühl die eine oder andere Bestimmung im Vertrage, die ihm nicht zusagte. Außerdem war zweifelhaft, wie das ganze Vertragswerk im Lande aufgenommen werden würde. Resignierend wirkte da auf Bray ein an mich gerichteter Brief meiner Mutter, der die Vorhersage enthielt: »Recht werdet ihr es niemand gemacht haben, heulen werden sie alle.«

Als die Minister nach München zurückgekehrt und der abgeschlossene Bündnisvertrag bekannt geworden war, zeigte sich bald, daß die Vorhersage meiner Mutter, alle würden heulen, richtig gewesen war. Die Liberalen in und außer Bayern nahmen Anstoß an den zu großen, Bayern eingeräumten Sonderrechten, durch die ihnen die Einigkeit des Reiches gefährdet schien. Die »Patrioten« und Konservativen hingegen fanden die Opfer, die Bayern bringen sollte, zu groß und hielten die Selbständigkeit des Landes durch die Verträge für preisgegeben. Die Kritik der Liberalen war ungefährlich; denn darüber, daß diese sich mit dem Vertragsinhalt abfinden würden, bestand kein Zweifel. Die Gefahr lag auf der andern Seite. In der Kammer der Abgeordneten hielten sich damals die Stimmen der Rechten und Linken genau die Waage. Daß auch einzelne Rechtsleute für den Bundesvertrag stimmen würden, war sicher. Aber da es sich um ein Verfassungsgesetz handelte, so war eine Zweidrittelmehrheit erforderlich, und diese erschien als sehr zweifelhaft.

Am Tage der Abreise der bayerischen Delegation aus Versailles, am 25. November, wird in Berlin der »Vertrag zwischen dem Norddeutschen Bund, Baden und Hessen einerseits und Württemberg andererseits, betreffend den Beitritt Württembergs zur Verfassung des Deutschen Bundes« unterzeichnet. Das politische Ziel des Krieges ist erreicht. Die süddeutschen Staaten haben, jeder auf seine Weise, unter sehr unterschiedlichen Bedingungen sich bereit erklärt, einen neuen Deutschen Bund zu begründen oder diesem beizutreten. Bismarck hat nach der Unterzeichnung des Vertrages mit Bayern erklärt: »Die deutsche Einheit ist gemacht« und keinen Zweifel über seine Zuversicht gelassen, daß der Norddeutsche Reichstag und die süddeutschen Parlamente dem Vertrag zustimmen werden. Ein neuer Deutscher Bund ist entstanden. Die Erinnerung an den 1866 schimpflich untergegangenen Deutschen Bund und die bereits verklärte Erinnerung an das 1806 als aufgelöst erklärte Deutsche Reich veranlaßt die Anwälte der Einheit Deutschlands, für den vertraglich festgelegten deutschen Nationalstaat die Bezeichnung »Reich« zu verlangen und für den König von Preußen als dem Inhaber des Bundespräsidiums den Titel »Kaiser« zu fordern. Da die Schwierigkeiten der Verhandlungen in Versailles nur bruchstückweise bekannt werden, wird die Unterzeichnung der Verträge als eine Selbstverständlichkeit angesehen. Die Ent-

täuschung darüber vertraut Baronin Spitzemberg am 30. November ihrem Tagebuch an:

Hier geht der Eintritt Süddeutschlands in den Bund lautlos vorüber, kaum, daß einem ab und zu ein Bekannter als neuer Bundesbruder die Hand drückt; in Württemberg dagegen ward dieses Ereignis durch Böllerschüsse und Beflaggung allüberall gefeiert. Sehr viel böses Blut aber wird es machen, daß Bayern so unerhörte Bevorzugungen erhalten hat: unter Preußen uns zu beugen, ist uns Schwaben schon schwer genug gefallen, trotzdem wir für sie Bewunderung und Achtung haben mußten; aber daß die katholischen, von uns über die Achsel angesehenen Altbayern solche, ein Bundesverhältnis eigentlich annullierende Prärogative haben sollen, wird eine Todfeindschaft zwischen uns hervorrufen. Carl [*ihr Mann, der württembergische Gesandte in Berlin*] glaubt, daß sie Preußen mit dem Anerbieten der Kaiserkrone geködert haben. Übrigens ist es sehr möglich, daß der Reichstag den Vertrag verwirft, worauf unsere Stände den unserigen auch nicht ratifizieren werden, und was dann?

Die Befürworter des deutschen Nationalstaates sind mit Bismarcks Entgegenkommen gegenüber Bayern unzufrieden. Der Historiker Heinrich von Treitschke schreibt am 30. November an Wilhelm Wehrenpfennig, mit dem er die »Preußischen Jahrbücher« herausgibt:

Über Bismarck haben Sie recht; er wollte Bayern um jeden Preis und dachte nur an sich und seine geniale Kraft, nicht an die gewöhnlichen Menschen, welche dereinst mit diesen unbrauchbaren Institutionen regieren sollen.

Trotz Bismarcks Entgegenkommen ist Ludwig II. von Bayern mit den Verträgen nicht einverstanden. In seinem Erlaß an das Gesamtministerium vom 7. Dezember bringt er seine Unzufriedenheit zum Ausdruck, betont jedoch gleichzeitig, daß er den Vereinbarungen seine Genehmigung nicht versagen will:

Ich habe die anruhenden, Mir in Vorlage gebrachten vier Urkunden einer ernsten und wiederholten Prüfung unterstellt. Zwar hätte Ich gewünscht, daß es möglich gewesen wäre, in der Bundes-Verfassung das föderative Prinzip entschiedener zur Geltung zu bringen; doch will Ich deshalb den getroffenen Vereinbarungen Meine Genehmigung nicht versagen und gebe hiermit schon jetzt den nach Versailles entsandten Ministern, deren erfolgreicher Tätigkeit gelungen ist, der bayerischen Regierung so wertvolle Sonderinteressen zu wahren, Meine vollste Zufriedenheit und Meinen ganz besonderen Dank zu erkennen. Ich bin damit einverstanden, daß nunmehr das Verfassungsbündnis nebst Schlußprotokoll zur Beratung im Staatsrate gelange, und bestimme, daß von den Ministern Graf Bray, Freiherr von Pranckh und von Lutz über die von denselben in Versailles vereinbarten Bestimmungen Vortrag erstattet werde.

Die Erneuerung der deutschen Kaiserwürde

Den 1867 diskutierten Plan, anläßlich der Errichtung des Norddeutschen Bundes einen norddeutschen Kaiser zu schaffen, lehnt Bismarck entschieden ab, weil er darin eine Entwertung der Kaiseridee sieht. Da angesichts der sich verhärtenden Lage in Europa ein Fortschritt in der deutschen Frage nicht erwartet werden kann, greift er im Winter 1869/70, in der Zeitspanne der Diskussion der spanischen Thronkandidatur, den Kaiserplan auf, den er jetzt als ein Mittel zur Förderung und Beschleunigung der nationalstaatlichen Einigung versteht. Seine Vorstellung wird nicht von der römisch-deutschen Kaiseridee des Mittelalters, die Historiker, Publizisten und auch Politiker beschwören, bestimmt – er denkt an ein modernes Nationalkaisertum, wie es im napoleonischen Cäsarismus zur Entwicklung gekommen ist. Am 7. Januar 1870 trägt Kronprinz Friedrich Wilhelm in sein Tagebuch ein:

Auf Eisenbahn mit Graf Bismarck fahrend, politisiert, wobei er von selber die Kaiserfrage aufwarf.

Kronprinz Friedrich Wilhelm informiert den englischen Botschafter in Berlin, Lord Loftus, der unverzüglich nach London berichtet. Bereits am 11. Januar 1870 spricht der englische Außenminister, Lord Clarendon, den Botschafter des Norddeutschen Bundes in London, Bernstorff, auf den Kaiserplan an. Die Folge ist eine Diskussion der an der Kaiserfrage interessierten europäischen Höfe, die Bismarck begrüßt. Sowohl im Norddeutschen Bund als auch in den süddeutschen Staaten mehren sich die Stimmen, die sich für die Schaffung eines deutschen Kaisertums aussprechen. Bismarck unterstützt diese Bewegung, wobei er sich der Hilfe angese-

230 DIE GRÜNDUNG DES DEUTSCHEN REICHES

*hener Journalisten bedient. Auch beauftragt er den Publizi-
sten Konstantin Rößler, einen Brief zu entwerfen, den der
bayerische König an den preußischen König schreiben soll, um
ihm die Kaiserkrone anzutragen. Vorübergehend lenkt die
anstehende Entscheidung in der Frage der spanischen Thronkandidatur die Aufmerksamkeit Bismarcks vom Kaiserplan
ab, jedoch bereits in den ersten Äußerungen über das politische
Ziel des am 19. Juli 1870 erklärten Krieges schlägt die Kaiserfrage wieder durch. Nationale Einigung und Verwirklichung
des Kaiserplans sind die bestimmenden politischen Forderungen. In zahllosen Artikeln, Aufsätzen, Reden, Adressen, Eingaben und Erklärungen fordern die von den militärischen
Erfolgen faszinierten Zeitgenossen sowohl die nationalstaatliche Einigung als auch die Erneuerung der Kaiserwürde. Auch
Bismarck ist der Überzeugung, daß Reich und Kaiser gleichzeitig geschaffen werden müssen. Er bedient sich zwar bei den
Vorverhandlungen und den Verhandlungen über die Einigung Deutschlands zunächst der Bezeichnung »Deutscher
Bund«, läßt jedoch sehr früh seine Absicht erkennen, diesen in
Reich umzubenennen. Obwohl Wilhelm I. von Preußen an
einem inhaltslosen Kaisertitel nicht interessiert ist, betreibt
Bismarck von Anfang an die Erneuerung der deutschen Kaiserwürde. Auf die historisch bestimmte Mentalität des deutschen Volkes nicht nur in den süddeutschen Staaten eingehend,
wählt er die Bezeichnung »Erneuerung der deutschen Kaiserwürde«, weil damit die Vorstellung ausgelöst wird, die 1806
von Kaiser Franz II. niedergelegte Kaiserwürde werde wieder hergestellt. Der Schwierigkeit bei der Verwirklichung
dieser Absicht ist sich Bismarck von Anfang an bewußt, da er
weiß, daß vor allem Ludwig II. von Bayern dagegen fast
unüberwindbare Abneigungen hat. In einem Zeitpunkt, in
dem die Diskussion über die Kaiserfrage bereits offen geführt
wird, am 14. September 1870, richtet der bayerische Monarch
an Bray-Steinburg folgenden Erlaß:*

Ich habe allen Grund anzunehmen, daß sowohl die höheren
preußischen Regierungskreise als auch der Berliner Hof der
Kaiseridee nichts weniger als ferne stehen. Es ist Mir nun von

hohem Interesse, sehr rasch zu erfahren, welche Stellung die
Höfe von Dresden, Stuttgart, Karlsruhe und Darmstadt zu
dieser Sache einnehmen. Wollen Sie daher Meine Gesandten
an den bezeichneten Orten beauftragen, in vertraulicher und
äußerst behutsamer Weise Erkundigung darüber einzuziehen,
welche Auffassung bezüglich des angeregten Punktes bei dem
betreffenden Hofe besteht und was letzterer etwa hierin zu
tun gedenkt. Mit Rücksicht auf die vorliegende Dringlichkeit
sehe Ich beschleunigter geheimer Berichterstattung entgegen.

*Am folgenden Tag beantwortet Bray-Steinburg den Erlaß
des Königs, indem er den augenblicklichen Stand der Diskussion schildert:*

Nach Meldung des Grafen Tauffkirchen scheint die Idee der
Annahme des Kaisertitels durch den König von Preußen dem
Grafen Bismarck in der Tat vorzuschweben, und es ist nicht zu
leugnen, daß, wenn auch mit diesem Titel keinerlei Prärogati-
ven über die zum Nordbund nicht gehörigen Staaten verbunden werden, die Kaiseridee an sich geeignet ist, in der Öffentlichkeit zu irrigen Annahmen Anlaß zu geben.

Schon hierin liegt vor allem ein Grund für Bayern, den
Beitritt zum Nordbund unter allen Umständen zu perhorres-
zieren, weil die Staaten des Nordbundes sich der bereits bestehenden und immer deutlicher hervortretenden Präponde-
ranz des Bundesoberhauptes in keiner Weise zu entziehen
vermögen. Eben aus diesem Grunde dürfte die ohne Zweifel
geringe Geneigtheit des Königs von Sachsen bezüglich der
Kaiseridee nicht maßgebend sein und schließlich einer gezwungenen Zustimmung weichen müssen. Eine gleiche Be-
wandtnis hat es mit dem schon zur Hälfte dem Nordbund
einverleibten Hessen-Darmstadt und seinem Großherzoge.
Dagegen ist Baden anbelangend durchaus nicht anzunehmen,
daß dessen Souverän einem Wunsche seines erlauchten Schwie-
gervaters, wenn ein solcher deutlicher hervortritt, den geringsten Widerstand entgegensetzen würde. Vielmehr ist mit Sicherheit vorauszusehen, daß eine bayerische Anfrage, wäre sie
auch noch so behutsam gestellt, aus Karlsruhe sofort zur
Kenntnis der preußischen Regierung gebracht werden würde.

Das Ergebnis der von Ludwig II. am 14. September befohlenen Ermittlungen der Einstellung der deutschen Höfe zur Kaiserfrage faßt Staatsminister Bray-Steinburg am 9. Oktober zusammen:

Bereits vor Beginn des Krieges war von der Annahme des Kaisertitels durch den König von Preußen in weiteren Kreisen die Rede gewesen. Erkundigungen, welche damals in Stuttgart eingezogen wurden, ließen mit Bestimmtheit erkennen, daß von seiten des Königs und insbesondere der Königin von Württemberg durchaus keine Neigung bestand, dem Projekte Vorschub zu leisten, und daß auch der Kaiser von Rußland sich während seines Aufenthaltes in Stuttgart für die Erhaltung des status quo in Deutschland ausgesprochen habe.

Alle aus Dresden eingetroffenen Meldungen ließen eine gleiche Abneigung am k. sächsischen Hofe gegen die neue Titulatur erkennen.

Seitdem hat der Krieg durch seine Erfolge eine neue Situation geschaffen; die Stimmung an den genannten Höfen ist nach allen hierher gelangten »Andeutungen« die nämliche geblieben; überall aber ist die Erkenntnis durchgedrungen, daß einem entschiedenen Auftreten des Wunsches Preußens nicht werde mit Erfolg entgegengewirkt werden können, und zwar um so weniger, als von seiten Badens und vieler anderer deutscher Fürsten das bereitwilligste Entgegenkommen zu erwarten ist.

Der treugehorsamst Unterzeichnete kann deshalb nicht umhin, die im Allerhöchsten Handschreiben vom 3. l. Mts. gestellte Frage dahin zu beantworten, daß auf einen Widerstand Württembergs oder Sachsens gegen die ernstlich und mit Entschiedenheit auftretende Kaiseridee nicht zu rechnen sei.

Über die im preußischen Hauptquartier herrschenden Ansichten unterrichtet Ministerialdirektor Maximilian Graf von Berchem am 14. Oktober den Grafen Bray-Steinburg:

Im Gegensatz zu den früheren Monaten begegnet mir die Tatsache, daß jetzt in maßgebenden Kreisen ziemlich häufig von der Kaiseridee gesprochen wird. Man hat mir in Privat-

gesprächen zu verstehen gegeben, daß die Realisierung desjenigen, was man hier unter dem Begriff Partikularwünsche
subsumiert, am leichtesten durch eventuelle Angebote der Kaiserwürde, namentlich gegenüber dem andernfalls bestehenden
häufigen Widerspruche der anderen Fürsten, erreicht werden
könnte. Ich hielt mich verpflichtet, hiervon Meldung zu tun,
und habe diese Ansicht von Keudell, welche eine ähnliche Äußerung Delbrücks streng vertraulich zitiert, vertreten hören,
ebenso von Pückler, welcher zu verstehen gab, daß diese Auffassung auch dem König Wilhelm naheliege. Bismarcks Ansicht in dieser Frage kenne ich nicht, er spricht weniger wie je,
es scheint mir aber die Sache auch vom Kanzleramte so aufgefaßt zu werden, daß Preußen keine Schwierigkeit machen
dürfte, die geforderten Reservatrechte zu konzedieren, daß
aber der öffentlichen Meinung gegenüber dies leichter ginge,
wenn man an die alten Formen des Reiches anknüpfen könnte.

*In einem langen Brief vom 24. Oktober an seinen Schwa-
ger, den Kronprinzen Friedrich Wilhelm, erörtert Großherzog
Friedrich I. von Baden ausführlich die politische Situation.
Dabei wirft er auch die Frage auf, wer dem preußischen König
die Kaiserwürde anbieten soll. Er äußert, die Initiative dazu
müßten die deutschen Fürsten besonders des Südens ergreifen:*

Diese Zeit muß also noch benutzt werden und ganz besonders zur Behandlung der Kaiserfrage, deren Lösung alle übrigen Fragen wesentlich erleichtert.

Unter Kaiser und Reich werden sich die wenig heiligen drei
Könige viel eher fügen als unter ein Bundesoberhaupt, das
vermittels eines dem seligen Bundestag sehr ähnlichen Bundesrat doch immerhin einigermaßen paralysiert werden kann.
Das Reich verlangt ein Reichsministerium, und diesem gegenüber sind nur gesetzgebende Faktoren denkbar, die frei be-
raten und ohne künstliche Stimmenverhältnisse beschließen. –
Der Bundesrat würde also, wie ich glaube, sehr bald weichen
müssen und nur noch ein Übergangsstadium zu bestehen haben bis zum Entstehen eines Senats, Reichsrats oder Ober-
hauses, auch Staatenhauses, wie auch immer diese hohe Versammlung genannt werden soll. – Die Reichsfürsten mögen

dann auch Könige heißen, was zwar immer eine Unnatur ist, aber sie sind eben nur Reichsfürsten, und damit ist bestimmt ausgesprochen, daß gewisse Befugnisse nur dem Kaiser zustehen können. Ihr erstes und schönstes Vorrecht wäre nun, den Kaiser selbst zu schaffen und sich dadurch angesichts der Nation zu neuem Ansehen zu erheben.

Es scheint mir also, daß die beiden Aktionen in Versailles und im Süden Deutschlands ganz gut nebeneinander vorwärts gehen könnten. Wenn eine Einigung zwischen der Regierung des Norddeutschen Bundes und den süddeutschen Staaten zustande gekommen sein wird, kann man nicht wohl mehr von dem Eintritt dieser Staaten in den Norddeutschen Bund reden, sondern man wird das Ganze dann den Deutschen Bund nennen müssen. Ich halte deshalb dafür, daß, bevor diese Frage kommt, ein Einverständnis über die Erneuerung von Kaiser und Reich erzielt werden sollte, damit sogleich ein Ganzes geschaffen werde.

Von diesen Anschauungen ausgehend, habe ich vorbereitende Schritte getan, um mit meinen Herren Kollegen im Süden über diese Frage in Verbindung zu treten.

Falls ich nicht bald schon eine Antwort von Graf Bismarck erhalte, so würde ich damit anfangen, mich an den König von Bayern zu wenden. Er ist so schwer zugänglich für mündliche Behandlung von Geschäften, daß ich einen Brief an ihn projektiert habe, in welchem ich ihn auffordere, die Initiative zur Kaiserfrage zu ergreifen. Ich motiviere meinen Vorschlag natürlich ganz nach den sehr individuellen Anschauungen des Königs und suche ihm die Sache möglichst mundgerecht zu machen. Dieser Brief kann jeden Augenblick abgehen, d. h., sobald ich die Überzeugung gewinne, daß keine weitere Zeit mehr verloren werden darf.

Obwohl der Leiter der bayerischen Delegation in Versailles, Staatsminister Graf Bray-Steinburg, in seinen Berichten zu erkennen gibt, daß die Kaiserfrage in gleicher Weise wie das Problem des Beitritts Bayerns zu dem zu schaffenden engeren Bunde diskutiert wird, sieht Ludwig II. keine Veranlassung zu einer Initiative. Er betrachtet die Empfehlung, in das

preußische Hauptquartier nach Frankreich zu reisen, als eine
unerträgliche Zumutung – er sträubt sich mit allen Kräften
dagegen, dem König von Preußen die deutsche Kaiserkrone
anzubieten. Da die politische Situation ihm nicht erlaubt, sich
der Entwicklung entgegenzustellen, verharrt er in Untätig-
keit. Diese Situation ist für den Großherzog Friedrich I. von
Baden Anlaß, den bayerischen König am 31. Oktober in
einem Brief aufzufordern, dem König von Preußen die Kai-
serwürde anzubieten:

Ew. M. haben bei Ausbruch dieses für Deutschland so glorreichen Krieges einen so entscheidenden Anteil an der Einigung der gesamten deutschen Streitkräfte sich erworben, daß
diese ruhmvolle Tat von jedem Vaterlandsfreund dankbar
erkannt und im bleibenden Gedächtnis bewahrt werden wird.

Ew. M. tapfere Truppen haben diesen festen Bund deutscher Ehre durch ihre treue und aufopfernde Teilnahme an
den gemeinsamen Erfolgen des deutschen Heeres mit ihrem
Blute besiegelt. Höchstihr getreues Volk beteiligt sich in treuer
Ausdauer und Hingebung an den großartigen Opfern, welche
dieser Nationalkrieg fordert.

So haben denn König und Volk gewetteifert in dem Streben, durch die Tat zu bewähren, daß Bayerns Wohl und Ehre
unzertrennlich eins sind mit diesen höchsten Gütern des gesamten Vaterlandes.

Das hohe Haus der Wittelsbacher war also von neuem berufen, in der deutschen Geschichte eine wichtige Rolle zu
spielen.

Auch heute richten sich hoffnungsvolle Blicke auf Ew. M.
vaterländische Gesinnung und glauben an Ihren Beruf, so,
wie das deutsche Schwert durch Ihren Entschluß der richtigen
Hand anvertraut wurde, nun auch des Reiches Krone dem
ruhmvollen Heerführer der Deutschen durch einen hochherzigen Akt königlicher Initiative und in Gemeinschaft mit den
Fürsten Deutschlands anzubieten.

Gewiß werden Ew. M. dem Gedanken gerne Raum geben,
daß nach den großen Erfolgen dieses Krieges Deutschland ein
Recht hat, sich eine festere und dauerndere Gestalt zu geben.

Die Erneuerung der deutschen Kaiserwürde als des Schluß-
steins des Reiches deutscher Nation gilt wohl auch in den
Augen Ew. M. als die sichere Bürgschaft sowohl für die Un-
auflöslichkeit des alle deutschen Länder umschließenden Bandes als auch für die Achtung gebietende Stellung derselben
gegenüber Europa.

Ein unvergänglicher Ruhm würde sich an den Namen König Ludwigs II. knüpfen, wenn der große Wendepunkt, an
dem die Geschicke Deutschlands gegenwärtig sich befinden,
durch seine kühne Initiative dahin führte, daß schwere Opfer
der Nation zuletzt mit der Anerbietung der Kaiserwürde an
den greisen Heldenkönig von Preußen, Ihren verehrten
Oheim, belohnt und gekrönt würden. Das gesamte deutsche
Volk würde Ihnen dankbar zujubeln.

Ew. M. selbst aber würden als der stärkste und mächtigste
bayerische König die deutsche Geschichte zieren, da Sie Ihrem
Lande den ersten Anteil an der Größe des gesamten Reiches
erkämpft hätten.

Ich brauche wohl nicht zu versichern, daß diese meine Vorschläge ganz unbeschadet der bisher zwischen Ew. M. Regierung und derjenigen des Norddeutschen Bundes gepflogenen
Verhandlungen Platz greifen könnten.

Nicht unerwähnt darf aber ich die Erwägung lassen, daß
gerade weil die bisherigen Verhandlungen über eine innigere
Verbindung der süddeutschen Staaten mit dem Norddeutschen Bund noch kein für die Öffentlichkeit greifbares Resultat ergeben haben, es um so wichtiger wäre, wenn von den
deutschen Fürsten der Vortritt angesichts der Forderungen der
ganzen Nation genommen würde; ehe der Zeitpunkt eintritt,
wo das Handeln nur noch als Folge eines übermächtigen
Druckes von unten erscheint. Solche erzwungenen Schritte
sind von bleibendem nachteiligem Einfluß auf die ganze fernere Entwicklung; es ist dann sehr schwer, wenn nicht unmöglich, die Einbuße an Autorität und Ansehen, die man dabei
erleidet, wieder auszugleichen.

*Während seines Aufenthalts im preußischen Hauptquartier
vom 23. Oktober an lernt der bayerische Staatsminister Bray-*

*Steinburg die preußischen Vorstellungen und Erwartungen
kennen. Er sieht keine Möglichkeit dafür, daß Bayern sich der
Einigung Deutschlands versagt. Ihn bewegt deshalb der
Wunsch, für Bayern möglichst weitgehende Zugeständnisse zu
erreichen. Über die dabei eingeschlagene Politik sagt der be-
gleitende Attaché des Staatsministers, Hugo Graf Lerchenfeld:*

Ein kluger Zug, den sich Bray zugute rechnen kann, war,
daß er vom November an mit dem Gedanken der Übertragung der Kaiserwürde an König Wilhelm operierte. Er hatte
den Gedanken nicht selbst in die Verhandlungen geworfen;
allein nachdem Bismarck vom »Kaiser« gesprochen hatte, war
Bray darauf eingegangen in der richtigen Erkenntnis, daß
dieses Entgegenkommen ihm auf anderem Gebiete Vorteile
bringen werde. Der Kaisergedanke lag übrigens in der Luft.
Er war die natürliche Frucht der glorreichen Siege. Der Kaiser
mußte geboren werden. War es nicht der Herrscher Bayerns,
der die Geburtshilfe leistete, so wäre es ein anderer Bundes-
fürst oder eine Mehrheit von Bundesfürsten gewesen; ja, äu-
ßerstenfalls hätte der Reichstag die Rolle übernommen.

*Bevor noch der Vertrag über den Beitritt Bayerns zum
Deutschen Bund unterzeichnet ist, schaltet sich der bayerische
Prinz Luitpold, der sich als Offizier im Hauptquartier zu
Versailles aufhält, in die Diskussion ein. Er schreibt am 21.
November an seinen königlichen Neffen:*

Was die auch mir in die Seele verhaßte deutsche Kaileeridee
betrifft, so begreife ich vollkommen, daß Du, lieber Ludwig,
nicht geneigt bist, dem König von Preußen vorzuschlagen, den
Titel eines deutschen Kaisers anzunehmen, und stimme vollkommen Deinem Entschlusse bei, dies nicht zu tun. Nach der
von Anfang so löblichen Erfüllung des Allianzvertrags, nach
all den an Gut und so kostbarem bayerischen Blut gebrachten
Opfern ist Bayerns König, ist Bayern selbst berechtigt, von
seiten Preußens ein dankbares Entgegenkommen zu erwarten.
Ich kann mir daher leider nur zu gut vorstellen, welche kum-
mervollen Stunden Du, lieber Ludwig, so manchmal zubrin-
gen wirst.

Durch diese Zuschrift fühlt sich Ludwig II. in seiner Weige-
rung gegenüber dem stärker werdenden Druck, dem König
von Preußen die deutsche Kaiserkrone anzubieten, bestätigt.
Seinem Mißtrauen entsprechend begnügt er sich nicht mit den
Briefen seiner Verwandten und den Vorschlägen seines Kabi-
netts und seines Gesamtministeriums. Er entsendet einen Ver-
trauten nach Versailles, um sich über die Kaiserfrage zuver-
lässig unterrichten zu lassen. Seine Wahl fällt auf seinen Oberst-
stallmeister Maximilian Graf von Holnstein, in München als
»Roßober« bekannt und berüchtigt. Hugo Graf Lerchenfeld
schildert diesen Unterhändler des bayerischen Königs in der
Kaiserfrage:

Holnstein war eine bemerkenswerte Persönlichkeit von
herkulischem Körperbau und von großer Energie. Furcht
kannte er nicht. Er neigte stark zum Jähzorn und konnte
dann auch brutal werden. Sonst war er jedoch wohlwollend
und kameradschaftlich gegen jeden, der seine Kreise nicht
störte. Seine Bildung war nicht sehr tiefgehend, dafür ver-
fügte er über Weltkenntnis und einen auf das Praktische gerichteten gesunden Verstand, der ihn gut und gerade auf sein
Ziel hinführte.

Im Besitz des Vertrauens des scheuen Königs, der sich nach
Hohenschwangau zurückzieht, reist Holnstein im Spätherbst
1870 dreimal nach Versailles, um sich über die Kaiserfrage zu
informieren. Die erste Reise ist eine Erkundung der Situation.
Die zweite Reise dient der Klärung der Frage, ob Ludwig II.
den Brief schreiben muß, in dem er dem preußischen König
die Kaiserkrone anbietet. Während sich Graf Holnstein zu
seiner zweiten Mission in Versailles aufhält, klagt Ludwig II.
seinem Bruder Otto:

Ich erlebte mittlerweile recht viel Trauriges! Selbst der
bayerische, monarchische Bray beschwor mich mit Pranckh
und Lutz, so bald als möglich jenem König die deutsche Kaiserkrone anzubieten, da sonst die anderen Fürsten oder gar
der Reichstag es tun würden. Könnte Bayern allein, frei vom
Bunde, stehen, dann wäre es gleichgültig, da dies aber gerade-

zu eine politische Unmöglichkeit wäre, da Volk und Armee
sich dagegen stemmen würden und die Krone mithin allen
Halt im Lande verlöre, so ist es, so schauderhaft und entsetzlich es immerhin bleibt, ein Akt von politischer Klugheit, ja
von Notwendigkeit im Interesse der Krone und des Landes,
wenn der König von Bayern jenes Anerbieten stellt, da, nachdem Bayern nun doch einmal aus politischen Gründen in den
Bund muß, hinterher der nun doch nicht mehr ferne zu hal-
tende Kaiser von mir bon gré mal gré [*wohl oder übel*] anerkannt werden muß. – Da die Sachen leider so stehen, Widerstand vergeblich wäre, so gebietet es das Interesse, wenn die
übrigen Fürsten oder gar das Volk von mir überflügelt werden. Jammervoll ist es, daß es so kam, aber nicht mehr zu
ändern. Schreibe recht bald.

*In Gesprächen zwischen Bismarck und Holnstein wird die
Beteiligung des bayerischen Königs an der Erledigung der
Kaiserfrage ausführlich diskutiert. Ludwig II. erwartet von
dem Grafen Holnstein, daß dieser ihn vor der Notwendigkeit, den ominösen Kaiserbrief schreiben zu müssen, bewahrt.
Dieser verständigt sich jedoch mit Bismarck. Im Verlauf einer
langen Unterhaltung am 27. November entwickelt Bismarck
dem Besucher aus Bayern die Grundzüge des Briefes, den nach
seiner Meinung der bayerische König an den König von Preußen schreiben soll. Holnstein soll darauf geantwortet haben:*

Wissen S' was, Exzellenz, schreiben S' gleich selbst einen
Brief auf, so wie er sein soll, sonst gibt es hintennach doch
wieder Anstand.

*Die Richtigkeit dieser Mitteilung bestätigt Bismarck, indem
er berichtet:*

Derselbe [*Graf Holnstein*] übernahm auf meine Bitte in
dem Augenblick, wo die Kaiserfrage kritisch war und an dem
Schweigen Bayerns und der Abneigung König Wilhelms zu
scheitern drohte, die Überbringung eines Schreibens von mir
an seinen Herrn, welches ich, um die Beförderung nicht zu
verzögern, sofort an einem abgedeckten Eßtisch auf durch-
schlagendem Papier und mit widerstrebender Tinte schrieb.

*In seinem Brief an König Ludwig II. vom 27. November
geht Bismarck mit großem psychologischem Verständnis auf
die Vorstellungen und Vorbehalte des bayerischen Monarchen
ein:*

Versailles, 27. November 1870

Allerdurchlauchtigster Großmächtigster König!

Für die huldreichen Eröffnungen, welche mir Graf Holnstein nach Befehl Eurer Majestät gemacht hat, bitte ich Allerhöchstdieselben den ehrfurchtsvollen Ausdruck meines Dan-
kes gnädig entgegennehmen zu wollen. Mein Gefühl der
Dankbarkeit gegen Eure Majestät hat einen tieferen und brei-
teren Grund als den persönlichen in der amtlichen Stellung, in
welcher ich die hochherzigen Entschließungen zu würdigen
berufen bin, durch welche Eure Majestät bei dem Beginn und
bei dem bevorstehenden Ende dieses großen National-Krieges
der Einigkeit und der Macht Deutschlands den Abschluß gegeben haben. Aber es ist nicht meine, sondern die Aufgabe des
deutschen Volkes und seiner Geschichte, dem durchlauchtigen
Bayrischen Hause für Eurer Majestät deutsche Politik und für
den Heldenmut Ihres Heeres zu danken. Ich kann nur versichern, daß ich, solange ich lebe, Eurer Majestät in ehrfurchts-
voller Dankbarkeit anhänglich und ergeben sein und mich
jederzeit glücklich schätzen werde, wenn es mir vergönnt
wird, Eurer Majestät zu Diensten sein zu können.

Bezüglich der deutschen Kaiserfrage ist es nach meinem
ehrfurchtsvollen Ermessen vor allem wichtig, daß deren Anregung von keiner andern Seite wie von Eurer Majestät und
namentlich nicht von der Volksvertretung zuerst ausgehe. Die
Stellung würde gefälscht werden, wenn sie ihren Ursprung
nicht der freien und wohlerwogenen Initiative des mächtigsten der dem Bunde beitretenden Fürsten verdankte. Ich habe
mir erlaubt, dem Grafen Holnstein den Entwurf einer etwa
an meinen allergnädigsten König und, mit den nötigen Änderungen der Fassung, an die andern Verbündeten zu richtenden
Erklärung auf seinen Wunsch zu übergeben. Demselben liegt
der Gedanke zugrunde, welcher in der Tat die deutschen

Stämme erfüllt: der deutsche Kaiser ist ihr Landsmann, der König von Preußen ihr Nachbar; nur der deutsche Titel bekundet, daß die damit verbundenen Rechte aus freier Übertragung der deutschen Fürsten und Stämme hervorgehn. Daß die großen Fürstenhäuser Deutschlands, das Preußische eingeschlossen, durch das Vorhandensein eines von ihnen gewählten deutschen Kaisers in ihrer hohen europäischen Stellung nicht beeinträchtigt würden, lehrt die Geschichte.

In tiefer Ehrfurcht ersterbe ich Eurer Majestät untertänigster treugehorsamster Diener

v. Bismarck

Bevor noch der Brief Bismarcks und der ihm beigefügte Entwurf für ein Schreiben des bayerischen Königs an den König von Preußen seinen Empfänger erreicht hat, beantwortet Prinz Otto den Brief seines königlichen Bruders vom 25. November, indem er ihn in der Abneigung bestärkt, dem preußischen König die deutsche Kaiserkrone anzubieten:

Als ich Deinen Brief gelesen, kamen heiße Tränen in meine Augen, und noch jetzt schmerzt mich die erschütternde Mitteilung, die Du mir gemacht, sooft sie mir wieder in den Sinn kommt. Doch habe ich immer noch ein wenig Hoffnung. Vielleicht kommt was Unerwartetes dazu und rettet uns noch vor dem Untergang! Noch ist's nicht zu spät. Höre noch einmal meine Stimme; ich beschwöre Dich, das Schreckliche nicht zu tun! Wie kann es denn für einen Herrn und König eine zwingende Gewalt geben, seine Selbständigkeit dahinzugeben und außer Gott noch einen Höheren über sich anerkennen zu müssen! Wird der Name Bayern noch geachtet, nur noch genannt werden im Ausland?! Mögen wir auch für den jetzigen Augenblick Vorteile und Zugeständnisse erlangen, die vielleicht von großem Umfang sind, so wiegen sie doch gewiß nicht den hundertsten Teil von jenem Nachteil auf, den wir durch Hingebung der Selbständigkeit erleiden. Mögen diese Konzessionen auch für den Augenblick beträchtlich sein, mögen sie auch vielleicht für zwanzig bis dreißig Jahre erhalten bleiben, so wird doch gewiß immer mehr davon abgezwackt werden, und in fünfzig bis hundert Jahren, wenn es recht lange währt, sind sie uns vielleicht sämtlich abgerungen.

Am 28. November schreibt Chlodwig Fürst zu Hohenlohe-Schillingsfürst, von 1866 bis 1870 bayerischer Ministerpräsident und von 1894 bis 1901 Reichskanzler, über die Situation sowohl im Hauptquartier als auch in Bayern in sein Tagebuch:

Über Bayern und Württemberg war Bismarck damals sehr aufgebracht. Er warf Bayern vor, daß es die Kaiserfrage zum Schein angeregt habe und jetzt weitgehende Zugeständnisse verlange. Bray war einmal auf dem Punkt abzureisen. Besonders genierte Preußen die Forderung der eignen Armee, der völkerrechtlichen Vertretung und die Teilnahme an der auswärtigen Politik durch Kontrolle; alles Punkte, die später zugegeben wurden.

Merkwürdig ist die Abneigung des Königs Wilhelm gegen die Kaiseridee. Er kann sich nur schwer dazu entschließen, mit seiner Vergangenheit und den preußischen Traditionen zu brechen. Nur die Erwägung, dadurch die militärische Einheit zu fördern und das konservative Prinzip zu stärken, konnte ihn damit versöhnen. Er kam in seinen vertrauten Gesprächen immer wieder darauf zurück, daß ihm die Annahme des Kaisertitels »entsetzlich« sei. Der Kronprinz ist dafür.

Maximilian Graf von Holnstein reist ohne Unterbrechung von Versailles nach Hohenschwangau, wo er am 30. November eintrifft. Über die Situation am königlichen Hoflager berichtet er 1876 August Graf zu Eulenburg, der darüber eine umfangreiche Aufzeichnung fertigt:

Graf Holnstein sagte mit Bezug hierauf, er sei in Versailles ganz sicher gewesen, daß der König hinter seinem Rücken von seinen guten Intentionen zurückgebracht werden würde, und habe er daher Graf Bismarck gegenüber darauf bestanden, selbst nach Bayern zurückzukehren und den König zur Abfassung des bekannten Briefes zu bewegen. In Hohenschwangau angekommen, habe er nicht Zutritt zu Sr. Majestät erlangen können. Der König habe sich, sobald er von Holnsteins Ankunft gehört, sofort zu Bette gelegt und Zahnschmerzen bekommen. Nach vergeblichem Warten von morgens 10 Uhr (?) bis nachmittags ³/₄ 4 Uhr habe er Sr. Majestät melden

lassen, daß er Punkt 6 Uhr die Rückreise nach Versailles an-
treten und bis dahin eine Allerhöchste Antwort haben müsse.
Darauf sei er endlich vorgelassen worden und habe nun mit
dem im Bette liegenden und ganz in Decken gewickelten König bis ¹/₂ 6 Uhr einen harten Kampf gehabt, um so peinlicher,
als S. Majestät ihm nicht mit sachlichen Gründen widerspro-
chen habe, da er Holnstein im Glauben lassen wollte, daß seine Intentionen sich in den letzten Wochen nicht geändert hätten, sondern ihn mit allerlei nichtigen Vorwänden hinzuhal-
ten gesucht hätte. Graf Holnstein sei endlich dazu gekommen,
dem Könige den mit Graf Bismarck vereinbarten und von
Graf Bray im Eisenbahnkupee redigierten Entwurf zu dem
Briefe vorzulesen, und habe nun die letzte Viertelstunde mit
der Uhr in der Hand dem Könige wiederholt, daß er, Holnstein, um sein Wort einzulösen und zur verabredeten Zeit
wieder in Versailles zu sein, Schlag 6 Uhr von Hohenschwangau abreisen müsse; habe S. Majestät den Brief bis dahin nicht
geschrieben, so wäre diese Phase unwiederbringlich vorbei,
und man werde sich in Versailles anders zu helfen wissen. Der
König sei gewiß vollkommen frei, zu tun und zu lassen, was
er wolle, aber Holnstein, als des Königs treuergebener Diener,
müsse Sr. Majestät zu bedenken geben, daß das Infragestellen
des vom deutschen Volke verlangten Kaisertums durch Übel-
wollen des Königs von Bayern, dessen Truppen vor Paris
ständen und dort vielleicht den Kaiser ohne Befehl ausrufen
würden, den widerstrebenden König dem eigenen Volke gegenüber in eine Lage bringen müßte, welcher S. Majestät sich
am besten durch einen Aufenthalt in der Schweiz entziehen
würde. – Der König sei nun aufgestanden und an den Schreibtisch gegangen, habe dann aber wieder erklärt, wegen Man-
gels an passendem Papier nicht schreiben zu können; Holnstein habe um die Erlaubnis gebeten, schellen zu dürfen, bevor
er dies aber ausgeführt, sei das Papier auf einmal dagewesen,
und der König habe nun geschrieben, ohne ein Wort zu sagen.

*Ludwig II. benutzt bei der Abfassung des Kaiserbriefes
den Entwurf Bismarcks, den ihm Graf Holnstein mit dem
Brief überbracht hat. Eine Gegenüberstellung des Entwurfs*

Bismarcks und der Fassung Ludwigs II. zeigt, inwieweit sich
Ludwig II. an die Vorlage Bismarcks gehalten hat und an
welchen Stellen er davon abgewichen ist. Der Entwurf Bis-
marcks lautet:

Nach dem Beitritt Süddeutschlands zu dem deutschen Verfassungsbündnis werden Ew. M. übertragenen Präsidialrechte
über alle deutschen Staaten sich erstrecken. Ich habe mich zu
deren Vereinigung in einer Hand in der Überzeugung bereit
erklärt, daß dadurch den Gesamtinteressen des deutschen Vaterlandes und seiner verbündeten Fürsten entsprochen werde,
zugleich aber in dem Vertrauen, daß die dem Bundespräsidium nach der Verfassung zustehenden Rechte durch Wiederherstellung eines deutschen Reiches und der deutschen Kaiserwürde als Rechte bezeichnet werden, welche Ew. M. im Namen des gesamten deutschen Vaterlandes aufgrund der Einigung der Fürsten ausüben. Ich habe mich daher an die deutschen Fürsten mit dem Vorschlage gewendet, gemeinschaftlich
mit mir bei E. M. in Anregung zu bringen, daß die Ausübung
der Präsidialrechte des Bundes mit Führung des Titels eines
deutschen Kaisers verbunden werde. Sobald mir E. M. und die
verbündeten Fürsten ihre Willensmeinung kundgegeben haben, würde ich meine Regierung beauftragen, das Weitere zur
Erzielung der entsprechenden Vereinbarungen einzuleiten.

König Ludwig II. schreibt:

Allerdurchlauchtigster Großmächtigster Fürst! Freundlich
lieber Bruder und Vetter!

Nach dem Beitritte Süddeutschlands zum deutschen Verfassungsbündnis werden die Ew. Majestät übertragenen Präsidialrechte über alle deutschen Staaten sich erstrecken.

Ich habe mich zu deren Vereinigung in einer Hand in der
Überzeugung bereit erklärt, daß dadurch den Gesamtinteressen des deutschen Vaterlandes und seiner verbündeten Fürsten
entsprochen werde, zugleich aber in dem Vertrauen, daß die
dem Bundespräsidium nach der Verfassung zustehenden Rechte durch Wiederherstellung eines deutschen Reiches und der
deutschen Kaiserwürde als Rechte bezeichnet werden, welche

Ew. Majestät im Namen des gesamten deutschen Vaterlandes aufgrund der Einigung seiner Fürsten ausüben.

Ich habe mich daher an die deutschen Fürsten mit dem Vorschlage gewendet, gemeinschaftlich mit mir bei Ew. Majestät in Anregung zu bringen, daß die Ausübung der Präsidialrechte des Bundes mit Führung des Titels eines deutschen Kaisers verbunden werde. Sobald mir Ew. Majestät und die verbündeten Fürsten ihre Willensmeinung kundgegeben haben, werde ich meine Regierung beauftragen, das Weitere zur Erzielung der entsprechenden Vereinbarungen einzuleiten.

Mit der Versicherung der vollkommensten Hochachtung und Freundschaft verbleibe ich

> Eurer Königlichen Majestät
> freundwilliger Vetter, Bruder und Neffe
> Ludwig

Sechs Tage nach seiner Abreise kehrt Graf Holnstein nach Versailles zurück. Den Kaiserbrief überreicht aber nicht er am 3. Dezember König Wilhelm I., sondern Prinz Luitpold. Moritz Busch notiert:

Wir haben den Grafen Holnstein beim Diner als Gast, der am vergangnen Sonnabend in der Nacht zum Könige von Bayern in Hohenschwangau abgereist und schon heute mittag wieder hier eingetroffen ist.

»Es ist eine weltgeschichtliche Tour, die Sie gemacht haben«, sagt Bohlen zu ihm.

Ich fragte Bucher darüber.

»Der Graf ist in der Kaiserfrage weggewesen und bringt gute Nachricht mit«, erwiderte er.

Das scheint richtig zu sein; denn Krüger erzählte dann, daß der Kanzler, als Holnstein zu ihm gekommen, ihn sofort in seinem Schlaf- und Arbeitszimmer empfangen und bald nachher Champagner bestellt habe.

Nicht nur den Vorgang der Übergabe des Kaiserbriefes an König Wilhelm I., sondern auch seine Reaktion darauf hat Kronprinz Friedrich Wilhelm in seinem Tagebuch festgehalten. Er schreibt am 3. Dezember:

Der heutige Tag, mir seit vielen Jahren als Geburtstag meiner Schwester lieb und wert, hat eine besondere Bedeutung für unser Haus und Land dadurch erfahren, daß der König von Bayern in einem offiziellen Handschreiben an unsern König das Ersuchen stellte, die deutsche Kaiserwürde anzunehmen. Der bayrische Oberststallmeister Graf Holnstein erreichte heute mit gedachtem Briefe das Königliche Hauptquartier und brachte dem Prinzen Luitpold von Bayern den Befehl seines Königs, persönlich das Schreiben Sr. Majestät zu überreichen. Der Prinz entledigte sich seines, ihm natürlich ganz außerordentlich unbehaglichen Auftrages unmittelbar vor dem zu Ehren des Geburtstagsfestes stattfindenden großen Diner bei Sr. Majestät, ohne daß ich eine Ahnung von dem Vorgefallenen hatte. Mir wurde von einem der Anwesenden ins Ohr geraunt, daß ein Brief aus München eingetroffen sei. Einige wollen bemerkt haben, daß der Prinz heute auffallend in sich gekehrt sei.

Nach dem Essen bekannte ich Sr. Majestät meine Neugierde wegen des mir zu Ohren gekommenen Gerüchts und erhielt infolgedessen die Erlaubnis, dem gerade angesetzten Vortrag des Grafen Bismarck beizuwohnen, welcher darauf den königlich bayrischen Brief vorlas. Der Inhalt war etwa der, daß, nachdem der Deutsche Bund hergestellt sei, es dem König Ludwig als das richtige erscheine, wenn aus demselben wieder das alte Reich mit dem Kaiser an der Spitze hervorgehe, und er, falls Se. Majestät sich dem Gedanken geneigt erweise, die deutschen Fürsten und freien Städte, die er von diesem Schritte benachrichtigt habe, auffordern wolle, ihm die Kaiserkrone darzubieten. Se. Majestät war über den Inhalt dieses Briefes ganz außer sich vor Unwillen und wie geknickt; er scheint demnach nicht zu ahnen, daß das Konzept von hier aus nach München gegangen ist. Der König meinte, daß jene Angelegenheit gerade jetzt so zur Unzeit wie nur möglich käme, da er augenblicklich unsere Lage sehr schwarz und als eine in hohem Grade gefährdete ansähe. Graf Bismarck erwiderte, daß die Kaiserwahl nichts mit den augenblicklichen Kämpfen gemein hätte, vielmehr ein Sieg für sich und eine Folge unserer bisherigen Siege wäre, und daß, wenn wir selbst bis zur Maas zurückgeworfen würden, jene Angelegenheit von den militärischen Ereignissen getrennt und zu Recht bestehen bliebe. Der König war aber heute nicht umzustimmen und sah in »Kaiser und Reich« eigentlich nur ein Kreuz für sich selbst wie auch für das preußische Königtum überhaupt. (!) Als wir des Königs Zimmer verlassen hatten, reichten Graf Bismarck und ich uns die Hand, ohne viel zu reden, denn wir fühlten, daß die Entscheidung eingetreten war und daß mit dem heutigen Tage »Kaiser und Reich« unwiderruflich wiederhergestellt seien.

Am 9. Dezember leitet Staatsminister von Delbrück als Vertreter des Kanzlers des Norddeutschen Bundes dem Präsidenten des Reichstages des Norddeutschen Bundes, Simson, einen Beschluß des Bundesrates über die Einführung der Bezeichnungen »Deutsches Reich« und »Deutscher Kaiser« zu. In den vorausgegangenen Verfassungsverhandlungen ist immer von einem neuen Deutschen Bund gesprochen worden, doch haben Beamte, Professoren und Politiker von Anfang an zu verstehen gegeben, daß dieser neue Deutsche Bund »Reich« heißen soll. Sie vertraten auch die Meinung, der König von Preußen bedürfe als Inhaber des Bundespräsidiums einer Titulatur. Dafür haben sie von Anfang an die Bezeichnung »Kaiser« gefordert und schließlich auch durchgesetzt. Nachdem König Ludwig II. von Bayern seinen Kaiserbrief geschrieben hat, beschließt der Bundesrat des Norddeutschen Bundes am 9. Dezember die Einführung der Bezeichnungen »Deutsches Reich« und »Deutscher Kaiser«:

Ew. beehre ich mich die ganz ergebenste Mitteilung zu machen, daß der Bundesrat des Norddeutschen Bundes im Einverständnis mit den Regierungen von Bayern, Württemberg, Baden und Hessen beschlossen hat, dem Reichstage des Norddeutschen Bundes folgende Abänderungen der Verfassung des Deutschen Bundes (Nr. 6 der Drucksachen) zur verfassungsmäßigen Zustimmung vorzulegen:

1. Im Eingang der Bundesverfassung ist anstelle der Worte:
»Dieser Bund wird den Namen Deutscher Bund führen«
zu setzen:
»Dieser Bund wird den Namen Deutsches Reich führen.«

2. Der erste Absatz des Artikels 11 der Bundesverfassung erhält nachstehende Fassung:

»Das Präsidium des Bundes steht dem Könige von Preußen zu, welcher den Namen Deutscher Kaiser führt. Der Kaiser hat das Reich völkerrechtlich zu vertreten, im Namen des Reiches Krieg zu erklären und Frieden zu schließen, Bündnisse und andere Verträge mit fremden Staaten einzugehen, Gesandte zu beglaubigen und zu empfangen.«

Am 10. Dezember beschließt der Reichstag des Norddeutschen Bundes sowohl die vom Bundesrat vorgenommene Änderung der Verfassung als auch eine Adresse an Wilhelm I.:

Auf den Ruf Ew. Majestät hat das Volk um seine Führer sich geschart, und auf fremdem Boden verteidigt es mit Heldenkraft das frevelhaft herausgeforderte Vaterland. Ungemessene Opfer fordert der Krieg; aber der tiefe Schmerz über den Verlust der tapferen Söhne erschüttert nicht den entschlossenen Willen der Nation, welche nicht eher die Waffen ablegen wird, bis der Friede durch gesicherte Grenzen besser verbürgt ist gegen wiederkehrende Angriffe des eifersüchtigen Nachbarn.

Dank den Siegen, zu denen Ew. Majestät die Heere Deutschlands in treuer Waffengenossenschaft geführt hat, sieht die Nation der dauernden Einigung entgegen.

Vereint mit den Fürsten Deutschlands naht der Norddeutsche Reichstag mit der Bitte, daß es Ew. Majestät gefallen möge, durch Annahme der deutschen Kaiserkrone das Einigungswerk zu weihen.

Die deutsche Krone auf dem Haupte Ew. Majestät wird dem wieder aufgerichteten Reiche deutscher Nation Tage der Macht, des Friedens, der Wohlfahrt und der im Schutze der Gesetze gesicherten Freiheit eröffnen.

Das Vaterland dankt dem Führer und dem ruhmreichen Heere, an dessen Spitze Ew. Majestät heute noch auf dem erkämpften Siegesfelde weilt. Unvergessen für immer werden der Nation die Hingebung und die Taten ihrer Söhne bleiben. Möge dem Volke bald beschieden sein, daß der ruhmgekrönte Kaiser der Nation den Frieden wiedergibt. Mächtig und sieg-

reich hat sich das vereinte Deutschland im Kriege bewährt
unter seinem höchsten Feldherrn, mächtig und friedliebend
wird das geeinigte Deutsche Reich unter seinem Kaiser sein.

*König Wilhelm I. erklärt sich bereit, eine Deputation des
Norddeutschen Reichstags zur Übergabe der Kaiseradresse zu
empfangen. Die Audienz erfolgt am 18. Dezember, wobei der
Präsident des Norddeutschen Reichstags die Ansprache hält:*

Ew. Königliche Majestät haben huldreich gestattet, daß die
von dem Reichstage des Norddeutschen Bundes am 10. d. M.
beschlossene Adresse Allerhöchstderselben in Ihrem Hauptquartier überreicht wird.

Dem Beschluß der Adresse war die Zustimmung zu den
Verträgen mit den deutschen Südstaaten und zu zwei Verfassungsänderungen vorausgegangen, mittels deren dem künftigen deutschen Staat und seinem höchsten Oberhaupt Be-
nennungen gesichert werden, auf denen die Ehrfurcht langer
Jahrhunderte geruht, auf deren Herstellung das Verlangen
des deutschen Volkes sich zu richten niemals aufgehört hat.

Ew. Majestät empfangen die Abgeordneten des Reichstags
in einer Stadt, in welcher mehr als ein verderblicher Heeres-
zug gegen unser Vaterland ersonnen und ins Werk gesetzt
worden ist. Nahe bei derselben sind – unter dem Druck fremder Gewalt – die Verträge geschlossen, in deren unmittelbarer
Folge das Reich zusammenbrach.

Und heute darf sich die Nation von eben dieser Stelle her
der Zusicherung getrösten, daß Kaiser und Reich im Geist
einer neuen lebensvollen Gegenwart wieder aufgerichtet und
ihr, wenn Gott ferner hilft und Segen gibt, in beidem die Ge-
wißheit von Einheit und Macht, von Recht und Gesetz, von
Freiheit und Frieden zuteil werden. Ew. Majestät wollen geruhen, den Befehl zu erteilen, daß der Wortlaut der Adresse
verlesen und die Urkunde in Ew. Majestät Hände gelegt
werde.

*Die an ihn gerichteten Worte beantwortet Wilhelm I. mit
einer kurzen Rede, in der er seine Empfindungen zum Ausdruck bringt:*

Indem Ich Sie hier auf fremdem Boden, fern von der deutschen Grenze empfange, ist es Mir das erste Bedürfnis, Meiner Dankbarkeit gegen die göttliche Vorsehung Ausdruck zu geben, deren wunderbare Fügung uns hier in der alten französischen Königsstadt zusammenführt. Gott hat uns Sieg verliehen in einem Maße, wie Ich es kaum zu hoffen und zu bitten wagte, als Ich im Sommer dieses Jahres zuerst Ihre Unterstützung für diesen schweren Krieg in Anspruch nahm. Diese Unterstützung ist Mir in vollem Maße zuteil geworden, und Ich spreche Ihnen den Dank dafür aus in Meinem Namen, im Namen des Heeres, im Namen des Vaterlands. Die siegreichen deutschen Heere, in deren Mitte Sie Mich aufgesucht haben, fanden in der Opferwilligkeit des Vaterlands, in der treuen Teilnahme und Fürsorge des Volkes in der Heimat, in der Einmütigkeit des Volkes und des Heeres ihre Ermutigung in schweren Kämpfen und Entbehrungen. Die Gewährung der Mittel, welche die Regierungen des Norddeutschen Bundes noch in der eben geschlossenen Session des Reichstages für die Fortsetzung des Krieges verlangten, hat Mir einen neuen Beweis gegeben, daß die Nation entschlossen ist, ihre volle Kraft dafür einzusetzen, daß die großen und schmerzlichen Opfer, welche Mein Herz wie das Ihrige tief bewegen, nicht umsonst gebracht sein sollen, und die Waffen nicht aus der Hand zu legen, bis Deutschlands Grenze gegen künftige Angriffe sichergestellt ist.

Der Norddeutsche Reichstag, dessen Grüße und Glückwünsche Sie Mir überbringen, ist berufen gewesen, noch vor seinem Schluß zu dem Werke der Einigung Deutschlands entscheidend mitzuwirken. Ich bin demselben dankbar für die Bereitwilligkeit, mit welcher er fast einmütig seine Zustimmung zu den Verträgen ausgesprochen hat, welche der Einheit der Nation einen organischen Ausdruck geben werden. Der Reichstag hat gleich den verbündeten Regierungen diesen Verträgen in der Überzeugung zugestimmt, daß das gemeinsame staatliche Leben der Deutschen sich um so segensreicher entwickeln werde, als die für dasselbe gewonnenen Grundlagen von unsern süddeutschen Bundesgenossen aus freier Entschließung, nach Maßgabe ihrer eigenen Würdigung des nationalen Bedürf-

nisses, bemessen und dargeboten worden sind. Ich hoffe, daß
die Vertretungen der Staaten, denen jene Verträge noch vorzulegen sind, ihren Regierungen auf dem betretenen Wege
nachfolgen werden. Mit tiefer Bewegung hat Mich die durch
S. Majestät den König von Bayern an Mich gelangte Aufforderung zur Herstellung der Kaiserwürde des alten deutschen
Reichs erfüllt. Sie, meine Herren, bringen Mir im Namen des
Norddeutschen Reichstags die Bitte, daß Ich Mich dem an
Mich ergehenden Rufe nicht entziehen möge.

Ich nehme gern aus Ihren Worten den Ausdruck des Vertrauens und den Wunsch des Norddeutschen Reichstages entgegen. Aber Sie wissen, daß in dieser so hohe Interessen und
so große Erinnerungen der deutschen Nation berührenden
Frage nicht Mein eigenes Gefühl, auch nicht Mein eignes Urteil Meinen Entschluß bestimmen kann.

Nur in der einmütigen Stimme der deutschen Fürsten und
freien Städte und in dem damit übereinstimmenden Wunsch
der deutschen Nation und ihrer Vertreter werde Ich den Ruf
der Vorsehung erkennen, dem Ich mit Vertrauen auf Gottes
Segen folgen darf. Es wird Ihnen wie Mir zur Genugtuung
gereichen, daß Ich durch S. Majestät den König von Bayern
die Nachricht erhalten habe, daß das Einverständnis aller
deutschen Fürsten und freien Städte gesichert ist und die amtliche Kundgebung desselben bevorsteht.

*Am 1. Januar 1871 entsteht staatsrechtlich das Deutsche
Reich. Es ist jedoch noch nicht handlungsfähig, weil seine Organe noch nicht gebildet sind. Die Verärgerung darüber vertraut Kronprinz Friedrich Wilhelm am 31. Dezember seinem
Tagebuch an:*

Der heutige Tag brachte viel Hetze. Bis Mittag war von
keiner Seite her zu erfahren, ob morgen eine Art Feier behufs
Verkündigung von »Kaiser und Reich« stattfinden werde
oder nicht. Se. Majestät erklärte mir, keine öffentliche Kundgebung zu wollen, weil Bayern noch nicht zugestimmt habe.
Minister Delbrück erklärte mir dagegen, heute abend würde
in Berlin die gedruckte Reichsverfassung offiziell erscheinen,
die mit dem morgenden Tage als solche, »Kaiser und Reich«

verkündend, in Kraft träte. Graf Bismarck, den ich zu Bett liegend fand und dessen ungeordnetes Schlafzimmer einer wahren Rumpelkammer glich, erklärte, den Bayern keinen Stoß versetzen und nicht ohne ihren Beitritt eine feierliche Inaugurierung vornehmen zu wollen; deshalb müßte er den 4. Januar, an welchem endlich die wieder einmal verschobene Abstimmung in München stattfinden solle, abwarten, ehe er sich über die weiteren Schritte entschlösse. Ich bat ihn darauf, dann doch lieber gleich den historischen 18. Januar für die feierliche Proklamierung ins Auge zu fassen, was ihm zuzusagen schien. Der Großherzog von Weimar erklärte mir, Preußen wäre sowohl den deutschen Fürsten wie auch dem deutschen Volke verpflichtet, morgen in irgendeiner Weise etwas zu verkünden, nachdem man die Dinge bereits so weit gefördert hätte. Mein Schwager erklärte sich bereit, falls es gewünscht würde, die erforderliche Ansprache zu halten.

Wir beschließen also das Jahr 1870 mit der unwürdigen Tatsache, unser Volk zu belügen, indem wir zwar die Verfassung geben, aber aus Rücksicht für Bayern sie nicht ausführen, indem wir wohl einen Kaiser, dem Wortlaut eines Paragraphen entsprechend, erhalten, diesen selbst aber verschweigen. Also in dem Augenblick, wo ein neues Verfassungsgesetz für Volk und Land in Kraft tritt, wird es gleichzeitig außer acht gelassen. Dieser Gedanke ist nicht tröstlich, entspricht aber der gedrückten Stimmung, in welcher wir beim Scheiden aus dem alten und beim Betreten des neuen Jahres uns befinden. Mir ist heute förmlich übel zumute vor Ekel über den Mangel an Entschlußfähigkeit, dem man hier überall begegnen muß. Was kümmert uns denn Bayern mit seinem unberechenbaren König, der schon vor vierzehn Tagen ankündigte, die fürstlichen Zustimmungsurkunden zu besitzen, mit deren offizieller Überweisung an uns sein Ministerium beauftragt sei. Mir wird hier ein liebliches Erbteil bereitet.

Im Sinne seiner am 18. Dezember vor der Kaiserdeputation des Norddeutschen Reichstags erklärten Bereitschaft, die ihm angetragene Kaiserwürde anzunehmen, unterrichtet Wilhelm I. am 14. Januar 1871 Großherzog Friedrich I. von Baden:

Durchlauchtigster Fürst, freundlich lieber Vetter,
Bruder und Schwiegersohn!

Nachdem Euere Königliche Hoheit, in Gemeinschaft mit
der Gesamtheit der deutschen Fürsten und freien Städte, die
Aufforderung zur Herstellung der deutschen Kaiserwürde
Mir haben zugehen lassen, danke Ich Euerer Königlichen Hoheit für diesen Beweis Ihres Vertrauens und halte es für eine
Mir gegen das gemeinsame Vaterland obliegende Pflicht, dem
an mich ergangenen Rufe Folge zu leisten.

Ich nehme die deutsche Kaiserwürde an, nicht im Sinne der
Machtansprüche, für deren Verwirklichung in den ruhmvollsten Zeiten unserer Geschichte die Macht Deutschlands zum
Schaden seiner inneren Entwicklung eingesetzt wurde, sondern mit dem festen Vorsatze – soweit Gott Gnade gibt –, als
deutscher Fürst der treue Schirmherr aller Rechte zu sein und
das Schwert Deutschlands zum Schutze derselben zu führen.

Deutschland, stark durch die Einheit seiner Fürsten und
Stämme, hat seine Stellung im Rate der Nationen wieder
gewonnen, und das deutsche Volk hat weder das Bedürfnis
noch die Neigung, über seine Grenzen hinaus etwas anderes
als den auf gegenseitiger Achtung der Selbständigkeit und
gemeinsamer Förderung der Wohlfahrt begründeten freundschaftlichen Verkehr der Völker zu erstreben. Sicher und befriedigt in sich selbst und in seiner eigenen Kraft wird das
Deutsche Reich – wie Ich vertraue – nach siegreicher Beendigung des Kriegs, in welchen ein unberechtigter Angriff uns
verwickelt hat, und nach Sicherstellung seiner Grenzen gegen
Frankreich, ein Reich des Friedens und des Segens sein, in
welchem das deutsche Volk finden und genießen wird, was es
seit Jahrhunderten gesucht und erstrebt.

Mit der Versicherung der ausgezeichneten Hochachtung und
wahren Freundschaft verbleibe ich

Euerer Königlichen Hoheit
freundwilliger Vetter, Bruder und Schwiegervater
Wilhelm

In Darstellungen über das Zustandekommen des Kaiserbriefes wird die Vermutung geäußert, Geld sei dabei im Spiele

*gewesen – der bayerische König sei bestochen worden. Im
Verlauf einer Diskussion hat im November 1928 ein bayerischer Journalist, Philipp Frick, über eine nächtliche Unterredung berichtet, die ihm 1892 der frühere Zentrumsabgeord-
nete des Deutschen Reichstags und Reichsrat der Krone Bayerns, Konrad Graf Preysing, in seinem Münchner Palais gewährt hat. Graf Preysing habe ihm unter den Anzeichen
heftiger innerer Erschütterungen von Geldzuwendungen Bismarcks an König Ludwig II. erzählt, die nach dem letzten
Kanonenschuß des Krieges 1866 ihren Anfang genommen
und von denen Graf Holnstein eine Provision von 10 Prozent
bezogen hätte. Die Publikation hat in der deutschen Öffentlichkeit sensationelle Beachtung gefunden, obwohl keine Möglichkeit bestanden hat, ihre Richtigkeit nachzuprüfen. Erst
1960 hat Hans Philippi aufgrund der Akten des Politischen
Archivs des Auswärtigen Amtes zu Bonn den Vorgang aufge-
klärt und das Ergebnis seiner Ermittlungen in der »Zeitschrift
für bayerische Landesgeschichte« Bd. 23 (1960) veröffentlicht.
Er hat einen aufschlußreichen Brief des Unterstaatssekretärs
a. D. Maximilian Graf von Berchem vom 27. Mai 1905 be-
kanntgemacht:*

Als ich 1890 mich dauernd in München niederließ, über-
raschte es mich, daß mir mehrere Personen über die finanziellen Unterstützungen sprachen, welche König Ludwig II. aus
Berliner Mitteln seinerzeit erhielt. Im Frühjahr 1891, veranlaßt durch den Artikel einer Schweizer Zeitung, welche, wenn
ich nicht irre, Andeutungen über eigentümliche Verwendung
von Geldern des Welfenfonds in Süddeutschland enthielt,
schien die Gebarung dieser Kasse die öffentliche Aufmerksamkeit von neuem beschäftigen zu wollen. Ich habe mich
unter diesen Umständen für verpflichtet erachtet, dem mir
befreundeten Parlamentarier Grafen Konrad Preysing zu sagen, ich riete ihm, in geeigneter Weise beruhigend auf die
Haltung der konservativen Mitglieder seiner Partei einzu-
wirken, da gerade die bayerischen Interessen eingehende Erörterung dieses Themas nicht für wünschenswert erscheinen
ließen. Preysing drang in mich um nähere Aufschlüsse. Ich

verweigerte sie und verwies ihn an die bayerischen Minister. Er erfuhr hierauf die Details seitens des Barons von Crailsheim und des Freiherrn von Freyschlag, war auf das tiefste patriotisch erschüttert und hat durch seine Einwirkung auf einige maßgebende politische Freunde bewirkt, daß das Zentrum trotz dessen welfischer Querverbindungen sich im wesentlichen in Berlin still verhielt bis zur endgültigen Beseitigung des Fonds. Inzwischen sind die Vorgänge im Laufe der Jahre einer größeren Zahl von Personen hier bekanntgeworden, voraussichtlich durch Subalterne, welche um alle Geschehnisse bei Hofe wußten. Das Unliebsamste hieran dürfte darin liegen, daß die Berliner Spende mit der Votierung der Kaiserkrone durch Ludwig II. in unmittelbare Verbindung gebracht zu werden scheint. Der Schein spricht dafür; allein er trügt. Im Laufe des Aprils 1896 besuchte ich den früheren langjährigen Kabinettsekretär des Königs, Staatsrat von Eisenhart. Obschon wir seit Jahren in den besten Beziehungen gestanden, hatte der außerordentlich verschwiegene und taktvolle Mann der in Rede stehenden Dinge mir gegenüber nie Erwähnung getan. Als ich dem treuen Diener seines unglücklichen Herrn mein Bedauern ausdrückte über die Deutung, welche der Berliner Subsidie nachträglich gegeben zu werden scheine, ging er zum ersten Male auf die Sache ein und erzählte mir, wie der schon damals in mehrfacher Richtung geistig umnachtete König bald nach dem Frankfurter Friedensschlusse einen großen Geldbetrag vom Fürsten Bismarck verlangt habe zur Begleichung seiner chronischen Geldverlegenheiten. Diesem Verlangen sei, zwar nicht in der gewünschten Form, wohl aber durch Zusicherung jährlicher Rentenzahlungen, entsprochen worden. Eisenhart hat selbst mit der Sache und den Auszahlungen nie zu tun gehabt. Er wurde damit nur dadurch befaßt, daß der König ihm gegenüber wiederholt sich erzürnt äußerte über die, nach Meinung Seiner Majestät, ungebührlich hohe jährliche Beteiligung, welche Oberststallmeister Graf Holnstein für die Vermittlung von Seiner Majestät beansprucht habe. »Die Initiative bei diesem Geldgeschäft«, äußerte Eisenhart, »ist von München ausgegangen. Falsch aber ist es und nach den Kalenderdaten irrig, wenn behauptet wird, die fraglichen Geldbeträge seien Motiv oder Gegenleistung gewesen für die Anerbietung der Kaiserkrone.«

Die geheime Aufzeichnung Berchems ist nicht das einzige Beweisstück, das Hans Philippi vorgelegt hat; sie nimmt insofern eine überragende Bedeutung ein, als die darin gemachten Angaben von einem Vertrauten des Königs stammen, der mit den geheimsten Vorgängen der königlichen Kasse vertraut gewesen ist und als redlicher Beamter gegolten hat. Philippi versieht die Mitteilung Berchems mit folgender Feststellung:

Eines Kommentars zu Berchems Brief bedarf es nicht, will man nicht etwa die Lauterkeit des Verfassers und seines Gewährsmannes Eisenhart in Frage stellen, wozu ein Grund nicht vorliegt. Es darf nunmehr als ausgemacht gelten, daß der Kaiserbrief nicht mit Welfenfondsmitteln erkauft worden ist und die Subsidie nicht in unmittelbarem Zusammenhang mit der Reichsgründung steht. Auf Geldgeber und Empfänger fällt damit ein günstiges Licht; die wittelsbachische Dynastie hat nicht durch ein immerhin seltsames Geldgeschäft die höchste Würde im neuen Reich den Hohenzollern verkauft und gegen klingende Münze die Einbuße ihrer Souveränität hingenommen [...]. Vielleicht geht man zu weit, wenn man in diesem politischen Spiel nach rational faßbaren Gründen sucht, wo eine Klärung nur im Psychologischen zu finden sein dürfte. Es möge daher hier eine Andeutung, die nur als solche verstanden sein will und nicht als Lösung angeboten wird, über einen möglichen Entstehungsgrund der Zahlungen gemacht werden. Es ist bekannt, daß König Ludwig im Herbst 1870 während der zwischen Versailles und München laufenden Verhandlungen mit dem Gedanken umging, die Regierung niederzulegen. Von dieser fixen Idee wurde der Monarch in Abständen immer wieder heimgesucht, und zu ihr gesellte sich der Wunsch nach einer Millionendotation zur Durchführung der zahlreichen künstlerischen Pläne. Graf Holnstein hielt den preußischen Gesandten am Münchner Hofe, Freiherrn von Werthern, über die Anwandlungen seines Herrn auf dem laufenden. Während einer derartigen Depression im Februar

Abb. 1   Otto Fürst von Bismarck (1815–1898), preußischer Ministerpräsident und Außenminister, Kanzler des Norddeutschen Bundes,
Kanzler des Deutschen Reiches

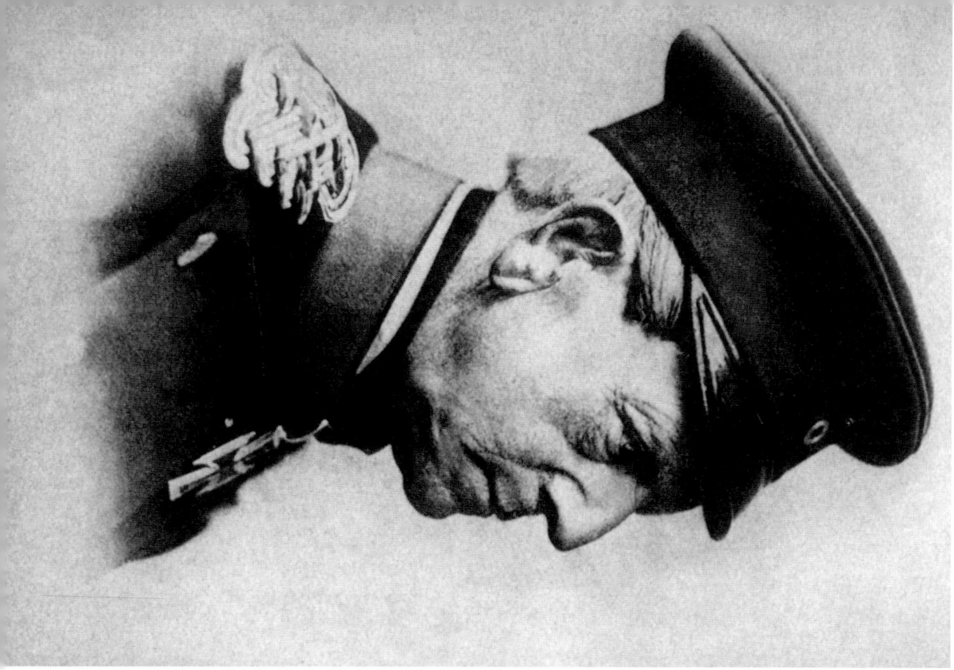

Links: Abb. 2 Helmuth Graf von Moltke (1800–1891), preußischer Generalfeldmarschall. – Rechts: Abb. 3 Albrecht Graf von Roon (1803–1879), preußischer Generalfeldmarschall, von 1859–1873 Kriegsminister

Oben: Abb. 4 Augusta (1811–1890), Gemahlin von Kaiser Wilhelm I. – Abb. 5 Wilhelm I. (1797–1888), König von Preußen und Deutscher Kaiser 1871–1888. – Unten: Abb. 6 Napoleon III. (1808–1873), Kaiser der Franzosen 1852–1870. – Abb. 7 Eugenie (1826–1920), Gemahlin Napoleons III.

Oben: Abb. 8 Abreise König Wilhelms I. am 31. Juli 1870 in sein Hauptquartier. – Unten: Abb. 9 König Wilhelm I. begrüßt am 28. August 1870 in Clermont sein bayerisches Infanterie-Regiment. Oberst Johann Georg Bösmiller, Kommandant des 6. Infanterie-Regiments »König von Preußen«, stellt dem Regimentsinhaber des Offizierskorps vor (siehe auch S. 421).

Oben: Abb. 10 Am Morgen nach der Schlacht von Sedan reitet Bismarck auf der Chaussee von Donchery Kaiser Napoleon III. entgegen. – Unten: Abb. 11 Napoleon III. und Bismarck vor dem Weberhäuschen in Donchery.

Oben: Abb. 12 Die Kapitulationsverhandlungen zu Donchery in der Nacht
vom 1. zum 2. September 1870 nach der Schlacht von Sedan (siehe auch
S. 421). – Unten: Abb. 13 Kriegsweihnachten 1870

Oben: Abb. 14 Bismarck mit seinem Stab in Versailles (siehe auch S. 421). –
Unten: Abb. 15 Generalfeldmarschall Graf Moltke mit seinem Stab in Versailles
(siehe auch S. 421).

Oben: Abb. 16 Ludwig II. (1845–1866), König von Bayern 1864–1866. – Abb.
17 Kronprinz Friedrich Wilhelm (1831–1888), 1888 als Friedrich III. König
von Preußen und Deutscher Kaiser. – Unten: Abb. 18 Luitpold (1821–1912),
Prinz von Bayern. – Abb. 19 Großherzog Friedrich I. von Baden (1826–1907).

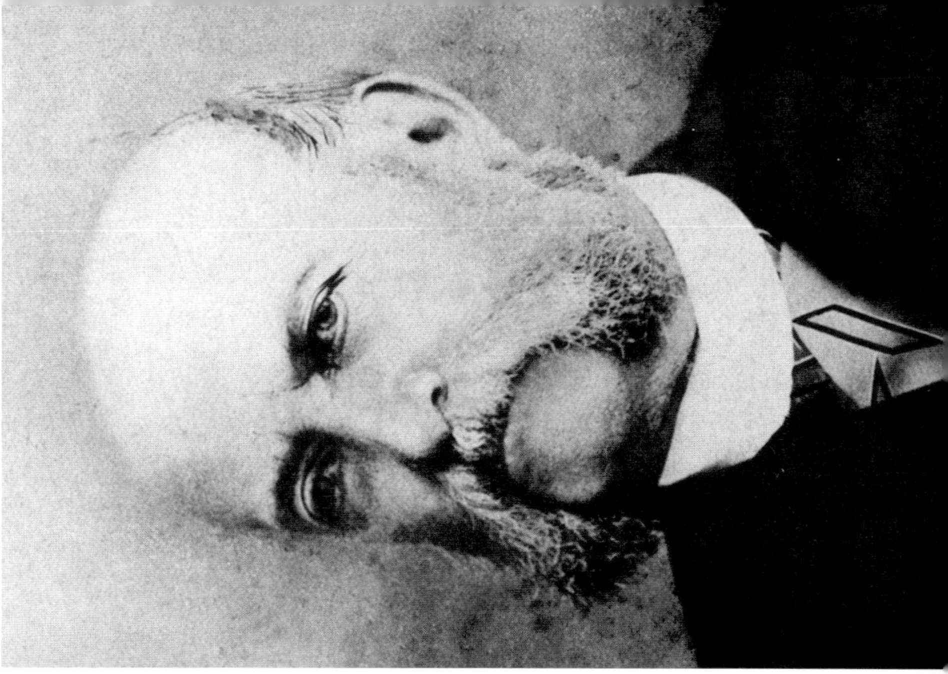

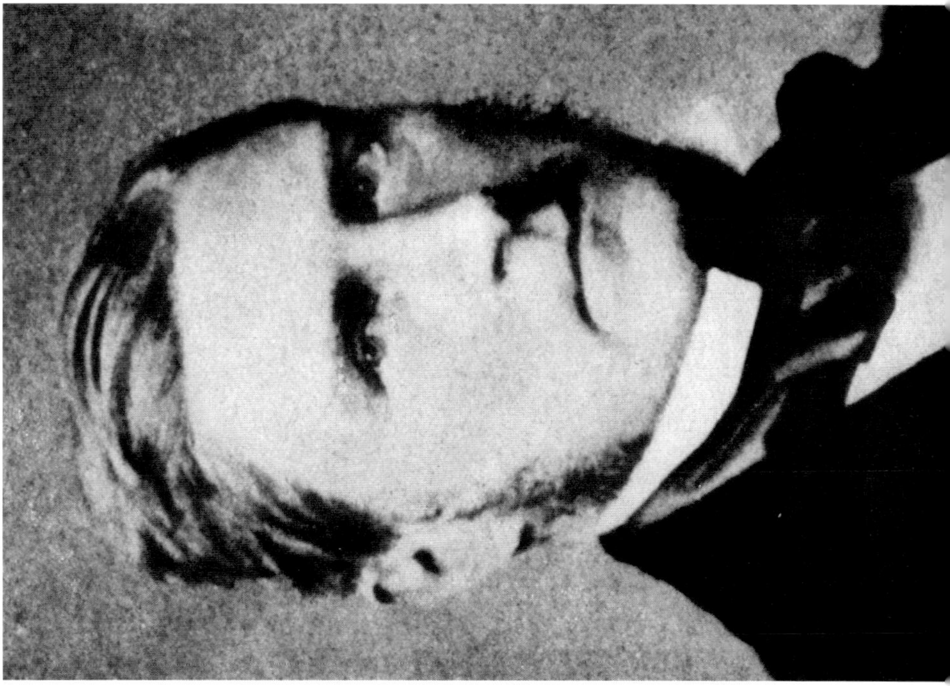

Links: Abb. 20 Otto Graf von Bray-Steinburg (1807–1899), bayerischer Ministerpräsident und Außenminister. – Abb. 21 Hermann Freiherr von Mittnacht
(1825–1909), württembergischer Ministerpräsident.

Oben: Abb. 22 Rudolf von Delbrück (1817–1903), preußischer Minister, Bismarcks »rechte Hand«. – Abb. 23 Moritz Busch (1821–1899), Publizist. – Unten: Abb. 24 Johannes Freiherr von Lutz (1826–1890), bayerischer Staatsminister. – Abb. 25 Siegmund Freiherr von Pranckh (1821–1888), bayerischer Kriegsminister.

Oben: Abb. 26 Die Kaiserproklamation in Versailles am 18. Januar 1871. –
Unten: Abb. 27 Eine Ehrenabordnung der deutschen Regimenter im »Salon de
la Paix« während der Kaiserproklamation.

Oben: Abb. 28 Einzug der deutschen Truppen in Paris am 1. März 1871 durch
den Arc de Triomphe. – Unten: Abb. 29 Der Friedensschluß zwischen Deutschland und Frankreich am 10. Mai 1871 im Hotel zum Schwan in Frankfurt am
Main (siehe auch S. 422).

Oben: Abb. 30 Die Eröffnung des Deutschen Reichstages am 21. März 1871
durch Kaiser Wilhelm I. im Weißen Saal des Berliner Stadtschlosses. – Unten:
Abb. 31 Die erste Sitzung des Deutschen Reichstages am 12. März 1871.

Oben: Abb. 32 Heinrich von Treitschke (1834–1896), Historiker. – Abb.
33 Bronsart von Schellendorff (1832–1891), Oberstleutnant. – Unten: Abb.
34 Gustav Freytag (1816–1895), Schriftsteller. – Abb. 35 Theodor Fontane
(1819–1898), Schriftsteller.

Oben: Abb. 36 Der Einzug der siegreichen Truppen in Berlin am 16. Juni 1871: Begrüßung Kaiser Wilhelms I. durch die Ehrenjungfrauen der Stadt auf dem Pariser Platz vor dem Brandenburger Tor. – Unten Abb. 37 Das Siegesfest am Abend des 16. Juni 1871: Tanzvergnügen auf dem Dönhoffplatz.

Oben: Abb. 38 Enthüllung des Denkmals Friedrich Wilhelms III. im Lustgarten.
Unten: Abb. 39 Kaiser Wilhelm I. nimmt die Siegesparade unter den Linden ab.

1871 wurde Holnstein vom König aufgefordert, nach Versailles zu gehen, offenbar um die Folgen des Kaiserbriefes ungeschehen zu machen. Der Graf ließ daraufhin über Werthern an Bismarck die dringende Bitte richten, »er möge sich der bewußten Sache erinnern«, um die Gedanken des Königs abzulenken. Es gibt Zeugnisse dafür, daß Bismarck sich wohl bewußt war, was er an König Ludwig auf dem bayerischen Throne hatte, galten doch die Prinzen des königlichen Hauses, insbesondere die der Thronfolge am nächsten stehenden, damals und auch später als partikularistisch, wenn nicht gar ausgesprochen reichsfeindlich, wegen der bei ihnen beobachteten ultramontanen und pro-österreichisch-großdeutschen Gesinnungen. Unter diesen Umständen war König Ludwig nicht nur das geringere Übel, sondern er war dem Reichskanzler auf dem bayerischen Throne geradezu willkommen. Als Werthern einmal berichtsweise auf die etwas ungewöhnlichen Verhältnisse am Münchner Hofe hingewiesen hatte, antwortete Bismarck in einem scharfen Erlaß, er betrachte es als bedenklich, »ein Schachspiel gegen den König Ludwig zu eröffnen, durch welches im Grunde doch nichts anderes würde erreicht werden können als eine Abdikation des Königs mit einem Nachfolger, der uns ungleich feindlicher und unbequemer wäre«.

Das Ergebnis der Ermittlungen Philippis läßt sich in folgende Feststellungen zusammenfassen: Vor dem Abgang des »Kaiserbriefes« vom 30. November 1870 sind keine Geldzahlungen an den bayerischen König oder dessen Hofkasse erfolgt. Der Beitritt Bayerns zum Reich ist nicht durch Geld erkauft oder bezahlt worden. Der bayerische Wunsch nach geldlicher Unterstützung ist erstmals im Frühjahr 1871, also nach der Konstituierung des Deutschen Reiches, geäußert worden, veranlaßt durch die bereits damals auftretenden Zahlungsschwierigkeiten der Hofkasse. Diesen hat Bismarck erfüllt. Vom Frühjahr 1871 bis zu seinem Tode hat Ludwig II. jährliche Zuwendungen aus dem Reptilienfonds erhalten. Diese haben, wie Philippi errechnet hat, im ganzen ungefähr 4 000 000 Mark betragen. Von den jährlichen Überweisungen hat der Vermittler in der Kaiserfrage und Überbringer des Kaiserbriefes, Graf Holnstein, jeweils eine Summe in Höhe von 10 Prozent erhalten. Diese Zahlungen stellen kein Ruhmesblatt des Königreiches Bayern und des Hauses Wittelsbach dar. So gering sie sind – sie erwecken den peinlichen Eindruck, der König von Bayern sei in seinen Entscheidungen gegenüber der Reichsgewalt nicht frei gewesen. Die Verantwortung dafür trifft nicht nur den König und seine Umgebung, sondern auch die amtierenden Gesamtministerien und den Bayerischen Landtag. Daß Bismarck einer königlichen Bitte entsprochen und aus dem Welfenfonds Zuwendungen nach München gemacht hat, ist weder unklug noch unanständig gewesen, hat er doch dadurch eine Bindung der Krone Bayerns an die Reichsgewalt erreicht. Bismarck hat nicht bestochen, er hat einem Ersuchen entsprochen. Die Mißdeutungen aufgrund des zeitlichen Zusammenfalles der Abfassung des Kaiserbriefes und des Beginns der Überweisungen nach München hat er in Kauf genommen.

Der Beginn der eisernen Periode

In der Annahme, die Verhandlungen mit den süddeutschen Staaten seien bereits abgeschlossen, wird der Reichstag des Norddeutschen Bundes am 24. November 1870 einberufen. Da entgegen den Erwartungen die Verträge mit den süddeutschen Staaten noch nicht abgeschlossen sind, sieht sich Bismarck veranlaßt, auf die Teilnahme zu verzichten. Die Thronrede, die Staatsminister von Delbrück verliest, nimmt Bezug sowohl auf die Beendigung des Krieges als auch auf die Lösung der anstehenden Probleme:

Die Bedingungen, unter welchen die verbündeten Regierungen zum Frieden bereit sein würden, sind in der Öffentlichkeit besprochen worden. Sie müssen zu der Größe der Opfer, welche dieser ohne jeglichen Grund, aber mit der Zustimmung der gesamten französischen Nation unternommene Krieg unserem Vaterlande auferlegt hat, im Verhältnis stehen; sie müssen vor allen Dingen gegen die Fortsetzung der von allen Machthabern Frankreichs seit Jahrhunderten geübten Eroberungspolitik eine verteidigungsfähige Grenze Deutschlands dadurch herstellen, daß sie die Ergebnisse der unglücklichen Kriege, welche Deutschland in der Zeit seiner Zerrissenheit nach Frankreichs Willen führen mußte, wenigstens teilweise rückgängig machen und unsere süddeutschen Brüder von dem Drucke der drohenden Stellung befreien, welche Frankreich seinen früheren Eroberungen verdankt. [...]
Die Fortdauer des Krieges hat eine friedliche Arbeit nicht verhindert. Das Gefühl der Zusammengehörigkeit, welches durch gemeinsame Gefahr und durch gemeinsam erkämpfte

Siege belebt ist, das Bewußtsein der Stellung, welche Deutschland zum ersten Mal seit Jahrhunderten durch seine Einigkeit errungen hat, die Erkenntnis, daß nur durch Schöpfung dauernder Institutionen der Zukunft Deutschlands das Vermächtnis dieser Zeit der Opfer und der Taten gesichert werden könne, haben schneller und allgemeiner, als noch vor kurzem denkbar erschien, das deutsche Volk und seine Fürsten mit der Überzeugung erfüllt, daß es zwischen dem Süden und Norden eines festeren Bandes bedürfe als der völkerrechtlichen Verträge. Diese unter den Regierungen einhellige Überzeugung hat zu Unterhandlungen geführt, als deren erste, auf dem Felde des Krieges erwachsene Frucht Ihnen eine zwischen dem Norddeutschen Bunde, Baden und Hessen vereinbarte, vom Bundesrate einstimmig angenommene Verfassung eines Deutschen Bundes zur Genehmigung vorgelegt werden wird. Die auf gleichen Grundlagen mit Bayern getroffene Verständigung wird ebenfalls Gegenstand Ihrer Beratungen werden, und die Übereinstimmung der Ansichten, welche mit Württemberg über das zu erstrebende Ziel besteht, läßt hoffen, daß eine gleiche Übereinstimmung über den Weg zum Ziele nicht ausbleiben werde.

Im Rahmen der Beratungen des Norddeutschen Reichstags kritisiert der sozialdemokratische Abgeordnete August Bebel die Tatsache, daß der Norddeutsche Reichstag bei Kriegsausbruch eine Anleihe von 120 Millionen bewilligt hat, von den zur Zeichnung aufgelegten 100 Millionen jedoch kaum 68 Millionen gedeckt worden sind. Seine harte Anklage, sachlich unangreifbar, löst heftigen Widerspruch aus:

Meine Herren, der deutsche Liberalismus als Vertreter des deutschen Großbürgertums, der Bourgeoisie, war es vorzugsweise, der mit besonderer Vorliebe für diesen Krieg eingetreten, mit der größten Begeisterung, der sich bereit erklärte, alle möglichen Opfer zu bringen, und, meine Herren, was ist denn das wirkliche Resultat, soweit es materiell sich feststellen läßt:

Sie haben vor vier Monaten eine Anleihe von 120 Millionen bewilligt, und von den 100 Millionen, die später zur Zeichnung aufgelegt wurden, sind kaum 68 Millionen gedeckt worden, und daran nahmen mehr als 50 000 Zeichner Anteil. – Sie sehen also, meine Herren, daß der Patriotismus, der sich in den Zeitungen, den Stadtverordneten- und Gemeindekollegien, auf den Landtagen breitgemacht hat, in Wahrheit da, wo es sich um wirkliche Opferwilligkeit handelt, gerade bei den patriotischen Schreiern ein sehr geringer war. Meine Herren, die französische Bourgeoisie hat die 750 Millionenanleihe, die Napoleon Bonaparte auflegte, binnen wenig Tagen gezeichnet – Sie haben kaum 68 Millionen aufgebracht. Die Regierungen müssen freilich eingestehen, es hätten noch keine günstigen oder gar keine Nachrichten vom Kriegsschauplatz vorgelegen.

Meine Herren, wenn nun ungünstige Nachrichten vorgelegen hätten, würden da wohl die Geldbeutel der so patriotisch Gesinnten eifriger aufgemacht worden sein? Ei, Gott bewahre, sie würden sich noch weniger gezeigt haben, es würde noch viel trauriger gegangen sein, und hier zeigt es sich ganz deutlich, daß zwischen Reden und Handeln ein großer Unterschied ist und daß wir in dieser Beziehung keine Ursache haben, auf das französische Volk von oben herabzusehen. Nun, meine Herren, dieser Hinweis sollte auch dazu beitragen, daß wir uns hier nicht in neue Opfer stürzen, daß wir die Opfer nicht unendlich verlängern, Opfer, die doch nur dadurch hier aufgebracht werden können, daß diejenigen, die immer mit dem Patriotismus voraus sind in den Worten, erst abwarten, ob ihnen die nötigen Prozente auch in die Tasche fallen. (Allgemeine Mißbilligung, Zischen, Ruf: Pfui! Hinaus! Hinaus mit ihm!)

Präsident: Hat denn der Herr Redner auch gar kein Gefühl dafür (er mag den Wert der Nationalität so hoch oder niedrig stellen, wie er will), daß er sich herausnimmt, unser eigenes Volk in dieser seiner Vertretung zu beschimpfen?! (Allseitiges Bravo. Großer Lärm. Ruf: Hinaus mit ihm!)

Ich wiederhole Ihnen, Herr Bebel, daß, wenn Sie sich in diesem Stile fortzufahren nicht entblöden, ich auf meine Verantwortung vor diesem Hause Ihnen das Wort entziehen werde. (Allseitiges Bravo.)

Sie wissen jetzt, woran Sie sind, nachdem ich eine Schonung und Nachsicht ohne Beispiel gegen Sie darum geübt habe, weil Sie hier in so geringer Zahl sind!

Abgeordneter Bebel: Meine Herren, ich nehme an, daß wenigstens im Reichstage kein Kriegszustand existiert, und ich will dem Herrn Präsidenten nur bemerken, daß er mich vollständig mißverstanden hat, wenn er gemeint hat, als wollte ich das gesamte Volk mit dem bezeichnen, was ich vorher über die Anleihe gesagt habe.

Die Äußerungen sowohl August Bebels als auch Wilhelm Liebknechts gegen die Fortsetzung des Krieges und gegen die geforderte Annexion von Elsaß-Lothringen finden in Frankreich Beachtung, bestärken sie doch mehr und mehr in den Vordergrund tretende radikale Gruppen. Die militärische und politische Lage Frankreichs verschlechtert sich von Tag zu Tag, worunter die Stimmung des französischen Volkes entscheidend leidet. Paris ist seit über zwei Monaten eingeschlossen. Durch Ballons gelangen Politiker und Postsendungen aus der Stadt heraus. Léon Gambetta, Mitglied der am 4. September gebildeten Regierung der nationalen Verteidigung hat bereits am 7. Oktober 1870 Paris auf dem Luftwege verlassen, um die Volksheere, die den Krieg gegen den im Land stehenden Feind weiterführen sollen, zu organisieren. – Am 28. November unternehmen die in Paris neu aufgestellten oder ergänzten Verbände Ausfälle, die ihren Höhepunkt in dem großen Ausfall über die Marne am 30. November und dem Vorrücken der gesamten östlichen Front von Paris erreichen. Sie sind jedoch nicht in der Lage, ihre Erfolge zu behaupten. Sie werden von deutschen Truppen auf ihre Ausgangsstellungen zurückgeworfen. Gleichzeitig verstärken die deutschen Truppen ihre Bemühungen, Festungen, Städte und feste Plätze einzunehmen. Sowohl die militärische Entwicklung auf dem Boden Frankreichs als auch der Abschluß der politischen Neugestaltung Deutschlands beschäftigen die davon unmittelbar betroffenen Nachbarstaaten. Die Empfindungen der Schweiz bringt am 10. Dezember die »Neue Zürcher Zeitung« zum Ausdruck:

Man wird der Auferstehung des deutschen Kaiserreiches auch außerhalb der deutschen Grenzen ein aufrichtiges Glückauf! zurufen, wenn es dem Programm treu bleibt, mit welchem es inauguriert wird und welches von einem offiziellen Blatte folgendermaßen bezeichnet wird: Der verhängnisvolle Traum der Weltherrschaft lockt Deutschlands Kraft nicht zum zweiten Male auf Irrwegen in das Verderben. Die strenge Achtung jedes fremden Rechtes, das ist die Grundlage, auf welche Deutschland seinen Anspruch stützt, im eigenen Hause Herr seiner Geschicke zu sein. Die Zeiten der Römerzüge sind gewesen.

In einem Brief vom 13. Dezember schildert Karl Marx seinem Mitarbeiter Kugelmann die Wandlung der Einstellung des englischen Volkes zum Krieg auf dem Kontinent:

Hier in England war die öffentliche Meinung bei Beginn des Krieges ultrapreußisch, sie ist jetzt ins Gegenteil umgeschlagen. In den Cafés chantants zum Beispiel werden die deutschen Sänger mit ihrer Wi-Wa-Wacht am Rhein niedergezischt, während die französischen Sänger mit der Marseillaise in choro begleitet werden. Abgesehn von der entschiedenen Sympathie der Volksmasse für die Republik und dem Ärger der respectability über das nun sonnenklare Bündnis zwischen Preußen und Rußland und dem unverschämten Ton der preußischen Diplomatie seit den militärischen Erfolgen hat die Weise der Kriegführung – das System der Requisitionen, Niederbrennen der Dörfer, Erschießen der Franktireurs, Bürgernehmen und ähnliche Rekapitulationen aus dem Dreißigjährigen Krieg – hier allgemeine Entrüstung hervorgerufen. Of course [*natürlich*], die Engländer haben dergleichen getan in Indien, Jamaika etc., aber die Franzosen sind weder Hindus noch Chinesen, noch Neger, und die Preußen sind keine heavenborn Englishmen! Es ist eine echt hohenzollernsche Idee, daß ein Volk ein Verbrechen begeht, wenn es sich fortfährt zu verteidigen, sobald sein stehendes Heer alle geworden ist.

In dem zwischen Preußen und Österreich am 23. August 1866 in Prag geschlossenen Frieden ist vorgesehen gewesen, daß die deutschen Staaten südlich des Mains zu einem Bund zusammentreten, der mit dem Norddeutschen Bund ein enges Verhältnis eingeht. Zu diesem Süddeutschen Bund ist es nicht gekommen. Die Errichtung des Deutschen Reiches verletzt die Bestimmung des Prager Friedensvertrages, ein Umstand, der Bismarck veranlaßt, am 14. Dezember 1870 dem Gesandten des Norddeutschen Bundes in Wien seine Ansicht mit dem Auftrag darzulegen, darüber Graf Beust, den österreich-ungarischen Reichskanzler, zu unterrichten:

Die süddeutschen Staaten haben es ihrerseits unterlassen, den Gedanken des Prager Friedens zu verwirklichen. Sie haben die Herstellung der in Aussicht genommenen nationalen Beziehungen zu Norddeutschland zunächst in Gestalt des Zollvereines und gegenseitiger Garantie-Verträge angestrebt. Es lag außerhalb menschlicher Berechnung, daß diese Einrichtungen unter dem Drange der mächtigen Entwickelung, zu welcher ein unerwarteter französischer Angriff das deutsche Nationalgefühl aufrief, ihren Abschluß in den jetzt vorliegenden Verfassungsbündnissen und in der Errichtung eines neuen Deutschen Bundes finden sollten. Es konnte nicht der Beruf Norddeutschlands sein, diese nicht von uns herbeigeführte, sondern aus der Geschichte und dem Geiste des deutschen Volkes hervorgegangene Entwickelung zu hemmen oder abzuweisen. Auch die K. und K. Regierung von Österreich-Ungarn, davon sind wir durch Euer Hochwohlgeboren Berichterstattung versichert, erwartet und verlangt nicht, daß die Bestimmungen des Prager Friedens die gedeihliche Entwickelung der deutschen Nachbarländer erschweren sollen. Die Kaiserliche Regierung sieht der Neugestaltung, in welcher die deutschen Verhältnisse begriffen sind, mit dem berechtigten Vertrauen entgegen, daß alle Genossen des neuen Deutschen Bundes und insbesondere der König, unser allergnädigster Herr, von dem Verlangen beseelt sind, die freundschaftlichen Beziehungen Deutschlands zu dem Österreichisch-Ungarischen Nachbarreiche zu erhalten und zu fördern, auf welche beide durch die ihnen gemeinsamen Interessen und die Wechselwirkung ihres geistigen wie ihres materiellen Verkehrslebens angewiesen sind. Die verbündeten Regierungen hegen ihrerseits die Zuversicht, daß derselbe Wunsch auch von der Österreichisch-Ungarischen Monarchie geteilt wird.

Nach der Billigung der in Versailles abgeschlossenen Verträge durch den Bundesrat und den Reichstag des Norddeutschen Bundes beschäftigen sich die süddeutschen Landtage mit ihnen. In Baden beginnt die Kammerdebatte am 16. Dezember, am 21. Dezember fällt die Entscheidung. Die zweite Kammer billigt den Verfassungsvertrag vom 15. November einstimmig, gegen die Militärkonvention vom 25. November werden nur zwei Stimmen abgegeben. Auch die erste Kammer stimmt bei zwei Gegenstimmen den Verträgen zu. Baden kann, wie vorgesehen, die Verträge am 1. Januar 1871 in Kraft setzen. In Hessen findet die Debatte in der zweiten Kammer am 20. Dezember statt. Gegen seine innere Überzeugung spricht sich Minister Dalwigk für die Annahme der Verträge aus. Bei der Abstimmung werden vierzig Stimmen dafür und vier Stimmen dagegen abgegeben. Die erste Kammer billigt am 29. Dezember einstimmig die Verträge. In Württemberg finden am 5. Dezember Landtagswahlen statt, die mit einem eindrucksvollen Sieg der nationalliberalen »Deutschen Partei« enden. In der Parlamentsdebatte am 22./23. Dezember vertritt der Führer der Nationalliberalen Partei, der Stuttgarter Rechtsanwalt Julius Hölder, die Auffassung der Mehrheit, die sich für die Annahme der Verträge ausspricht. Der großdeutsche Demokrat Moritz von Mohl verteidigt dagegen den alten Deutschen Bund als den bewährten Hort deutscher Sicherheit. Bei der Abstimmung am 23. Dezember werden die Verträge mit 74 gegen 14 Stimmen angenommen. Für die Einführung der Bezeichnungen Kaiser und Reich sprechen sich 81 Abgeordnete aus, 7 erklären sich dagegen. Die erste Kammer des Königreiches Württemberg heißt am 29. Dezember mit 26 gegen 3 Stimmen die beiden Verträge gut. Noch vor Ende des Jahres 1870 haben damit alle süddeutschen Staaten die Vereinbarungen, die zur Gründung des Deutschen Reiches führen, verabschiedet – ausgenommen Bayern, wo es zu einer heftigen Auseinandersetzung über An-

nahme oder Ablehnung der Versailler Verträge kommt. Nicht ihr, sondern dem Schicksal der Hauptstadt Frankreichs gilt das Interesse der Öffentlichkeit. Obwohl seit dem 19. September eingeschlossen, denkt die Regierung der nationalen Verteidigung nicht daran, Paris zu übergeben. Diese Situation führt zu einer zunächst zurückhaltend, schließlich jedoch sehr laut geführten Diskussion über das Problem, ob eine Beschießung von Paris erfolgen soll. Unter dem zeitgenössischen Begriff Bombardierung wird kein Angriff aus der Luft, sondern die Beschießung durch Artillerie verstanden. Am 22. Dezember legt der Chef des Großen Generalstabs, Moltke, seinem Bruder Adolf seine Ansichten dar:

Um Paris zu bombardieren, müssen wir erst die Forts haben. Es ist auch zur Anwendung dieses Zwangsmittels nichts versäumt; ich erwarte aber weit mehr von dem langsam, aber sicher wirkenden Hunger.

Wir wissen, daß seit Wochen in Paris nur noch einzelne Gaslaternen brennen, daß in den meisten Häusern trotz des ungewöhnlich frühen und strengen Winters, bei völligem Mangel an Kohlen nicht geheizt wird. Ein Schreiben des Generals V. an seine Gemahlin, mit Ballon aufgefangen, gibt folgende Preise an: ein Pfund Butter 20 Franken, ein Huhn 20 Franken, une dinde non truffée, bien entendu [*eine Pute, ungefüllt natürlich*], 60 bis 70 Franken; hübsch beschreibt er sein Souper: Hering mit Mostrichsauce, außerdem ein reizendes kleines filet de boeuf dont on faisait fête [*Rinderfilet, über das man sich sehr freute*]. Paul, le cuisinier avait fait des bassesses pour l'avoir, il a promis au boucher Mr. et madame M. un sauf conduit pour un des forts pour tâcher de voir les Prussiens [*Um es zu erhalten, hat Paul, der Koch, dem Metzger M. und seiner Frau einen Passierschein für eines der Forts versprochen, damit sie die Preußen sehen können*]. Diese vertraulichen Mitteilungen zwischen Mann und Frau charakterisieren die wirkliche Lage besser als alle Zeitungsberichte, die nach der einen oder andern Richtung übertreiben. Die Hungersnot ist noch nicht da, aber ihre Vorläuferin, die Teuerung. Die Rothschild und Pereire haben noch immer ihr dindon

truffé [*gefüllten Truthahn*], die untersten Klassen sind von
der Regierung bezahlt und ernährt, aber der ganze Mittel-
stand darbt, und zwar schon seit lange. Solche Zustände sind
auf die Dauer nicht haltbar. Freilich setzt es voraus, daß wir
in der Feldschlacht alle die Heere schlagen, die sich immer von
neuem gegen uns zusammenballen. Wohl nur der Schreckens-
herrschaft der Advokaten ist es möglich, solche Heere aufzu-
treiben, schlecht organisiert, ohne Fuhrwesen sie der rauhen
Witterung auszusetzen; selbst ohne Ambulanzen und Ärzte.
Die unglücklichen Menschen, bei allem Patriotismus und bei
aller Tapferkeit sind sie nicht imstande, unseren festgefügten
braven Truppen zu widerstehen, das Elend der Biwaks dezimiert sie schonungslos, und die Verwundeten liegen zu hundert an dem Wege, ohne jede Hilfe, bis unsere Ambulanzen,
auf welche die Franzosen schießen, sie finden. Die Franktireurs sind der Schrecken aller Ortschaften, sie beschwören das
Verderben über diese herauf.

Doch genug der traurigen Dinge. Gott schenke einen baldigen, glücklichen Ausgang, und an dem zweifle ich nicht.

*Weihnachten 1870 ist Kriegsweihnachten. Es wird in Ver-
sailles und bei den Stäben und Einheiten feierlich begangen.
In der Stimmung des Heiligen Abends schildert Bismarck seiner Frau sein und der im Felde stehenden Söhne Befinden; er
vergißt nicht seine Erwartung auf den baldigen Beginn des
Bombardements hinzuzufügen:*

Mein geliebtes Herz

Es ist zwar schwer, heut getrennt zu sein, aber wenn ich ein
Jahr zurück an Bonn denke, so haben wir doch viel Grund,
Gott zu danken, daß wir heut nur in Hoffnung auf baldiges
Wiedersehn getrennt sind. Die Anlage wird Dich über Bill
vorläufig beruhigen. Spickgans, dann schreibt er. Ich schicke
ihm heut wieder eine durch denselben Feldjäger. Endlich ist
Aussicht auf Feuer gegen Paris, hoffentlich noch vor Silvester.
Was Roons und meine monatelange Arbeit nicht durchsetzte,
scheint der Sturm der Berliner Blätter und der Widerhall, den
der Reichstag davon herbrachte, bewirkt zu haben. Auch
Moltke soll bekehrt sein, seit er anonyme Zeitungsgedichte

erhielt, die zeigten, daß sein System, als ob die Sache ihn nichts anginge, vor der öffentlichen Meinung keine Gnade fand. Der Ruhm der Führung liegt in dem bewundernswerten Heldenmut der Truppe; nur etwas weniger davon, und keiner der Führer würde vor der Kritik heut bestehn. Bei der Verzettelung der Armee von Tours bis Lille und der übereilten Verbeißung, dann schläfrigen Kriegführung vor Paris, existiert noch kein einziges Departement in Frankreich, in dem wir vollständig Herrn wären, so daß wir eine Kontribution beitreiben könnten. Gott besser's, sein Arm ist nicht Fleisch *[Bismarck zitiert verkürzt Jeremia 17, 5: »So spricht der Herr: Verflucht ist der Mann, der sich auf Menschen verläßt und hält Fleisch für seinen Arm und mit seinem Herzen vom Herrn weicht.«]*. Darauf traue ich, wenn ich dieses wüste Volk gegenüber sehe. Wir sind auch Sünder, aber doch nicht so babylonisch und nicht so trotzig gegen Gott. Grüße und küsse die Kinder, gib Marie von mir, was sie wünscht, etwas Goldnes zum Andenken der Zeit. Herbert ein Doppelgewehr, wenn nicht heut, so zum Geburtstage. Dein treuster

v. B.

Weder die militärische noch die politische Situation gestattet, sich lange weihnachtlicher Stimmung hinzugeben. Militärische und politische Fragen stehen zur Entscheidung an. Der österreich-ungarische Reichskanzler, Graf Beust, instruiert am 26. Dezember den österreich-ungarischen Gesandten in Berlin, um die Note Bismarcks vom 14. Dezember zu beantworten:

Unsere Auffassung neigt [...] dahin, in der Einigung Deutschlands unter Preußens Führung einen Akt von historischer Bedeutung, eine Tatsache ersten Ranges in der modernen Entwicklung Europas zu erblicken und danach das Verhältnis zu beurteilen, welches zwischen der Österreichisch-Ungarischen Monarchie und der neuen staatlichen Schöpfung an unseren Grenzen angebahnt und befestigt werden soll. Von diesem Standpunkte aus kann es mir, indem ich den weiteren von der Königlich Preußischen Regierung angekündigten Mitteilungen entgegensehe, nur zu hoher Befriedigung gereichen, jetzt schon bestätigen zu dürfen, daß in allen maßgebenden Kreisen Österreich-Ungarns der aufrichtigste Wunsch vorherrscht, mit dem mächtigen Staatswesen, dessen Gründung sich nunmehr vollziehen wird, die besten und freundschaftlichsten Beziehungen zu pflegen. Dieser Wunsch wurzelt in der festen Überzeugung, daß eine unbefangene Erwägung und Würdigung der gegenseitigen Bedürfnisse nur die ersprießlichste und wohltätigste Wirkung auf beide Reiche äußern, sie in Frieden und in reger Mitarbeiterschaft an den Aufgaben der Gegenwart und Zukunft einigen wird.

Am 27. Dezember meldet das preußische Hauptquartier:

Seit heute früh hat die Belagerungsartillerie das Feuer gegen den Mont Avron eröffnet.

In seiner »Geschichte des deutsch-französischen Krieges von 1870/71« schildert General von Moltke den Beginn der neuen Phase der Kampfhandlungen:

Am Morgen des 27. Dezember 8 ½ Uhr eröffneten die 76 Geschütze das Feuer. Dichtes Schneegestöber gestattete ein genaues Einschießen nicht und verhinderte die Beobachtung der Schußwirkung. Der Mont Avron und nicht minder die Forts Nogent und Rosny antworteten schnell und lebhaft.

Die deutschen Batterien verloren 2 Offiziere und 25 Mann, mehrere Lafetten waren unter dem eigenen Feuer zusammengebrochen, und allgemein gab man sich der Ansicht hin, daß an diesem Tage kein sonderlicher Erfolg erreicht worden sei.

Aber die Batterien hatten besser geschossen, als sie selbst vermuteten. Das klare Wetter am 28. gestattete eine genaue Korrektur, die preußischen Geschosse schlugen mit sichtbarer Wirkung ein und richteten auch unter der starken und völlig schutzlosen Infanteriebesatzung furchtbare Verwüstung an. Der Mont Avron verstummte, und nur die Forts setzten ein schwaches Feuer fort. General Trochu, welcher sich persönlich eingestellt hatte, befahl die Räumung des Mont Avron. Dieselbe wurde durch den tatkräftigen Befehlshaber Oberst Stoffel während der Nacht mit solchem Geschick bewirkt, daß nur eine unbrauchbare Kanone zurückblieb.

Am 29. war das Feuer der Franzosen verstummt, man fand den Berg verlassen, den dauernd zu besetzen nicht beabsichtigt war. Die Batterien richteten ihre Geschosse nur noch gegen die Forts, welche erheblich litten, und gegen die Erdwerke in der Gegend von Bondy.

Mit Ablauf des Jahres war es nun auch gelungen, die nötigste Munition in Villacoublay zu versammeln. Der Ingenieurangriff wurde dem General v. Kameke, der artilleristische dem General Prinzen Hohenlohe übertragen. Die Batteriestände waren bereits seit längerer Zeit fertig, und mit Eintritt des neuen Jahres standen hundert Geschütze schwersten Kalibers der Südfront von Paris schußfertig gegenüber.

Der Hamburger Journalist Johannes von Eckardt reist Ende Dezember nach Berlin, wo er eine gegenüber dem Sommer völlig veränderte Stimmung antrifft. Die Fortdauer des Krieges bedrängt auch die Einwohner der Hauptstadt des neu geschaffenen Deutschen Reiches:

In den letzten Tagen des Dezember 1870 einer Redaktionsangelegenheit wegen nach Berlin gereist, fand ich eine gegen den Sommer wesentlich veränderte Lage vor. Obgleich der Kriegserfolg allseitig für gesichert angesehen wurde, der Zutritt des Südens zum Norddeutschen Bunde und dessen Verwandlung in das Deutsche Reich prinzipiell entschieden waren, herrschte eine gedrückte Stimmung vor. An die Stelle der frohen Zuversicht, die bei Ausbruch des Krieges dem gesamten öffentlichen Leben neue Impulse gegeben hatte, war ein Ernst getreten, an dem die von dem blutigen Ringen geforderten zahlreichen Opfer und die Wirkungen der vielmonatigen geschäftlichen Stockung gleich starken Anteil zu haben schienen. Von dem fröhlichen Treiben, das sonst Weihnachtswochen und Jahreswechsel am Spreeufer zu begleiten pflegte, war dieses Mal so gut wie nichts zu spüren. Auf den Gassen sah man zahlreiche Personen, die Trauerkleider und betrübte Mienen zeigten, Theater- und Konzertsäle fristeten sich nur mühsam durch, von Bällen und Gesellschaften war nicht die Rede. Die Abwesenheit sämtlicher männlicher Mitglieder des Königshauses, des Gardekorps und des größten Teiles der

Armee ließen die Stadt wenn nicht verödet, so doch farb- und freudlos erscheinen; was es mit einem im Herzen des Weltteils geführten großen Kriege im Zeitalter des Verkehrs, der Industrie und der friedlichen Gewohnheiten auf sich habe, schien der preußischen Hauptstadt erst jetzt dem ganzen Umfange nach aufgegangen zu sein.

Das Ende des Jahres 1870 veranlaßt viele Zeitgenossen zu politischen Betrachtungen, empfinden sie doch, daß im Ablauf der Entwicklung eine entscheidende, in ihren Auswirkungen noch nicht überschaubare Veränderung eingetreten ist. Jacob Burckhardt schreibt an F. von Preen:

Wie ist das alles seit drei Monaten geworden! wer hätte damals geglaubt, daß der Kampf tief in einen gräßlichen Winter hinein dauern und noch am letzten Tage des Jahres ohne Aussicht auf nahe Beendigung sein würde.

An diesen Jahresschluß werde ich mein Leben lang denken! und wahrlich am wenigsten um meines individuellen äußern Schicksals willen. Die zwei großen Geistesvölker des jetzigen Kontinents sind in einer vollständigen Häutung ihrer ganzen Kultur begriffen, und was den Menschen vor Juli 1870 erfreute und interessierte, davon wird ihn 1871 ganz unendlich vieles nicht mehr berühren – aber ein sehr großes Schauspiel kann es abgeben, wenn dann unter vielen Schmerzen das Neue geboren wird.

Die Änderung im deutschen Geist wird so groß sein als die im französischen; zunächst wird überall der Klerus beider Konfessionen sich als den nächsten Erben der erschütterten Gemüter betrachten, allein es wird daneben bald ganz Anderes laut werden. Auch die Aktien des »Philosophen« steigen bald stark, während Hegel mit den diesjährigen Jubiläumsschriften als echter Jubilar seine definitive Retraite nehmen könnte.

Das Bedenklichste ist aber nicht der jetzige Krieg, sondern die Ära von Kriegen, in welche wir eingetreten sind, und auf diese muß sich der neue Geist einrichten. O wie vieles, das den Gebildeten lieb gewesen, werden sie als geistigen »Luxus« über Bord werfen müssen! und wie eigentümlich anders als wir sind wird das neue Geschlecht emporwachsen. Es kann geschehen, daß wir den Jüngern vorkommen wie die auf lauter Wohlleben eingerichteten französischen émigrés den Leuten erschienen, zu welchen sie geflüchtet waren.

Im Hauptquartier zu Versailles beginnt der erste Tag des Jahres 1871, an dem die neue Verfassung in Kraft tritt und damit das neu geschaffene Deutsche Reich Wirklichkeit wird, mit großem militärischem Zeremoniell, über das Oberstleutnant Bronsart von Schellendorff knapp berichtet:

Heute vormittag empfing der König im großen Schlosse von Versailles, in der »Salle des glaces« [*im Spiegelsaal*], sämtliche hier anwesenden Offiziere; er dankte uns in herzlichen Worten für alles, was geschehen, und sprach das vollste Vertrauen in die Zukunft aus. Trotz einer gewissen nicht zu verbergenden Bewegung in Ton und Stimme hatte seine Erscheinung doch etwas sehr Imponierendes. Aber welche Bedeutung liegt nicht auch darin, daß der Nachfahre des Großen Kurfürsten sein getreues Kriegsvolk in dem Schlosse Ludwigs XIV. zur Neujahrsgratulation empfängt!

Der Staatsrechtslehrer J. C. Bluntschli, obwohl Schweizer, ein leidenschaftlicher Befürworter der Einigung Deutschlands, trägt am 1. Januar 1871 in sein Tagebuch ein:

1. Januar – Deutschland ist nun eine große Weltmacht, zusammengeschmiedet mit Gewalt im Kriegsfeuer. Diese eiserne Periode gehört Bismarck; »Blut und Eisen« ist und bleibt sein Wahlspruch. – Die folgende Periode wird die geistige Entwickelung sein. Die läßt sich heute nur vorbereiten, nicht erreichen.

Am 6. Januar vertraut Bluntschli seinem Tagebuch seine Gedanken über die Zukunft Deutschlands an:

Deutschland wird in der nächsten Zeit stramm regiert. Solange Bismarck die Dinge besorgt, ist für eine liberale und ideale Natur innerhalb der Leitung kein Platz; und außerhalb derselben als Opposition keine Aussicht. Ich kann als Privater mehr wirken für die Zukunft als in der Eigenschaft eines Reichstagsmitglieds oder selbst als Mitglied des Bundesrats.

Auch Gustav Freytag beschäftigt sich mit der inneren Situation des deutschen Volkes. In einem Brief an Albrecht von Stosch schildert er die Reaktionen auf die Errichtung des Reiches und auf die Erneuerung der Kaiserwürde. Ihn bewegt vor allem Sorge um die zukünftige Haltung des deutschen Volkes:

Die Machthaber haben dem eigenen Volke gründlich imponiert, die Mehrzahl ist so glücklich, einmal stolz sein zu können, und ist dankbar dafür, und König Wilhelm und Bismarck können viele Orden stiften und bedenkliche Worte reden, ehe ihnen ein lauter Widerstand lästig werden wird. Dennoch glaube ich nicht an eine ruhige politische Zukunft. Es ist eine Aufregung ins Volk gekommen, welche sich überall geltend machen wird. Auch die heimkehrenden Soldaten bringen viel Unzufriedenheit mit. In einiger Zeit wird eine nicht starke, aber weitgehende Reaktion eintreten gegen die kriegerische Loyalität. Es ist unwahrscheinlich, daß die Junker den Patriotismus, den sie jetzt bewiesen, mit Bescheidenheit geltend machen werden, wenn es sich um Lohn und Anerkennung handelt; gegen sie, als Johanniter, Etappiers, Generale und Zivilbeamte wird's wohl zuerst losgehen. Außerdem wird die Konfusion in Kirchensachen neue Händel aufregen. An dauernden Frieden glaubt auch niemand. Im ganzen sind die Deutschen jetzt in einiger Gefahr, wie Leute, die schnell berühmt geworden sind, sich hochmütig und widerwärtig gegen Anverwandte zu gebärden.

Bundeskanzler von Bismarck und seine Mitarbeiter berühren in ihren, von Moritz Busch aufgezeichneten Gesprächen alle Probleme der gegenwärtigen Situation und der zukünftigen Entwicklung. Sie unterhalten sich am 10. Januar über Karl Marx, die Sozialdemokratie und die Beziehungen zwischen Deutschland und Frankreich. Bismarck macht dabei, wie Moritz Busch notiert, besorgte Andeutungen:

Bei Tische sprach man zuerst vom Bombardement, und der Chef meinte, die meisten Forts von Paris, der Mont-Valérien etwa ausgenommen, wollten nicht viel bedeuten, »kaum mehr

als die Schanzen bei Düppel«. Namentlich seien die Gräben
nur von geringer Tiefe. Ebenso sei die Enceinte [*Umschlie-
ßung*] früher schwach gewesen. Die Rede kam hiernach auf
die internationale Friedensliga und deren Zusammenhang mit
der Sozialdemokratie, als deren Haupt für Deutschland man
Karl Marx in London bezeichnete. Diesen nannte Bucher
einen gescheiten Kopf mit guter wissenschaftlicher Bildung
und den eigentlichen Führer der internationalen Arbeiterver-
bindung. Der Chef äußerte über die Friedensliga, ihre Bestrebungen seien bedenklicher Natur, und ihre Zielpunkte
bestünden in ganz andern Dingen als im Frieden. Es ver-
steckte sich der Kommunismus dahinter. »Ja«, schloß er, »aber
gewisse hohe Herrschaften haben davon noch heute keinen
Begriff. Ausland und Friede!«

*Die erste Kammer Bayerns, die Kammer der Reichsräte
der Krone Bayerns, hat am 30. Dezember 1870 mit 37 gegen
3 Stimmen den Vertrag über den Beitritt Bayerns zum Deutschen Bund gebilligt. Die Prinzen des Königlichen Hauses, die
Erzbischöfe und Bischöfe und die Vertreter des Hochadels
haben dafür gestimmt. In der zweiten Kammer, der Kammer
der Abgeordneten, ist die Annahme des Vertrages jedoch
zweifelhaft. Vom 11. bis zum 21. Januar dauert die Debatte,
die zur größten Redeschlacht der Volksvertretung Bayerns
wird. Der Verfassungsausschuß bestellt als Referenten den
Archivar und Publizisten Joseph Edmund Jörg, der bereits
vorher zu erkennen gegeben hat, daß er den Beitritt Bayerns
zu dem neuen Deutschen Reich nicht nur ablehnt, sondern
mit allen Mitteln bekämpft. Der Verfassungsausschuß selbst
spricht sich mit 12 gegen 3 Stimmen gegen die Verträge aus.
Die Mitglieder des Gesamtministeriums, vornehmlich die Minister Bray-Steinburg, Lutz und Pranckh, die der bayerischen
Delegation in Versailles angehört haben, setzen sich leidenschaftlich für die Annahme der Verträge ein. Sie stoßen auf
den erbitterten Widerstand einer Gruppe der später in der
Zentrumspartei aufgegangenen Bayerischen Patriotenpartei.
Ihr Sprecher, Jörg, legt am 11. Januar 1871 die Gründe der
Ablehnung des Beitritts Bayerns in das Deutsche Reich dar:*

Ich habe wiederholt den Ausdruck »Mediatisierung« gebraucht. Habe ich vielleicht zuviel gesagt? Bis in die Zeit vor dem Kriege und bis in den Monat Dezember hinein war es ein von der königlichen Staatsregierung festgehaltenes Prinzip der bayerischen Politik, daß der Nordbund »eine so entschiedene Hinneigung zum Einheitsstaat« bekunde, daß ein Zutritt Bayerns ohne wesentliche Änderungen an der Verfassung dieses Bundes – d. h. ohne Änderungen, welche geeignet wären, die Hinneigung zum Einheitsstaat, die unitarische Tendenz abzustumpfen – schlechterdings unmöglich wäre. Solche Änderungen an der Nordbundverfassung sind durch die vorliegenden Verträge nicht erreicht. Man hat uns wesentliche Änderungen dieser Art nirgends zu zeigen vermocht.

Mit vollem Recht ist vielmehr darauf hingewiesen worden, daß die Opfer an Rechten und Freiheiten unseres Volkes, die uns durch die vorliegenden Verträge zugemutet werden, nicht bloß gebracht werden müßten zugunsten eines mit Naturgewalt werdenden Einheitsstaates, sondern vor allem auch zugunsten der absoluten Militärmonarchie Preußen.

Meine Herren, in meinem gedruckten Gutachten habe ich dargelegt, daß durch die vorliegende Verfassung »nach zwei Seiten hin Zustände der Nordbundverfassung in die Deutsche Bundesverfassung herübergenommen seien, in welchen der Ausfluß des absolutistischen Geistes und das charakteristische Merkmal des Militärstaats nicht zu verkennen seien«. Der sehr verehrte Herr Referent der I. Kammer hat in ähnlicher Weise erklärt: »in den Bestimmungen der Bundesverfassung, aufgrund deren die von den einzelnen Regierungen aufzugebenden Rechte nicht auf den Bundesrat und den Reichstag, sondern zum größten und wichtigsten Teil auf die Krone Preußens übertragen würden, müsse eine effektive Herabminderung des Maßes bürgerlicher Freiheit, dessen sich bis jetzt die süddeutschen Staaten erfreuen, müsse – um es offen auszusprechen – die Grundlage einer absolutistisch-militärischen Hegemonie erblickt werden«.

Nach alledem frage ich mich zum drittenmal, was hat die Zwangslage geschaffen, was hat die königliche Staatsregierung genötigt, den gewaltigen Schritt zu tun bis zur Annahme die-

ser Verträge, vor deren Inhalt manchem auf der rechten Seite
des Hauses innerlich graut?

Wir haben im Ausschusse alles getan, um auf diese Frage
eine Antwort zu erhalten. Und wir haben sie erhalten. Aber
alles, was wir darüber gehört haben, läuft darauf hinaus: ja,
es sei wahr, eine Gefahr von außen habe uns nicht gezwungen,
auf das Vertragswerk einzugehen, sondern die Zwangslage sei
geschaffen worden durch die »innere Agitation«, sie sei geschaffen worden durch die innere Zersetzung, die in unserm
unglücklichen Lande maßlos um sich gegriffen habe und die es
unmöglich mache, daß unser Land von nun an eine selbständige Stellung behalte.

*Vor der Abstimmung am 21. Januar beschwört Jörg die
Kammer der Abgeordneten:*

Gelingt es uns, meine Herren, gelingt es uns, im letzten
Augenblick noch das Unheil abzuwenden und die freie, berechtigte Staatsexistenz Bayerns innerhalb der deutschen Nation zu retten, dann, meine Herren, haben wir ein Werk getan, von dem ich offen gestehe, durch unsere bisherige Haltung
haben wir es nicht verdient. Gelingt es uns aber nicht, muß
die freie, berechtigte Selbständigkeit und Staatsexistenz Bayerns innerhalb der deutschen Nation untergehen, nun, dann
wird nur allzubald und allzureichlich das Volk, das ich meine,
Gelegenheit haben, derjenigen Männer in Ehren zu gedenken,
die bis auf den letzten Punkt sich gesträubt haben, diesem
Volk neue Lasten und neue Leiden aufzuladen. Ja, dieses
unser bayerisches Volk und das ganze süddeutsche Volk hat
nicht eine militärische Vergangenheit hinter sich, wie das norddeutsche, das preußische schon seit hundert Jahren. Dieses
Volk ist für den Frieden geboren, es ist den Frieden gewohnt,
und es wird unendlich bitter fühlen, was es heißt, das dienen-
de Glied eines großen Militärnationalstaates zu sein.

Aber ich will Sie nicht länger aufhalten. Ich wiederhole:
Wir können nicht, was Sie von uns verlangen. Berufen Sie sich
an das Volk, es möge andere Hände schicken. Die unsrigen
beben zurück, sie werden das Grab nicht graben, wie man es
von uns verlangt.

Stimmen Sie gegen die Verträge! Ich bitte Sie darum! (Bravo rechts.)

Bei der Abstimmung am 21. Januar sprechen sich 102 Abgeordnete für und 48 Abgeordnete gegen den Vertrag aus. Das Ergebnis kommt zustande, da Hof, Regierung, aber auch der Klerus und die öffentliche Meinung auf die Abgeordneten der Bayerischen Patriotenpartei, die in der Kammer der Abgeordneten über die absolute Mehrheit verfügt, einen wachsenden Druck ausüben. Ihre Fraktion spaltet sich; ein Teil stimmt dem Vertrag zu, wodurch die erforderliche Zweidrittelmehrheit erreicht wird. – In Versailles, wo bereits am 18. Januar der Kaiser des neuen Deutschen Reiches proklamiert worden ist, wird die Nachricht dankbar aufgenommen. Moritz Busch notiert am 21. Januar:

Abends waren beim Diner Voigts-Rhetz, Fürst Putbus und der bayrische Graf Berchem Gäste des Kanzlers. Der Bayer hat die angenehme Kunde überbracht, daß die Versailler Verträge in der Münchner zweiten Kammer mit zwei Stimmen über die erforderliche Zweidrittelmajorität durchgegangen sind. Das Deutsche Reich ist also in aller Form fertig.

Der Chef forderte mit Bezug auf diese Tatsache die Gesellschaft auf, die Gesundheit des Königs von Bayern zu trinken, »der die Sache doch eigentlich zu gutem Ende gebracht hat«. – »Ich dachte immer – so setzte er hinzu –, daß wir damit durchkommen würden, wenn auch nur mit einer Stimme; auf zwei hätte ich nicht gehofft. Die letzten guten Nachrichten vom Kriegsschauplatze werden auch dazu beigetragen haben.«

Kaiserproklamation – eine Art Hausandacht

Am 1. Januar 1871 wird das Deutsche Reich in Kraft gesetzt. Wilhelm I. befiehlt am 3. Januar Bismarck, zu den Formfragen der Kaiserwürde eingehend Stellung zu nehmen. Am 5. Januar kommt Bismarck dieser Aufforderung nach und präzisiert seine Vorstellungen über Titel, Wappen, Armee, Siegel und Courtoisie:

1. Titel: Der Eingang des Artikels 11 der neuen Verfassung lautet: »Das Präsidium des Bundes steht dem Könige von Preußen zu, welcher den Namen Deutscher Kaiser führt.«

Bei den Verhandlungen, welche über diesen Artikel zwischen den Bevollmächtigten der deutschen Regierungen stattfanden, wurde statt des Namens »Deutscher Kaiser« der Name »Kaiser von Deutschland« in Vorschlag gebracht. Dieser Vorschlag fand bei dem bayrischen Bevollmächtigten Bedenken, weil er sich von der Form entfernte, welche in dem den deutschen Fürsten und freien Städten mitgeteilten Schreiben Seiner Majestät des Königs von Bayern an Eure Königliche Majestät für die Bezeichnung der Kaiserwürde gewählt war. Diese Form, nämlich der Ausdruck »Deutscher Kaiser«, ist hierauf in die Verfassung übergegangen, zugleich in der Erwägung, daß die in ihr enthaltene Hinweisung auf die Nation dem obwaltenden staatsrechtlichen Verhältnis mehr entspricht als die in dem Ausdruck »Kaiser von Deutschland« enthaltene Hinweisung auf das Gebiet. – Der verfassungsmäßige Name »Deutscher Kaiser« dürfte daher auch für den Titel zu wählen sein, und zwar ohne die nähere Bezeichnung »erwählter«. Diese der Verfassung fremde Bezeichnung könnte das Mißverständnis hervorrufen, als handle es sich, wie zu den Zeiten des alten Reiches, um ein Wahlkaisertum, während doch zu den wesentlichen Vorzügen der wiederhergestellten vor der alten Kaiserwürde die Erblichkeit derselben in Euerer Königlichen Majestät Allerhöchstem Hause und die Unzertrennlichkeit derselben von der Krone Preußen gehört. Ich erlaube mir daher für den Titel in Reichsangelegenheiten folgende Form: Wir Wilhelm, von Gottes Gnaden Deutscher Kaiser, König von Preußen alleruntertänigst in Vorschlag zu bringen.

Die Voranstellung des Kaiserlichen vor den Königlichen Titel muß ich deshalb empfehlen, weil die von der Wiederherstellung der Kaiserwürde zu erwartende politische Wirkung im mittleren und südlichen Deutschland beeinträchtigt werden würde, wenn die Allerhöchste Autorität in Reichsangelegenheiten durch Voranstellung des preußischen Königtums im Titel als von letzterem ausgehend erschiene.

Daß Ihre Majestät die Königin den Kaiserlichen Titel mit Euerer Majestät teilt, ist die Konsequenz anerkannter Rechtsgrundsätze.

Für den Titel Seiner Königlichen Hoheit des Kronprinzen weiß ich eine andere Hindeutung auf die Erbfolge in der Kaiserwürde nicht in Vorschlag zu bringen als das Prädikat: »Kaiserliche und Königliche Hoheit« unter Beibehaltung des Titels: Kronprinz von Preußen, ein Prädikat, welches auch Ihrer Königlichen Hoheit der Frau Kronprinzessin zustehen würde.

Gegen die von Euerer Königlichen Majestät beabsichtigte Beschränkung dieses Prädikats auf Seine Königliche Hoheit den Kronprinzen und Höchstdessen Gemahlin habe ich vom politischen Standpunkte Bedenken nicht zu erheben. Sollte weitere Erwägung derselben noch herbeigeführt werden, so würde ich die Vernehmung Allerhöchstdero Hausministers über diesen Punkt Allerhöchstderselben ehrfurchtsvoll anheimstellen.

Mit diesen Darlegungen ist Wilhelm I. nur teilweise einverstanden. Er stößt sich vor allem an dem von Bismarck vorgeschlagenen Titel »Deutscher Kaiser«. Drei Bezeichnungen werden erörtert: Kaiser der Deutschen, Kaiser von Deutsch-

land und Deutscher Kaiser. Die von der Frankfurter Natio-
nalversammlung 1848/49 verabschiedete Verfassung des Deut-
schen Reiches vom 23. März 1849 hat den Titel »Kaiser der
Deutschen« vorgesehen, eine Nachbildung der napoleonischen
Kaiserformel »Empereur des Français« und auch der belgi-
schen Königsformel »Roi des Belges«. Der Titel »Kaiser von
Deutschland« bringt eine Gebietsbezogenheit zum Ausdruck.
Er hätte die staatsrechtliche Einheit des Reichsgebietes be-
deutet, die nicht bestanden hat. Auch wäre er unitaristisch-
zentralistisch gedeutet worden, was Bismarck unter allen Um-
ständen vermeiden will. Er tritt deshalb von Anfang an für
den Titel »Deutscher Kaiser« ein, der sprachlich mit dem Titel
»Römischer Kaiser« verwandt ist. Bismarck führt aber auch
an, daß der Titel »Deutscher Kaiser« im Brief König Ludwigs
II. enthalten und aufgrund der Beschlüsse vom 9./10. Dezem-
ber 1870 in die Verfassung aufgenommen worden ist. Damit
ist jedoch Wilhelm I. nicht einverstanden; er gibt dem Titel
»Kaiser von Deutschland« den Vorzug. Die Auseinandersetz-
zungen darüber zwischen König und Reichskanzler überschat-
ten den Tag der Kaiserproklamation. Der Zeitpunkt wird
unter Berücksichtigung der preußischen Tradition festgelegt.
Am 13. Januar notiert Moritz Busch:

Bei Tische ist der Regierungspräsident von Ernsthausen, ein
starker, noch junger Herr zugegen, desgleichen der Chef, der
indes, da er beim Kronprinzen speisen soll, bloß bis zum
Varziner Schinken dableibt, von dem er sagt: »Geben Sie den
nur, wenn ich dabei bin, der muß unter meiner Mitwirkung
verzehrt werden – mit Heimatgefühl.« Zu Ernsthausen bemerkte er: »Ich bin zum Kronprinzen eingeladen. Vorher
aber habe ich noch eine wichtige Besprechung, deshalb stärke
ich mich jetzt für die.« – »Heute haben wir den 13. und auch
Freitag. Sonntag, der 15., der 18. ist also Mittwoch. Da haben
wir das Ordensfest, und da könnte man die Proklamation an
das deutsche Volk (wegen Kaiser und Reich, eine Proklamation, die nach Bucher in der Arbeit ist) erlassen. – Der König
hat (zu Ernsthausen gewandt) noch seine Bedenken wegen
Deutscher Kaiser oder Kaiser von Deutschland. Er ist mehr

für das letzte. Mir scheint nicht viel Unterschied zu sein zwischen beiden Titeln.

Das Widerstreben Wilhelms I. gegen den Titel »Deutscher Kaiser« veranlaßt Bismarck, am 14. Januar in einem Immediatbericht seine Bedenken gegen die Formulierung »Kaiser von Deutschland« zusammengefaßt vorzutragen:

Diese Bedenken beziehen sich zunächst auf den Titel. Euere Königliche Majestät wollen eine Darlegung der Gründe huldreichst gestatten, aus welchen ich den Antrag wiederholen muß, daß der Titel »Deutscher Kaiser« angenommen werde.

Die Grundlage der Annahme des Titels durch Ew. Majestät bilden zunächst die Erklärungen der deutschen Fürsten.

Der Antrag in dem von des Königs von Bayern Majestät unterm 30. November v. J. an Euere Königliche Majestät gerichteten Schreiben lautet: daß die Ausübung der Präsidialrechte des Bundes mit der Führung des Titels eines Deutschen Kaisers verbunden werde.

Der in diesem Antrage vorgeschlagene Titel schließt sich an die Traditionen des alten Reiches an. Der amtliche Titel der Deutschen Kaiser bis zu Maximilian I. lautete, solange sie noch nicht in Rom gekrönt waren, »erwählter römischer König«, nach ihrer Krönung in Rom »römischer Kaiser«; von Maximilian I. an nannten sie sich »erwählter römischer Kaiser«. Den Titel »erwählter römischer König« führten sie von dieser Zeit an während des zwischen ihrer Wahl und der Krönung in Frankfurt a. M. liegenden Zeitraums; den nämlichen Titel führten die zu Lebzeiten des Kaisers gewählten Nachfolger im Reiche.

Der Antrag Seiner Majestät des Königs von Bayern, in dem er sich darauf beschränkt, die den Verhältnissen nicht mehr entsprechende Bezeichnung »römisch« durch die zutreffende Bezeichnung »deutsch« zu ersetzen, entfernt sich so wenig als möglich von der Form des Titels, welchen die großen Kaiser des Mittelalters geführt haben, während der Titel »Kaiser von Deutschland« niemals geführt worden ist.

Bei Erteilung ihrer Zustimmung zu dem von Seiner Majestät dem Könige von Bayern gestellten Antrage haben sich

den vorstehend wiedergegebenen Vorschlag ausdrücklich an-
geeignet: Seine Majestät der König von Württemberg, Ihre
Königlichen Hoheiten die Großherzöge von Hessen und von
Mecklenburg-Strelitz, Seine Hoheit der Herzog von Braunschweig, Ihre Durchlauchten die Fürsten von Waldeck, von
Schwarzburg-Rudolstadt, von Schwarzburg-Sondershausen
und von Reuß jüngerer Linie sowie die Senate der drei freien
Städte. Dem Antrage Bayerns, ohne auf dessen einzelne
Punkte näher einzugehen, haben zugestimmt: Seine Majestät
der König von Sachsen, Seine Königliche Hoheit der Großherzog von Mecklenburg-Schwerin und Seine Durchlaucht der
Fürst von Schaumburg-Lippe. Die übrigen Souveräne, nämlich Ihre Königlichen Hoheiten die Großherzöge von Baden,
von Sachsen und von Oldenburg, Ihre Hoheiten die Herzöge
von Sachsen-Meiningen, Sachsen-Altenburg, Sachsen-Coburg-
Gotha und Anhalt und Ihre Durchlauchten die Fürsten von
Reuß älterer Linie und zur Lippe, sprachen ihre Zustimmung
mit der »Wiederherstellung der Deutschen Kaiserwürde« beziehungsweise mit der »Verbindung des deutschen Kaisertitels« mit dem Bundespräsidium aus. Die Mehrzahl der Souveräne und die freien Städte haben daher ihr Einverständnis
mit dem von Bayern vorgeschlagenen Titel ausdrücklich ausgesprochen.

Dieser Titel ist sodann, unter einhelliger Zustimmung sämtlicher deutscher Regierungen, in die neue Bundesverfassung
übergegangen, welche vom Norddeutschen Reichstage und
von den Landesvertretungen in Württemberg, Baden und
Hessen angenommen, von Euerer Königlichen Majestät und
den übrigen beteiligten Souveränen, mit Ausnahme Seiner
Majestät des Königs von Bayern, ratifiziert, in ganz Deutschland, mit Ausnahme Bayerns, verkündet und mit dem 1. d. M.
in gesetzliche Wirksamkeit getreten ist.

Bei dieser sachlichen und rechtlichen Lage halte ich den
Titel »Deutscher Kaiser« für den einzigen, welcher dem historischen Hergange und dem verfassungsmäßigen Zustande entspricht und deshalb auch für den einzigen, zu dessen Annahme
ich vom politischen Standpunkte aus Euerer Königlichen Majestät raten kann.

Allerhöchstderselben ist die Lage bekannt, in welcher sich die deutsche Frage in Bayern befindet. Ob das Abgeordnetenhaus die Verträge annehmen oder ob seine Auflösung und eine Neuwahl notwendig werden wird, ist sehr zweifelhaft. Wird eine Neuwahl notwendig, so liegt es in unserem Interesse, den Gegnern der deutschen Sache jede Waffe zur Verdächtigung unserer Absichten zu entziehen. Diesem Interesse würde die Annahme des Titels »Kaiser von Deutschland« nach meiner Überzeugung nicht entsprechen. Dieser Titel weist auf ein Staatsgebiet hin und enthält einen Anspruch auf eine Landeshoheit, welche in den dem Kaiser zustehenden Rechten nicht enthalten ist. Seine Annahme, abweichend von der Verfassung des neuen wie von den Traditionen des alten Reichs, würde daher der Mißdeutung ausgesetzt sein, als seien Euere Königliche Majestät gesonnen, aus dem Titel Hoheitsrechte herzuleiten, welche die Verfassung dem Kaiser nicht überträgt.

Ich kann daher für den Titel nur die Form: Wir Wilhelm, von Gottes Gnaden Deutscher Kaiser, König von Preußen wiederholt alleruntertänigst in Vorschlag bringen.

Die Meinungsverschiedenheit über den Titel zwischen Wilhelm I. und Bismarck ist kein Grund, die geplante Kaiserproklamation abzusetzen oder zu verschieben. Der Hofmarschall des Kronprinzen Friedrich Wilhelm richtet am 15. Januar an den »Geschichtsmaler von Werner, Karlsruhe« folgendes Telegramm:

S. K. H. der Kronprinz läßt Ihnen sagen, daß Sie hier etwas Ihres Pinsels Würdiges erleben würden, wenn Sie vor dem 18. Januar hier eintreffen können.

Die Tischgespräche Bismarcks beschäftigen sich am 16. Januar mit dem Fest des Preußischen Schwarzen Adler-Ordens am 18. Januar, dem Tag der Krönung des ersten preußischen Königs Friedrich I. 1701 in Königsberg. Moritz Busch notiert:

Beim Diner sind Fürst Pleß und Maltzahn als Gäste zugegen. Man erfährt da, daß die Proklamation an das deutsche Volk übermorgen beim Ordensfeste, das im Spiegelsaale des

hiesigen Schlosses stattfinden wird, verlesen werden soll. Der
König wird in glänzender Versammlung dort zum Kaiser ausgerufen werden. Truppendeputationen mit Fahnen, die Generalität, der Bundeskanzler und eine Anzahl Fürstlichkeiten
werden dabei sein.

*Am gleichen Tag, am 16. Januar, schreibt Kriegsminister
von Roon an seine Frau, eine Schwester des Divisionspredi-
gers Bernhard Rogge:*

Soeben trat Dein Bruder B[*ernhard*] bei mir ein. Er ist vom
Könige herberufen, um die am 18. d. M. bevorstehende Proklamation des Kaisertitels mit einem religiösen Akte einzuleiten. Wiewohl der 18. Januar als Preußischer Krönungstag
freilich als sehr geeignet betrachtet werden kann, um auch als
fernere Etappe für die weitere historische Entwicklungsphase
unserer Preußischen Königsherrlichkeit zu dienen, so hätte ich
es doch lieber gesehen, wenn man mit der Proklamation bis
zum endgültigen Siege über Paris gewartet hätte. Aber ich bin
ein alter Mann, und die strebenden jüngeren Potenzen mögen
vielleicht recht haben mit dem von ihnen beliebten Tempo.

*Am Tage vor der Kaiserproklamation kommt es zu einer
heftigen Kontroverse zwischen Wilhelm I. und Bismarck,
worüber dieser in seinen »Gedanken und Erinnerungen« berichtet:*

In der Schlußberatung am 17. Januar lehnte er die Bezeichnung Deutscher Kaiser ab und erklärte, er wolle Kaiser von
Deutschland oder gar nicht Kaiser sein. Ich hob hervor, wie
die adjektivische Form Deutscher Kaiser und die genitivische
Kaiser von Deutschland sprachlich und zeitlich verschieden
seien. Man hätte Römischer Kaiser, nicht Kaiser von Rom
gesagt; der Zar nenne sich nicht Kaiser von Rußland, sondern
Russischer, »gesamtrussischer« (wserossiski) Kaiser. Das Letztere bestritt der König mit Schärfe, sich darauf berufend, daß
die Rapporte seines russischen Regiments Kaluga stets »prus-
komu« adressiert seien, was er irrtümlich übersetzte. Meiner
Versicherung, daß die Form der Dativ des Adjektivums sei,
schenkte er keinen Glauben und hat sich erst nachher von sei-

ner gewohnten Autorität für russische Sprache, dem Hofrat Schneider, überzeugen lassen. Ich machte ferner geltend, daß unter Friedrich dem Großen und Friedrich Wilhelm II. auf den Talern Borussorum, nicht Borussiae rex erscheine, daß der Titel Kaiser von Deutschland einen landesherrlichen Anspruch auf die nichtpreußischen Gebiete involviere, den die Fürsten zu bewilligen nicht gemeint wären; daß in dem Schreiben des Königs von Bayern in Anregung gebracht sei, daß die »Ausübung der Präsidialrechte mit Führung des Titels eines Deutschen Kaisers verbunden werde«; endlich daß derselbe Titel auf Vorschlag des Bundesrates in die neue Fassung des Artikels 11 der Verfassung aufgenommen sei.

Die Erörterung ging über auf den Rang zwischen Kaisern und Königen, zwischen Erzherzögen, Großherzögen und preußischen Prinzen. Meine Darlegung, daß den Kaisern im Prinzip ein Vorrang vor Königen nicht eingeräumt werde, fand keinen Glauben, obwohl ich mich darauf berufen konnte, daß Friedrich Wilhelm I. bei einer Zusammenkunft mit Karl VI., der doch dem Kurfürsten von Brandenburg gegenüber die Stellung des Lehnsherrn hatte, als König von Preußen die Gleichheit beanspruchte und durchsetzte, indem man einen Pavillon erbauen ließ, in den die beiden Monarchen von den entgegengesetzten Seiten gleichzeitig eintraten, um einander in der Mitte zu begegnen.

Die Zustimmung, welche der Kronprinz zu meiner Ausführung zu erkennen gab, reizte den alten Herrn noch mehr, so daß er auf den Tisch schlagend sagte: »Und wenn es so gewesen wäre, so befehle ich jetzt, wie es sein soll. Die Erzherzöge und Großherzöge haben stets den Vorrang vor den preußischen Prinzen gehabt, und so soll es ferner sein.« Damit stand er auf, trat an das Fenster, den um den Tisch Sitzenden den Rücken zuwendend. Die Erörterung der Titelfrage kam zu keinem klaren Abschluß; indessen konnte man sich doch für berechtigt halten, die Zeremonie der Kaiserproklamation anzuberaumen, aber der König hatte befohlen, daß nicht von dem Deutschen Kaiser, sondern von dem Kaiser von Deutschland dabei die Rede sei.

Angesichts dieser Auseinandersetzung sucht Bismarck am Morgen des 18. Januar Großherzog Friedrich von Baden auf, um mit ihm als dem ranghöchsten der in Versailles anwesenden Fürsten den Titel des Kaisers zu erörtern:

Diese Sachlage veranlaßte mich, am folgenden Morgen, vor der Feierlichkeit im Spiegelsaale, den Großherzog von Baden aufzusuchen als den ersten der anwesenden Fürsten, der voraussichtlich nach Verlesung der Proklamation das Wort nehmen würde, und ihn zu fragen, wie er den neuen Kaiser zu bezeichnen denke. Der Großherzog antwortete: »Als Kaiser von Deutschland, nach Befehl Sr. Majestät.« Unter den Argumenten, welche ich dem Großherzoge dafür geltend machte, daß das abschließende Hoch auf den Kaiser nicht in dieser Form ausgebracht werden könne, war das Durchschlagendste meine Berufung auf die Tatsache, daß der künftige Text der Reichsverfassung bereits durch einen Beschluß des Reichstags in Berlin präjudiziert sei. Die in seinen konstitutionellen Gedankenkreis fallende Hinweisung auf den Reichstagsbeschluß bewog ihn, den König noch einmal aufzusuchen. Die Unterredung der beiden Herrn blieb mir unbekannt, und ich war bei Verlesung der Proklamation in Spannung. Der Großherzog wich dadurch aus, daß er ein Hoch weder auf den Deutschen Kaiser noch auf den Kaiser von Deutschland, sondern auf den Kaiser Wilhelm ausbrachte. Se. Majestät hatte mir diesen Verlauf so übelgenommen, daß er beim Herabtreten von dem erhöhten Stande der Fürsten mich, der ich allein auf dem freien Platze davor stand, ignorierte, an mir vorüberging, um den hinter mir stehenden Generalen die Hand zu bieten, und in dieser Haltung mehrere Tage verharrte, bis allmählich die gegenseitigen Beziehungen wieder in das alte Geleise kamen.

Den genauen Verlauf der Kaiserproklamation hat 25 Jahre später der Hofbuchhändler und Hofdrucker Theodor Toeche-Mittler im ersten Beiheft zum »Militär-Wochenblatt« 1896 eingehend beschrieben. Seine Darstellung ist die zuverlässigste Schilderung der Kaiserproklamation. Sie enthält ein Namensverzeichnis aller, die an der Festversammlung zur Kaiser-

proklamation teilgenommen haben, und einen Grundriß der
Festräume. Im Mittelpunkt steht die Beschreibung der Kaiser-
proklamation, an der Toeche-Mittler teilgenommen hat:

In der Stunde vor Beginn des Festes sammelten sich auf der
Avenue de Paris alle dienstfreien Mannschaften sämtlicher
Waffengattungen, ihren Kriegsherrn auf seiner Fahrt zu begrüßen. Ein Kommandanturbefehl hatte ihnen freigegeben,
sich, ohne an einen bestimmten Platz gebunden zu sein, im
Ordonnanzanzuge auf dieser breiten Allee zu bewegen, und
zwar auf der Strecke von der Präfektur bis zur Place d'Armes
das Königs-Grenadier-Regiment, die Korpsartillerie und die
Jäger, auf der Place d'Armes selbst bis zum Gitter der Cour
d'Honneur das 47. Regiment, die Dragoner und die zum
Sanitäts-Detachement und anderwärts Kommandierten. Die
ursprüngliche Absicht, die Garnison Spalier bilden zu lassen,
damit zwischen ihren Reihen und von ihrem Zuruf geleitet
der König den Weg zum und vom Schloß zurücklegte, hatte
man wieder aufgegeben, da der drohende Ausfall der Pariser
Armee und der ausgedehnte Wachdienst die Truppen möglichst zusammenzuhalten geboten.
Kurz vor Mittag verließ der Kronprinz, den Chef des
Generalstabes seiner Armee, den Generalleutnant v. Blumen-
thal, an seiner Seite, zu Wagen die Villa des Ombrages und
fuhr, gefolgt von seinen Adjutanten, voran die zu seinem
Hauptquartier kommandierten Feldgendarmen, Preußen,
Württemberger, Badener und Bayern, und geleitet von einem
Zuge seines 2. Schlesischen Dragoner-Regiments Nr. 8, aufs
Schloß, wo er in die Säulenhalle, von der aus die Marmor-
treppe aufsteigt, eintrat, um hier seinen Königlichen Vater zu
empfangen. Da es ihm aber oblag, die Festanordnungen zu
leiten, so eilte er vorsorglich zunächst die Treppe hinauf, vom
Vorsaal aus die lebhaft bewegte festliche Versammlung in der
Spiegelgalerie zu überschauen. Hochaufgerichtet, das Auge
freudig auf das bunte Bild vor ihm geheftet, in jugendlicher
Kraft und Schönheit und in fürstlicher Hoheit stand er eine
kurze Zeit da, bis ihm das Nahen seines Vaters gemeldet
wurde.

Um 12 Uhr verkündeten die weithin rollenden Hurrarufe, die von dem Schloßhofe her drangen, der Festversammlung die Ankunft des Königs. In seinem mit vier Rappen bespannten einfachen offenen Wagen à la Daumont, den er zu den täglichen Ausfahrten benutzte, hatte der König auch diesen Weg zurückgelegt. Voran ritten hinter zwei Vorreitern der persönliche Stallmeister Rieck, rechts vom Wagenschlage der Oberhofmarschall Graf v. Pückler in der Generalsuniform, links der Vizeoberstallmeister v. Rauch in seiner Dienstuniform. Den Zug geleiteten zwölf Mann der Kavallerie-Stabswache.

Eine feierliche Auffahrt wie sonst zu Krönungsfesten konnte an diesem glorreichsten all dieser Jahresfeste des Hohenzollernhauses freilich nicht stattfinden. Zwischen Kriegsfuhrwerk, Proviantladungen und Viehzutrieb, durch den lebhaften städtischen Verkehr hindurch, der am Markttage herrschte, nahm der Königliche Wagen seinen Weg zur Feststätte, dem französischen Königsschloß. Von fern her sandten die Geschütze des Mont-Valérien und der lebhaft auf St. Cloud feuernden Batterien ihren grollenden Donner. Deutscherseits wurde die Beschießung an diesem Festtage nur mäßig fortgesetzt.

Sobald der König den Wagen verlassen hatte, wandte er sich zur Ehrenwache seines Grenadier-Regiments, schritt unter den Klängen der Regimentsmusik deren Front ab und blieb nahe dem Standbilde des großen Condé vor der Fahne stehen. Es war die Fahne, die Major v. Kaisenberg im Gefecht von Weißenburg dem zu Tode verwundeten Fahnenträger abgenommen hatte und mit der er auf den Feind, in den Tod gestürmt war; in seiner Hand war die Fahnenstange mitten entzweigeschossen worden. Der tapfere Bataillonskommandeur und zwei Offiziere nach ihm waren, diese Fahne in der Hand, in jenem siegreichen, aber mörderischen ersten Gefechte des großen Krieges in den Tod gesunken. Nur die obere Hälfte mit dem in Fetzen zerschossenen Fahnentuch hielt jetzt der Fahnenträger. Der König nahm die Fahne, betrachtete sie und bemerkte, daß das Blut ihrer Verteidiger noch am Schafte sichtbar sei. »Halte sie ja immer hoch!« mahnte er den Fah-

nen-Unteroffizier und befahl sodann, daß sie sogleich in den
Spiegelsaal zu den anderen Fahnen getragen werde.

Geleitet von seinem Sohne betrat der König die Anticham-
bre de la Reine, die hier versammelten fürstlichen Herrschaften zu begrüßen. Inzwischen wurde die Fahne der Ehrenwache vom Schloßhofe in die Mitte der Stufenbühne nach der
Spiegelgalerie gebracht, und auch die Regimentsmusik begab
sich durch den Seitenflur in den Festsaal.

Nach kurzem Aufenthalt meldeten die beiden Hofmarschälle, daß alles bereit sei, und von ihnen geleitet betrat der
König die Galerie. Er trug die Uniform seines 1. Garde-Regi-
ments zu Fuß mit dem Bande des Schwarzen Adler-Ordens
und geschmückt mit allen Kriegsorden, Kriegs-Ehrenzeichen
und -Denkmünzen. Bei seinem Eintritt ertönte, vom Solda-
ten-Sängerchor unter Leitung des Musikdirektors Goldschmidt
mit volltönender, wohlklingender Stimme vorgetragen, der
auf Wunsch des Königs gewählte 66. Psalm (Dank gegen Gott
für die wunderbare Führung seines Volks): »Jauchzet Gott,
alle Lande! Lobsinget zu Ehren seinem Namen; rühmet ihn
herrlich! Sprechet zu Gott: Wie wunderbar sind Deine Werke!
Es wird Deinen Feinden fehlen vor Deiner großen Macht.
Alles Land bete Dich an und lobsinge Dir, lobsinge Deinem
Namen.«

Der König war in das Halbrund gegenüber dem Altar getreten, er trug den Helm in der linken Hand, verbeugte sich
gegen die Geistlichkeit und ließ, während er den weißen
Schnurrbart strich, seinen Blick über die Versammlung gleiten.
Die Fürsten ordneten sich hinter ihm. Die beiden Flügelpunk-
te des offenen Halbrunds nahmen rechts der Kronprinz, links
Graf Bismarck ein. Das Gefolge des Königs füllte die ganze
Breite des Ganges auf der ersten Hälfte des Saales, bis nahe
an den Altar.

Der Festordnung für die kirchliche Feier folgend, deren
Text, in lateinischen Buchstaben französischen Schnittes von
der Imprimerie Beau, Rue de l'Orangerie 36, gedruckt, am
Eingang zur Galerie verteilt worden war, fiel die Versammlung nach beendetem Chorgesang mit dem von den drei Musikkorps begleiteten, gemeinsamen Choralgesange ein:

> Sei Lob und Ehr dem höchsten Gut,
> Dem Vater aller Güte,
> Dem Gott, der große Wunder tut,
> Dem Gott, der mein Gemüte
> Mit seinem reichen Trost erfüllt,
> Dem Gott, der allen Jammer stillt:
> Gebt unserm Gott die Ehre!

Kräftig war dieser schöne Choral erklungen, war doch ein jeder von dem Ernst, der Größe dieses Festes ergriffen. Der König stand, gesenkten Blickes, den er auch während der ganzen folgenden Predigt nicht aufschlug, inmitten seiner Getreuen in Rat und Tat, derjenigen, die das Vaterland stark, einig, kampfbereit zu machen, und derer, die Siege ohne gleichen zu erfechten ihm geholfen. Sie alle aber umfing die Prachthalle, in der der selbstbewußteste aller Herrscher, Ludwig XIV., seine Feste gefeiert und die Huldigungen der Völker angenommen hatte. Dort in der Mitte, hinter dem König, hatte sein Thronsessel gestanden. Wann aber hätten ihn, den Roi soleil, je so zahlreiche erlauchte Fürsten und verdiente Heerführer und Staatsmänner, so tapfere Krieger, alle einmütig in der Liebe zum Vaterlande, wie dieser Tag sie hier versammelte, umgeben?

Von all den Deckengemälden, die Ludwigs Triumphe verherrlichten, zog das stolzeste und größte gerade in der Mitte, zu Häupten des Königs, die Blicke auf sich: man sah den jugendlichen französischen König thronend, von Genien umgeben, aufblickend zu der Götterschar des Olymp, von denen Merkur hinüberfliegt zu drei Frauengestalten, den Sinnbildern der Nachbarreiche Deutschland, Spanien und Holland – Deutschland emporragend in ihrer Mitte und kenntlich an der Kaiserkrone und dem Adler –, ihnen allen die Selbstherrlichkeit Ludwigs XIV. anzukündigen. Man las die hierauf bezügliche Inschrift: Le roi gouverne par lui-même [*Der König herrscht durch sich selbst*]. Welch ein Gegensatz – jene Zeit und dieser Tag! Welche Schicksalsschläge, welche Siege waren nötig gewesen, den Weg hierher zu bahnen! Und doch, dieses tief ergreifende Bewußtsein wird in demjenigen noch verstärkt, der seitdem die Galerie des Glaces wiederbesucht. Damals lag die Feier im Zuge der Tage, im Charakter der Zeit, deren mächtige Eindrücke unablässig auf die Seele einstürmten. Wer jetzt aber in denselben Saal eintritt, den er, von jener Versammlung erfüllt, als Stätte eines weltgeschichtlichen Festes gesehen hat, erst der wird der überwältigenden Größe jener Stunde inne.

Der Kronprinz kommandierte: »Helm ab zum Gebet!« Hofprediger Rogge trug die Liturgie nach dem Militär-Kirchenbuche vor, in die sich der vierstimmige Chor der Soldatensänger schön einfügte, und schloß sie mit Vorlesung von Psalm 21, dessen auf die Feier dieses Tages und auf die persönlichen Erlebnisse des Königs beziehungsreiche Worte großen Eindruck auf die Anwesenden machten. Sodann hielt er mit kräftiger Stimme die folgende Weiherede:

Gott, dem ewigen Könige, dem Unvergänglichen und Unsichtbaren und allein Weisen, sei Ehre und Preis in Ewigkeit! Amen! Ja, Lob und Ehre sei Dir, dem ewigen Könige, an diesem festlichen Tage, der mit leuchtender Schrift in den Büchern unserer Geschichte geschrieben steht. Lob und Dank sei Dir, dem ewigen Könige, aus dessen Hand und von dessen Gnade unsere Fürsten die Krone und die königliche Würde empfangen haben, in deren Glanz wir heute fröhlich sind. Wie laut verkündigt es uns diese Stunde, daß es ein Königtum von Gottes Gnaden ist, auf dessen 170jährige Geschichte wir heute mit freudigem Danke zurückblicken. Wie wunderbar hast Du, o Herr, an unseren Königen und durch sie an unserm Volke und Vaterlande Dich verherrlicht. Die Königswürde, die an diesem Tage dereinst gegründet wurde, Du hast sie zu einer Königsmacht werden lassen, die in der Geschichte ihresgleichen sucht. Du hast zu Trägern dieser Krone Herrscher berufen, die bald in der eisernen Zucht ernster Strenge und stillen Fleißes, bald im kühnen Adlerfluge hohen Strebens, bald in zäher Ausdauer und ausharrender Geduld in den Bedrängnissen und Kämpfen schwerer Zeiten ihrem Volk vorangegangen sind; Herrscher, die den Geist der Gottesfurcht und der christlichen frommen Sitte, den Geist der sich selbst verleugnenden Liebe und Hingebung bis in den Tod, des stillen

Fleißes und des unermüdlichen Strebens, des pünktlichen Ge-
horsams und der gewissenhaften Treue in unserem Vaterlande gepflegt und großgezogen haben; die in Zeiten des Friedens
in eigener mühevoller Arbeit den Wohlstand ihrer Lande auf
allen Gebieten gefördert, in Zeiten des Krieges ihre wohlge-
schulten Heere persönlich zu den herrlichsten Siegen ange-
führt haben und die das alles getan nicht für sich, nicht für
die Macht ihres Staates allein, sondern die bei allem, was sie
getan, das Ganze des großen Deutschen Vaterlandes und sein
Wohl ins Auge gefaßt haben und für dieses die schwersten
Opfer zu bringen bereit gewesen sind. In wunderbaren Führungen hast Du das Königreich von den kleinsten und un-
scheinbarsten Anfängen zu immer weiterem Umfange seiner
Grenzen, zu immer höherem Ansehen nach außen, zu immer
mächtigerem Einfluß in dem Rate der Völker emporsteigen
lassen. In schweren Prüfungen und ernster Heimsuchung hast
Du es geläutert und großgezogen, auf vielfach dunkeln und
doch immer herrlichen Wegen zu der Machtstellung gelangen
lassen, die heute die Bewunderung aller Welt erregt. Wie sollten wir nicht im Rückblick auf alle diese Gnadenführungen
des Herrn mit dem Sänger rühmen: »Der Herr hat Großes an
uns getan, des sind wir fröhlich!«
  Ehre und Preis dem ewigen Könige, dem Unvergänglichen,
an diesem Orte, der es uns in erschütternder Weise zuruft, daß
alle irdische Macht und Herrlichkeit der Zeit und darum der
Vergänglichkeit angehört. In tiefer Demut beugen wir uns an
dieser Stätte vor dem ewigen Könige, der hier vernehmlicher
als kaum sonstwo zu uns spricht: »So laßt euch nun weisen,
ihr Könige, und laßt euch züchtigen, ihr Richter auf Erden.
Dienet dem Herrn mit Furcht und freuet euch mit Zittern.«
Wie laut predigt es uns diese Stätte: »Den Hoffärtigen wider-
stehet Gott, aber den Demütigen gibt er Gnade.« Die in eitler
Hoffart diese Hallen dereinst zu einem Götzentempel der
irdischen Majestät gemacht, die in hochmütiger Vermessenheit
auf ihre eigene Kraft getrotzt und das stolze Wort: »Der König regiert kraft seiner eigenen Macht« zum Wahlspruch ihres
Thrones gemacht haben, ohne des Wortes der Weisheit zu gedenken: »Durch mich regieren die Könige und alle Regenten

auf Erden«, ohne mit dem Apostel hinzuzusetzen: »Von Gottes Gnaden bin ich, was ich bin, und seine Gnade an mir ist nicht vergeblich gewesen«; sie sind verschwunden mit aller ihrer eitlen Pracht und in ihrer Torheit zunichte geworden; und die nach ihnen emporgetragen von den Wogen der Revolutionen, in der Gunst des Volkes, in der Stimmenzahl der Massen ihre Stütze gesucht haben, auch sie sind zuschanden geworden. Mit unauslöschlichen Zügen hat des Herrn Hand an diese Wände mit allen ihren Erinnerungen an vergangene Herrlichkeit sein mene tekel upharsin, »Du bist gewogen und zu leicht befunden«, geschrieben, zum Zeugnis wider allen Hochmut und alle Eitelkeit derer, die Fleisch für ihren Arm halten und auf ihre eigene Kraft vertrauen. Ach Herr, laß die gewaltigen Gerichte, die Du an diesem Hause gehalten, die Du über dieses einst so stolze und mächtige Reich, das in diesen Hallen uns verkörpert entgegentritt, hast ergehen lassen, uns eine Warnung sein vor aller Selbstüberhebung und Gottvergessenheit, vor allem Rühmen und Pochen auf irdische Macht. Nicht uns, Herr, nicht uns, Deinem Namen allein sei die Ehre, das sei unser Bekenntnis an dieser denkwürdigen Stätte. – Das ist ja auch der Sinn und die Bedeutung des schlichten, einfachen Kreuzes, mit dem der König in demütiger Erinnerung an die Zeit der Väter auch diesmal wieder die Brust seiner tapferen Krieger und treuen Diener schmückt; denn das Kreuz ist das Zeichen der Demut. Je größer die Siege sind, die der Herr uns geschenkt, je großartiger die Erfolge, die wir errungen, je überwältigender der Gegensatz zwischen der dermaleinstigen Schmach und Erniedrigung unseres Volkes und seiner herrlichen Erhöhung uns in dieser Feier entgegentritt, um so mehr haben wir Ursache, mit dem frommen Gottesstreiter in Demut zu sprechen: »Herr, wir sind zu gering aller Barmherzigkeit und Treue, die Du an Deinen Knechten getan hast.«

Ehre sei dem ewigen Könige endlich auch bei dem Werke, das uns hier vor seinem Angesichte versammelt hat. Ehre dem Unvergänglichen, der in allem Wechsel irdischer Reiche derselbe bleibt. Jesus Christus, gestern und heute und derselbe auch in Ewigkeit. Ehre dem Unsichtbaren, der im Verborge-

nen wohnt und der auf dunklen und wunderbaren, aber doch
immer herrlichen Wegen die Seinen führt. Ehre dem Allwei-
sen, dessen Gedanken höher sind als der Menschen Gedanken
und der in seiner Weisheit gerade da, wo die Menschen es böse
zu machen gedachten, seine Gnadenratschlüsse hinauszuführ-
ren weiß, in dessen Hand auch die Menschen voll Sünde in
aller List und Bosheit, in aller Ungerechtigkeit und Gewalt
nur Werkzeuge sind, um seinen Gnadenwillen zu vollbringen.
Wie laut und deutlich predigt uns das dieser Tag und diese
Feier. Wie hat der so mutwillig und leichtfertig wider unser
Volk und unser Vaterland hervorgerufene Krieg, der darauf
berechnet war, das Werk seiner Einigung zu stören, wie hat er
nach Gottes Fügung dazu dienen müssen, in einer Stunde zu
vollenden, was nach menschlichem Dafürhalten noch jahre-
lange Arbeit zu erfordern schien; wie hat der Herr auch hier
es wieder offenbar werden lassen: die Menschen gedachten es
böse zu machen, Gott aber gedachte es gut zu machen. In dem
Werke, das sich heute in dieser Stunde und an dieser Stätte
vor unsern Augen vollziehen soll, sehen wir das Ziel erreicht,
auf das Gottes Vorsehung in der Geschichte unseres Vaterlandes und Königshauses seit jener Krönung von Königsberg,
deren wir heute gedenken, uns hingewiesen hat. In diesem
Werke sehen wir die Hoffnungen erfüllt, an denen alle deutschen Herzen selbst in den dunkelsten Zeiten der Entfremdung und Entzweiung festgehalten haben, in diesem Werke
sehen wir die Schmach gesühnt, die von dieser Stätte und von
diesem Königssitze aus dereinst auf unser Deutsches Volk ge-
häuft worden ist. Was unsere Väter in der Erhebung der Be-
freiungskämpfe vergeblich sich ersehnt haben, wofür die deutsche Jugend in edler Begeisterung geschwärmt, was die Sänger
jener Tage in immer neuen Weisen umsonst gesungen, was die
Lieder und Sagen unseres Volkes nur als einen fernen Traum
uns verkündet haben: wir sehen es heute zur Wirklichkeit
geworden, sehen das Deutsche Reich wieder auferstanden in
alter Herrlichkeit, ja in einer Macht und Größe, die es vielleicht nie zuvor besessen hat, sehen dem Deutschen Reiche
seinen Kaiser wiedergegeben und dürfen als solchen einen
König begrüßen, dessen greises Haar mit frischen Lorbeer-

kränzen geschmückt ist, in denen wir die ruhmvollsten Zeiten der deutschen Vergangenheit erneut, ja übertroffen sehen. Eine solche Feier, an solchem Tage und an solchem Orte uns bereitet, sie muß uns wohl das Geständnis des Apostels abnötigen: »Herr, wie unbegreiflich sind Deine Gerichte, wie unerforschlich sind Deine Wege!«

Ja, Herr, allmächtiger, ewiger König, barmherziger, gnädiger Vater, in tiefer Demut beugen wir uns vor Deinem Angesichte und beten an vor der Herrlichkeit Deiner wunderbaren Führungen. Wir danken Dir, Herr, für alles, was Du an unseren Königen und durch sie an unserem Vaterlande von alters her getan hast. Wir danken Dir insonderheit, daß Du unsern König gewürdigt hast, die deutschen Stämme aus aller Zerstreuung und Entfremdung wieder zu sammeln und zu einigen, daß Du ihn zum Schutz- und Schirmherrn unseres gesamten deutschen Vaterlandes berufen hast. Wir bitten Dich, Herr, laß Deine Gnade ferner groß werden an ihm und seinem ganzen Hause. Gib, Herr, unserem Könige, dem zukünftigen Deutschen Kaiser, eine lange, gesegnete Regierung, ein weises Herz, königliche Gedanken, heilsame Ratschläge, gerechte Werke, einen starken Arm, tapferen Mut, verständige und getreue Räte, sieghafte Kriegsheere, gehorsame und getreue Diener und Untertanen, auf daß wir noch lange unter seinem Regiment ein geruhiges und stilles Leben führen mögen in aller Gottseligkeit und Ehrbarkeit.

Segne das Deutsche Reich und alle seine Fürsten und Völker, stärke und befestige mehr und mehr das Band des Friedens, das sie heute umschlingt, und fördere es in Eintracht und Treue. Allmächtiger, barmherziger Gott, Herr der Heerscharen! Ziehe ferner in Gnaden aus mit den deutschen Heeren und segne ihre Waffen zur völligen Überwindung des Feindes. Führe uns bald zu einem dauerhaften und ehrenvollen Frieden. Laß das wiedererstandene Deutsche Reich nach innen und außen mehr und mehr zu einem Reiche des Friedens erstarken.

Vor allem bitten wir Dich, hilf, daß dadurch Dein Reich, das Reich Deines Sohnes Jesu Christi, unter uns gefördert und daß unsere tägliche Bitte: Dein Reich komme, auch dadurch ihrer endlichen Erfüllung und Vollendung entgegengeführt werde. Hilf, daß der Deutsche Kaiser auch fürderhin wie zu alten Zeiten Deine heilige Kirche liebe und schütze und Deines Namens Ehre auf Erden fördere. Hilf, daß wir alle lebendige Glieder Deines Reiches werden und Dir dienen in Heiligkeit und Gerechtigkeit, wie es Dir gefällig ist. Amen!

Nun erklangen, von den Musikkorps begleitet, die drei Verse des Chorals: »Nun danket alle Gott!« von den Lippen – und wahrlich aus dem Herzen aller Anwesenden. Der Kronprinz und Graf Bismarck sangen sie mit kräftiger Stimme mit. »Bleich, aber fest auf den starken Beinen, wie ein Mann von Eisen« – so schildert der Berichterstatter der Times, Russell, beider Erscheinung –, »stand während der kirchlichen Feier der Soldat-Minister, der sich von seinem Schmerzenslager erhoben hatte, eine Hand auf den Degenknopf gelegt; zuweilen streifte sein Blick zum König. Aber fast ununterbrochen schaute er zum Kronprinzen hinüber, der, in edler, ungezwungener Haltung, beide Hände im Korbe seines senkrecht vor ihm hingestellten Schwertes ruhen ließ und kaum einen Blick auf den Kanzler wandte. Eher schien er mir in weite Gedanken verloren.

Der Segen des Geistlichen und das dreifache Amen des Chores schloß die kirchliche Handlung. Der König hob während derselben den Blick nicht vom Boden; er war in demütiger Andacht versunken gewesen. »Wenn ich an diesem Tage erbaut sein wollte, so mußte ich Ihre Worte hören«, sagte er am Schlusse der Feier zu Hofprediger Rogge. »Sie haben mich tief ergriffen.«

Nun schritt er, unter Vorantritt der beiden Hofmarschälle, zwischen seinem Sohne und dem Gemahl seiner Tochter, langsam – man sah seine innere Bewegung – durch die zweite Hälfte des Saales, vor die Stufenbühne. Er ersuchte alle anwesenden Fürsten, sie vor ihm zu betreten; kaum bot sie für die erlauchte Versammlung hinreichend Raum. Es waren von deutschen Fürsten zugegen die Prinzen Carl und Adalbert von Preußen; die Großherzöge von Baden, Sachsen und Oldenburg; die Herzöge von Sachsen-Coburg, Sachsen-Meiningen und Sachsen-Altenburg; die Fürsten von Schaumburg-

Lippe und Schwarzburg-Rudolstadt; der Kronprinz von Sachsen; die Erbgroßherzöge von Sachsen, Mecklenburg-Schwerin und Mecklenburg-Strelitz; die Erbprinzen von Sachsen-Meiningen und Anhalt; die Prinzen Luitpold, Otto und Leopold von Bayern, Georg von Sachsen, die Prinzen Wilhelm und August sowie die Herzöge Eugen der Ältere und Jüngere von Württemberg; der Erbprinz von Hohenzollern; der Landgraf von Hessen; der Herzog von Schleswig-Holstein-Sonderburg-Augustenburg; die Fürsten von Wied, Putbus, Lynar, Pleß; der Prinz Heinrich VII. von Reuß. Die Minister und höchsten Würdenträger waren unmittelbar gefolgt und ordneten sich, unter Vorantritt des Grafen Bismarck, im offenen Halbkreis gegen die Stufen, jedoch so, daß sie mehr die nach der Spiegelwand gelegene Hälfte des Raumes füllten. Es konnte nicht fehlen, daß im Drange, der feierlichen Handlung so nahe wie möglich zu sein, auch die Versammlung selbst nachzufolgen suchte, so daß mancher von der Mitte her bis an die letzten Fenster des Saales gelangte. Die Hofbeamten taten dem allmählich Einhalt, sie veranlaßten die Versammelten vielmehr, am Platze zu bleiben und nur eine Schwenkung halbrechts zu machen.

Während so die Versammlung sich neu ordnete, musterte der König die Aufstellung auf dem Hochtritt. Halblaut gab er den Trägern der Fahnen, die er sich zunächst hatte sehen wollen, den Befehl, noch zwei Schritte vor, dicht hinter ihn zu treten. So stellte er sich in die Mitte der Erhöhung; an seine Rechte trat der Kronprinz, zur Linken der Großherzog von Baden. Es herrschte tiefe, ehrfurchtsvolle Stille. König Wilhelm wandte sich den versammelten Fürsten zu, vor ihnen die Ansprache, die er in der Rechten hielt, zu verlesen. Wenn er dabei auch dem Saale halb den Rücken zuwenden mußte, so verlas er die folgenden Worte doch mit so fester, lauter Stimme, daß sie bis in den entferntesten Winkel des großen Saales deutlich vernehmbar waren.

Durchlauchtigste Fürsten und Bundesgenossen!
In Gemeinschaft mit der Gesamtheit der deutschen Fürsten und freien Städte haben Sie sich der von des Königs von

Bayern Majestät an Mich gerichteten Aufforderung angeschlossen, mit Wiederherstellung des Deutschen Reiches die
Deutsche Kaiserwürde für Mich und Meine Nachfolger an der
Krone Preußen zu übernehmen. Ich habe Ihnen, durchlauchtigste Fürsten, und Meinen andern hohen Bundesgenossen
bereits schriftlich Meinen Dank für das Mir kundgegebene
Vertrauen und Meinen Entschluß ausgesprochen, Ihrer Aufforderung Folge zu leisten. Diesen Entschluß habe Ich gefaßt
in der Hoffnung, daß es Mir, unter Gottes Beistande, gelingen
werde, die mit der kaiserlichen Würde verbundenen Pflichten
zum Segen Deutschlands zu erfüllen. Dem deutschen Volke
gebe Ich Meinen Entschluß durch eine heute von Mir erlassene
Proklamation kund, zu deren Verlesung Ich Meinen Kanzler
auffordere.

Graf v. Bismarck trat näher an die Stufen des Hochtritts;
aller Augen waren nun auf ihn gerichtet. Er trug den blauen
Waffenrock der Magdeburger Kürassiere mit den Abzeichen
eines Generalleutnants, zu welcher Würde er am heutigen
Tage befördert worden war, darüber das Orange-Band des
Schwarzen Adler-Ordens, dazu hohe Reiterstiefel. Mit der
Linken umfaßte er die Spitze seines Kürassierhelms, in der
Rechten hielt er die Urkunde, deren Pergament er nach tiefer
Verbeugung gegen seinen königlichen Herrn entrollte und de-
ren Wortlaut er, immer dem Könige zugewendet, mit kräfti-
ger, ausdrucksvoller Stimme also verlas:

An das Deutsche Volk!
Wir Wilhelm, von Gottes Gnaden König von Preußen,
nachdem die deutschen Fürsten und freien Städte den einmütigen Ruf an Uns gerichtet haben, mit Herstellung des
Deutschen Reiches die seit mehr denn sechzig Jahren ruhende
Deutsche Kaiserwürde zu erneuern und zu übernehmen, und
nachdem in der Verfassung des Deutschen Bundes die entsprechenden Bestimmungen vorgesehen sind, bekunden hiermit, daß Wir es als eine Pflicht gegen das gemeinsame Vaterland betrachtet haben, diesem Rufe der verbündeten deutschen Fürsten und Städte Folge zu leisten und die Deutsche
Kaiserwürde anzunehmen. Demgemäß werden Wir und Un-

sere Nachfolger an der Krone Preußen fortan den kaiserlichen Titel in allen unsern Beziehungen und Angelegenheiten des Deutschen Reiches führen und hoffen zu Gott, daß es der deutschen Nation gegeben sein werde, unter dem Wahrzeichen ihrer alten Herrlichkeit das Vaterland einer segensreichen Zukunft entgegenzuführen. Wir übernehmen die kaiserliche Würde in dem Bewußtsein der Pflicht, in deutscher Treue die Rechte des Reiches und seiner Glieder zu schützen, den Frieden zu wahren, die Unabhängigkeit Deutschlands, gestützt auf die geeinte Kraft seines Volkes, zu verteidigen. Wir nehmen sie an in der Hoffnung, daß dem deutschen Volke vergönnt sein wird, den Lohn seiner heißen und opfermütigen Kämpfe in dauerndem Frieden und innerhalb der Grenzen zu genießen, welche dem Vaterlande die seit Jahrhunderten entbehrte Sicherung gegen erneute Angriffe Frankreichs gewähren. Uns aber und Unsern Nachfolgern an der Kaiserkrone wolle Gott verleihen, allzeit Mehrer des Deutschen Reiches zu sein, nicht an kriegerischen Eroberungen, sondern an den Gütern und Gaben des Friedens auf dem Gebiete nationaler Wohlfahrt, Freiheit und Gesittung.

Wilhelm

Die Stille in der Versammlung hielt nach dieser Verkündigung noch einen Augenblick an. Da verneigte sich der Großherzog von Baden gegen den Kaiser und bat um die Erlaubnis, an die Versammlung sich zu wenden. Indem er mit freudig lauter, klangvoller Stimme rief: »Seine Kaiserliche und Königliche Majestät, Kaiser Wilhelm, lebe hoch! hoch! hoch!«, entzündete er die allgemeine Begeisterung. Aber wie könnte man den Jubel schildern, der jetzt den Saal durchbrauste! Was aller Herzen erfüllte und überschwellte, brach sich in einem Hoch und Hurra Bahn, das dem Glücksgefühl dieses Augenblickes, der Liebe zum greisen Herrscher und dem Treuschwur für ihn Ausdruck gab. Die Helme wurden hoch geschwenkt, alle Augen leuchteten dem geliebten Herrn zu; sie füllten sich mit Tränen der Rührung und der Freude, die Fahnen senkten sich ihm zu Häupten; »Heil Dir im Siegerkranz«, erscholl es von den Musikkorps. Und wahrlich, die tiefe Bewegung des hohen Herrn selbst entfachte immer neue Zurufe.

Der Kronprinz wollte der erste sein, der im neuen Reiche dem Kaiser huldigte; er beugte sich, vor seinem Herrn niederzuknien und ihm die Hand zu küssen; aber schnell hob der Vater ihn mit beiden Händen in seine Umarmung und küßte ihn auf beide Wangen; er reichte dann seinem Schwiegersohne die Hand und dankte ihm mit warmen Worten für seine hilfreiche Unterstützung; ebenso ehrte er seinen Bruder, den Prinzen Carl, und die ihm verwandten Fürsten. Ehe aber noch die anderen Fürsten huldigend sich ihm nahten, hatte vielmehr der Kaiser selbst sich ihnen zugewandt; er ging von einem zum anderen, ihnen die Hand drückend, als danke vielmehr er einem jeden, daß er dieser Wiedererneuerung des Reichs zugestimmt und zu des Vaterlandes Wohl auf Herrscherrechte verzichtet habe, und als füge er sich ihrem Rufe, trotz seiner hohen Jahre und seiner Anhänglichkeit an das Überkommene, in Gottes Namen. Wiederholt fuhr er sich mit dem Rücken der vom Handschuh bedeckten rechten Hand über die Augen, seine Tränen zu trocknen.

Still, in tiefer Rührung, sah die Versammlung dieser Begrüßung, dieser Verbrüderung zu. Unwillkürlich zog es jeden, die Nächststehenden zuerst, allen voran den Grafen v. Moltke, dem Kaiser die Huldigung darzubringen. Es war nicht etwa eine Defiliercour – nichts der Art war in der Festordnung vorgesehen –, es war das ursprüngliche Verlangen, die Gefühle des Herzens auszudrücken, was die Versammelten an die Stufen leitete: so traten, in Gruppen vereinigt, die Offizierkorps, so die Militärgeistlichen, ebenso aber auch einzelne vor, je nach der auf den Hochtritt zuflutenden Bewegung, verbeugten sich und schritten dann zur Seite. Aber diese Huldigung, unerwartet, unwillkürlich, wie sie geschah, konnte nicht von allen Anwesenden gewärtigt werden; ebendieselbe tiefe Bewegung, die aus der Versammlung ihm entgegenflutete, lenkte vielmehr die Schritte des Kaisers sehr bald in die Mitte der Seinigen; er stieg die Stufen herab und nahm im Saale selbst Glückwünsche von allen Seiten entgegen; er wandte sich vornehmlich zu den mit dem Eisernen Kreuz geschmückten Mannschaften längs der Fensterwand, an die er besonders gnädige Worte richtete; er nahm auch Meldungen von den-

jenigen Offizieren entgegen, die am heutigen Festtage befördert waren.

Gleich seinem Vater verweilte der Kronprinz im Saale, mit
heiterem, herzlichem Wort jeden, den er ansprach, beglückend;
schon die Anrede, die ein jeder zum ersten Male anzuwenden
sich beeiferte, »Kaiserliche Hoheit«, gab dem hohen Herrn zu
mancher freudigen und leutseligen Äußerung Anlaß. Um dieser unvorhergesehenen Verlängerung der Feier einen fest-
licheren Ausdruck zu geben, entsandte der Kronprinz zum
Musikdirektor Goldschmidt den Befehl, zwar die Musikkorps
des 47. und 58. Regiments zu entlassen, mit dem des Königs-
Grenadier-Regiments aber im Vorsaal Aufstellung zu nehmen
und den Hohenfriedberger Marsch anzustimmen. Aber so sehr
waren der Kaiser und die Fürsten noch in der Unterredung
mit den sie umringenden Festgenossen begriffen, daß der zu
lauten Musik sofort wieder Einhalt geboten werden mußte.
So, allmählich, durchschritt der greise Herr in dem ihn be-
glückenden Vollgefühl, daß alle Herzen ihm entgegenschlu-
gen, von den Fürsten gefolgt, die Reihen, die sich ehrfurchtsvoll vor ihm öffneten. Als er die Galerie verließ, erklang von
neuem der von seinem Ahnherrn, von König Friedrich dem
Großen, gesetzte Hohenfriedberger Marsch und durchtönte
die französischen Prachtsäle, bis gegen 1 Uhr die letzten Fest-
gäste sie verlassen hatten. – Mit einem ersten Kaiserhurra
empfing den neuen Kaiser die Leibwache im Vorsaal unter
präsentiertem Gewehr – so kräftig, daß Prinz Carl versicherte, in seinem Leben kein solches Hurra gehört zu haben. Es
pflanzte sich von Saal zu Saal fort.

Kaiser Wilhelm war in das Portal getreten, den von links
vorfahrenden Wagen zu erwarten. Das Wetter hatte sich auf-
geklärt, mit lichtem Sonnenschein begrüßte ihn der Himmel.
Hier im Schloßhofe standen gegenüber dem Portal nicht nur
die Ehrenwache, nicht nur zahlreiche Offiziere, Beamte des
Heeres und Hofes; sondern wer von Deutschen im Liebes-
dienst für die Armee in Versailles sich aufhielt und von der
Feier Nachricht erhalten hatte, war hierher geeilt, dem Deutschen Kaiser den ersten Gruß zu bieten. Sie hatten draußen
dennoch an der Feier teilgenommen: in dem Augenblicke, da

der Großherzog von Baden seine Worte an die Versammlung richtete, war die Königsflagge von der Zinne des Schlosses niedergeholt und zum ersten Mal die schwarz-weiß-rote, bisher Norddeutsche – nun Deutsche Fahne gehißt worden; das brausende Hoch war aus dem Saale bis in den Schloßhof gedrungen. Während die Wache präsentierte und die Militärs salutierten, entblößte das Publikum ehrerbietig das Haupt. Eben trat der Kronprinz mit lebhafter Bewegung hinter seinen Vater, alle Fürsten sammelten sich hinter ihnen: dieser Anblick entfachte die Begeisterung aller Anwesenden zu einem brausenden Hoch. Es setzte sich fort aus den dichten Reihen der auf der Avenue de Paris des Kaisers harrenden Soldaten, bis ihm, als der Wagen in den Vorhof der Präfektur einbog, auch zuletzt noch sein Regiment, dessen II. Bataillon die Garnisonwachen bezogen hatte, den Ehrengruß bot.

Die Fahnen wurden gemeinsam bis zu den Marställen an der Place d'Armes gebracht; von da die der 9. Division in die Wohnung des Kommandeurs, Generalmajors v. Sandrart, nach der Avenue de Sceaux. Alle anderen geleitete die Königs-Grenadier-Kompagnie in das Hotel de France, nahe dem Schloßplatze, die Wohnung des Kommandanten von Versailles, Generalmajors v. Voigts-Rhetz; von dort wurden sie noch am Abend von den Deputationen wieder zu ihren Truppenteilen zurückgeleitet.

Die fürstlichen Herrschaften, mit ihnen die Generalität und die Spitzen der Hof- und Staatsbehörden, waren auf 5 Uhr beim Kaiser zur Tafel geladen. Die Ansage hatte auf das »Diner in der Präfektur zu Versailles am Ordensfeste den 18. Januar 1871« gelautet. Es war die größte Festtafel, zu 120 Gedecken, die während des ganzen Krieges stattfand. Man speiste in drei nebeneinander gelegenen Sälen; im ersten der Kaiser mit den Fürsten, dem Reichskanzler, dem Grafen v. Moltke, den anderen Generalen des Hauptquartiers und den die Armeekorps der Belagerungsarmee Kommandierenden. Das Musikkorps des Königs-Grenadier-Regiments stellte die Tafelmusik. Alle Zurichtungen der Tafel trugen ein festliches Gepräge; anstatt der sonst an des Königs Tische üblichen Felduniform hatten die Geladenen das Galakleid angelegt.

Seine Empfindungen bei der Proklamation zum Deutschen Kaiser schildert Wilhelm I. in einem Brief an Kaiserin Augusta und erwähnt auch die vorausgegangenen Meinungsverschiedenheiten:

Eben kehre ich vom Schlosse nach vollbrachtem Kaiserakt zurück! Ich kann Dir nicht sagen, in welcher morosen Emotion ich in diesen letzten Tagen war, teils wegen der hohen Verantwortung, die ich nun zu übernehmen habe, teils und vor allem über den Schmerz, den preußischen Titel verdrängt zu sehen! In einer Konferenz gestern mit Fritz, Bismarck und Schleinitz war ich zuletzt so moros, daß ich drauf und dran war, zurückzutreten und Fritz alles zu übertragen! Erst nachdem ich in inbrünstigem Gebet mich an Gott gewendet habe, habe ich Fassung und Kraft gewonnen! Er wolle geben, daß so viele Hoffnungen und Erwartungen durch mich in Erfüllung gehen mögen, als gewünscht wurde! An meinem redlichen Willen soll es nicht fehlen!

Dein Brief vom 14., Nr. 167, zeigt mir, daß Du den jetzigen Zeitpunkt nicht als einen passenden für die Proklamierung des Kaiserreiches betrachtest, erstens wegen der ungeschickten Formulierung im Reichstag.

Da ich die Worte derselben nicht nachgelesen habe, so habe ich kein Urteil darüber; indessen etwas anderes als eine rein geschäftliche Form konnte der Sache doch nicht gegeben werden, weil die Proklamierung noch nicht erfolgt war und nicht erfolgen konnte, da ich die offizielle Zustimmung der Fürsten noch nicht durch den König von Bayern erhalten hatte, so daß also die Bearbeitung der Verfassung avant la lettre [*vor der Unterschrift*] stattfand.

Ich habe mich deshalb lange dagegen gesträubt und nur nachgegeben, weil der Reichstag zu Ende ist, Neuwahlen, die unberechenbar sind, bevorstehen und also mit der Proklamierung hätte monatelang gewartet werden müssen, während die Verträge den 1. Januar als den Termin des Inslebentretens derselben stipulierten; und da war das avant la lettre immer noch besser als das moutarde après diner [*das kommt einen Tag zu spät*]!!

Als am 5. Januar endlich die bayerischen Expeditionen ein-
gingen, mußte sofort an die Proklamierung gedacht werden;
man wollte gern die bayrische Abstimmung abwarten, da sie
sich aber immer verzögert, ja sogar die Auflösung und Neuwahl der Zweiten bayrischen Kammer vorhergehen wird, so
war nicht mehr zu balancieren, auch ohne Bayern vorzugehen,
um so mehr, als der 18. Januar, als der allerbeste und schönste
Tag zur Proklamierung, nahe war und am 17. die Abstimmung in München erwartet wurde, die aber wieder auf den
20. oder 21. verschoben ist. Somit hat das Interregnum nur
18 Tage gedauert, wo Verträge und Verfassung von Kaiser
und Reich sprachen und beides nicht existierte.

*Der Wirkliche Geheime Legationsrat Heinrich Abeken be-
schwört in einem Brief, in dem er über die Kaiserproklamation berichtet, historische Reminiszenzen:*

Der 18. Januar 1701 hat sich als ein guter Tag erwiesen,
mehr als man damals hoffen durfte. Es war ja soviel kleinliche
Eitelkeit dabei, soviel schwacher, kindischer Ehrgeiz bei diesem Buhlen und Betteln um eine Königskrone; und doch, wieviel Segen und Wohltat für Preußen, für Deutschland hat sich
in den verflossenen 170 Jahren an diese preußische Königskrone geknüpft! Wenn das heut inaugurierte deutsche Kaisertum dahinter nicht zurückbleibt, so ist es viel und übergenug!
– Wer konnte sich damals träumen lassen, als Friedrich I. die
Königskrone von Österreich erbettelte und erkaufte, daß sein
Nachkomme die Österreich vom Haupt gefallene Kaiserkrone
sich aufs Haupt setzen würde, und im Schloß von Versailles
nach Niederwerfung des stolzen Frankreich an der Spitze
eines Heeres, wie es Ludwig XIV. nie gesehen, mit all seinen
stolzen Marschällen und siegreichen Führern! Es war heut ein
großer Moment und alle tief bewegt, am tiefsten vielleicht der
König selbst, und wenn die Anwesenden alle voll Jubel waren, so war sein Herz es nicht – denn es ist ihm sehr schwer
geworden! Aber heut abend nach der Tafel sagte er mir doch:
»Nun, es ist ja heut morgen alles sehr gut gewesen, einfach
und würdig, aber freilich ganz militärisch!« Wer voll Jubel
war, das war der Kronprinz, und so mag es ja der Jugend

geziemen. Er rief mich heut abend an oder lief mir vielmehr förmlich nach, als ich bei ihm vorbeigegangen war: »Was! Sie wollen mir heut nicht einmal guten Abend sagen? Nun, gottlob, so weit wären wir!« Der Augenblick, wie er sich heut morgen vor dem Vater aufs Knie niederließ und ihm die Hand küßte, war sehr ergreifend.

Nüchtern beurteilt Oberstleutnant Bronsart von Schellendorff die Feier:

Die Proklamation des Kaisers fand statt, eingeleitet durch eine kirchliche Feier, bei welcher Divisionsprediger Rogge (Schwager des Kriegsministers) die Rede hielt, eine lange, aber ziemlich schwache Rede, welche sich nur zum Schluß ein wenig auf die Höhe des Moments erhob. Sonst trug sie mehr den Charakter einer Hausandacht. Der improvisierte Altar stand einer nackten Venus gegenüber, ein allerdings im Schloß von Versailles schwer zu vermeidendes Verhältnis. Den großen Saal (salle des glaces) füllten zahlreiche Offiziere und Deputationen der um Paris stehenden Regimenter. Fast alle kommandierenden Generale waren anwesend, nur von der Tann war bei seinem Korps geblieben. Ein plötzlicher Ausfall hätte die Feier stören können; doch schützte uns davor der furchtbare Dreck, welcher hier nach dem Tauwetter eingetreten ist.

Der Geschichtsmaler Anton von Werner, der den Vorgang in einem unzählige Male reproduzierten Prachtgemälde der Zeit festgehalten hat, sagt über den Verlauf des Festaktes:

Der Vorgang war gewiß historisch würdig, und ich wandte ihm meine gespannteste Aufmerksamkeit zu, zunächst natürlich seiner äußeren malerischen Erscheinung, notierte in aller Eile das Nötigste, sah, daß König Wilhelm etwas sprach und daß Graf Bismarck mit hölzerner Stimme etwas Längeres vorlas, hörte aber nicht, was es bedeutete, und erwachte aus meiner Vertiefung erst, als der Großherzog von Baden neben König Wilhelm trat und mit lauter Stimme in den Saal hineinrief: »Seine Majestät, Kaiser Wilhelm der Siegreiche, Er lebe hoch!« Ein dreimaliges Donnergetöse unter dem Geklirr

der Waffen antwortete darauf, ich schrie mit und konnte natürlich dabei nicht zeichnen; von unten her antwortete wie ein
Echo sich fortpflanzend das Hurra der dort aufgestellten
Truppen. Der historische Akt war vorbei: es gab wieder ein
Deutsches Reich und einen Deutschen Kaiser! Ich sah noch,
wie der Kaiser den Kronprinzen umarmte und von den ihn
umgebenden deutschen Fürsten beglückwünscht wurde. Eine
beabsichtigte Defiliercour der anwesenden Offiziere mißglück-
te, wie mir däuchte, und ich sah dann den Kaiser die Stufen
der Estrade hinabschreiten, an Bismarck vorbei, den er nicht
zu bemerken schien. Neun Jahre später, bei meinem Aufent-
halte 1880 in Friedrichsruh, gab mir Fürst Bismarck die Erläuterung zu dieser kleinen Episode, die ich damals dem nach
Schluß des Staatsaktes entstandenen Durcheinander der sich
auflösenden Versammlung zuschrieb.

*Durch Krankheit gehindert, kann Kriegsminister von Roon
an der Feierlichkeit nicht teilnehmen. Den Empfindungen, die
ihn in seinem Krankenzimmer bewegen, gibt er in einem Brief
an seine Frau Ausdruck:*

Während die Vorbereitungen zu dem heutigen merkwürdigen Feste, der Proklamation des Deutschen Kaisertums in
dem gegenüberliegenden französischen Königsschlosse, sowie
das Fest selbst ihren Verlauf nehmen, sitze ich – bei den eben
ertönenden Jubelrufen, mit welchen der König von seinen im
Spalier aufgestellten Kreuzrittern empfangen wird – einsam,
wiewohl ungebeugt von der durch ärztliches Gebot mir auf-
erlegten Entbehrung, in meinem leider überaus luftigen Zimmer und denke Deiner und unserer ersehnten Wiedervereini-
gung. – Wohl weilen meine Gedanken auch bei dem merkwürdigen, sich eben vollziehenden historischen Akt sowie bei dem,
was ihm voranging und voraussichtlich nachfolgen wird, allein mein Standpunkt ist dabei fast ein rein historischer, ganz
selbstloser. Indem ich mir die Entwicklung der Gegenwart aus
der Vergangenheit konstruiere und Gottes Wege darin zu erkennen suche, kann ich mich doch der menschlichen Betrach-
tungsweise der Dinge nicht entschlagen. Und nach dieser
scheint es wohl unzweifelhaft, daß aller Glanz der Gegenwart

zurückzuführen ist auf einige kleine Gespräche zwischen dem jetzigen Könige und Kaiser und einem seiner Generale; auf eine (zu Deinem Verdruß) im Colberger Seebade niedergeschriebene Reihe von Vorschlägen und den sanften Zwang, durch welchen meinerseits, aller Ungunst der Verhältnisse zum Trotz, hart und härter auf die Ausführung gefaßter Entschlüsse gedrungen werden konnte. Daß dies geschehen durfte, und zwar mit Erfolg, daß jener Zwang und Drang nicht wie Anmaßung und Zudringlichkeit zurückgewiesen, vielmehr als sachlich vollberechtigt anerkannt und der Entschluß zum Handeln endlich gefunden wurde: darin eben ist der Finger dessen, »der der Menschen Herzen lenket wie Wasserbäche«, nimmer zu verkennen. Ebenso, daß der Entschluß selbst und das Festhalten daran, unter Gottes Wirken, den König wohl berechtigt, das Geschaffene gelegentlich als »sein eigenstes Werk« zu bezeichnen. Denn ohne richtiges und vollständiges Erkennen der Notwendigkeit und ohne den männlich festgehaltenen Entschluß, dieser Notwendigkeit »contre vent et marée« [*gegen Wind und Wetter*] allgemeine Anerkennung zu verschaffen, wäre freilich das Neugeborene als Säugling heimgegangen – und die alte Mittelmäßigkeit und Misere für unsere vaterländischen Verhältnisse maßgebend geblieben. Wir hätten im Jahre 66 vielleicht ein zweites Olmütz erlebt und im Jahre 70 die Franzosen als Herren in dem alt-zerrissenen und zerhaderten Deutschland gesehen!

Sei dem übrigens wie ihm wolle: ich wage es, mich meines Mitwirkens zu dem Gewordenen, ja selbst zu dem Entscheidenden zu erfreuen, was sich in dieser Stunde da drüben in den Prunkgemächern dieses Ludwigs vollzieht, dessen auf Deutschlands Erniedrigung gerichtete, längst allgemein verdammte Politik seines Landes Untergang sowie Deutschlands Aufraffung und Einigung nach Gottes Willen mit langer Hand eingeleitet und vorbereitet hat.

Doch wohin bin ich geraten? – Laß mich schließen, zumal die Post abgeht. – Eben wird der König-Kaiser nach Hause gejubelt, und ich würde ohnehin bald unterbrochen werden in diesem – lauten Selbstgespräche.

Der Mann, der diese Feier ermöglicht hat, Bismarck, läßt sich mit der Niederschrift seiner Gefühlsbewegungen Zeit. Am 21. Januar gibt er seiner Frau einen zusammenfassenden Bericht der Auseinandersetzungen und Ereignisse der letzten Tage, in dem er seine Enttäuschung nicht verschweigt:

Mein Liebling, ich habe Dir schrecklich lange nicht geschrieben, verzeih, aber diese Kaisergeburt war eine schwere, und Könige haben in solchen Zeiten ihre wunderlichen Gelüste, wie Frauen, bevor sie der Welt hergeben, was sie doch nicht behalten können. Ich hatte als Accoucheur [*Geburtshelfer*] mehrmals das dringende Bedürfnis, eine Bombe zu sein und zu platzen, daß der ganze Bau in Trümmer gegangen wäre. Nötige Geschäfte greifen mich wenig an, aber die unnötigen verbittern.

Nicht alle Teilnehmer der Kaiserproklamation sind enthusiasmiert. Für die meisten ist es ein Ereignis weihevoller Erinnerung. Gegenteilige Gefühle bringt Otto Prinz von Bayern zum Ausdruck, als er am 2. Februar über die Kaiserproklamation an seinen Bruder, König Ludwig II., schreibt:

Ach, Ludwig, ich kann Dir gar nicht beschreiben, wie unendlich weh und schmerzlich es mir während jener Zeremonie zumute war, wie sich jede Phase in meinem Innern sträubte und empörte gegen all das, was ich mit ansah. Lief es doch dem gerade entgegen, für was ich tief innerlich glühe und was ich von Herzen liebe und wofür ich mit Freuden mein Leben einsetze ... Welchen wehmütigen Eindruck machte es mir, unsere Bayern sich da vor dem Kaiser neigen zu sehen; ich war eben von Kindheit an so was nicht gewöhnt; mein Herz wollte zerspringen. Alles so kalt, so stolz, so glänzend, so prunkend und großtuerisch und herzlos und leer ... Endlich drängte man sich durch diese Knäuel zurück und aus dem Saale hinaus. Mir war's so eng und schal in diesem Saale, erst draußen in der freien Luft atmete ich wieder auf. Dieses wäre also vorbei.

Der Tag der Kaiserproklamation ist zum nationalen Gedenktag geworden, der vor allem von den Universitäten und

Schulen feierlich begangen worden ist. Da sie am Sedan-Tag in Ferien gewesen sind, haben sie den Tag der Kaiserproklamation als nationalen Gedenktag gewählt. Sie haben ihm dafür eine eigene Funktion gegeben, indem sie ihn als Reichsgründungstag bezeichnet haben. Das Reich, dessen Kaiser am 18. Januar 1871 proklamiert worden ist, hat staatsrechtlich bereits vorher bestanden. An diesem Tage ist lediglich eine öffentliche Bekanntmachung seiner Entstehung erfolgt. Dieser Umstand hat nicht davon abgehalten, daß vor allem bis 1933 der Reichsgründungstag akademischer Festtag geblieben ist, an dem zahlreiche Lehrer aller Schulgattungen die Konstituierung des deutschen Nationalstaates als ein beispielloses Ereignis der deutschen Geschichte gefeiert haben.

Frieden! Frieden!

Nach der Erreichung der politischen Ziele des Krieges beschäftigt sich die öffentliche Meinung mit der Entwicklung der Kampfhandlungen. Während die Schlachten um die Grenzfestungen ins deutsche Bewußtsein eingehen, sieht die französische Tradition in den harten, nicht immer erfolglosen Gefechten und Schlachten im Herbst 1870 und im Winter 1870/71 leuchtende Beispiele des trotz der Niederlagen hartnäckigen Widerstandes der von der Regierung der nationalen Verteidigung neu organisierten oder neu aufgestellten Armeen. Die militärischen Operationen nach der Schlacht versteht sie als Volkskrieg. Die Mitglieder der Regierung der nationalen Verteidigung wecken im französischen Volk die Bereitschaft, trotz der demoralisierenden Niederlagen in den ersten Wochen des Krieges und trotz der Belagerung von Paris weiterzukämpfen. Einzelne Erfolge beleben vorübergehend die Hoffnung, eine Entscheidung auf dem Schlachtfeld, die nach deutscher Auffassung bereits gefallen ist, zugunsten Frankreichs erzwingen zu können. Auch die am 27. Dezember 1870 begonnene Bombardierung von Paris beendet zunächst nicht den Krieg. In Deutschland selbst breitet sich Unruhe über die Fortdauer des Krieges aus, obwohl jede Nachricht über die Einnahme einer Festung oder eines festen Platzes als Sieg gefeiert wird. Das Absinken der enthusiasmierten Stimmung schildert Gustav Freytag in seinem Artikel vom 20. Januar 1871 »Kriegsstimmungen im deutschen Volke und Heer«:

Unser Heer ist in gewissem Sinn durch sein endloses Rächeramt ermüdet. Rastlos und unverdrossen zieht der Soldat mit geborstenen Stiefeln durch den Schlamm oder den Schnee der verwüsteten Landstraßen, er schlägt oder widersteht mit dem Selbstgefühl eines erprobten Kriegers jeder Übermacht der Feinde, aber seine Tapferkeit ist nicht mehr das frische Kriegsfeuer des Monats August, sondern der strenge, feste Griff eines Arbeiters, der ein Ende machen will. Jeder weiß, daß es gilt auszudauern, und den Franzosen kommt der Wunsch nach dem Ende wahrlich nicht zugute. Aber wenn der Deutsche die endlosen Haufen der Gefangenen vorwärts treibt und wenn er durch die verkohlten Trümmer eines französischen Dorfes zieht, so sieht er gleichmütig auf Erfolg und Zerstörung. Nur selten wird auf dem Marsche und im Quartier noch Gesang gehört. Er war in diesem Kriege überhaupt weniger häufig als in früheren. Wenn das Heer die Beschießung von Paris ebenso eifrig begehrte als die Bürger in der Heimat, so war letzter Grund der Wunsch, ein kräftiges Ende zu machen mit der harten Arbeit.

Die Ansichten im Hauptquartier über die Form der Herbeiführung des Waffenstillstandes gehen auseinander; es kommt zu Kontroversen zwischen Bismarck und Moltke, in denen nicht wenige Historiker eine Konfrontation von »Staatskunst und Kriegshandwerk« sehen. In Eingaben an Wilhelm I. legen Bismarck und Moltke ihre unterschiedlichen Auffassungen über die Beendigung des Krieges dar. Moltke sieht in der Kapitulation von Paris einen militärischen Akt, der die Fortführung der Operationen nicht beendet, sondern nur erleichtert. Bismarck wünscht die Kapitulationsverhandlungen in Friedensverhandlungen zu überführen. In den Auseinandersetzungen darüber entscheidet Wilhelm I. zugunsten des Primats der Politik, was Bismarck in die Lage versetzt, in den Waffenstillstandsverhandlungen die Friedensverhandlungen vorzubereiten. Die Situation in Versailles schildert der Chef der Operationsabteilung im Großen Generalstab, Oberstleutnant Paul Bronsart von Schellendorff, in seiner Tagebucheintragung vom 25. Januar:

Der König sowohl als Graf Bismarck sollen sehr friedensbedürftig sein. Daß ersterer sich nach Ruhe sehnt, ist bei seinem Alter nicht zu verwundern. Er hat seine Gefühle in einer die Ankunft Jules Favres meldenden Depesche an die Königin niedergelegt, worin er sagt: Favre ist nicht mehr »hautain« [*hochmütig*], aber auch nicht konziliant. Wenn letzteres wirklich der Fall, kann ein fauler Friede leicht die Folge sein; denn Graf Bismarck, der sich nun auch noch finanziell engagiert zu haben scheint, wird um so mehr bestrebt sein, nur überhaupt ein Ende zu finden. Hierin begegnet er wohl auch den Wünschen des Kronprinzen, welcher seine Familienfreuden schmerzlich zu entbehren scheint. Mit einem Wort, Ermattung auf allen Seiten! Graf Moltke ist, wie immer, ruhig, klar und fest; er baut auf die Tüchtigkeit der Armee und er tut wohl daran. Graf Bismarck hat wieder ein Telegramm des Generals Podbielski an General Hanenfeldt eigenmächtig und eigensinnig abgeändert, bezüglich der neulich nach dem Ausfall von französischer Seite erbetenen partiellen Waffenruhe. Unser Telegramm enthielt die Einschaltung: »zur Beerdigung der Toten und Aufnahme der Verwundeten«. Dies hat er streichen lassen. Wir wollen nun doch mal der Sache nähertreten.

Jules Favre kommt heute abend wieder heraus; die Zustände in Paris sind schon der Art, daß er nur bei der Dunkelheit ein- und auspassieren kann. Das wird noch nett werden. Wie bei seiner ersten Anwesenheit hier, soll er wieder beim Polizeimann [*Chef der Feldpolizei Geheimrat Dr.*] Stieber wohnen, ohne daß er weiß, bei wem er logiert. Graf Nostitz empfing Favre an der Brücke von Sèvres. Letzterer war so ermüdet, daß er sofort einschlief und erst nach der Ankunft in Versailles erwachte. Ein ihm von dem Maire zu Sèvres angebotenes Diner lehnte er ab.

Nachmittags erhielt General Moltke ein eigenhändiges Schreiben des Königs, mit der Aufforderung, den Grafen Bismarck sogleich über die militärische Situation genau zu informieren, da er bei den Verhandlungen mit Favre den Stand der Verhältnisse kennen müsse. Nun erhält Graf Bismarck alle bei uns eingehenden Meldungen so zeitig, daß er es sogar ermöglicht, die Nachrichten vom Kriegsschauplatz, welche er dem Reuterschen Büro in London zuwendet, zuerst durch diese Quelle nach dem Vaterlande gelangen zu lassen; sie kommen dort früher an als unsere amtlichen Telegramme, deren Verzögerung auf den Staatsleitungen er voraussichtlich angeordnet hat. Auch verfügt er in neuerer Zeit Korrekturen der vom General von Podbielski unterzeichneten Telegramme, eine Handlungsweise, welche, soviel ich weiß, Zuchthausstrafe nach sich zieht. Aber die kleinen Diebe hängt man, die großen läßt man laufen!

Verdy schrieb ein kurzes Exposé über die momentane Lage, welches die Zusammenstellung der bis jetzt dem Grafen Bismarck mitgeteilten Nachrichten enthielt. Letzterer unterhandelt, wie ich höre, mit Favre die Kapitulation von Paris auch auf einer militärisch ganz neuen und unerwarteten Grundlage, ohne daß General Moltke vorher über seine Meinung gefragt wird. Bei dem Mangel an militärischen Kenntnissen, welche dem Zivilisten im Kürassierrock eigen ist, können wir uns daher sehr leicht plötzlich einem »fait accompli« gegenüber befinden, welches militärisch unausführbar ist. Aber selbst wenn wir das Glück haben sollten, daß letztere Eventualität ausbleibt, so ist es für uns bei den riesigen Dimensionen der vor uns liegenden Aufgabe fast unmöglich, die Anweisungen an die Armeekommandos zweckentsprechend und zeitgerecht zu erlassen.

Während so Graf Bismarck in einer Angelegenheit, welche einen rein militärischen Charakter trägt, den Chef des Generalstabes vollständig beiseite läßt, hat er letzteren beim König wegen fortgesetzter Eingriffe in sein Ressort sowie wegen ungenügender Information über die militärische Situation verklagt. Der allergnädigste Herr hat sich darauf herbeigelassen, ohne zuvor den General Moltke zu hören, an diesen zwei ziemlich ungnädige Ordres zu erlassen. Die eine bemängelt den vom König selbst genehmigten zweimaligen Schriftwechsel mit General Trochu und verlangt die Konkurrenz des Ministers der auswärtigen Angelegenheiten bei dem Verkehr mit den »Mitgliedern der Pariser Regierung oder deren Delegation in Bordeaux«.

General Moltke hat aber nur militärisch mit dem Gouverneur von Paris verhandelt.

Wir waren alle empört, namentlich darüber, daß der wohl längst vorbereitete Schlag gegen General Moltke jetzt in einem Moment geführt wird, in welchem man bei der voraussichtlichen Beendigung des Krieges das Talent des Chefs des Generalstabes entbehren zu können glaubt. Das ist der Dank eines Königs, namentlich aber eines Ministers, welcher in seinen politischen Bestrebungen durch die Taten der Armee und durch die geniale Führung der letzteren unterstützt worden ist wie nie vor ihm ein Minister. General Moltke, welchen die Nachwelt unter die größten Feldherren aller Zeiten rechnen wird, fällt vielleicht vor dem Ehrgeiz eines talentvollen, aber innerlich gemeinen Menschen, welcher nicht eher Ruhe hat, als bis er als moderner »major domus« alle berechtigten Existenzen neben sich zertreten hat.

General Moltke hat nach wie vor trotz der tiefsten Erregung und Entrüstung nur das Gefühl seiner Pflichten; er ist groß und edel, auch diesem gemeinen hinterlistigen Streich gegenüber, welcher nicht bis an sein Herz heranreicht. Er wird dem König berichten, wie unbegründet die Klagen des Bundeskanzlers sind; er wird fortfahren, bis zum letzten Moment des Krieges seine Schuldigkeit zu tun. Dann wird er dem Dienst den Rücken kehren, und niemand wird ihn halten. Wir aber, die wir unter ihm eine große schwere Zeit verlebt und seine Größe bewundert haben, wir werden wissen, was er dem König und dem Vaterland gewesen ist und daß Graf Bismarck ihm nicht bis an die Absätze seiner Stiefel reicht, trotz aller Erfolge, die eben nur den Leistungen der Armee zu danken sind. Ich entwarf noch abends den Bericht an den König, wachte aber noch lange, nachdem ich ihn längst beendigt hatte. Das war der Verlauf meines Geburtstages!

Aufgrund der Verhandlungen wird für den 26. Januar 1871 abends die Einstellung der Kampftätigkeit vor Paris vereinbart. In seiner »Geschichte des deutsch-französischen Krieges von 1870/71« gibt Moltke einen Rückblick auf die Belagerung:

Am 26. abends sollten die Feindseligkeiten vor Paris eingestellt und alle Zufuhren freigegeben werden. Ein allgemeiner einundzwanzigtägiger Waffenstillstand würde dann mit dem 31. Januar in Kraft treten, ausgeschlossen von demselben aber würden die Departements Doubs, Jura und Côte d'Or sowie die Festung Belfort bleiben, wo zur Zeit noch Operationen sich im Gang befanden, von denen beide Teile sich Erfolg versprachen.

Dieser Waffenstillstand gewährte der Défense Nationale [*Regierung der nationalen Verteidigung*] die nötige Zeit, um eine frei gewählte Versammlung nach Bordeaux zu berufen, welche zu entscheiden haben werde, ob der Krieg fortzusetzen oder unter welchen Bedingungen der Friede zu schließen sei. Auch in den von den Deutschen besetzten Landesteilen blieb die Wahl der Abgeordneten völlig unbehindert und unbeeinflußt.

Die Kriegsbesatzung von Paris, Linientruppen, Marinesoldaten und Mobilgarden, hatten sofort die Waffen auszuliefern, nur 12 000 Mann und die Nationalgarde durften sie zur Aufrechterhaltung der Ordnung im Innern der Stadt behalten. Während des Waffenstillstandes blieb die Besatzung dort interniert, nach Ablauf desselben trat sie in Gefangenschaft. Von sofortiger Abführung nach Deutschland, wo schon alle irgend geeigneten Orte mit Gefangenen überfüllt waren, nahm man bei der nahen Friedensaussicht einstweilen Abstand.

Ohne Störung erfolgte am 29. Januar die Besetzung der Forts. Ausgeliefert wurden von der Feldarmee 602 Geschütze, 1 770 000 Gewehre und über 1 000 Munitionswagen, von der Festung 1 362 schwere Geschütze, 1 680 Lafetten, 860 Protzen, ferner 3 500 000 Patronen, 4 000 Zentner Pulver, 200 000 Granaten und 100 000 Bomben.

Die 132tägige Einschließung von Paris war beendet, der größere Teil der vor seinen Mauern festgehaltenen deutschen Streitkräfte frei geworden, um im offenen Felde das Ende des Krieges zu erkämpfen.

Der am 28. Januar 1871 unterzeichnete Waffenstillstand sieht die Einstellung der Kampfhandlungen vor und gestattet der Regierung der nationalen Verteidigung die Berufung einer frei gewählten Versammlung, die über die Frage entscheiden soll, ob der Krieg fortgesetzt oder unter welchen Bedingungen Frieden geschlossen werden soll. Die Nachricht davon wird im Deutschen Reich mit Dankbarkeit und Freude aufgenommen. Die in Augsburg erscheinende »Allgemeine Zeitung« schreibt am 29. Januar 1871:

Es ist nicht allein die Erinnerung an die ungeheuren Opfer, welche der Kampf der sechs letzten Monate von dem deutschen Volke gefordert hat, es ist der Gedanke an die unerhörte Größe dieses Kampfes an sich, es ist die über alles menschliche Verstehen erhabene Peripetie dieses Völkerdramas, ja es ist der Gedanke an den überwundenen Feind, der Gedanke, daß wir eine halbe Welt in Trümmer brechen, eine Nation in die Erde stampfen mußten, um unsere Welt zu retten, um unsere Nation zu gestalten – das ist es, was die Siegesfreude von allem Gemeinen läutert und sie zu jener höchsten Freude adelt, durch einen Tropfen reiner menschlicher Wehmut. Als der Dichter der Nibelungen am Schlusse seiner Mär steht, da weiß er kein anderes Wort mehr zu finden als: »Das ist die größte Geschichte, die je zur Welt geschah.« Wir wissen auch kein anderes.

Nach der Aufhebung der Belagerung von Paris erhält auch der Große Generalstab genaue Kenntnisse über die Verhältnisse in der seit dem 19. September 1870 eingeschlossenen Hauptstadt Frankreichs. Aufgrund der Berichte kommt General von Moltke zu folgender Ansicht:

Unzweifelhaft gab es keinen Ausweg mehr als die Kapitulation der Hauptstadt, jede Zögerung steigerte die Not und zwang zur Annahme härterer Bedingungen. Wurden nicht ungesäumt alle Eisenbahnen freigegeben, um aus weitestem Umkreise Lebensmittel heranzuführen, so mußten unausbleiblich die Schrecknisse einer wirklichen Hungersnot über mehr als zwei Millionen Einwohner hereinbrechen, denen später nicht mehr zu begegnen war. Aber niemand wagte das verhängnisvolle Wort Kapitulation auszusprechen, niemand die Verantwortlichkeit für das unausweichlich gewordene zu übernehmen.

Die Bereinigung der militärischen Situation nimmt nach Abschluß des Waffenstillstandes einige Tage in Anspruch. Am 5. Februar teilt Kaiser Wilhelm I. seiner Frau mit:

Wegen der letzten entscheidenden Kämpfe, des erzwungenen Übertritts der 80 000 Mann starken feindlichen Korps auf Schweizer Gebiet sowie für die vollzogene Besetzung aller Forts um Paris soll Viktoria geschossen werden.

Während die militärischen Operationen im Rahmen des Waffenstillstandes vor sich gehen, bereitet Bismarck in Verhandlungen die Friedenspräliminarien vor. Ihre Festlegung macht es erforderlich, den Waffenstillstand zu verlängern, wie eine Meldung aus dem Hauptquartier am 16. Februar besagt:

Der Waffenstillstand ist bis zum 24. Februar mittags 12 Uhr verlängert und auf den südöstlichen Kriegsschauplatz ausgedehnt; unsere Truppen behalten die Departements Doubs und Côte d'Or sowie den größten Teil der Jura-Departements besetzt.

Am 26. Februar 1871 nachmittags zwischen 5 und 6 Uhr werden im Hauptquartier in Versailles die Friedenspräliminarien zwischen dem Deutschen Reich und Frankreich unterzeichnet; sie enthalten die Grundsätze des Friedensvertrages. Ihre Unterzeichnung teilt Kaiser Wilhelm I. am 27. Februar Kaiserin Augusta mit, wobei er die Hoffnung ausspricht, daß die französische Nationalversammlung in Bordeaux die Ratifikation vornimmt:

Wie hat Gott uns gesegnet in diesen sieben Monaten! Kaum glaubte man alles, was erreicht ist, obgleich man es selbst erlebte, und wie wird einst die Geschichte diesen Zeitabschnitt darstellen!

Wenn Bordeaux die Ratifikation ausspricht, so ist das ruhmvolle Werk auf eine Art beendet, wo Gottes Hand mehr wie sichtlich ist, und immer muß ich es wiederholen, wie wir Gott preisen und ihm danken müssen, daß er uns auserwählte und würdig fand, seine Werkzeuge zur Lösung seines Willens zu sein! Wenn man die Leistungen des Heeres im einzelnen verfolgt, so muß man sagen, daß jeder in demselben von oben bis unten in seiner Stellung von einer Gesinnung und von einem Geiste beseelt war, der allein solche Taten von Heldenmut und Ausdauer ausführen konnte, und das ist wiederum Gottes Werk! Wenn unser Feind auch wacker gefochten hat, so fehlte ihm dieser Geist, der zum Siege führt, der ihm versagt ward, weil er unterliegen sollte. Nur in dieser Auffassung ist unser Ruhm und unsere Ehre mit Demut zu ertragen. Gott sei gepriesen für seine Gnade!!!

Kaiser Wilhelm I. telegrafiert am gleichen Tag an Zar Alexander II. von Rußland:

Mit unaussprechlichen Gefühlen und der Gnade Gottes dankend zeige ich Ihnen an, daß die Friedenspräliminarien zwischen Bismarck und Thiers unterzeichnet worden sind. Das Elsaß, aber ohne Belfort, Deutsch-Lothringen mit Metz sind an Deutschland abgetreten worden, eine Kontribution von 5 Milliarden Franc wird von Frankreich gezahlt werden. Nach Maßgabe der Bezahlung dieser Summe wird das Land in drei Jahren geräumt werden. Paris wird bis zur Ratifikation durch die Nationalversammlung in Bordeaux teilweise besetzt werden. Die Details der Friedensverhandlungen werden in Brüssel geführt werden, sobald die Ratifikation erfolgt sein wird. So stehen wir denn am Ende eines ebenso glorreichen als blutigen Krieges, welcher uns mit einer Frivolität ohnegleichen aufgezwungen wurde. Preußen wird niemals vergessen, daß es Ihnen zu verdanken ist, wenn der Krieg nicht die äußersten Dimensionen angenommen hat. Möge Gott Sie dafür segnen!

Alexander II. antwortet unverzüglich:

Ich danke Ihnen für die Anzeige der Details der Friedenspräliminarien. Ich teile Ihre Freude. Gebe Gott, daß denselben ein dauerhafter Friede folge. Ich bin glücklich, imstande gewesen zu sein, Ihnen als ergebener Freund meine Sympathien zu beweisen. Möge die Freundschaft, welche uns verbindet, das Glück und den Ruhm beider Länder sichern.

Seiner Frau gibt Bismarck am 27. Februar 1871 eine anschauliche Schilderung der Verhandlungen:

Mein liebes Herz,
    ich habe Deine tägliche Treue im Schreiben schlecht vergolten und jedesmal, wenn mir Engel Deinen Brief ans Bett brachte, Reue und gute Vorsätze gehegt, aber es ging einen Tag wie den andern, täglich sechs, auch sieben Stunden Thiers und Favre, und mein kleiner Freund Thiers ist sehr geistreich und liebenswürdig, aber kein Geschäftsmann für mündliche Unterhandlungen. Der Gedankenschaum quillt aus ihm unaufhaltsam wie aus einer geöffneten Flasche und ermüdet die Geduld, weil er hindert, zu dem trinkbaren Stoffe zu gelangen, auf den es ankommt. Dabei ist er ein braver kleiner Kerl, weißhaarig, achtbar und liebenswürdig, gute altfranzösische Formen, und es wurde mir sehr schwer, so hart gegen ihn zu sein, wie ich mußte. Das wußten die Bösewichter, und deshalb hatten sie ihn vorgeschoben. Gestern haben wir endlich unterzeichnet, mehr erreicht, als ich für meine persönliche politische Berechnung nützlich halte. Aber ich muß nach oben und nach unten Stimmungen berücksichtigen, die eben nicht rechnen. Wir nehmen Elsaß und Deutsch-Lothringen, dazu auch Metz mit sehr unverdaulichen Elementen, und über 1 300 Millionen Taler. Die letzte Schwierigkeit wird nun sein, diese Bedingungen in Bordeaux durch die 700 Köpfe starke Versammlung zu bringen. Aber Gott hat uns mit Seiner starken Hand so weit geführt, Er wird uns ja auch den Frieden fest machen, für den neben vielem Gesindel in Frankreich soviel ehrliche Leute bei uns und auch bei den Gegnern gefallen, verkrüppelt und in Trauer sind. Mein Herz ist voll demütigen Dankes, und ich hoffe mit Deinen beiden blauen Jungen bald bei Dir zu sein, in etwa 14 Tagen. Gott behüte Dich und gebe uns schnelles Wiedersehn. Wegen Einzug, nicht mehr Gefahr als überall im Leben unter Gottes Obhut. Herzliche Grüße vor allen an Marie und an Deine treue Trösterin, Frau von E[isendecher].
Dein
                                                            v. B.

Das Ende der Kampfhandlungen ist für General von Moltke Anlaß, eine Bilanz des Krieges zu geben. In knapper Sprache schildert er die militärischen und politischen Ergebnisse des sieben Monate währenden Krieges:

Der mit Aufbietung gewaltiger Kräfte von beiden Seiten geführte Krieg war bei rastlos schnellem Verlauf in der kurzen Zeit von sieben Monaten beendet.

Gleich in die ersten vier Wochen fallen acht Schlachten, unter welchen das französische Kaisertum zusammenbrach und die französische Armee aus dem Felde verschwand.

Neue massenhafte, aber geringwertigere Heeresbildungen glichen die anfängliche numerische Überzahl der Deutschen aus, und es mußten noch zwölf neue Schlachten geschlagen werden, um die entscheidende Belagerung der feindlichen Hauptstadt zu sichern.

Zwanzig feste Plätze sind genommen worden, und kein Tag ist zu nennen, an welchem nicht größere oder kleinere Gefechte stattgefunden haben.

Die Deutschen hat der Krieg große Opfer gekostet, sie verloren: 6 247 Offiziere, 123 453 Mann, 1 Fahne, 6 Geschütze.

Der Gesamtverlust der Franzosen entzieht sich der Berechnung, aber allein an Gefangenen befanden sich:

in Deutschland	11 860 Offiziere,	371 981 Mann,
in Paris	7 456 Offiziere,	241 686 Mann,
entwaffnet in der Schweiz	2 192 Offiziere,	88 381 Mann,
	21 508 Offiziere,	702 048 Mann.

Erobert wurden: 107 Fahnen und Adler, 1 915 Feldgeschütze, 5 526 Festungsgeschütze.

Straßburg und Metz, in Zeiten der Schwäche dem Vaterlande entfremdet, waren wieder zurückgewonnen, und das deutsche Kaisertum war neu erstanden.

Am 1. März 1871 betreten deutsche Truppen Paris. Sie werden bereits nach 24 Stunden wieder zurückgezogen, als die Nachricht über die Ratifikation der Friedenspräliminarien durch die französische Nationalversammlung in Bordeaux eingetroffen ist. Am 3. März finden im Deutschen Reich die Wahlen zum 1. Reichstag statt. Gleichzeitig trifft in Berlin die Nachricht von der Ratifizierung ein; sie löst eine Welle dankbarer Begeisterung aus. Baronin Spitzemberg notiert:

3. März – Die Sonne ging strahlend am wolkenlosen Himmel auf; mittags fand die Verlesung der kaiserlichen Depesche vom Schlosse aus statt, Viktoria ward geschossen und mit allen Glocken geläutet. In der Stadt wogte die Menge auf und ab und wurden in aller Eile noch überall Dekorationen angebracht. Ich aß mit den Meinen im Hotel, Carl hatte ein Diner bei Delbrück; rasch eilte ich dann heim, um meine Beleuchtung in Gang zu setzen, in allen Fenstern und auf dem Balkon Kerze an Kerze, die Fahnen mit Kränzen geschmückt. [...] Um 7 Uhr gingen ich mit dem Vater, Elisabeth mit Konrad durch die Leipziger Straße, die Linden, den Schloßplatz bis an die Kurfürstenbrücke; weiter aber drangen wir nicht, denn das Geschrei der halberdrückten Frauen und Kinder auf der Brücke klang nicht sehr ermutigend. So sahen wir den in rotem bengalischem Feuer leuchtenden Rathausturm nur von ferne; dann ging's durch die Französische und Behrenstraße und über den Pariser Platz ins Hotel zurück, wo wir Carl trafen. Überall war schön und reich beleuchtet, es war viel Volk in den Straßen, das sich [...] nur selten zu festen Klumpen staute. Aber der Volksjubel, das Schreien, Singen etc. war dem Taumel nach Sedan nicht annähernd zu vergleichen, trotz der mondhellen, lauen Nacht ... Und was für ein Friede für uns Deutsche! Herrlicher und glorreicher als wir je einen geschlossen! Vereint zu einem Reiche, dem größten, mächtigsten, gefürchtetsten in Europa, groß durch seine physische Macht nicht allein, größer noch durch seine Bildung und den Geist, der das Volk durchdringt! Jedes deutsche Herz hatte das erhofft, keines geahnt, daß seine Träume sich in dieser Weise, so bald und so herrlich erfüllen würden. Glücklich sind wir, daß wir nicht nur den Stern deutscher Größe und Herrlichkeit aufgehen sahen, sondern daß wir noch jung genug sind, um uns unter seinen Strahlen zu wärmen, um die, so Gott will, recht reichen und segensvollen Früchte zu genießen, die aus dieser unter Blut und Tränen gesäten Saat hervorgehen. Möge Gott den Geist meines Volkes also lenken, daß seine Entwicklung eine friedliche und zivilisatorische bleibe, sein Reich ein Reich des Lichts, der Freiheit, der wahren, christlichen Gesittung sei!

Den gleichen Vorgang erlebt Paul Lindenberg als Schuljunge. Er berichtet:

Erst am Morgen des 3. März durchhallte der Ruf: »Frieden! Frieden!« Berlin. Die Anschlagssäulen übten eine Anziehungskraft aus wie nie vordem. Dem heißersehnten Ereignis entsprechend war die offizielle Depesche auf bedeutend größerem Format gedruckt als sonst; ein grüner Lorbeerkranz schlang sich um die wieder und immer wieder gelesenen Worte, die stets neue Freudenbezeugungen entfachten. In weniger als einer Stunde hatte die Stadt den buntfarbigsten Flaggenschmuck angelegt. Unter den Linden wogte es auf und nieder, und vor dem Palais stauten sich wie am Sedantage die drängenden Massen.

Bei lautloser Stille verlas ein General mit weitschallender Stimme das an die Kaiserin gerichtete Friedenstelegramm. Dann aber brach der Jubel los, stärkeren haben die Linden nie gehört! Als der erste Freudenausbruch vorbei war, überkam die gewaltige Menge die ganze Weihe und Bedeutung dieser einzigen Stunde, und alle, alle fielen entblößten Hauptes in den von einem am Friedrichsdenkmal aufgestellten Musikkorps angestimmten Choral »Nun danket alle Gott!« ein. Mit den feierlichen Klängen vermischten sich die ehernen Stimmen der Kirchenglocken wie der Geschütze, die mit ihrem Dröhnen der gesamten Stadt bis in ihre entlegensten Teile den Friedensschluß verkündeten.

Nach Annahme der Friedenspräliminarien rüsten die militärischen und politischen Stäbe zur Heimreise. Beinahe wehmütig nimmt Bismarck von seiner Wohnung in Versailles Abschied. Am 5. März schreibt er an seine Frau:

Mein liebes Herz,
heut sind es grade fünf Monat, daß ich in dieses dürftige Stübchen einzog, und heut fasse ich mit Gottes Hilfe den Entschluß, es morgen zu verlassen. Ob mir das gelingen wird, hängt noch von Kaisern, Großherzögen und Reisegelegenheit ab; letztere bietet sich, wenn ich nicht in Bummelzüge fallen will, von Lagny wahrscheinlich erst Donnerstag, wo ich also

in Metz zur Nacht bliebe und Tags darauf über Bingen und
mit Beschleunigung Berlin und Dir zustreben würde. Inzwischen zupft mich alles noch am Rockschoß und plagt mich mit
Fragen, die niemand beantworten kann. S. M. geht Dienstag
nach Ferrières, ich, wenn ich kann, schon morgen.

*Bevor Kaiser Wilhelm I. am 15. März die deutsch-franzö-
sische Grenze bei Saarbrücken überschreitet, erläßt er folgenden Armeebefehl:*

Soldaten der deutschen Armee! Ich verlasse an dem heutigen Tage den Boden Frankreichs, auf welchem dem deutschen
Namen soviel neue kriegerische Ehre erwachsen, auf dem
aber auch soviel teures Blut geflossen ist. Ein ehrenvoller
Friede ist jetzt gesichert, und der Rückmarsch der Truppen in
die Heimat hat zum Teil begonnen. Ich sage Euch Lebewohl,
und Ich danke Euch nochmals mit warmem und erhobenem
Herzen für alles, was Ihr in diesem Kriege durch Tapferkeit
und Ausdauer geleistet habt. Ihr kehrt mit stolzem Bewußtsein in die Heimat zurück, daß Ihr einen der größten Kriege
siegreich geschlagen habt, den die Weltgeschichte je gesehen –
daß das teure Vaterland vor jedem Betreten durch den Feind
geschützt worden ist und daß dem Deutschen Reiche jetzt
Länder wieder erobert worden sind, die es vor langer Zeit
verloren hat.

*Die Reise des Kaisers von Saarbrücken nach Berlin macht
Gustav Freytag im »Kaiserzug« mit. Seine Beobachtungen
und Eindrücke schildert er in einem veröffentlichten Brief:*

Es war ein Triumphzug, wie ihn die Vorfahren sich vielleicht für die Helden ihrer Sage dachten, wenn diese vom
Schlachtfeld zu den Göttern hinaufgetragen wurden. Freilich
auch darin waren manche unter uns der Erde entrückt, daß sie
unterwegs wenig Gelegenheit hatten, irdische Nahrung einzunehmen. Die jubelnde Menge trennte als undurchdringliche
Mauer von den Buffets, und die dem Kaiser und Kronprinzen
kredenzten Becher, Tassen usw. trugen nicht dazu bei, allen
andern das Leid dieser Trennung zu verringern. Als wir der
Heimat näher kamen, schlug das Herz schneller, und die Un-

geduld wurde schwer gebändigt. Und als man endlich Frau und Kind an das Herz schloß, da war Ruhm und Gefahr, die ganze Welt war vergessen, das lang entbehrte Haus, das Daheim in der ganzen Fülle seiner Seligkeit, nahm ganz gefangen. Es ist schön, als Deutscher stolz zu sein, und es ist auch nicht übel, für das Vaterland den Feind zu hauen. Aber die ganze Welt, aller Siegerstolz und alle Erfolge und Ehren sind wenig gegen das Glück, nach solcher Trennung sich unter den Seinen als stiller, zufriedener Mensch zu fühlen.

Die Lage bei der Truppe ist wesentlich anders. Major Hans von Kretschman klagt am 15. März seiner Frau Jenn:

Mit einer Frivolität ohne gleichen verfährt das Oberkommando seit dem Frieden. Seit das Korps auf dem Marsche ist, also seit dem 6., bekümmert es sich nicht um die Verpflegung der Leute. Es ist eine Ironie, daß eine siegreiche Armee effektiv hungern muß. Das Oberkommando reitet in Fontainebleau Jagd – spielt – aber Dienst tut es nicht. So sind die Telegrafen, die Post-Relais abgebrochen, »seht, wie ihr durchkommt, wenn's uns nur gut geht«, das ist die Parole dieser Leute. Ein junger Husarenoffizier, der sechs Flaschen Champagner trinken kann, ohne unter den Tisch zu fallen, ist mehr wert als ein anderer, der sechs Stunden am Arbeitstisch sitzt, ohne die Laune zu verlieren.

Unsere Leute sind in der übelsten Lage. Ihre Löhnung reicht nicht aus, sich etwas zu kaufen, da die Franzosen uns dreifache Preise machen. Erbswurst und wieder Erbswurst, das ist geradezu unverantwortlich, Leuten anzubieten, die am Ende eines solchen Krieges stehen.

Von überschwenglichem Jubel der Bevölkerung begrüßt, trifft Kaiser Wilhelm I. am 17. März abends in Berlin ein. Am 20. März empfängt er den Magistrat und die Stadtverordneten von Berlin und Deputationen der städtischen Behörden von Charlottenburg und Breslau. In einer Ansprache erinnert er an seinen Abschied vor acht Monaten und an die inzwischen eingetretene Veränderung sowohl der deutschen als auch der europäischen Verhältnisse:

Es war der Wille der Vorsehung, daß diese großen Taten durch uns sollten vollbracht werden. Wir waren nur die Werkzeuge in des Allmächtigen Hand. Was die Armee geleistet hat, das steht so groß da, daß es der Anerkennung mit Worten nicht bedarf. Aber Ich fühle Mich gedrungen, hier Meine dankbare Anerkennung für alles das auszusprechen, was das Volk daheim für das Heer getan hat.

Beginn der Tätigkeit des Deutschen Reiches

Am 20. Februar 1871 konstituiert sich der Bundesrat. Der am 3. März gewählte Reichstag wird am 21. März im Weißen Saal des königlichen Schlosses zu Berlin feierlich eröffnet. Die Stenografischen Berichte der Verhandlungen des Reichstages beginnen mit einem ausführlichen Bericht darüber:

In Gemäßheit der Allerhöchsten Verordnung vom 26. Februar dieses Jahres fand heute nachmittag 1 Uhr im Weißen Saale des hiesigen königlichen Schlosses die feierliche Eröffnung des deutschen Reichstages statt. Derselben war ein Gottesdienst vorangegangen, und zwar für die Mitglieder der evangelischen Kirche in der Schloßkapelle um 12 Uhr, für die Mitglieder der katholischen Kirche in der St. Hedwigskirche, wo Propst Herzog die kirchliche Feier abhielt, um 12 ½ Uhr.

Ihre Majestäten der Kaiser und König und die Kaiserin-Königin, Ihre kaiserlichen und königlichen Hoheiten der Kronprinz und die Kronprinzessin, eine große Anzahl der fürstlichen zur Zeit hier anwesenden Gäste und die Prinzen des königlichen Hauses, welche dem Gottesdienste in der Schloßkapelle beiwohnten, nahmen rechts vom Altare Platz, wo auch für das Gefolge der Allerhöchsten und Höchsten Herrschaften Sitze zur Verfügung standen. Den Allerhöchsten und Höchsten Herrschaften gegenüber hatte das diplomatische Korps nebst den Staatsministern, Generalen, Wirklichen Geheimen Räten, Räten Erster Klasse und den vortragenden Räten in den Ministerien Platz genommen. Die dem Altar gegenüber befindlichen Sitze, und zwar in den vordersten Reihen der mittleren Abteilung, hatten die Mitglieder des Bundesrats, die übrigen die Abgeordneten des Reichstages

eingenommen. Nach dem Gesange des einleitenden 100.
Psalms und nach der durch den Hof- und Domprediger Kögel
abgehaltenen Liturgie hielt der Generalsuperintendent, Hof-
und Domprediger Dr. Hoffmann die Predigt, welcher er die
Worte der Heiligen Schrift Buch Josua Kapitel 21, Vers 45
zugrunde legte.

Nach beendigtem Gottesdienst begaben sich die Allerhöchsten und Höchsten Herrschaften nach der Roten Sammet-
kammer; das Gefolge derselben blieb in der davor gelegenen
alten Kapelle zurück, die Obersten Hof-, die Oberhof- und
die Hofchargen sowie die zum Tragen der Reichsinsignien
befohlenen Personen versammelten sich in der Bildergalerie,
wohin schon vorher durch Eskorte von zwei Offizieren und
vier Mann der Gardes du Korps die gedachten Insignien geleitet worden waren, die Mitglieder des Bundesrats in dem
neben der Bildergalerie belegenen Grünen Salon.

In dem Weißen Saale, in welchem die Generale unter den
Arkaden nach der Lustgartenseite, die Wirklichen Geheimen
Räte, die Räte Erster Klasse und die vortragenden Räte in
den Ministerien in der zweiten Abteilung der Nischen unter
der Tribüne auf der Kapellenseite, die Abgeordneten zum
Reichstage, dem Throne gegenüber Aufstellung nahmen, waren rechts und links vom Throne Hauts-pas und hinter dem
ersten eine Tribüne für Ihre Majestät die Kaiserin und Königin, für Ihre kaiserliche und königliche Hoheit die Kronprinzessin, für die anwesenden durchlauchtigsten fürstlichen Damen und für die Prinzessinnen des königlichen Hauses, mit
einem Eingang vom Königinnengemach, aufgeschlagen. Für
das diplomatische Korps war die Tribüne auf der Kapellenseite bestimmt; dasselbe wurde von dem Ersten Zeremonien-
meister (beauftragt mit der Einführung der Gesandtschaften)
von Röder empfangen.

Sobald die Aufstellung vollendet und der Bundesrat unter
Vortritt des Bundeskanzlers, Grafen von Bismarck-Schönhausen, seine Plätze in der ersten Abteilung der Nischen unter
den Tribünen auf der Kapellenseite eingenommen hatte, wurde Sr. Majestät dem Kaiser und Könige durch den Bundeskanzler davon Anzeige gemacht.

328 DIE GRÜNDUNG DES DEUTSCHEN REICHES

Se. Majestät geruhten darauf Allerhöchst, sich unter Vortritt der Obersten Hof-, der Oberhof- und Hofchargen und gefolgt von den General- und Flügeladjutanten nach dem Weißen Saal zu begeben. Den Zug eröffneten die Hoffouriere, ihnen folgten der Oberzeremonienmeister, dann paarweise, die dem Patent nach jüngsten voran, die Hof- und Oberhofchargen, der Oberhof- und Hausmarschall, der Oberstmarschall mit dem großen Stabe, begleitet vom Oberstschenk und vom Obersttruchseß, und endlich unmittelbar vor Sr. Majestät dem Kaiser und Könige die Träger mit den Reichsinsignien paarweise. Dem General der Infanterie Grafen von Moltke, welcher das entblößte Reichsschwert aufrecht trug, ging zur rechten Seite der General der Infanterie von Peucker mit dem Reichsapfel auf einem Kissen von drap d'argent [*Silberstoff*]; dem General der Infanterie und Kriegsminister von Roon mit dem Zepter auf einem Kissen von drap d'or [*Goldstoff*] ging zur rechten Seite der Oberstkämmerer, Graf von Redern, der die Krone auf einem Kissen von drap d'or trug; zunächst Sr. Majestät schritt der Generalfeldmarschall Graf von Wrangel mit dem Reichspanier voraus, geleitet von den Generalleutnants von Kameke und von Podbielski.

Auf Se. Majestät den Kaiser und König folgten Se. kaiserliche und königliche Hoheit der Kronprinz, die anwesenden regierenden deutschen Fürsten, die Prinzen des königlichen Hauses sowie die anwesenden Erbprinzen und nachgeborenen Prinzen aus anderen souveränen Häusern mit dem Allerhöchsten und Höchsten Gefolge.

Sobald der Weiße Saal erreicht wurde, bildeten die Hofchargen Spalier, und nur die drei Obersten Hofchargen, welche den Reichsinsignien unmittelbar vorangeschritten waren, gingen bis an den Thron vor und ordneten sich in der Weise, daß zur Rechten desselben der Oberstmarschall und der Oberstschenk, zur Linken der Obersttruchseß Stellung nahmen. Der Generalfeldmarschall Graf von Wrangel mit dem Reichspanier trat rechts, der General der Infanterie Graf von Moltke mit dem Reichsschwert links hinter den Thronsessel auf die mittlere Thronstufe, während der Oberstkämmerer Graf von Redern die Krone auf das rechts vom Thronsessel zunächst stehende

Tabouret, der General der Infanterie von Roon das Zepter auf das links stehende Tabouret und der General der Infanterie von Peucker den Reichsapfel auf das andere rechts stehende Tabouret legten und sich auf die unterste Thronstufe den betreffenden Reichsinsignien zur Seite stellten. Die Generale, welche das Reichspanier begleitet hatten, traten rechts auf die unterste Thronstufe in der Nähe des Reichspaniers.

Se. Majestät der Kaiser und König, bei Allerhöchstihrem Eintritt in den Weißen Saal von einem lebhaften dreimaligen Hoch, das der Wirkliche Geheime Rat von Frankenberg-Ludwigsdorf ausbrachte, empfangen, nahmen auf dem Throne Platz, während Se. kaiserliche und königliche Hoheit der Kronprinz zu dessen Rechten auf die mittlere Thronstufe trat.

Die anwesenden regierenden deutschen Fürsten nahmen auf dem Haut-pas zur Rechten des Thrones vor der Tribüne Ihrer Majestät der Kaiserin und Königin, die Prinzen des königlichen Hauses sowie die anwesenden Erbprinzen und nachgeborenen Prinzen aus anderen souveränen Häusern auf dem Haut-pas zur Linken des Thrones ihre Stellung.

Das Gefolge der Allerhöchsten und Höchsten Herrschaften blieb unter den Arkaden auf der Lustgartenseite zurück, nur der diensttuende Generaladjutant Sr. Majestät trat zur Rechten, der diensttuende Flügeladjutant zur Linken des Thrones.

Hierauf verlasen Se. Majestät der Kaiser und König, unbedeckten Hauptes, die nachfolgende Thronrede, welche der Bundeskanzler Graf von Bismarck-Schönhausen, vor den Thron tretend und sich verneigend, überreicht hatte.

Geehrte Herren! Wenn Ich nach dem glorreichen, aber schweren Kampfe, den Deutschland für seine Unabhängigkeit siegreich geführt hat, zum ersten Male den deutschen Reichstag um Mich versammelt sehe, so drängt es Mich vor allem, Meinem demütigen Danke gegen Gott Ausdruck zu geben für die weltgeschichtlichen Erfolge, mit denen seine Gnade die treue Eintracht der deutschen Bundesgenossen, den Heldenmut und die Manneszucht unserer Heere und die opferfreudige Hingebung des deutschen Volkes gesegnet hat. Wir ha-

330   DIE GRÜNDUNG DES DEUTSCHEN REICHES

ben erreicht, was seit der Zeit unserer Väter für Deutschland
erstrebt wurde: die Einheit und deren organische Gestaltung,
die Sicherung unserer Grenzen, die Unabhängigkeit unserer
nationalen Rechtsentwicklung.

Das Bewußtsein seiner Einheit war in dem deutschen Volke,
wenn auch verhüllt, doch stets lebendig; es hat seine Hülle
gesprengt in der Begeisterung, mit welcher die gesamte Nation sich zur Verteidigung des bedrohten Vaterlandes erhob
und in unvertilgbarer Schrift auf den Schlachtfeldern Frankreichs ihren Willen verzeichnete, ein einiges Volk zu sein und
zu bleiben.

Der Geist, welcher in dem deutschen Volke lebt und seine
Bildung und Gesittung durchdringt, nicht minder die Verfassung des Reiches und seine Heereseinrichtungen, bewahren
Deutschland inmitten seiner Erfolge vor jeder Versuchung
zum Mißbrauche seiner durch seine Einigung gewonnenen
Kraft. Die Achtung, welche Deutschland für seine eigene Selbständigkeit in Anspruch nimmt, zollt es bereitwillig der Unabhängigkeit aller anderen Staaten und Völker, der schwa-
chen wie der starken. Das neue Deutschland, wie es aus der
Feuerprobe des gegenwärtigen Krieges hervorgegangen ist,
wird ein zuverlässiger Bürge des europäischen Friedens sein,
weil es stark und selbstbewußt genug ist, um sich die Ordnung
seiner eigenen Angelegenheiten als sein ausschließliches, aber
auch ausreichendes und zufriedenstellendes Erbteil zu bewahren.

Es hat Mir zur besonderen Genugtuung gereicht, in diesem
Geiste des Friedens inmitten des schweren Krieges, den wir
führten, die Stimme Deutschlands bei den Verhandlungen
geltend zu machen, welche auf der durch die vermittelnden
Bestrebungen Meines Auswärtigen Amtes herbeigeführten
Konferenz in London ihren befriedigenden Abschluß gefunden haben.

Der ehrenvolle Beruf des ersten deutschen Reichstages wird
es zunächst sein, die Wunden nach Möglichkeit zu heilen, welche der Krieg geschlagen hat, und den Dank des Vaterlandes
denen zu betätigen, welche den Sieg mit ihrem Blut und Leben
bezahlt haben; gleichzeitig werden Sie, geehrte Herren, die

Arbeiten beginnen, durch welche die Organe des deutschen Reiches zur Erfüllung der Aufgabe zusammenwirken, welche die Verfassung Ihnen stellt: »zum Schutze des in Deutschland gültigen Rechtes und zur Pflege der Wohlfahrt des deutschen Volkes«.

Die Vorarbeiten für die regelmäßige Gesetzgebung haben leider durch den Krieg Verzögerungen und Unterbrechungen erlitten; die Vorlagen, welche Ihnen zugehen werden, leiten sich daher unmittelbar aus der neuen Gestaltung Deutschlands ab.

Die in den einzelnen Verträgen vom November vorigen Jahres zerstreuten Verfassungsbestimmungen sollen in einer neuen Redaktion der Reichsverfassung ihre geordnete Zusammenstellung und ihren gleichmäßigen Ausdruck finden. Die Beteiligung der einzelnen Bundesstaaten an den laufenden Ausgaben des Reiches bedarf der gesetzlichen Regelung. Für die von der königlich bayerischen Regierung beabsichtigte Einführung norddeutscher Gesetze in Bayern wird Ihre Mitwirkung in Anspruch genommen werden. Die Verfügung über die von Frankreich zu leistende Kriegsentschädigung wird nach Maßgabe der Bedürfnisse des Reiches und der berechtigten Ansprüche seiner Mitglieder mit Ihrer Zustimmung getroffen und die Rechenschaft über die zur Kriegführung verwendeten Mittel Ihnen so schleunig vorgelegt werden, als es die Umstände gestatten.

Die Lage der für Deutschland rückerworbenen Gebiete wird eine Reihe von Maßregeln erheischen, für welche durch die Reichsgesetzgebung die Grundlagen zu schaffen sind. Ein Gesetz über die Pensionen der Offiziere und Soldaten und über die Unterstützung ihrer Hinterbliebenen soll für das gesamte deutsche Heer die Ansprüche gleichmäßig regeln, welche der gleichen Hingebung für das Vaterland an den Dank der Nation zustehen.

Geehrte Herren, möge die Wiederherstellung des deutschen Reiches für die deutsche Nation auch nach innen das Wahrzeichen neuer Größe sein, möge dem deutschen Reichskriege, den wir so ruhmreich geführt, ein nicht minder glorreicher Reichsfrieden folgen, und möge die Aufgabe des deutschen

Volkes fortan darin beschlossen sein, sich in dem Wettkampfe
um die Güter des Friedens als Sieger zu erweisen.

Das walte Gott!

Nach Beendigung der Rede trat der Bundeskanzler Graf
von Bismarck-Schönhausen vor und verkündete die Eröffnung
des Reichstages mit den Worten: Auf Befehl Sr. Majestät des
Kaisers erkläre ich im Namen der verbündeten Regierungen
den Reichstag für eröffnet, worauf Se. Majestät der Kaiser
und König unter abermaligem, von dem königlich bayerischen
Staatsminister von Pfretzschner ausgebrachten dreimaligen
begeisterten Hoch der Versammlung mit huldvollem Gruß
an dieselbe in Begleitung Sr. kaiserlichen und königlichen Hoheit des Kronprinzen, der anwesenden regierenden deutschen
Fürsten, der Prinzen des königlichen Hauses sowie der anwesenden Erbprinzen und Prinzen in derselben Ordnung den
Weißen Saal verließ, in welcher der Eintritt erfolgt war.

*Am gleichen Tage, dem 21. März 1871, richtet Kaiser Wil-
helm I. an Bismarck ein Schreiben, in dem er eine Rangerhö-
hung Bismarcks ausspricht:*

Mit der heutigen Eröffnung des ersten deutschen Reichstags
nach Wiederherstellung eines Deutschen Reichs beginnt die
erste öffentliche Tätigkeit desselben. Preußens Geschichte und
Geschicke wiesen seit längerer Zeit auf ein Ereignis hin, wie es
sich jetzt durch dessen Berufung an die Spitze des neugegrün-
deten Reichs vollzogen hat. Preußen verdankt dies weniger
seiner Ländergröße und Macht, wenngleich beides sich gleichmäßig mehrte, als seiner geistigen Entwicklung und seiner
Heeresorganisation. In unerwartet schneller Folge haben sich
im Laufe von sechs Jahren die Geschicke Meines Landes zu
dem Glanzpunkt entwickelt, auf dem es heute steht. In diese
Zeit fällt die Tätigkeit, zu welcher Ich Sie vor zehn Jahren
zu Mir berief. In welchem Maße Sie das Vertrauen gerecht-
fertigt haben, aus welchem Ich damals den Ruf an Sie ergehen
ließ, liegt offen vor der Welt. Ihrem Rat, Ihrer Umsicht, Ihrer
unermüdlichen Tätigkeit verdankt Preußen und Deutschland
das weltgeschichtliche Ereignis, welches sich heute in Meiner
Residenz verkörpert.

Wenngleich der Lohn für solche Taten in Ihrem Innern ruht, so bin Ich doch gedrungen und verpflichtet, Ihnen öffentlich und dauernd den Dank des Vaterlandes und den Meinigen auszudrücken. Ich erhebe Sie daher in den Fürstenstand Preußens mit der Bestimmung, daß sich derselbe stets auf das älteste männliche Mitglied Ihrer Familie vererbt.

Über die Meinungen, die in der Gesellschaft Berlins über die Reaktion Bismarcks auf die Erhebung in den Fürstenstand umlaufen, berichtet Oberstleutnant Bronsart von Schellendorff in seiner Tagebuchaufzeichnung vom 22. März:

Graf Bismarck wurde in den Fürstenstand erhoben; er soll hierüber sehr überrascht und nicht angenehm berührt getan haben, da er nicht die erforderlichen Mittel zur Führung eines fürstlichen Haushaltes besäße. Ich denke, der arme Mann wird diesem Mangel abzuhelfen wissen. Während übrigens die Leute, die von diesen Standeserhöhungen etwas zu verstehen vorgeben, noch darüber debattieren, ob dem neugebackenen Fürsten das Prädikat »Durchlaucht« oder nur »Fürstliche Gnaden« zustehe und ob der Fürstentitel nur dem Haupt der Familie oder der letzteren in der Gesamtheit zustehe, sollen sich alle Glieder, die männlichen wie die weiblichen, in das Schicksal schnell gefunden und sämtlich das Prädikat »Durchlaucht« akzeptiert haben.

Der Mangel des neu ernannten Fürsten wird sehr bald behoben. Kaiser Wilhelm I. läßt sich als Herzog von Lauenburg – diesen Titel erhielt er 1865 – durch die Ritter- und Landschaft des Herzogtums den »Sachsenwald«, ein geschichtsträchtiges, aus 25 000 Morgen Wald und 2 000 Morgen Wiesengelände bestehendes Gebiet ostwärts von Hamburg übereignen, das er Bismarck zum Dank für die Gründung des Deutschen Reiches schenkt. Bismarck nennt die königliche Gabe »ein Ideal meiner Träume«. Als er den neuen Besitz sieht, dankt er Kaiser Wilhelm I.:

[...] für diesen herrlichen Waldbesitz, mit dem Eure Majestät mich begnadigt haben. Ich wüßte keine Besitzung zu finden, die so sehr meinen Neigungen und Idealen entspräche

334 DIE GRÜNDUNG DES DEUTSCHEN REICHES

und zugleich eine so würdige Unterlage des neuen »Fürsten-
Standes« darstellt.

*Aufgrund der ihm vom preußischen Landtag bewilligten
Dotation von 400 000 Taler hat sich Bismarck im Frühjahr
1867 die Herrschaft Varzin in Hinterpommern, eine Besitzung von 22 500 Morgen – fast die Hälfte Wald, mit einem
halben Dutzend Dörfern und einigen Vorwerken – gekauft.
Als Eigentümer der Herrschaft Varzin und des Besitzes Sachsenwald wird Bismarck einer der größten deutschen Grund-
besitzer. Über sein Aussehen und über die Fortdauer der
Spannungen zwischen dem Reichskanzler und dem Chef des
Großen Generalstabs zeigen sich Besucher und Gesprächspart-
ner bestürzt. So schreibt Bennigsen am 23. März seiner Frau:*

Ich komme soeben aus dem Schloß, wo Bundesrat und
Reichstag bei dem Kaiser zum Diner waren. Der Kaiser sah
merkwürdig wohl aus und war sehr guter Stimmung. Bismarck, jetzt Fürst Bismarck, war aber doch recht angegriffen,
weniger Moltke, welcher den Feldzug gut überstanden zu
haben scheint. Leider ist das Verhältnis zwischen Bismarck
und Moltke nebst der Militärpartei noch weit schlechter geworden, als es bereits anfangs November in Versailles war.

*In einer abendlichen Unterhaltung mit Chlodwig Fürst zu
Hohenlohe-Schillingsfürst am 24. März gibt Bismarck eine
Art Rückblick auf die Verhandlungen in Versailles, wobei
er unmißverständlich zum Ausdruck bringt, daß er wegen der
Haltung Bayerns besorgt gewesen ist:*

Abends bei Bismarck. Es waren einige Damen und auch
Herren da. Ich wurde auf ein Kanapee gesetzt vor einen
Tisch mit Teetassen und Bierflaschen, auch Heringe und Austern waren da. Bald kam die neue Durchlaucht und setzte
sich zu mir. Zuerst vertilgte er eine Unzahl Austern, Heringe
und Schinken und trank dazu Bier mit Sodawasser. Wir sprachen anfangs über Varzin, Holzhandel, Ackerbau usw. Nach
und nach wurde er mitteilender und kam auch auf die Politik
zu sprechen. Über die Zustände in Paris sagte er, daß er es
Thiers vorausgesagt habe, daß die französische Regierung

nicht in der Lage sein werde, das bewaffnete Gesindel ohne
deutsche Hilfe zu entwaffnen. Thiers habe es nicht glauben
wollen. Auf die deutsche Frage übergehend, meinte er, der
Reichstag mache ihm den Eindruck wie das, was ihm seine
Eltern von seiner Kindheit erzählt hätten. Er habe einen
Garten bearbeitet und da jeden Tag die Pflanzen herausge-
zogen, um zu sehen, wie dick die Radieschen seien. So mache
es der Reichstag mit sich selbst. Er habe einmal eine Schonung
angelegt, und da habe ihm sein Förster gesagt: »Herr Graf,
gehen Sie einmal drei Jahre nicht in die Schonung!« Man
müsse im Deutschen Reiche die Dinge sich von selbst entwik-
keln lassen und Geduld haben. Er habe sich nur einmal ge-
fürchtet, und das sei in Versailles gewesen. Wenn nämlich
Bayern damals nicht abgeschlossen hätte, so würde auf Jahrhunderte hinaus eine feindliche Stellung zum Süden daraus
gefolgt sein. Es sei möglich, daß er sich geirrt habe, indem er
uns so große Konzessionen gemacht; allein das sei in der Politik nicht zu ändern, da müsse der später erst eintretende Erfolg abgewartet werden, ehe man einen Staatsmann verur-
teile. So wurde viel hin und her gesprochen. Endlich um
$^1\!/_2$ 12 Uhr brach ich auf.

Der Reichstag wählt den Abgeordneten Simson zu seinem
Ersten Präsidenten. Gegen die Wahl von Hohenlohe-Schil-
lingsfürst zum 1. Vizepräsidenten erhebt die Fraktion der im
Winter 1870/71 konstituierten Deutschen Zentrumspartei
Einspruch, hat damit jedoch keinen Erfolg. Bei der Wahl des
2. Vizepräsidenten kommt es zu einer heftigen Auseinander-
setzung. Die Liberalen einigen sich auf den nationalliberalen
Abgeordneten von Weber, Obertribunalrat in Stuttgart. Die
Konservativen und die Zentrumsfraktion stellen die Abge-
ordneten Moritz von Blankenburg und August Reichensperger
auf. Bereits im ersten Wahlgang wird der Abgeordnete von
Weber mit einer Mehrheit von zwei Stimmen gewählt. Die
Meinungsverschiedenheiten zwischen der Mehrheit des Reichs-
tags und der Zentrumsfraktion werden bei der Beratung einer
Adresse an Kaiser Wilhelm I. fortgesetzt. Den nationallibe-
ralen Entwurf beantwortet die Fraktion des Zentrums mit

einem Gegenentwurf; sie lehnt Formulierungen ab, die eine
Einmischung des Deutschen Reiches in die römische Frage, in
die Lage des Papstes nach der Beseitigung des Kirchenstaates
durch den italienischen Nationalstaat, ablehnen. Die Diskus-
sion wird zum Auftakt der Auseinandersetzung zwischen Bis-
marck und der Mehrheit des Reichstags einerseits und der
Fraktion der Deutschen Zentrumspartei andererseits – zum
Kulturkampf. Am 29. März billigt die Mehrheit des Reichs-
tags gegen die Stimmen der Mehrheit der Zentrumsfraktion
den nationalliberalen Entwurf der Adresse an Kaiser Wil-
helm I. – So sehr die Organe des Reiches mit dem Beginn ihrer
Tätigkeit beschäftigt sind – die Entwicklung in Paris, die ih-
ren ersten Höhepunkt bei der nach Verschiebung am 26. März
erfolgten Wahl der Kommune erreicht, an der sich 230 000
Wähler beteiligen, findet allgemeine Aufmerksamkeit. In
einem Gespräch mit Bennigsen äußert sich Bismarck dazu:

Über die Verhältnisse in Frankreich ist Bismarck, mit dem
ich vor einigen Tagen eine längere Unterredung hatte, anscheinend sehr ruhig. Er äußerte sich auch gestern öffentlich
im Reichstage sehr fest. Mir sagte er, schon seit einiger Zeit sei
der Regierung Thiers gestattet, ihre Truppen bei Paris auf
80 000 Mann zu verstärken, wogegen sich Thiers verpflichtet
hat, binnen drei Tagen Paris anzugreifen, wenn er die Trup-
penzahl beieinander hat. Die Thiers hierfür überhaupt gestellte Frist läuft schon vor Ostern ab. Die Rücksendungen der
Gefangenen sind bis auf eine Anzahl ehemaliger Mobilgarden
und Franktireurs sistiert. Kann Thiers mit dem Aufstande
nicht fertig werden und die festgestellten Termine der Zahlung der Kriegsentschädigung dann natürlich nicht einhalten,
weil ihm niemand Geld leihen würde, so wird unsre Armee
freilich wieder von neuem einschreiten müssen, was aber sehr
rasch zum Ende führen wird. Der Kaiser Napoleon hat kürzlich Bismarck – nach dessen Äußerungen gegen mich – anbieten lassen, er wolle die Friedenspräliminarien übernehmen
auszuführen, wenn man sie ihm zu dem Ende etwas günstiger
stelle. Bismarck hat jedoch dem Agenten Napoleons erklärt,
von einer Ermäßigung der Friedenspräliminarien könne keine

Rede sein, und Verhandlungen mit dem Kaiser Napoleon seien daher unnütz.

Der Reichstag diskutiert die von Bismarck eingebrachte Revision der Reichsverfassung. Nach Meinung des Reichskanzlers soll sich diese auf eine formelle Neuredaktion der Verfassung aufgrund der Beschlüsse des Bundesrates beschränken. Es sollen vor allem die Bezeichnungen »Kaiser« und »Reich« eingeführt werden. Die Zentrumsfraktion versucht, die Debatte auszuweiten, indem sie die Aufnahme von Grundrechten in die Reichsverfassung beantragt; sie wünscht in der Reichsverfassung Meinungs-, Versammlungs-, Vereinigungs-, Bekenntnis- und Kultusfreiheit garantiert; sie fordert eine Übernahme der entsprechenden Bestimmungen der Verfassung Preußens in die Verfassung des Reiches. Darüber kommt es zu einer grundsätzlichen Debatte, die mit großer Leidenschaft geführt wird. Die Zentrumsabgeordneten Wilhelm Freiherr von Ketteler, von Mallinckrodt, August und Peter Reichensperger und Ludwig Windthorst bezeichnen ihren Antrag als »Magna Charta des Religionsfriedens in Deutschland«, stoßen jedoch auf erbitterten Widerstand der Konservativen, der Freikonservativen, der Nationalliberalen und der Fortschrittspartei. Auch Bismarck zeigt sich über die Debatte beunruhigt. Er argwöhnt in dem oppositionellen Verhalten der Fraktion der Zentrumspartei eine grundsätzliche Reichsfeindschaft – eine Annahme, die ihn veranlaßt, Maßnahmen gegen den katholischen Volksteil, der im neuen Deutschen Reich eine Minderheit ist, zu ergreifen. Am Ende der Aussprache des Reichstags wird der Antrag der Zentrumsfraktion mit 223 gegen 59 Stimmen abgelehnt. Bei der Schlußabstimmung am 14. April wird die revidierte Reichsverfassung mit allen gegen 7 Stimmen angenommen. Auch die Fraktion des Zentrums stimmt, obwohl sie mit ihrem Antrag auf Aufnahme von Grundrechten unterlegen ist, der revidierten Reichsverfassung zu. Das daraufhin vom Kaiser ausgefertigte »Gesetz betreffend die Verfassung des Deutschen Reiches« vom 16. April 1871 wird am 20. April verkündet. Die Verfassung tritt am 4. Mai 1871 in Kraft. Sie ersetzt die

am 15. November 1870 mit Baden und Hessen vereinbarte
»Verfassung des Deutschen Bundes« und die mit Bayern und
Württemberg geschlossenen Verträge vom 23. und 25. No-
vember 1870. Damit ist die Reichsgründung abgeschlossen. –
Noch steht die formelle Beendigung des Krieges aus. Nach wie
vor gilt das Interesse den Vorgängen in Paris. Die heimkeh-
renden Krieger und Beamten sind eifrig dabei, sich ihrer
Taten zu rühmen. Der nationalliberale Politiker Bennigsen
berichtet seiner Frau über die in Übung kommende Groß-
sprecherei:

Gestern saß ich auf einem Diner neben dem Prinzen Hohenlohe, welcher lange Zeit in Reims Zivilgouverneur über
fünf Departements war. Hört man von den zurückkehrenden
Beamten manche interessante Details über den Krieg, so ist
man doppelt froh, daß das Kriegführen unsrer Truppen auf-
hört und die diktatorische Verwaltung zu Ende geht. Von
Erschießenlassen und Niederbrennen der Dörfer erzählen die
Herren mit größter Gemütlichkeit. Daß diese Maßregeln notwendig waren, wenigstens in den meisten Fällen, bezweifle
ich bei dem wahnsinnigen Verhalten der französischen Bevölkerung nicht. Zuletzt stumpft sich das menschliche Gefühl
unsrer Truppen und Beamten aber doch in einer entsetzlichen
Weise ab. Auch über die Zahl bedenklicher Krankheitsfälle
in den Lazaretten bei verheirateten Landwehrleuten machte
Prinz Hohenlohe sehr fatale Mitteilungen. Manches Hundert
Landwehrleute wird ihren Frauen kein schönes Andenken von
den liederlichen Französinnen mitbringen. Hier nimmt man
an, daß es mit dem Aufstand von Paris binnen kurzem zu
Ende geht. Die Bezahlung der fünf Milliarden und die vollständige Rückkehr unsrer Truppen wird aber doch schwerlich
in diesem und dem folgenden Jahre stattfinden.

Am 6. Mai treffen Reichskanzler Otto Fürst von Bismarck
und Außenminister Jules Favre in Frankfurt am Main zu
Friedensverhandlungen ein. Am 10. Mai unterzeichnen sie
den Friedensvertrag zwischen dem Deutschen Reich und
Frankreich. Nach Berlin zurückgekehrt, äußert sich Bismarck
zwei Tage später gegenüber Oberst Georg Graf von Walder-

see über die Verhandlungen und Ergebnisse des Friedensvertrages:

Ich war heute abend bei Bismarck. Er sah recht wohl aus und war entschieden stolz über seinen Erfolg. Als nach Mitternacht die meisten Leute fort waren, erzählte er noch sehr interessant von Frankfurt. Er tadelte sehr, wie die Unzufriedenen, deren es bei so großen Umwälzungen ja natürlich viele gäbe, ihm stets das Leben sauer machten und nur ihre Sonderinteressen im Auge hätten. Man müsse einen solchen Friedensschluß in seiner Gesamtheit beurteilen; er habe, um schnell zum Abschluß zu kommen, sich nicht allzuviel um Einzelinteressen kümmern dürfen. Bei ihm könne der Maßstab nur der sein, ob diese oder jene Abmachung nach fünfzig Jahren noch getadelt würde beziehungsweise die Interessen verletze oder nicht.

Das Reich ist gegründet, der Kaiser proklamiert, der Friede geschlossen: Innerhalb von zehn Monaten ist eine entscheidende Veränderung der politischen Situation Mitteleuropas erfolgt. Als Gestalter dieser Entwicklung gilt in den Augen der Deutschen Otto Fürst von Bismarck. Über die ihm entgegengebrachte Bewunderung äußert sich Gustav Freytag am 18. Mai in einem Brief an Albrecht von Stosch:

Es ist recht charakteristisch für die guten, warmherzigen Deutschen, daß die Popularität Bismarcks eine Höhe erreicht hat wie wohl nie die eines deutschen Mannes. Unaufhörlich beschäftigten sich die Leute mit diesem Charakter. Auch ganz Gescheiten, Gebildeten gilt er für einen merkwürdig offenherzigen, knorrigen Patrioten. Alles Edle und Große wird ihm zugetraut und als selbstverständlich aus innerem Herzensbedürfnis in sein Wesen gelegt. Man merkt, es liegt den Menschen weniger daran, einen Charakter genau zu verstehen, als dem Drange, zu lieben und zu verehren, ein Objekt zu schaffen. Ja, es stört und verletzt die Menschen, wenn man ihrem verklärten Idealbild das wirkliche Wesen entgegenhält. Das ist so deutsch, so dumm und so kindsköpfig rührend. Es ist ein uralter Zug, unsere eingeborenste Schwäche und zugleich ein Zeichen unserer unverminderten Jugend. Wir sind einem Individuum gegenüber lange kritisch und tadeln an ihm herum; haben wir uns aber einmal gründlich von ihm imponieren lassen, so schlägt die Kritik in ungemessene Bewunderung um. Solchen Zuständen und Stimmungen gegenüber kommt man sich manchmal vor wie ein Nüchterner unter Trunkenen. Wie lange wird der Rausch dauern?

In Paris fällt am 28. Mai um 11 Uhr die letzte Barrikade der Kommune, worauf Mac-Mahon den Abschluß der militärischen Operationen verkündet. In allen Städten des Deutschen Reiches, vornehmlich in den Residenzstädten, beginnen umfangreiche und aufwendige Vorbereitungen für triumphale Siegesparaden. Die zurückgekehrten Truppenteile sollen in festlichen Veranstaltungen von der Bevölkerung vor allem der Residenzstädte gebührend gefeiert werden. Schwerpunkt dieser Veranstaltungen ist verständlicherweise Berlin, wo am 16. Juni der festliche Einzug der siegreichen Regimenter stattfindet. Am 13. Juni schildert der Chef des Großen Generalstabs, von Moltke, seinem Bruder Fritz die Vorbereitungen:

Zunächst habe ich heute die Wormser Deputation [*die Moltke den Ehrenbürgerbrief der Stadt Worms überbrachte*] zum Diner, am Freitag ist die Einzugsfeierlichkeit, welche fünf Stunden dauert; wenn wir solch Wetter dabei haben, so wäre es schlimm; es ist doch schade, daß Ihr den Einzug nicht seht. Kolossale Tribünen sind erbaut von der Lennéstraße bis zum Brandenburger Tor für wohl 100 000 Menschen. Am Halleschen und Leipziger Tor stehen die Riesenstatuen der Germania und Alsatia, die in dem beständigen Regen wohl wieder zusammenklappen, wenn man ihnen nicht ein Riesenparapluie in die Hand gibt. Der ganze Belle-Alliance-Platz ist von zwei großen Tribünen bedeckt, die bis zum zweiten Stockwerk der Häuser hinaufreichen, ebenso Opernplatz, Universität und Lustgarten. Zahllose Mastbäume für Flaggen und Wimpeln fassen die ganze Via triumphalis ein, und Unter den Linden stehen vom Tor bis zum Palais eine Allee von Kanonen und Mitrailleusen, Achse an Achse, über 1 000 Stück, aber kaum der vierte Teil der eingenommenen.

Über die Siegesparade am 16. Juni 1871 in Berlin trägt die Baronin Spitzemberg in ihr Tagebuch ein:

16. Juni – Einmarsch der Truppen. Uns gegenüber zwischen Universität und Zeughaus stand Tribüne an Tribüne, zum Brechen voll, ja alle Dächer waren mit Menschen bedeckt. Auf den Bürgersteigen standen die Offiziere, Verwundeten, Deputationen etc., unter uns ein zahlreiches, kaum zu bändigendes Publikum . . . Endlich um 1 Uhr fingen die Leute an der Universität an unruhig zu werden, Hochrufe, flatternde Tücher verkündeten die ersten Anfänge des Zuges, bestehend aus den Generalstabchefs, Kriegsministern, fremden Generalen etc., die langsam, ohne feste Ordnung über den Platz ritten; ihnen folgte das interessante Dreigestirn Roon, Bismarck und Moltke, letzterer heute zum Feldmarschall, ersterer zum Grafen ernannt. Hinter ihnen der Kaiser, Kronprinz, Prinz Friedrich Carl und eine große Suite von fremden Herren, die sächsischen Prinzen, Prinz Luitpold von Bayern usf., die sämtlich dicht vor uns an der Blücherstatue sich aufstellten, wo auch die Kaiserin im Wagen hielt. Und nun folgten in ununterbrochenem Zuge die Truppen in Kompaniefront, so daß der ganze große Platz bedeckt war; erst Infanterie, die herrlichen Garderegimenter, dann ein aus den übrigen preußischen Korps und den Süddeutschen kombiniertes Bataillon, sämtliche Mannschaften mit dem Eisernen Kreuze geschmückt, mit Kränzen bedeckt und mit besonderem Jubel begrüßt. Dann Kavallerie und Artillerie, Train, Sanität, Post etc. Der stolzeste Anblick aber für ein deutsches Herz waren die Unteroffiziere aus allen Korps, die den Truppen voraus die 81 französischen Fahnen und Adler trugen! Die Garden sahen süperb aus, so männlich, sonnenverbrannt, bärtig, das allzu stramme preußische Wesen etwas gelockert durch den Feldzug, boten sie wirklich den schönsten Anblick für ein patriotisches Herz. Jedes einzelne Regiment, jede einzelne zerfetzte Fahne wurde mit Jubel begrüßt, wenn es auch bei uns, wo fast lauter offizielles Publikum saß, gemessener zuging als vom Halleschen Tor bis zum Alten Fritz, hinter dessen Statue erst die Truppen sich formierten. Um 4 Uhr war für uns alles zu

Ende, und wir eilten müde, erhitzt, halb verdurstet und braun-
gebrannt nach Hause, während am Lustgarten noch die Enthüllung des Reiterdenkmals Friedrich Wilhelms III. stattfand.

Hanns von Zobeltitz berichtet über den Verlauf des 16. Juni:

Ein wunderbar schöner, erinnerungsreicher Tag, dieser 16.
Juni. Mit all seinem Jubel, mit den festlich geschmückten
Straßen, an denen der Erfindungssinn der ganzen Berliner
Künstlerschaft mitgetan hatte, mit der gehobenen, begeisterten Stimmung von ganz Berlin und all der Zehntausende, die
von außerhalb zu diesen unseren Ehrenstunden nach der
neuen Reichshauptstadt gewallt waren.

Für uns war der wunderschöne Tag aber auch einer der
anstrengendsten aus der ganzen großen Zeit. Hochsommer-
hitze lag über Berlin; endlos erschien uns trotz der ewig wech-
selnden Bilder der langsame Marsch vom Tempelhofer Felde
durch die Belle-Alliance-, dann durch die (jetzige) Königgrätzer Straße, die Via triumphalis der Linden bis zum
Vorbeimarsch vor dem Kaiser, der etwa in der Höhe des
Opernhauses stattfand. Daran schloß sich für uns noch die
Enthüllung des Denkmals König Friedrich Wilhelms III. im
Lustgarten, zu der neben anderen Deputationen auch meine
Kompanie befohlen war.

*Bei einer Festvorstellung im Opernhaus zu Berlin wird am
17. Juni die deutsche Vergangenheit mit der erkennbaren
Absicht beschworen, die jetzt erfolgte nationalstaatliche Einigung als den Höhepunkt der geschichtlichen Entwicklung
Deutschlands darzustellen. Baronin Spitzemberg notiert:*

17. Juni – Auf 7 ½ waren wir beide zur Festvorstellung
ins Opernhaus geladen. Die ganze Mittelloge war angefüllt
mit Herrschaften, das übrige Theater fast ausschließlich von
Militärs und ihren Familien eingenommen, darunter v. d.
Tann, Hartmann, Werder, Gablenz usw. Erst kam ein Prolog
und Festspiel, mir wenig verständlich und ansprechend; dann
eine Dichtung »Barbarossa«. Der alte Kaiser (Niemann) sitzt
im Kyffhäuser und läßt wie im Traume die Hauptmomente

der deutschen Geschichte an sich vorüberziehen; diese symbolisierend zeigen sich in dem sich öffnenden Berge lebende Bilder: 1189 die Kreuzfahrer, 1678 der Große Kurfürst zu Schiffe, 1760 der Alte Fritz auf seinem Schimmel, 1813 eine Szene aus den Freiheitskriegen, 1864 und 1866 (die heikle Angelegenheit glücklich überwindend) Drakes Kriegerdenkmal, endlich 1870 Germania auf dem Schilde getragen von preußischen, bayerischen, württembergischen usw. Soldaten. Die Bilder waren sehr schön, Niemann höchst gelungen als Repräsentant des alten, nun zur Ruhe gelangten Rotbarts. Den Schluß bildete ein mit lautem Jubel begrüßtes Bild, Kaiser Wilhelms Reiterstatue, Paris im Hintergrunde. – Zwischen beiden Stücken trat man in die Gänge, wo auch der Kaiser erschien. Moltke gratulierte ich zum Feldmarschall, was ihn sehr zu freuen schien. – Die Hitze war entsetzlich.

Zu der Siegesfeier, die er als Friedensfeier apostrophiert, schreibt Emanuel Geibel ein Gedicht, in dem er den deutschen Geist an- und aufruft. Dabei gebraucht er eine Formulierung, die 62 Jahre später zu einem Parteislogan wird:

Zieh ein zu allen Toren
Du starker deutscher Geist,
Der aus dem Licht geboren
Den Pfad ins Licht uns weist,
Und gründ in unsrer Mitte
Wehrhaft und fromm zugleich
In Freiheit, Zucht und Sitte
Dein tausendjährig Reich!

Ermüdet von der Siegesfeier äußert sich Gustav Freytag nach seiner Rückkehr nach Leipzig am 20. Juni in einem Brief an Herzog Ernst II. von Sachsen-Coburg-Gotha besorgt über die Tatsache, daß die Verfassungsstruktur des neuen Reiches ganz auf Bismarck zugeschnitten ist. Inmitten des hochgehenden nationalen Jubels sieht er beunruhigt in die Zukunft:

Zum Einzug war ich auf einige Tage in Berlin, noch etwas matt und ohne das rechte Talent für Genuß so großer Schauaktionen. Die Sache dauerte viel zu lang, für die Truppen

war es mehr Qual als Freude, zumal der Tag ungewöhnlich
heiß wurde. Die jungen Herrschaften [*Kronprinzessin und
Kronprinz Friedrich Wilhelm*] sprach ich im neuen Palais,
beide sorgenvoll über die Zukunft. Die neue Organisation des
heiligen römischen Reiches ist ein so seltsam durchlöcherter
Bau, daß selbst Fürst Bismarck nicht auf die Länge darin
hausen kann. Und käme einmal ein Sturm, so mag das provi-
sorische Gebäude zerworfen und zerblasen werden, als wäre
es nie dagewesen. Im Zuge ritt der Fürst – den seine Gegner
den künftigen Reichsfürsten von Elsaß und Lothringen nennen –, genau wie Wallenstein, trotzig und beifallslustig. Er
konnte sich's nicht versagen, lange vor den andern auf das
Tempelhofer Feld zu reiten und wieder allein reitend vor dem
Ende sich von der Festlichkeit zu lösen, um in einsamer Größe
durch die jauchzende Menge zu wirken. Uns andern bleibt
nichts übrig, als sorglich zusehen, denn gegen Warnungen ist
er unzugänglich. Es steht zu fürchten, daß er die Klugheit
verliert, den Kaiser zu behandeln, und daß es plötzlich einmal
in kleiner Sache zum Bruche kommt.

*Als Nietzsche zwei Jahre später, 1873, das erste Stück
seiner »Unzeitgemäßen Betrachtungen« veröffentlicht, bringt
er seine Befürchtungen über die Vernachlässigung des Geistes
zugunsten der Macht zum Ausdruck:*

Die öffentliche Meinung in Deutschland scheint es fast zu
verbieten, von den schlimmen und gefährlichen Folgen des
Krieges, zumal eines siegreich beendeten Krieges zu reden: um
so williger werden aber diejenigen Schriftsteller angehört,
welche keine wichtigere Meinung als jene öffentliche kennen
und deshalb wetteifernd beflissen sind, den Krieg zu preisen
und den mächtigen Phänomenen seiner Einwirkung auf Sitt-
lichkeit, Kultur und Kunst jubilierend nachzugehen. Trotzdem sei es gesagt: ein großer Sieg ist eine große Gefahr. Die
menschliche Natur erträgt ihn schwerer als eine Niederlage;
ja es scheint selbst leichter zu sein, einen solchen Sieg zu erringen, als ihn so zu ertragen, daß daraus keine schwerere
Niederlage entsteht. Von allen schlimmen Folgen aber, die der
letzte mit Frankreich geführte Krieg hinter sich dreinzieht,

ist vielleicht die schlimmste ein weitverbreiteter, ja allgemeiner Irrtum: der Irrtum der öffentlichen Meinung und aller öffentlich Meinenden, daß auch die deutsche Kultur in jenem Kampfe gesiegt habe und deshalb jetzt mit den Kränzen geschmückt werden müsse, die so außerordentlichen Begebnissen und Erfolgen gemäß seien. Dieser Wahn ist höchst verderblich: nicht etwa, weil er ein Wahn ist – denn es gibt die heilsamsten und segensreichsten Irrtümer –, sondern weil er imstande ist, unseren Sieg in eine völlige Niederlage zu verwandeln: in die Niederlage, ja Exstirpation des deutschen Geistes zugunsten des »deutschen Reiches«.

Die Annexion von Elsaß-Lothringen

In den Westfälischen Friedensverträgen von 1648 werden die habsburgischen Besitzungen im Elsaß mit der Vogtei über zehn Reichsstädte an Frankreich abgetreten. Die Reunions-kammern Ludwigs XIV. dehnen die Oberhoheit der fran-zösischen Krone auch auf die elsässischen Reichsstände aus. Im Jahre 1681 wird Straßburg von französischen Truppen besetzt. Der »Conseil Souverain d'Alsace« tritt als oberste französische Behörde an die Stelle der ehemaligen vorder-österreichischen Regierung in Ensisheim. Die wirtschaftlichen und kulturellen Beziehungen zwischen dem Elsaß und Loth-ringen einerseits und Deutschland andererseits reißen jedoch nicht ab. Erst mit der Aufklärung dringt französische Kultur in den gebildeten Stand des Zwischengebietes ein. In der französischen Revolution wird in Straßburg die Marseillaise kreiert. 1798 schließt sich Mühlhausen durch eine Volksab-stimmung an Frankreich an. Nach dem Sturz des Kaisers Napoleon I. erheben Staatsmänner und Politiker die Forde-rung nach Rückkehr von Elsaß-Lothringen an Deutschland. Vor allem Preußen setzt sich in den Verhandlungen, die zum Zweiten Pariser Friedensvertrag vom 20. November 1815 führen, dafür ein, muß sich jedoch mit einem Teilerfolg be-gnügen. Nur Saarbrücken und Saarlouis kommen an Preußen – Landau kommt an Bayern. Elsaß-Lothringen ist in seinem nationalen Empfinden überwiegend französisch orientiert. Nicht nur die gebildeten Schichten, teilweise auch die Kleinbür-ger und Bauern, die durch die französische Revolution aus ihrer wirtschaftlichen Abhängigkeit befreit worden sind, fühlen sich als Franzosen. Versuche, die verschüttete Erinnerung an die Zugehörigkeit zum deutschen Kulturkreis neu zu beleben, blei-

ben erfolglos. Das wachsende Nationalbewußtsein in Deutschland betrachtet Elsaß und Lothringen als deutsch besiedelte Gebiete, weshalb die Rückkehr zu Deutschland gefordert wird. Es bezieht sich dabei auf die Entdeckung und Beschreibung ihrer deutschen Vergangenheit. Aus der Erkenntnis kultureller Verbundenheit wird die Forderung politischer Zusammengehörigkeit, die in der Revolution 1848/49 bereits hörbar erhoben wird. In den folgenden Jahren verstärkt sich das deutsche Interesse an Elsaß und Lothringen, veranlaßt durch die politische Artikulation des deutschen Nationalbewußtseins. 1869 veröffentlicht Richard Böckh eine statistische Untersuchung »Der Deutschen Volkszahl und Sprachgebiet in den europäischen Staaten«, in der er sich ausführlich mit den Gebieten und Volksgruppen außerhalb der deutschen Staaten befaßt. Im Anschluß an die Beschreibung der »Deutschen Bevölkerung im eidgenössischen Gebiete« schildert er die Situation im Elsaß und in Lothringen:

Ganz anders, wenn wir bei Lützel in das Gebiet Frankreichs hinüberblicken, in das alt-alemannische Land, das angesichts des deutschen Schwarzwaldes zu den schon halb welschen Vogesen sich hinstreckt; denn das alte Wort, das Schenkendorf beim Anblick des Elsasses vom Badener Schlosse hinüberrichtete, ist heut noch wahr: »Doch dort an den Vogesen liegt ein verlornes Gut, da gilt es deutsches Blut vom Höllenjoch zu lösen.« Das Joch, das vor 55 Jahren das deutsche Verlangen gegenüber dem Einverständnis der russischen und französischen Herrscher und gegenüber der eigenen Zwietracht nicht zu brechen vermochte, ist seitdem fester um die deutsche Bevölkerung gelegt, indem zu dem alten Scheine der staatlichen und bürgerlichen Freiheit der lockendere des äußeren Vorteils in der Verbindung mit Frankreich gefügt ist; beide mehr Schein als Wirklichkeit, da die erstere heut auf politischem Gebiete nicht mehr vorhanden, auf sozialem durch die fortschreitende Entwickelung Deutschlands bald erreicht ist, der letztere aber dadurch aufgewogen wird, daß der Elsässer, welchem ein fremdes Nationalgebiet mit allen seinen Hilfsquellen eröffnet ist, vom Gebiet der angestammten Nation abgeschlossen ist. – Diesen Anschauungen gegenüber rief, vielleicht die erste Stimme, welche in dieser Richtung aus dem Elsaß selbst erscholl, vor mehr als zwanzig Jahren ein trefflicher Vorkämpfer in Straßburg seinen Landsleuten zu, daß sie die wahre Quelle der Freiheit in ihrer Deutschheit finden müßten, hiermit dem fremden Banne die rechte Zauberrute entgegenhaltend. Aber um so mehr sehen wir gerade seit dieser Zeit das Bestreben des Franzosentums darauf gerichtet, die geistige Einheit des Elsasses mit Deutschland zu lockern und durch die Verallgemeinerung des französischen Unterrichtes wie durch die systematische Verwahrlosung des deutschen Unterrichtes in den Volksschulen, Erziehungsanstalten und Lyzeen des Elsasses die Ohren der deutschen Bevölkerung vor dem Anklingen deutschen Gedankens zu behüten.

Was auf diesem Wege erreicht worden ist, liegt in der von kundiger Seite behaupteten Tatsache vor, daß zwei Drittel der Schüler der Volksschulen dieselben verlassen, ohne in ihrer Muttersprache gebildet zu sein und, was kaum anders sein kann, auch ohne der französischen Sprache mächtig geworden zu sein. Die Entbildung der deutschen Bevölkerung, ihre Herunterbringung auf den Durchschnittstand der Bildung der französischen Nation, das ist es, worauf die herrschende französische Richtung bewußt oder unbewußt beharrlich hinarbeitet, nicht aufgehalten durch die kleinen Kundgebungen des Wohlwollens für deutsche Bildung, die wir dann und wann aus dem Munde des Herrschers und seines Kultusministers hörten. Ihre Tragweite widerhallt in den Kreisen, in welchen die hohe und schöne geistige Kultur des Elsasses noch fortlebt, und gewiß mit Recht hebt ein angesehenster Geistlicher des Elsasses hervor, wie unter den Ursachen wachsender Entsittlichung die Vernachlässigung der Muttersprache obenan stehe, und kommt zu dem logischen Schlußwort, daß dieser Krieg gegen die deutsche Sprache ein Angriff gegen die Religion, die Moral und die Zivilisation des Elsasses sei.

Diese Überlegungen sind die Gründe dafür, daß unmittelbar nach Beginn des Krieges zwischen Frankreich und Deutschland die Forderung nach Annexion von Elsaß-Lothringen erhoben wird. Am 7. August 1870 erörtern Bismarck und Bamberger in Mainz die politischen Möglichkeiten des eben begonnenen Krieges. Über Bismarck notiert Bamberger:

Gespräch über deutsche Einheit. Bismarcks vorsichtige Äußerung. Er scheut sich, an etwas zu gehen. Für den Fall der Annexion des Elsaß will er auch Metz und es als Reichsland mit Baden verbinden, aber Baden darf auch nicht größer werden. Er exponiert die fallacy [*den Trugschluß*], daß, je mehr Länder kommen, desto besser für die zu machende Einheit. Bei Waldeck selbst hätte er's nur contre coeur [*widerwillig*] getan. Nie würde er sich dazu hergeben, den König von Bayern usw., die jetzt mitgegangen, dafür zu berauben. Die zu menagieren, war deshalb die richtige Politik (von der liberalen Parlamentsmajorität spricht er nicht).

Zwei Tage nach diesem Gespräch äußert sich Gustav Freytag skeptisch über die Einverleibung Elsaß-Lothringens:

Als ich in dieses Land kam, stand mir hübsch fest in der Seele, daß die Elsaßfrage eine leidige Frage sei und daß auch ein glückliches Ende des Krieges uns kaum in Besitz des Landes setzen werde, ja, daß wir uns dies gar nicht begehren dürften wegen der Unmöglichkeit, in solchem Fall mit Frankreich wieder auf erträglichen Fuß zu kommen, ferner, weil wir bei der doch bevorstehenden Abrechnung mit Jungrußland immerhin durch ein Bündnis Frankreichs mit Rußland in die Klemme kämen, endlich, weil wir unsichere Grenzländer genug haben und harten Nationalitätenkampf – Böhmen – in nächster Nähe. Aber es hilft nichts, das Herz läßt sich nicht einschnüren. Jede Meile, die wir weiter in diesem schönen Land zurücklegen, jedes von den blauäugigen Kindern, die uns anstarren, ja auch jede Unterhaltung mit den Landleuten, Männern und Frauen, alles rührt und mahnt das Herz. Im ganzen steht es in Deutsch-Elsaß so: Katholiken fast zwei Dritteile, viele Juden, das übrige Protestanten. Die Protestanten in einem Winkel ihres Innern gedrückt und unzufrieden, vor anderen die Geistlichen, wenige dieser Minderzahl schon jetzt mit deutschen Hoffnungen. Auch die Katholiken im Landvolk fühlen sich gar nicht als Franzosen, sie sehen ohne Freude das Französische durch die Schulen in ihre Kinder gepflanzt, aber sie wurden vor diesem Kriege durch ihre Geistlichen gestachelt, welche hier eine ganz eigentümliche politische Rolle spielen. Auch diese sind vielleicht mit dem Druck der Beamtenherrschaft unzufrieden, aber sie arbeiten dennoch in echt französischer Weise als Verbündete der Regierung. »Wir wußten bereits, daß es etwas geben würde, als die Pfaffen wie die Bienen umherschwärmten, denn das war beim Krimkrieg und dem italienischen gerade so«, sagte ein Landwirt in Ober-Modern. Die wichtigsten Förderer der französischen Bildung aber sind die Schullehrer, welche auf Befehl von Paris soviel als möglich französieren, ferner die französischen Volksbibliotheken, welche durch Napoleon fast in jeder Gemeinde angelegt sind. Es ist noch gerade Zeit und das letzte Geschlecht, in welchem diese Tünche abgeworfen werden kann. Außerdem ist auf dem Lande fast aller Adel französisch: Paris, die Senatorengehalte, Eisenbahn- und andere Unternehmergewinnste, die Korruption und die Eleganz ziehen nach dem Großstaat im Westen. In den Städten die gebildete Jugend und der reiche Industrielle, der seinen Reichtum dem französischen Zollsystem verdankt. Nur die letzte Klasse ist von wirklicher Bedeutung und für uns ein Hindernis, denn die Industrie hat sich im Gegensatz zur Rheinschweizer und badischen entwickelt. Der Handel aber ist zumeist Produktenhandel und zieht nach dem Rhein. Danach steht die Sache so. Das Land liegt in einem Halbschlaf, die Gebildeten sind im ganzen gegen uns, die Mehrzahl des Volkes würde einen Übergang zu Deutschland sich geduldig gefallen lassen, aber die Mehrzahl hat keinen tätigen Willen für die Verbindung mit uns, denn sie kennt uns ja nur durch den Krieg.

Das übrige ist dunkle Sage der Väter. Doch wenn diesmal das Elsaß nicht deutsch wird, erhalten wir ihn nimmer zurück, denn die französischen Späher belauern genau das Verhalten der Eingebornen.

Nach der Schlacht von Sedan besteht die Möglichkeit eines Friedensschlusses zwischen Frankreich einerseits und Preußen und seinen Verbündeten andererseits – wenn Preußen auf die in der Öffentlichkeit jetzt bereits leidenschaftlich verlangte Annexion von Elsaß-Lothringen verzichtet. Als Gründe für die Forderung danach nennt der Große Generalstab die Erfüllung des Sicherheitsbedürfnisses der süddeutschen Staaten. Bismarck schließt sich dieser Auffassung an. Die gemachte öffentliche Meinung in Deutschland fordert die Rückkehr von Elsaß-Lothringen an Deutschland aus nationalen Gründen. Nur Minderheiten widersetzen sich. Das am 5. September 1870 verkündete Manifest des Ausschusses der Sozialdemokratischen Arbeiterpartei stellt unmißverständlich fest:

Kommt der Frieden jetzt nicht zustande, so wird entweder die französische Republik im Blute der Republikaner, im Blute des französischen Volkes erstickt werden – und vor Scham müßte in solchem Falle Deutschland vergehen –, oder aber das freie Frankreich wird wieder, wie zur Zeit der großen Revolution, »die Fremden« glorreich besiegen. Darum nochmals: »Einen ehrenvollen Frieden für Frankreich!«

Aber man sagt uns, es sei zum mindesten nötig, daß Frankreich Elsaß und Lothringen genommen wird.

»Die Militärkamarilla, Professorenschaft, Bürgerschaft und Wirtshauspolitik« – so schreibt uns einer unserer ältesten und verdientesten Genossen in London [*Karl Marx*] – »gibt vor, dies sei das Mittel, Deutschland auf ewig vor Krieg mit Frankreich zu schützen. Es ist umgekehrt das probateste Mittel, diesen Krieg in eine europäische Institution zu verwandeln. Es ist in der Tat das sicherste Mittel, den Militärdespotismus in dem verjüngten Deutschland zu verewigen als eine Notwendigkeit zur Behauptung eines westlichen Polens, des Elsaß und Lothringens. Es ist das unfehlbarste Mittel, den kommenden Frieden in einen bloßen Waffenstillstand zu verwandeln, bis Frankreich so weit erholt ist, um das verlorene Terrain herauszuverlangen. Es ist das unfehlbarste Mittel, Deutschland und Frankreich durch wechselseitige Selbstzerfleischung zu ruinieren.

Die Sch... und N..., welche diese Garantien für den
ewigen Frieden entdeckt haben, sollten doch aus der preußischen Geschichte wissen, aus Napoleons Pferdekur im Tilsiter
Frieden, wie solche Gewaltmaßregeln zur Stillmachung eines
lebensfähigen Volkes gerade das Gegenteil des beabsichtigten
Zweckes bewirken. Und was ist Frankreich, selbst nach Verlust von Elsaß und Lothringen, verglichen mit Preußen nach
dem Tilsiter Frieden!

Wenn der französische Chauvinismus, solange die altstaat-
lichen Verhältnisse dauerten, eine gewisse materielle Rechtfertigung hatte in der Tatsache, daß seit 1815 die Hauptstadt
Paris und damit Frankreich nach wenigen verlorenen Schlachten preisgegeben war – welche neue Nahrung wird er nicht
erst saugen, sobald die Grenze östlich an den Vogesen und
nördlich an Metz liegt?

Daß die Lothringer und Elsässer die Segnungen deutscher
Regierung wünschen, wagt selbst der... Teutone nicht zu
behaupten. Es ist das Prinzip des Pangermanismus und ›sicherer‹ Grenzen, das proklamiert wird und das von östlicher
Seite zu schönen Resultaten für Deutschland und Europa führen würde!

Wer nicht ganz vom Geschrei des Augenblicks übertäubt
ist oder ein Interesse hat, das deutsche Volk zu übertäuben,
muß einsehen, daß der Krieg von 1870 ganz so notwendig
einen Krieg zwischen Deutschland und Rußland im Schoße
trägt, wie der Krieg von 1866 den Krieg von 1870. Ich sage
notwendig, unvermeidlich, außer im unwahrscheinlichen Falle
eines vorherigen Ausbruchs einer Revolution in Rußland.

Tritt dieser unwahrscheinliche Fall nicht ein, so muß der
Krieg zwischen Deutschland und Rußland schon jetzt als un
fait accompli [*eine vollendete Tatsache*] behandelt werden.

Es hängt ganz vom jetzigen Verhalten der deutschen Sieger
ab, ob dieser Krieg nützlich oder schädlich.

Nehmen sie Elsaß und Lothringen, so wird Frankreich mit
Rußland Deutschland bekriegen. Es ist überflüssig, die unheil-
vollen Folgen zu deuten.

Schließen sie einen ehrenvollen Frieden mit Frankreich, so
wird jener Krieg Europa von der moskowitischen Diktatur

emanzipieren, Preußen in Deutschland aufgehen machen, dem
westlichen Kontinent friedliche Entwicklung erlauben, endlich
der russischen sozialen Revolution, deren Elemente nur eines
solchen Stoßes von außen zur Entwicklung bedürfen, zum
Durchbruch helfen, also auch dem russischen Volke zugute
kommen.

Aber ich fürchte, die Sch . . . und N . . . werden ihr tolles
Spiel ungehindert treiben, wenn die deutsche Arbeiterklasse
nicht en masse ihre Stimme erhebt.«

Diese Vertreter der Annexion werden ihr Spiel nicht ungehindert treiben, und namens der deutschen Sozialdemokratischen Arbeiterpartei erheben wir hiermit gegen die Annexion
von Elsaß und Lothringen Protest. Und wir wissen uns eins
mit den deutschen Arbeitern. Die deutschen Arbeiter werden
im Interesse Frankreichs wie Deutschlands, im Interesse des
Friedens und der Freiheit, im Interesse der westlichen Zivilisation gegen die kosakische Barbarei die Annexion von Elsaß
und Lothringen nicht dulden.

*Bei den im Herbst 1870 geführten Gesprächen über die
Beendigung des Krieges spielt die Übergabe von Elsaß-Lothringen an Deutschland die entscheidende Rolle. Bismarck besteht jetzt, wie er in zahllosen Gesprächen zum Ausdruck
bringt, auf dem Erwerb von Elsaß-Lothringen. Über den Verlauf der festzulegenden Grenze ist er sich jedoch noch nicht im
klaren. Am 4. November unterhält er sich darüber mit Ludwig Bamberger:*

Dann beginnt er [*Bismarck*] von Metz zu sprechen: auch
diese Frage müsse er dem Reichstag vorlegen.

Ich [*Bamberger*]: »Wenn Sie die Majorität dafür haben
wollen, so werden Sie dieselbe haben.«

Er [*Bismarck*]: »Ich würde nicht dafür stimmen, wenn ich
drin wäre.« (Nun denke man, daß er vierzehn Tage vorher
mich durch Bucher nachdrücklichst bitten ließ, doch Propaganda für die Annexion von Metz zu machen und namentlich
zu verhüten, daß große Blätter wie die »Kölnische Zeitung«
sich gegen diese Annexion engagierten. Wir müßten es absolut
haben.)

Nun sagt er: ob wir Metz haben oder nicht, das sei höchstens eine Frage von 5 000 Mann mehr oder weniger in einer andern Festung. Große Massen könne man ja doch nicht drin haben, weil sonst immer die Schwierigkeit sei, solche débouchieren [*ausrücken*] zu lassen. Dann beweist er noch mit langen taktischen Argumenten die Entbehrlichkeit von Metz und erklärt sich für die Sprachgrenze, im schärfsten Gegensatz zu allem bisherigen.

»Ja«, sagt er, »wenn wir die Befestigung von Mainz oder Straßburg dafür entbehrlich machen könnten, dann wollte ich Metz behalten.«

Bismarck besteht auf der Herausgabe von Elsaß-Lothringen; zur Begründung führt er an, dadurch werde die Sicherheit der süddeutschen Staaten vergrößert. Die Weltöffentlichkeit lehnt diese Forderung ab, weil sie die Beendigung des militärisch bereits entschiedenen Krieges verhindert und weil die Bevölkerung der betroffenen Gebiete keine Neigung zu einem Wechsel ihrer Staatsangehörigkeit erkennen läßt. Immer mehr Staatsmänner, Politiker und Publizisten verurteilen die Politik Bismarcks, die im Ausland nur vereinzelt Verfechter und Verteidiger findet. Der englische Schriftsteller Thomas Carlyle (1795–1881), Verfasser vielbeachteter und vielgelesener historischer Darstellungen, rechtfertigt in einem Leserbrief an die »Times« vom 18. November 1870 die deutschen Annexionsforderungen, wobei er die deutsche Meinung übernimmt, daß es sich bei Elsaß-Lothringen um Deutschland geraubte Gebiete handle, deren Herausgabe ein Akt der Wiedergutmachung sei:

Die Franzosen schreien fürchterlich über angedrohten »Ehrenverlust«, und lamentöse Zuschauer stimmen ein: Entehrt Frankreich nicht, lasset sein Ehrenschild rein! Aber rettet es die Ehre, wenn Frankreich sich weigert, die Scheibe zu bezahlen, die es mutwillig in des Nachbars Fenster eingeschlagen? Daß es diese Scheibe einschlug, das ist seine Unehre. Frankreichs Ehre kann nur durch tiefe Reue gerettet werden, durch den ernsten Entschluß, es nie wieder zu tun und genau das Gegenteil von dem zu tun, was es getan. Unter dieser Be-

dingung allein kann Frankreichs Ehre allmählich ihren alten
Glanz erreichen und jedenfalls dann einen größeren, als es ihn
unter dem ersten und vollends unter dem dritten Napoleon
hatte, nur dann werden wir aus freien Stücken den schönen
und graziösen Eigenschaften, welche die Natur seinen Söhnen
eingepflanzt hat, wieder unsere Neigung und Anerkennung
zollen. Für jetzt freilich erscheint uns Frankreich mehr und
mehr toll, miserabel, tadelns- und bejammernswert, ja ver-
ächtlich. Es weigert sich, die Tatsachen zu sehen, die greifbar
vor seinen Augen liegen, und die Strafen, die es selbst über
sich verhängt hat. [...]

Vor hundert und etlichen Jahren herrschte in England das
lebhafteste Verlangen, ja es wurden einmal sogar wirkliche
Anstrengungen gemacht, Elsaß und Lothringen den Franzosen
wieder zu entwinden. Lord Carteret, später Earl Granville
genannt (kein Vorfahr übrigens seines jetzigen ehrenwerten
Synonym), von dem manche meinen, daß er nächst Lord
Chatham der klügste englische Minister des Auswärtigen war,
wenigstens der einzige, der je Deutsch sprach oder deutsche
Dinge überhaupt verstand, hatte sein ganzes Herz an diese
Angelegenheit gesetzt und gute Aussichten, zum Ziele zu kommen, hätte ihn nicht der arme teure Herzog von Newcastle aus
dem Sattel gehoben und bei der Nation in Vergessenheit gebracht.

Daß Bismarck und Deutschland mit ihm jetzt das gleiche will, nimmt auch also durchaus nicht wunder. Nach solchen Provokationen und solchen Siegen ist der Entschluß
vernünftig, gerecht und selbst bescheiden. Alle Achtung vor der
Einsicht und Mäßigung des Grafen Bismarck; beharrlich geht
er auf sein Ziel zu; er verlangt nicht mehr, aber ist auch entschlossen, sich nicht mit Geringerem zu begnügen. Und ich
denke, er wird Elsaß bekommen und was er von Lothringen
haben will, und gleicherweise glaube ich, daß er damit nicht
allein sich, sondern auch uns und der ganzen Welt, ja selbst
Frankreich einen guten Dienst erweist. Das anarchische Frankreich erhält da seine derbe Lektion, und wohl ihm, wenn es
von ihr Nutzen zieht. Wo nicht, so erhält es eine andere und
immer wieder eine neue; lernen muß es sie endlich.

In der Sitzungsperiode des Norddeutschen Reichstags im Herbst 1870 kommt es zu einer leidenschaftlichen Diskussion, da August Bebel und Wilhelm Liebknecht den allgemeinen Ansichten entschieden widersprechen. Bebel setzt sich am 26. November ausführlich mit der Argumentation für den Erwerb von Elsaß-Lothringen auseinander:

Also, meine Herren, man hat ja die verschiedensten Gründe für die Annexion geltend gemacht. Man sagt, Elsaß und Lothringen müsse aus strategischen Gründen deutsch werden, es müsse aus nationalen Gesichtspunkten deutsch werden, weil es seinerzeit zu Deutschland gehört habe, es müsse aus politischen Gründen deutsch werden, es müsse womöglich noch aus volkswirtschaftlichen Gründen deutsch werden. In der Presse, soweit sie Gelegenheit hatte, ihre Meinung zu äußern, sind hinlänglich die Gegengründe gegen diese Ansicht aufgestellt. Man hat, meines Erachtens mit vollem Rechte, hervorgehoben, sowenig es bei dem gegenwärtigen Kriege Frankreich seinerseits möglich war, trotz Elsaß und Lothringen, trotzdem Straßburg und Metz in seinem Besitz war, den Einmarsch der deutschen Heere aufzuhalten, wird umgekehrt, wenn die Verhältnisse günstig sind, es eines Tages möglich sein, den Einmarsch der Franzosen in Deutschland zu verhüten, angenommen, daß Kombinationen getroffen sind und die Verhältnisse vielleicht günstiger sind, als sie für Frankreich jetzt waren.

Meine Herren, die neueste Thronrede spricht aus, daß man weit entfernt sei, glauben zu müssen, daß mit dem gegenwärtigen Friedensschluß überhaupt auf längere Zeit der Friede mit Frankreich aufrechtzuerhalten sei; sie spricht aus, daß die französische Nation, von dem Gefühl der Wiedervergeltung erfüllt und geleitet, alles aufbieten wird, um den Kampf wieder aufzunehmen, daß sie alles aufbieten werde, um, wenn auch nicht aus eigener Kraft, doch in Verbindung mit anderen Mächten, dahin zu kommen, das, was es heute hat aufgeben müssen, nachträglich zurückzuerobern. Nun, wenn wir eine solche Aussicht haben, dann gebietet uns die Klugheit von selbst, daß wir unsere Gegner nicht unnützerweise verletzen und zur Rache anstacheln. (Große Unruhe, Gelächter.)

Es ist notwendig, daß alles das, was dazu beitragen kann, Frankreich auf das Äußerste zu treiben, unterlassen wird, und daß dasjenige, was es einmal seit Jahrhunderten besitzt, heute ihm auch gelassen wird, um so mehr, da ja Elsaß und Lothringen, mit Ausnahme von ein paar Dutzend Leuten, also die ganze Bevölkerung, entschieden gegen diese Annexion ist. Die gesamte Bevölkerung hat unzweifelhaft nicht im mindesten Lust, in diesen deutschen Staat unter den Hohenzollern einzutreten, und von meinem Standpunkte aus ist der Wille der Bevölkerung für diese Frage entscheidend. Das Selbstbestimmungsrecht ist die Hauptgrundlage, auf welcher wir von unserem Standpunkte fußen müssen, und wenn wir heute das Selbstbestimmungsrecht mit Füßen treten, wenn wir heute, was uns beliebt, ohne Ausnahme nehmen können, dann vergeben wir damit das eigene Selbstbestimmungsrecht, dann müssen wir es uns ebensogut gefallen lassen, wenn andere, wo die Gelegenheit sich bietet, auch Stücke unseres Landes nehmen (große Heiterkeit), dieselben Gründe, die Sie jetzt für die Annexion angeben, sie können auch eines Tages gegen uns geltend gemacht werden. Das Nationalitätsprinzip ist meiner Ansicht nach ein durchaus reaktionäres Prinzip; wollen wir das Nationalitätsprinzip in Europa wirklich unverfälscht zur Geltung bringen, dann werden Sie zugeben, wäre des Krieges kein Ende abzusehen, dann wäre der Beruf der Völker nur, immer Krieg zu führen, zu arbeiten, nur, um den Krieg möglich zu machen. Aufgrund des Nationalitätsprinzips wäre es notwendig, daß wir Polen abtreten, daß wir Nordschleswig wieder abgeben, daß wir Südtirol und Trient abstoßen, es wäre notwendig, daß wir soundso viele slawisch sprechende Länderteile preisgeben, daß wir dagegen Stücke der Schweiz, Hollands und Belgiens annektierten. Mit dem Nationalitätsprinzip also, wie gesagt, würden wir aus dem Kriege nicht herauskommen. Es würden die Völker sich gegenseitig zerfleischen bis an das Ende aller Dinge. Die Nationalität hat nur wenig zu bedeuten, sie hat nur einen untergeordneten Wert in meinen Augen für das politische Staatsleben. Das höchste, die Grundidee des politischen Staatslebens, muß die innere Befriedigung der Völker über ihre Einrichtungen, muß ihr

Selbstbestimmungsrecht sein. Zwei Staaten in der Welt be-
weisen das auf das sonnenklarste, das sind die Schweiz und
Amerika. Sie finden in der Schweiz Italiener, Franzosen und
Deutsche ruhig nebeneinander leben, nirgends verlangen sie
Italiener, Franzosen oder Deutsche zu werden. Sie finden
drüben in der großen Republik über dem Ozean dasselbe
Verhältnis; Engländer, Franzosen und Deutsche zu Millionen
leben ruhig und friedlich nebeneinander und vertragen sich.
(Ruf rechts: Sonderbundskrieg!)

Dieser Krieg war kein nationaler Krieg, sondern ein Krieg
der Freiheit gegen die Unfreiheit und war ja gerade gegen
Ihre Partei gerichtet, eine Notwendigkeit. (Rufe: Schluß!)

Präsident: Ich mache Sie noch einmal auf die Notwendigkeit der Selbstbegrenzung in Ihrem Vortrage aufmerksam.

Abgeordneter Bebel: Ich glaube allerdings, Herr Präsident,
daß ich diese Selbstbegrenzung noch nicht überschritten habe.

Meine Herren, meines Erachtens also wird es Deutschland
keineswegs Nutzen und Vorteil bringen, diese Annexion von
Elsaß und Lothringen zu vollziehen. Es wird auf der andern
Seite aber sehr viel dazu beitragen, die Feindseligkeit zwischen zwei der edelsten Nationen zu verlängern; denn, daß
die französische Nation ebensogut eine edle Nation ist wie
die deutsche, das bestätigt wiederum ja auch die letzte Thronrede, obgleich, meine Herren, die offizielle Presse, nachdem
sie im Anfange des Krieges in der wütendsten Weise gegen
den Erzschelm und den größten Verbrecher auf den europäischen Thronen, gegen Louis Bonaparte, mit aller Macht losge-
zogen war, nach wenigen Wochen, nachdem er gestürzt war,
ihn in Schutz nahm und es versuchte, die Selbstverantwort-
lichkeit der Nation darzutun und natürlich die ganze Jauche
ihres Zorns auf das französische Volk ausschüttete.

*Die Äußerungen von Bebel und Liebknecht finden in Frank-
reich, nicht aber in Deutschland Beifall. Die überwältigende
Mehrheit der öffentlichen Meinung fordert die Annexion von
Elsaß-Lothringen als Wiedergutmachung eines dem deutschen
Volk zugefügten Unrechts, wobei sie die tatsächliche Situa-
tion in Elsaß-Lothringen unberücksichtigt läßt. Auch die Fra-*

ge, ob die von Deutschland festgesetzte deutsch-französische Grenze zusammenfallen soll mit der angenommenen Sprachgrenze, wird zur Seite geschoben. Unmittelbar vor dem Abschluß der Friedenspräliminarien, am 22. Februar 1871, äußert sich Bismarck dazu in einem Tischgespräch, das Moritz Busch notiert:

In betreff dieser Besprechungen sagte der Chef [*Bismarck*] gestern bei Tische, wo Henckel als Gast zugegen war: »Wenn sie uns eine Milliarde mehr gäben, so könnte man ihnen Metz vielleicht lassen. Wir nähmen dann achthundert Millionen und bauten uns eine Festung ein paar Meilen weiter zurück, etwa bei Falkenberg oder nach Saarbrücken hin – es muß doch dort einen geeigneten Platz geben. Da profitieren wir noch bare zweihundert Millionen. Ich mag gar nicht so viele Franzosen in unserm Hause, die nicht drin sein wollen. 'S ist mit Belfort ebenso; auch dort ist alles französisch. Die Militärs aber werden Metz nicht missen wollen, und vielleicht haben sie recht.«

Bereits einen Tag später notiert Busch das endgültige Ergebnis der deutsch-französischen Verhandlungen:

Wir behalten Metz. So erklärte der Chef heute bestimmt. Man müßte andernfalls große Striche von Lothringen, deren Gewinnung man ins Auge gefaßt hat, auch aufgeben. Diese Striche hätten etwa hundertundfünfzigtausend Einwohner, wären sehr fruchtbar, besonders im Moseltal, und enthielten herrliche Lager von Eisenerz. Belfort dagegen scheint man nicht behalten zu wollen.

Die am 26. Februar 1871 unterzeichneten Friedenspräliminarien enthalten die geographischen Angaben über die Abtretung von Elsaß-Lothringen an das Deutsche Reich. In Frankreich löst diese unter dem militärischen Übergewicht Deutschlands zustande gekommene Bestimmung Trauer und Empörung aus, in Deutschland Jubel und Begeisterung. Die Situation in Elsaß-Lothringen im Frühjahr 1871 beschreibt Theodor Fontane in seinem Bericht »Aus den Tagen der Okkupation. Eine Osterreise durch Nordfrankreich und Elsaß-Lothringen 1871«:

Um Mittag ging der Zug, der mich nach Straßburg führen
sollte. Die Fahrt gliedert sich in drei Teile von ziemlich gleicher Länge: von Bitsch bis Niederbronn, von Niederbronn bis
Hagenau, von Hagenau bis Straßburg. Das erste Drittel ist
eine Fahrt quer durch die Vogesen und bietet eine Fülle der
reizendsten Landschaftsbilder. Die Ähnlichkeit mit Thüringen
ist frappant; nur herrscht hier, wie überall im Lande, das
Laubholz vor. Dicht vor Niederbronn passiert man eine pit-
toreske Ruine (Wasenberg, wenn ich nicht irre), die ähnlich
daliegt wie der Lützelstein oder die Ruinen um Pfalzburg und
Savern. Hoffen wir auf die Tage, wo der Bonnenser und
Heidelberger Student hier umherklettert, wie der Jenenser
und Hallenser die Rudelsburg zu seiner Domäne gemacht hat.
An diese Hoffnung seien zugleich einige Bemerkungen geknüpft.

Mit feinem Verständnis ist gesagt worden: »Der deutsche
Student müsse und werde diese Gegenden wieder erobern.«
Dem stimme ich zu. An die Errichtung der Universität Straßburg einerseits, an die sangesheitren Wanderzüge der deutschen Jugend andererseits lassen sich nicht leicht zu weit ge-
hende Hoffnungen knüpfen. Der französische Geist muß erst
wieder heraus. Darüber ist man einig. Diesen französischen
Geist aber vertreiben wir mutmaßlich weder durch unsere
zivile noch durch unsere Heeresverwaltung, was alles auch
zu Lob und Preis beider gesagt werden mag. Um die Vorzüge
derselben, die sich in Exaktheit, in Treu und Glauben, in
Unbestechlichkeit zu erkennen geben, zu würdigen, ja, auch
nur zu verstehen, muß der ganze geistige Boden erst umge-
ackert worden sein. Ein solches Umackern geschieht aber nicht
durch Paragraphen, auch nicht durch die besten, und es wäre
ein verhängnisvoller Irrtum, wenn man, auf diesen Punkt
hin, zwischen Westpreußen-Posen und Elsaß-Lothringen nicht
scharf unterscheiden, sondern im Hinblick auf jene (Westpreu-
ßen und Posen) auch diesen neu eroberten Provinzen gegenüber einfach den Glauben hegen wollte: was dort sich be-
währte, müsse sich auch hier bewähren. Der Unterschied würde bald offenbar werden. Das polnische Element, das unserem
Staate einverleibt wurde, hatte, vom Nationalen abgesehen,

bald aber über dieses hinaus, kein anderes Interesse, als sich in seinem Recht und seinem Besitz gegen Unterdrückung geschützt zu sehen; für solche Gewährungen indes kann Elsaß nicht dankbar sein. Das hat es längst gehabt, und was daran fehlen mochte, das war keine Folge von Unfreiheit und Unkultur, sondern von Überfreiheit und Überkultur. Diese erst wieder als solche zu charakterisieren, als solche fühlbar zu machen, das Falsche, Schiefe, Verlogene aufzudecken, gesunde Bildung an die Stelle ungesunder zu setzen, darauf kommt es an; diese Aufgabe aber ist eine rein geistige und kann nur durch geistige Mittel gelöst werden. Die Berührung mit dem deutschen Geist allein kann diese Wandlung vollziehn: Lehre, Wissenschaft, Predigt, Lied. Vor allem auch die Presse. Im Moment, weil alles noch gärt und widerstrebt, mag es gleichgültig sein, ob dieselbe ein wenig besser oder schlechter, ob etwas höher oder tiefer in die Erscheinung tritt, aber die Stunde muß kommen, wo die Pflege der öffentlichen Meinung, die doch vor allem Zeitungssache ist, gerade in diesem Reichslande zu einer allerwichtigsten Aufgabe werden wird. Das Allerbeste, was Deutschland hat, wird dann gerade gut genug sein für – Elsaß-Lothringen.

Auf seiner Reise durch Elsaß-Lothringen beobachtet Theodor Fontane mit großer Besorgnis das Betragen sowohl der deutschen Offiziere als auch der deutschen Beamten. Aufgrund seiner Wahrnehmungen befürchtet er psychologische Fehler bei dem notwendigen »Ummodelungs-Prozeß«, die politische Auswirkungen haben können, wofür er ein Erlebnis erzählt:

Ich fuhr nach Belfort und kehrte am zweiten Tage, nachdem ich noch Mömpelgard und das meilenlange Wiesen- und Waldfeld der dreitägigen Schlacht gegen Bourbaki gesehen hatte, über Mühlhausen-Colmar nach Straßburg zurück. Unterwegs (ich nenne absichtlich keine Namen, stelle dieselben aber nötigenfalls zur Verfügung) nahm ein junger Herr in unsrem Coupé Platz, in dem sich außer einem jungen Ulanen-Avantageur und mir noch eine elsässische Familie: Vater, Mutter und drei Töchter befanden. Es waren ersichtlich Leute

von Distinktion; ihre Ruhe, ihre Haltung, vor allem die Un-
gesuchtheit ihrer Sprachweise ließen mir darüber keinen
Zweifel. Der eingetretene junge Mann musterte das Terrain,
erkannte unschwer, daß der junge Ulanen-Avantageur wohl
am wenigsten imstande sein würde, einem Anlauf zu widerstehen, und hatte ihn denn auch, vor Ablauf von fünf Minuten, unter der gestaltenden Macht seines Vortrags. Er knetete
ihn wie Wachs, bald ihn zur Heiterkeit, bald zur Bewunderung hinreißend. Das letzte am meisten. Natürlich; der Jugend imponiert nichts so sehr wie Keckheit; der sprichwört-
liche Fähnrichsstreich verliert nichts oder doch nur wenig von
seinem Zauber, wenn er statt im Waffenrock im Überrock
auftritt.

Wer war nun »Jung-Roland«? Nun er war vor allem – um
zunächst noch in Uhlandschen Zitaten zu verbleiben – eine
Art »Roland-Schildträger«, denn er trug den Schild eines
hochgeborenen und nach allem was ich weiß, sehr liebenswür-
digen und sehr verdienten Herrn, dem die Aufgabe zugefal-
len war, in irgendeinem Grenzbezirk zu residieren, zu präsi-
dieren, oder sagen wir lieber zu präfekturieren. Jung-Roland
war also Präfektur- oder vielleicht auch nur Souspräfektur-
Aktuarius, eine sogenannte »rechte Hand«, die in großen
Dingen nichts, in kleinen Dingen sehr viel zu bedeuten hatte
und da wo das Maß von Bedeutung nicht ausreichte, durch
Renommage nachhalf.

Die beiden jungen Herren unterhielten sich also von ihren
Taten, waren darüber einig, daß es »Bande« sei, daß sie »um
den Finger zu wickeln seien, wenn man sie zu nehmen verstehe« und daß man deshalb »scharf zufassen müsse«.

Diesen drei Redensarten war ich sechs Wochen lang so
beständig begegnet, daß sie mir im ersten Moment nicht im
geringsten auffielen; erst der Ausdruck von Unmut, der wie
ein vorübergehendes Gewölk auf der sonst ruhig superioren
Stirn des alten Elsässers ansichtig wurde, ließ mich die unge-
heure Taktlosigkeit erkennen, die hier begangen wurde, und
die Scham stieg mir rot ins Gesicht. In »Militär-Coupés« hatte
es mit dem codex diplomaticus, dessen drei erste Paragraphen
ich vorstehend zitiert habe, nie viel auf sich gehabt; hier aber

hatten die okkupierten Provinzen ein Ende, und wir befanden uns innerhalb deutschen Reichslandes auf einer deutschen Eisenbahn.

All dies war indessen nur Vorspiel. »Wissen Sie«, fuhr Jung-Roland fort, »ich habe gestern fünf einstecken lassen, darunter den Bruder des Maire. Er sträubte sich; aber man kennt das. Nur nicht lange fackeln; scharf zufassen und – sie werden kirre.«

Aber was lag denn vor?

»Die Hülle und die Fülle. Übrigens liegt bei diesen Leuten immer etwas vor. Man greift nie fehl, denn sie haben immer etwas pecciert [*verkehrt gemacht*]. Ich faßte sie auf den Paragraphen hin: wer falsche Gerüchte verbreitet . . .«

Falsche Gerüchte?

»Ja. Denken Sie sich, alle fünf hatten sich nicht entblödet, den kleinen Leuten auf Ehrenwort zu versichern, sie würden alle wieder französisch werden. Der Präfekt schwankte noch; ich war aber für: Exempel statuieren. Sie hätten das Geschrei hören sollen.«

So ging es weiter.

Ich lege kein Gewicht darauf, daß die betreffenden fünf ganz recht hatten und daß jene Stadt wirklich wieder französisch geworden ist; ich fechte auch jenen altbewährten Paragraphen nicht an und laß es vollkommen gelten, daß Personen, namentlich in politisch erregten Zeiten, wegen Verbreitung falscher Gerüchte gefänglich eingezogen werden. Ich frage nur einfach, wie muß es einen 6ojährigen, ersichtlich in höheren Lebensstellungen heimisch gewesenen Mann berühren, wenn er einen 2ojährigen, bartlosen, zum Zeichen seiner Würde nichts als eine goldene Brille beibringenden Fremden in dieser Weise über Amtshandlungen und Administrationspraxis sprechen hört, zugleich mit eingestreuten, nicht allzu schmeichelhaften Bemerkungen über diejenigen, die durch eben diese Praxis beglückt werden sollen?!

Unmittelbar vor dem Beginn der Verhandlungen zum Abschluß eines Friedensvertrages, am 2. Mai 1871, legt Bismarck im Reichstag die Erwägungen, Umstände und Gründe dar, die ihn veranlaßt haben, die Annexion von Elsaß-Lothringen zu verlangen. Die Rede ist brillant formuliert, wirkt jedoch nicht überzeugend. Eingehend schildert er die verschiedenen Möglichkeiten, den deutschen Wunsch nach Sicherheit zu erfüllen; am Ende seiner Ausführungen erklärt er:

Es blieb daher nichts anderes übrig, als diese Landesstriche mit ihren starken Festungen vollständig in deutsche Gewalt zu bringen, um sie selbst als ein starkes Glacis Deutschlands gegen Frankreich zu verteidigen und um den Ausgangspunkt etwaiger französischer Angriffe um eine Anzahl von Tagemärschen weiter zurück zu legen, wenn Frankreich entweder bei eigener Erstarkung oder im Besitz von Bundesgenossen uns den Handschuh wieder hinwerfen sollte. Der Verwirklichung dieses Gedankens, der Befriedigung dieses unabweisbaren Bedürfnisses zu unserer Sicherheit stand in erster Linie die Abneigung der Einwohner selbst, von Frankreich getrennt zu werden, entgegen. Es ist nicht meine Aufgabe, hier die Gründe zu untersuchen, die es möglich machten, daß eine urdeutsche Bevölkerung einem Lande mit fremder Sprache und mit nicht immer wohlwollender und schonender Regierung in diesem Maße anhänglich werden konnte. Etwas liegt wohl darin, daß alle diejenigen Eigenschaften, die den Deutschen vom Franzosen unterscheiden, gerade in der Elsässer Bevölkerung in hohem Grade verkörpert werden, so daß die Bevölkerung dieser Lande in bezug auf Tüchtigkeit und Ordnungsliebe, ich darf wohl ohne Überhebung sagen, eine Art von Aristokratie in Frankreich bildete; sie waren befähigter zu Ämtern, zuverlässiger im Dienst, die Stellvertreter im Militär, die Gendarmen, die Beamten; im Staatsdienst in einem die Proportion der Bevölkerung weit überragenden Verhältnis waren die Elsässer und Lothringer; es waren die anderthalb Millionen Deutschen, die alle Vorzüge des Deutschen in einem Volke, das andere Vorzüge hat, aber gerade nicht diese, zu verwerten imstande waren und tatsächlich verwerteten; sie hatten durch ihre Eigenschaften eine bevorzugte Stellung, die sie manche gesetzliche Unbilligkeit vergessen machte. Es liegt dabei im deutschen Charakter, daß jeder Stamm sich irgend-

eine Art von Überlegenheit namentlich über seinen nächsten
Nachbar vindiziert [*zuschreibt*]; hinter dem Elsässer und
Lothringer, solange er französisch war, stand Paris mit seinem
Glanze und Frankreich mit seiner einheitlichen Größe; er
trat dem deutschen Landsmann gegenüber mit dem Gefühle:
Paris ist mein, und fand darin eine Quelle für ein Gefühl par-
tikularistischer Überlegenheit. Ich gehe nicht auf die weiteren
Gründe zurück, daß jeder sich einem großen Staatswesen,
welches seiner Fähigkeit vollen Spielraum gibt, leichter assimi-
liert als einer zerrissenen, wenn auch stammverwandten Nation, wie sie sich früher diesseits des Rheins für den Elsässer
darstellte. Tatsache ist, daß diese Abneigung vorhanden war
und daß es unsere Pflicht ist, sie mit Geduld zu überwinden.
Wir haben meines Erachtens viele Mittel dazu; wir Deutsche
haben im ganzen die Gewohnheit, wohlwollender, mitunter
etwas ungeschickter, aber auf die Dauer kommt es doch heraus, wohlwollender und menschlicher zu regieren, als es die
französischen Staatsmänner tun; es ist das ein Vorzug des
deutschen Wesens, der in dem deutschen Herzen der Elsässer
bald anheimeln und erkennbar werden wird. Wir sind außerdem imstande, den Bewohnern einen viel höheren Grad von
kommunaler und individueller Freiheit zu bewilligen, als die
französischen Einrichtungen und Traditionen dies je vermoch-
ten. [. . .] Ich glaube deshalb, daß es uns mit deutscher Geduld
und mit deutschem Wohlwollen gelingen wird, den Landsmann dort zu gewinnen – vielleicht in kürzerer Zeit, als man
jetzt erwartet. Es werden aber immer Elemente zurückbleiben, die mit ihrer ganzen persönlichen Vergangenheit in
Frankreich wurzeln und die zu alt sind, um sich davon noch
loszureißen, oder die durch ihre materiellen Interessen mit
Frankreich notwendig zusammenhängen und für das Zer-
reißen der Bande, die sie an Frankreich knüpften, eine Entschädigung bei uns entweder gar nicht oder nur spät finden
können. Also wir dürfen uns nicht damit schmeicheln, sehr
rasch an dem Ziele zu sein, daß in Elsaß die Verhältnisse sein
würden wie in Thüringen in bezug auf deutsche Empfindungen; aber wir dürfen denn doch auch nicht verzweifeln, das
Ziel, dem wir zustreben, unsererseits noch zu erleben, wenn

wir die Zeit erfüllen, welche dem Menschen im Durchschnitt gegeben ist.

In der sich anschließenden Aussprache pflichten die meisten Abgeordneten den Ausführungen Bismarcks bei. Bebel aber verwirft leidenschaftlich die Annexion von Elsaß-Lothringen:

Meine Herren, mögen die Bestrebungen der Kommune in Ihren Augen auch noch so verwerfliche oder – wie gestern hier im Hause privatim geäußert wurde – verrückte sein, seien Sie fest überzeugt, das ganze europäische Proletariat und alles, was noch ein Gefühl für Freiheit und Unabhängigkeit in der Brust trägt, sieht auf Paris. (Große Heiterkeit) Meine Herren, und wenn auch im Augenblick Paris unterdrückt ist, dann erinnere ich Sie daran, daß der Kampf in Paris nur ein kleines Vorpostengefecht ist, daß die Hauptsache in Europa uns noch bevorsteht und daß, ehe wenige Jahrzehnte vergehen, der Schlachtenruf des Pariser Proletariats »Krieg den Palästen, Friede den Hütten, Tod der Not und dem Müßiggange!« der Schlachtruf des gesamten europäischen Proletariats werden wird. (Heiterkeit)

Der Herr Abgeordnete Treitschke hat ferner am Sonnabend ausgesprochen, es gelte vor allen Dingen, das Gefühl für die monarchische Institution in Elsaß-Lothringen wieder wachzurufen. Der Herr Abgeordnete Treitschke ist allerdings Geschichtsprofessor; aber ich bezweifle doch, daß er das innere geistige Leben der Völker genau kennt; (Heiterkeit) denn sonst, meine Herren, könnte er unmöglich glauben, daß [bei] eine[r] Bevölkerung mit solch revolutionären und republikanischen Traditionen, wie sie die Elsässer Bevölkerung seit achtzig bis neunzig Jahren in Verbindung mit Frankreich durchgemacht hat, es möglich sei, das monarchische Gefühl in Elsaß-Lothringen wiederherzustellen. Täuschen Sie sich nicht, meine Herren, wenn einmal die Annexion unabänderlich ist – und wir wenige können sie ja beim besten Willen nicht rückgängig machen gegen die Macht, die uns gegenübersteht –, dann ist der einzige Vorteil, den ich in der Annexion von Elsaß-Lothringen erblicke, der, daß gerade diese revolutionären und republikanischen Tendenzen, die meiner Überzeugung nach in einem großen Teile der Bevölkerung von Elsaß-Lothringen leben, jetzt nach Deutschland mit hinübergenommen werden und daß Elsaß-Lothringen so den Keil bildet, der es uns mit möglich machen wird, nach einiger Zeit das gesamte monarchische Deutschland aus den Fugen zu treiben. Ich von meinem Standpunkte aus protestiere entschieden gegen die Annexion, weil ich sie für ein Verbrechen gegen das Völkerrecht halte, weil ich sie für einen Schandfleck in der deutschen Geschichte halte. Ich hoffe, daß die elsässische Bevölkerung, ihrer freiheitlichen Mission sich bewußt, den freiheitlichen Kampf mit uns in Deutschland aufnehmen werde, damit endlich die Zeit komme, wo die europäischen Bevölkerungen ihr volles Selbstbestimmungsrecht erlangen können, was sie aber nur bekommen können, wenn die Völker Europas in der republikanischen Staatsform das Ziel ihrer Bestrebungen erblicken.

Am 9. Juni 1871 fertigt Kaiser Wilhelm I. das von Bundesrat und Reichstag verabschiedete »Gesetz, betreffend die Vereinigung von Elsaß und Lothringen mit dem Deutschen Reiche« aus:

Wir Wilhelm, von Gottes Gnaden Deutscher Kaiser, König von Preußen etc. verordnen hiermit im Namen des Deutschen Reichs, nach erfolgter Zustimmung des Bundesrates und des Reichstages, was folgt:

§ 1

Die von Frankreich durch den Artikel I. des Präliminar-Friedens vom 26. Februar 1871 abgetretenen Gebiete Elsaß und Lothringen werden in der durch den Artikel I. des Friedens-Vertrages vom 10. Mai 1871 und den dritten Zusatzartikel zu diesem Vertrage festgestellten Begrenzung mit dem Deutschen Reiche für immer vereinigt.

§ 2

Die Verfassung des Deutschen Reichs tritt in Elsaß und Lothringen am 1. Januar 1873 in Wirksamkeit. Durch Verordnung des Kaisers mit Zustimmung des Bundesrates können einzelne Teile der Verfassung schon früher eingeführt werden.

Die erforderlichen Änderungen und Ergänzungen der Verfassung bedürfen der Zustimmung des Reichstages.

Artikel 3 der Reichsverfassung tritt sofort in Wirksamkeit.

§ 3

Die Staatsgewalt in Elsaß und Lothringen übt der Kaiser aus.

Bis zum Eintritt der Wirksamkeit der Reichsverfassung ist der Kaiser bei Ausübung der Gesetzgebung an die Zustimmung des Bundesrates und bei der Aufnahme von Anleihen oder Übernahme von Garantien für Elsaß und Lothringen, durch welche irgendeine Belastung des Reichs herbeigeführt wird, auch an die Zustimmung des Reichstages gebunden.

Dem Reichstage wird für diese Zeit über die erlassenen Gesetze und allgemeinen Anordnungen und über den Fortgang der Verwaltung jährlich Mitteilung gemacht.

Nach Einführung der Reichsverfassung steht bis zu anderweitiger Regelung durch Reichsgesetz das Recht der Gesetzgebung auch in den der Reichsgesetzgebung in den Bundesstaaten nicht unterliegenden Angelegenheiten dem Reiche zu.

§ 4

Die Anordnungen und Verfügungen des Kaisers bedürfen zu ihrer Gültigkeit der Gegenzeichnung des Reichskanzlers, der dadurch die Verantwortlichkeit übernimmt.

Urkundlich unter Unserer Höchsteigenhändigen Unterschrift und beigedrucktem Kaiserlichen Insiegel.

Gegeben Berlin, den 9. Juni 1871

(L. S.) Wilhelm
Fürst v. Bismarck

Elsaß und Lothringen werden keinem Einzelstaat des Deutschen Reiches angegliedert. Sie kommen weder zu Preußen noch zu Bayern oder Baden, sondern erhalten als »Reichslande« einen Sonderstatus. Bismarck entschließt sich zu dieser Maßnahme, weil ein Anschluß an Preußen auf Widerspruch Bayerns gestoßen, ein Anschluß an Bayern von den süddeutschen Staaten nicht akzeptiert worden wäre. Gerade in dieser Form der verwaltungsmäßigen Behandlung von Elsaß-Loth-

ringen sieht der Nationalökonom Lujo Brentano einen folgen-
schweren Fehler. Seine Beobachtungen und Erfahrungen wäh-
rend seiner Lehrtätigkeit an der Universität Straßburg, die
zum Mittelpunkt des deutschen Geisteslebens ausgebaut wird,
faßt er in seinen – 1915 veröffentlichten – »Elsässer Erinne-
rungen« zusammen. Darin äußert er sich auch über die Ver-
waltung von Elsaß-Lothringen:

Hätte man nach der Annexion Elsaß-Lothringen in Preußen einverleibt, so wäre die Folge gewesen, daß die Talente,
welche bis dahin in Frankreich weiten Spielraum für freie
Betätigung gefunden hatten, sich Preußen zugewandt hätten.
Man hätte die auf der Universität Ausgebildeten in dem
stammverwandten Hessen-Nassau, der Rheinprovinz, dem
preußischen Thüringen, in Schlesien oder in andern Gegenden
mit ähnlichen Charaktereigenschaften der Bevölkerung, wie
sie die Elsaß-Lothringer haben, angestellt; das hätte ihre Betätigung auch in anderen Lebensberufen nach sich gezogen; es
wäre damit eine Gemeinsamkeit des Erlebens, Sorgens und
Hoffens entstanden, die zur Verschmelzung beigetragen hätte;
vor allem aber hätten sich auf dem Wege der Verheiratung
und persönlichen Freundschaft alle die persönlichen Beziehungen zwischen Elsaß-Lothringen und Alt-Deutschland heran-
gebildet, die mit Frankreich bestanden hatten und die so wesentlich dazu beigetragen haben, daß sich die Elsässer und die
Lothringer mit den Franzosen eins gefühlt haben.
Aber auch in Elsaß-Lothringen fand für den Elsaß-Lothringer nur eine sehr ungenügende Verwendung statt. Seine
deutsche Gesinnung galt als zu unzuverlässig. Der junge
Mann, der von der Universität kam, wurde demgemäß Rechtsanwalt oder Arzt auf dem Lande oder blieb in untergeordne-
ter Stellung. Die Folge war, daß die Fähigsten der heran-
wachsenden Generation sich nach wie vor nach Frankreich
wandten und die Zahl derjenigen, die infolge der Annexion
oder um dem Militärdienst zu entgehen, dorthin ausgewan-
dert waren, noch vermehrten. Als weitere Folge bestanden die
alten Familienbeziehungen zwischen Elsaß-Lothringen und
Frankreich fort, und neue wurden angeknüpft. Insoweit das

Vaterlandsgefühl auf einer Fülle von persönlichen Beziehungen mit den Angehörigen eines Landes beruht, gravitierte es
also nach wie vor nach Frankreich, während sich – von ganz
wenigen Fällen abgesehen, in denen die günstigen Wirkungen
denn auch nicht ausblieben – keine Familienbeziehungen nach
Deutschland knüpften. Der ganze Kultureinfluß, der durch
solche Familienbeziehungen vermittelt wird, bestand also
nach wie vor zugunsten Frankreichs und zuungunsten Deutschlands fort.

So stand es mit den studierten Elementen in Elsaß-Lothringen. Nicht anders stand es mit der Geschäftswelt. Ich habe
schon auf den großen Vorteil hingewiesen, welcher den Elsaß-
Lothringern aus der Eröffnung ganz Frankreichs durch die
große Revolution dadurch erwachsen ist, daß sie es nun waren, die allenthalben als Konkurrenten neben die Franzosen
getreten sind. Wie ganz anders nach 1871! Nun waren es
Alt-Deutsche, die als Konkurrenten in ihrer Heimat neben
ihnen auftraten, und unter diesen viele, auf die man den bekannten Satz des Tacitus über die Ansiedlung von Galliern
im Decumatenland mit Umkehrung der Nationalität anwen-
den konnte, daß nur levissimus quisque Germanorum atque
inopia audax [*der beweglichste der Germanen und aus Mangel kühne*] im Reichsland sich niederlasse. Begreiflich, daß
da die heranwachsende Jugend der Geschäftswelt es vorzog,
nach Frankreich auszuwandern, wo sie als durch gemeinsames
großes Unglück getrennte Brüder gute Anstellungen fanden
und vermöge ihrer Begabung und Energie gut vorwärts-
kamen.

Die so Ausgewanderten übten dann durch Korrespon-
denz und Besuche einen Druck auf ihre zurückgebliebenen
Verwandten und Freunde, der jedwede Annäherung an die
Alt-Deutschen ausschloß.

Deutschland hat es also in keiner Weise verstanden, die von
Bismarck so sehr anerkannten guten Eigenschaften der elsaß-
lothringischen Bevölkerung sich in ähnlicher Weise zunutze zu
machen, wie dies seinerzeit Frankreich getan hat.

Aber auch die positive Politik der Verwaltung war nicht
geeignet, das Land für sie zu gewinnen. Das nächste wäre doch

gewesen, sich diejenigen zu Freunden zu machen, die ohnedies noch deutsch waren. Das waren auf dem Lande die Bauern, in den Städten die Arbeiter. Schon die Tatsache, daß die Franzosen vor 1871 den Schulzwang nicht kannten, hatte sie deutsch erhalten. Außerdem hatten die höheren Löhne, die in Frankreich gezahlt wurden, von jeher Tausende zur Auswanderung aus Deutschland nach Frankreich und hier zunächst nach Elsaß-Lothringen verlockt. Die breite Masse des Volkes also auf dem Land wie in der Stadt war deutsch; französisch dachten und sprachen nur die Gebildeten oder die, die als solche sich ausgaben. Nichts hätte nähergelegen, als sich der Interessen derjenigen unmittelbar anzunehmen, die deutsch waren, und sie so dem Einfluß derer zu entziehen, welche diesen in französischem Interesse geltend machten.

Das aber stand mit der ganzen Geistesrichtung der deutschen Regierung in Widerspruch. Regierte man doch in Alt-Deutschland, indem man die Interessen der höheren Klassen gegen die der unteren wahrnahm. In Preußen war der Junker maßgebend; im Reiche herrschte man mit Hilfe von Ausnahmegesetzen gegen Geistliche und Sozialisten. Vielleicht daß die aus Süddeutschland stammenden elsaß-lothringischen Beamten für den Gedanken, auf die unteren Klassen gestützt zu regieren, zu gewinnen gewesen wären; aber sie waren nicht tonangebend. Das waren diejenigen, die aus Norddeutschland stammten. Diese aber hatten gesellschaftliche Anschauungen, die jenen Gedanken vollständig ausschlossen. In ihren Kreisen hat man den Satz, daß, wer das Geld hat, auch das Recht hat, denen, die damit nicht gesegnet sind, in wirtschaftlicher, politischer, religiöser und sozialer Beziehung zu befehlen, stets als die Quintessenz sozialer Weisheit betrachtet. In diesem Credo flossen die Anschauungen von Junker und Bourgeois zusammen. Auch die Rechtlosigkeit der Unteren gegenüber den Reichen gehörte zu den gottgewollten Abhängigkeiten. Die aristokratisch gerichteten, maßgebenden Persönlichkeiten konnten sich nicht von der Auffassung losmachen, daß man gestützt auf die Schichten in gehobener Lebensstellung, auf die Notabeln, regieren müsse.

In den Jahren 1887/88 verfaßt Friedrich Engels eine Un-
tersuchung über das Thema »Die Rolle der Gewalt in der
Geschichte / Gewalt und Ökonomie bei der Herstellung des
neuen Deutschen Reichs«. Über die außenpolitischen Folgen
der Annexion Elsaß-Lothringens schreibt er:

Militärisch hatte die Annexion allerdings einen Zweck.
Durch Metz und Straßburg erhält Deutschland eine Verteidi-
gungsfront von ungeheurer Stärke. Solange Belgien und die
Schweiz neutral, kann ein französischer Massenangriff nirgends anders ansetzen als auf dem schmalen Strich zwischen
Metz und den Vogesen; und dazu bilden Koblenz, Metz,
Straßburg, Mainz das stärkste und größte Festungsviereck
der Welt. Aber auch dies Festungsviereck, wie das österreichische in der Lombardei, liegt zur Hälfte in Feindesland und
bildet dort Zwingburgen zur Niederhaltung der Bevölkerung.
Noch mehr: Um es zu vervollständigen, mußte über das deutsche Sprachgebiet hinausgegriffen, mußte eine Viertelmillion
Nationalfranzosen mit annektiert werden.

Der strategische große Vorteil ist also der einzige Punkt,
der die Annexion entschuldigen kann. Aber steht dieser Gewinn in irgendwelchem Verhältnis zu dem Schaden, den man
sich dadurch antat?

Für den großen moralischen Nachteil, worin das junge
Deutsche Reich sich setzte, indem es die brutale Gewalt offen
und ungeheuchelt als sein Grundprinzip erklärte – dafür hat
der preußische Junker keine Augen. Im Gegenteil, wider-
haarige, gewaltsam im Zaum gehaltene Untertanen sind ihm
Bedürfnis; sie sind Beweise der vermehrten preußischen
Macht; und im Grunde hat er nie andere gehabt. Aber wofür
er verpflichtet war Augen zu haben, das waren die politischen
Folgen der Annexion. Und die lagen klar zutage. Noch ehe
die Annexion rechtskräftig geworden, rief Marx sie laut in
die Welt hinaus in einem Rundschreiben der Internationale:
»Die Annexion von Elsaß und Lothringen macht Rußland
zum Schiedsrichter Europas.« Und von der Tribüne des
Reichstags haben die Sozialdemokraten es oft genug wiederholt, so lange, bis die Wahrheit dieses Ausspruchs endlich von

Bismarck selbst in seiner Reichstagsrede vom 6. Februar 1888 anerkannt worden ist durch sein Winseln vor dem allmächtigen Zar, dem Gebieter über Krieg und Frieden.

Es war doch sonnenklar. Indem man von Frankreich zwei seiner fanatisch-patriotischsten Provinzen abriß, trieb man es jedem in die Arme, der ihm deren Rückgabe in Aussicht stellte, machte man sich Frankreich zum ewigen Feind. Bismarck allerdings, der in dieser Beziehung den deutschen Philister würdig und gewissenhaft repräsentiert, verlangt von den Franzosen, sie sollen nicht nur staatsrechtlich, sondern auch moralisch auf Elsaß-Lothringen verzichten, sie sollen sich noch ordentlich freuen, daß diese beiden Stücke des revolutionären Frankreich »dem alten Vaterlande wiedergegeben sind«, von dem sie platterdings nichts wissen wollen. Das tun aber die Franzosen leider ebensowenig, wie die Deutschen während der napoleonischen Kriege auf das linke Rheinufer moralisch verzichteten, trotzdem auch dieses damals sich keineswegs nach ihnen zurücksehnte. Solange die Elsässer und Lothringer nach Frankreich zurückverlangen, solange wird und muß Frankreich nach ihrer Wiedererlangung streben und sich nach den Mitteln dazu umsehen, also unter anderen auch nach Bundesgenossen. Und der natürliche Bundesgenosse gegen Deutschland ist Rußland.

Wenn die beiden größten und stärksten Nationen des westlichen Kontinents sich gegenseitig durch Feindseligkeit neutralisieren, wenn sogar ein ewiger Zankapfel zwischen ihnen liegt und sie zum Kampfe gegeneinander hetzt, so hat den Vorteil davon – nur Rußland, dessen Hände dann um so freier sind; Rußland, das in seinen Eroberungsgelüsten von Deutschland um so weniger gehindert werden kann, je mehr es von Frankreich unbedingte Unterstützung erwarten darf. Und hat nicht Bismarck Frankreich in die Lage versetzt, daß es um Rußlands Allianz betteln, daß es Rußland Konstantinopel gern überlassen muß, wenn Rußland ihm nur seine verlorenen Provinzen zusagt? Und wenn trotzdem der Friede siebzehn Jahre erhalten worden, woher anders kommt das als daher, daß das in Frankreich und Rußland eingeführte Landwehrsystem mindestens sechzehn, ja nach neuester deutscher

Verbesserung sogar fünfundzwanzig Jahre braucht, um die volle Zahl eingeübter Mannschaftsjahrgänge zu liefern? Und nachdem die Annexion nun schon siebzehn Jahre lang das die ganze Politik Europas beherrschende Faktum gewesen, ist sie nicht in diesem Augenblick die Grundursache der ganzen den Weltteil mit Krieg bedrohenden Krise? Nehmt diese eine Tatsache weg, und der Friede ist gesichert!

In seiner 1890 veröffentlichten Studie »Die auswärtige Politik des russischen Zarentums« kommt Friedrich Engels erneut auf die außenpolitischen Folgen der Annexion von Elsaß-Lothringen zu sprechen:

Der Krieg von 1866 zog den Deutsch-Französischen Krieg 1870 nach sich, und wieder trat der Zar auf die Seite seines preußischen »Djadja Molodez«; er hielt Österreich direkt im Schach und beraubte so Frankreich des einzigen Bundesgenossen, der es vor vollständiger Niederlage retten konnte. Aber wie Louis Bonaparte 1866, so wurde Alexander 1870 geprellt durch die raschen Erfolge der deutschen Waffen. Statt eines langwierigen, beide Kämpfer auf den Tod erschöpfenden Kriegs erfolgten die raschen Schläge, die in fünf Wochen das bonapartistische Kaiserreich stürzten und seine Armeen nach Deutschland gefangenführten.

Damals gab es nur einen Ort in Europa, wo die Lage richtig begriffen wurde, und das war im Generalrat der Internationalen Arbeiterassoziation. Am 9. September 1870 erließ dieser ein Manifest, worin die Parallele zwischen 1866 und 1870 gezogen wurde. Der Krieg 1866 sei mit Bewilligung Louis Napoleons geführt worden; aber die Siege und die preußische Machterweiterung hätten genügt, um Frankreich sofort in eine feindliche Stellung gegen Preußen hineinzutreiben. Ebenso würden die neuen Erfolge von 1870 und die damit verknüpfte neue Steigerung der preußisch-deutschen Macht den russischen Zaren, trotzdem er Deutschland während des Kriegs diplomatisch unterstützt, in die Feindschaft gegen Deutschland hineinzwingen. Rußlands vorwiegender Einfluß in Europa habe zur notwendigen Voraussetzung seine traditionelle Macht über Deutschland, die nun gebrochen sei. Im

Augenblick, wo in Rußland selbst die revolutionäre Bewegung anfängt drohend zu werden, könne der Zar diesen Verlust an Prestige im Ausland nicht ertragen. Und wenn nun noch Deutschland durch Annexion von Elsaß-Lothringen Frankreich in die Arme Rußlands treibe, müsse es sich entweder zum offenkundigen Werkzeug russischer Eroberungspläne hergeben oder aber, nach kurzer Rastzeit, sich vorbereiten auf einen Krieg gegen Rußland und Frankreich zugleich, einen Krieg, der leicht in einen Rassenkrieg gegen das verbündete Slawentum und Romanentum ausarten könne.

Das neue Deutsche Reich tat Rußland den Gefallen, Elsaß-Lothringen von Frankreich loszureißen und damit in der Tat Frankreich in die Arme Rußlands zu jagen.

Nicht nur die Vertreter des Sozialismus betrachten die Annexion von Elsaß-Lothringen als ein Ereignis, das weitgreifende außenpolitische Konsequenzen hat. Auch Papst Leo XIII., der dem Deutschen Reich Sympathie entgegenbringt, verurteilt sie. In einer Unterredung über die Errichtung einer Katholisch-Theologischen Fakultät an der Universität Straßburg mit dem dafür von Reichskanzler Chlodwig Fürst zu Hohenlohe-Schillingsfürst und dem Auswärtigen Amt beauftragten Zentrumsabgeordneten Georg Freiherr von Hertling am 17. November 1898 spricht er dieses Thema an. Hertling schreibt darüber in seinen Erinnerungen:

Über einen höchst interessanten Punkt der Konversation habe ich damals aber weder an die eine noch an die andere Stelle berichtet. Ohne daß der Gang derselben Anlaß dazu gegeben hatte, begann der Papst plötzlich über Elsaß-Lothringen zu sprechen. Es sei ein Fehler von Bismarck gewesen, das Land für Deutschland zu annektieren, der in der Zukunft noch manche Verlegenheit für Deutschland nach sich ziehen werde. Auch hierüber sprach er ziemlich lang und eingehend; als er geendet hatte, bemerkte ich in aller Bescheidenheit, Elsaß-Lothringen sei deutsches Land und uns nur durch List und Gewalt von Frankreich entrissen worden; wir hätten jetzt lediglich das, was uns gehörte, zurückgenommen. Eine Entgegnung erfolgte hierauf nicht.

Wie sowohl Bebel und Engels als auch Papst Leo XIII. befürchten, begünstigt das Problem Elsaß-Lothringen eine Neugruppierung der europäischen Mächte. Es verhindert eine Aussöhnung zwischen Frankreich und dem Deutschen Reich und fördert ein Zusammengehen Frankreichs mit Rußland. In Frankreich wird die erzwungene Preisgabe von Elsaß-Lothringen als ein nationales Unglück empfunden, das zu beseitigen als Aufgabe der französischen Politik gilt. Bewußt und zielstrebig pflegt sie durch Jahrzehnte den Gedanken, Elsaß-Lothringen zurückzugewinnen. Die Forderung nach Wiedererlangung des Gebietes wird zum Synonym der Revanche für die erlittene Niederlage. Das Deutsche Reich erweist sich als unfähig, die Bevölkerung von Elsaß-Lothringen für sich zu gewinnen – wie zuletzt im Herbst 1913 der »Fall Zabern« beweist. Am 6. November 1913 veröffentlicht der »Zaberner Anzeiger« unter der Überschrift »Der neueste Fall« vom Chauvinismus in den in Zabern stationierten Regimentern: Ein Leutnant habe bei der Instruktion von Rekruten das mit zwei Monaten Haft belastete Strafregister eines preußischen Messerhelden verlesen und dazu bemerkt: »Wenn du einen Elsässer Wackes zusammenstichst, erhältst du keine zwei Monate; für jeden dieser Dreckwackes, den du mir bringst, erhältst du 10 Mark.« Der dabeistehende Unteroffizier habe diensteifrig beigepflichtet: »Und von mir noch einen Taler dazu.« Der Öffentlichkeit bemächtigt sich nach Bekanntwerden des Vorganges große Erregung. Im Reichstag kommt es am 3. Dezember 1913 zu einer Aussprache darüber. Mit 293 gegen 54 Stimmen verabschiedet der Reichstag den eingebrachten Mißbilligungsantrag, für den sich die Freisinnige Volkspartei, die Nationalliberalen, das Zentrum und die Sozialdemokraten aussprechen. Der Umstand, daß die in den Vorgang verwickelten Offiziere in dem eingeleiteten kriegsgerichtlichen Verfahren freigesprochen werden, steigert die allgemeine Empörung. Die Weltöffentlichkeit sieht im »Fall Zabern« den Beweis, daß es dem Deutschen Reich noch nicht gelungen ist, Elsaß-Lothringen für sich zu gewinnen.

ANHANG

Zeittafel

1870

13. Juli	König Wilhelm I. unterrichtet über sein in Bad Ems mit dem französischen Botschafter Graf Benedetti geführtes Gespräch. Sein Bericht wird, von Otto Graf von Bismarck-Schönhausen umredigiert, den Vertretern des Norddeutschen Bundes zugeleitet (»Emser Depesche).
15. Juli	Frankreich kündet den Krieg gegen Preußen an. König Wilhelm I. befiehlt die Mobilmachung; er begibt sich von Bad Ems nach Berlin.
16. Juli	König Ludwig II. von Bayern befiehlt die Mobilmachung der bayerischen Armee.
18. Juli	Abstimmung des I. Vatikanischen Konzils über die päpstliche Unfehlbarkeit in Glaubens- und Sittensachen.
19. Juli	Die Kriegserklärung Frankreichs wird dem Bundeskanzler des Norddeutschen Bundes, Otto Graf von Bismarck-Schönhausen, übergeben. Der Norddeutsche Reichstag tritt zu einer Sitzung zusammen, bei der Bundeskanzler von Bismarck eine Thronrede des Königs von Preußen verliest. Die Mehrheit der Bayerischen Kammer der Abgeordneten billigt für die Mobilmachung des bayerischen Heeres einen außerordentlichen Kredit von 5 600 000 Fl. König Wilhelm I. von Preußen erneuert die Stiftung des Eisernen Kreuzes. In Vorbach, in der Nähe von Saarbrücken, überschreiten französische Truppen die preußische Grenze, womit die militärischen Feidseligkeiten ihren Anfang nehmen.
22. Juli	Um 4 Uhr morgens wird die Rheinbrücke bei Kehl von deutschen Truppen gesprengt. König Wilhelm I. befiehlt die Einsetzung von Generalgouverneuren und die Verteilung der Kommandos der einzelnen Armeekorps.
23. Juli	Kaiser Napoleon III. fertigt das Dekret aus, durch welches der Kaiserin Eugenie die Regentschaft übertragen wird.
28. Juli	Kaiser Napoleon III. trifft in Metz ein und übernimmt den Oberbefehl über die Rheinarmee.

31. Juli	König Wilhelm I. begibt sich von Berlin auf den Kriegsschauplatz. In seinem Gefolge sind u. a. Bundeskanzler Otto Graf von Bismarck-Schönhausen, Kriegsminister Albrecht von Roon, der Chef des Generalstabes Graf Helmuth von Moltke.
3. August	Gefecht bei Saarbrücken, in dessen Verlauf Saarbrücken geräumt wird. König Wilhelm I. erläßt eine allgemeine Amnestie.
4. August	Gefecht bei Weißenburg.
6. August	Schlacht bei Wörth. Treffen bei Spichern. Das Bundeskanzleramt veröffentlicht eine Bekanntmachung über die Zeichnung einer Bundeskriegsanleihe.
11. August	Brief des Historikers Theodor Mommsen an das italienische Volk.
12. August	Denkschrift des preußischen Kronprinzen Friedrich Wilhelm für den Fall des Friedens und für die endliche Feststellung der deutschen Gesamteinheit. Brief des Theologen David Friedrich Strauß an den Philosophen Ernest Renan.
14. August	Schlacht bei Colombey-Novilly.
16. August	Schlacht bei Mars-la-Tour. Schlacht bei Pont-à-Mousson.
18. August	Schlacht bei Gravelotte-Saint-Privat.
30. August	Treffen bei Beaumont.
31. August	Schlacht bei Noisseville.
1. September	Schlacht bei Sedan.
1./2. September	Kapitulation der in Sedan eingeschlossenen französischen Armee unter dem Oberbefehl von Kaiser Napoleon III., der in Gefangenschaft gerät. Er erhält als Wohnsitz Schloß Wilhelmshöhe bei Kassel zugewiesen.
4. September	Die Menge erzwingt in Paris die Ausrufung der Republik und die Einsetzung einer provisorischen Regierung.
10. September	Staatssekretär von Delbrück trifft zur Besprechung von Verfassungsfragen im Hauptquartier zu Reims ein.
13. September	Brief des Philosophen Ernest Renan an den Theologen David Friedrich Strauß.

19. September	Die Einschließung von Paris durch deutsche Truppen ist beendet.
20. September	Italienische Truppen besetzen Rom.
20./21. September	Besprechungen zwischen Bundeskanzler Bismarck und Außenminister Favre.
22.–26. September	»Münchner Konferenzen«, Vorbesprechungen über die Bildung eines alle deutschen Staaten umgreifenden Verfassungsbündnisses.
27. September	Kapitulation von Straßburg.
29. September	Brief des Theologen David Friedrich Strauß an den Philosophen Ernest Renan.
3. Oktober	Antrag des Großherzogtums Baden auf Aufnahme in den Norddeutschen Bund.
5. Oktober	König Wilhelm I. verlegt sein Hauptquartier nach Versailles.
9. Oktober	Der Kirchenstaat wird nach einer Volksabstimmung mit dem Königreich Italien vereinigt. Rom italienische Hauptstadt.
21. Oktober	Gefecht bei La Malmaison.
23. Oktober	Besprechungen zwischen Bismarck und Gautier. Eintreffen der bayerischen Delegation in Versailles.
28. Oktober	Kapitulation der in der Festung Metz eingeschlossenen französischen Armee unter dem Oberbefehl von Marschall Bazaine.
30. Oktober	Gefecht bei Le Bourget.
31. Oktober	Schreiben Großherzogs Friedrich I. von Baden an König Ludwig II. von Bayern.
9. November	Einnahme von Orléans.
15. November	Abschluß der Vereinbarung zwischen dem Norddeutschen Bund, Baden und Hessen über die Gründung des Deutschen Bundes und Annahme der Bundesverfassung.
23. November	Vertrag, betreffend den Beitritt Bayerns zur Verfassung des Deutschen Bundes.
25. November	Vertrag zwischen dem Norddeutschen Bund, Baden und Hessen einerseits und Württemberg andererseits, betreffend den Beitritt Württembergs zur Verfassung des Deutschen Bundes.
27. November	Schlacht bei Amiens. Schreiben des Bundeskanzlers Bismarck an König

	Ludwig II. von Bayern mit dem Entwurf eines an König Wilhelm I. zu richtenden Schreibens (»Entwurf des Kaiserbriefes«).
28. November	Schlacht bei Beaune la Rolande.
30. November	Schreiben des Königs Ludwig II. von Bayern an König Wilhelm I. (»Kaiserbrief«).
	Schreiben des Königs Ludwig II. von Bayern an die Fürsten und Freien Städte Deutschlands.
2. Dezember	Schlacht bei Loigny-Poupry.
2./3. Dezember	Schlacht bei Champigny und Brie-sur-Marne.
8. Dezember	Vereinbarung zwischen dem Norddeutschen Bund einerseits, Bayern, Württemberg, Baden und Hessen andererseits über die Verfassung des Deutschen Bundes.
9./10. Dezember	Beschluß des Norddeutschen Bundesrats und Reichstags, betreffend die Bezeichnungen »Deutsches Reich« und »Deutscher Kaiser«.
10. Dezember	Adresse des Reichstags des Norddeutschen Bundes an König Wilhelm I.
18. Dezember	König Wilhelm I. empfängt im Hauptquartier zu Versailles die »Kaiser-Deputation« des Norddeutschen Reichstags.
20. Dezember	Die zweite Kammer Hessens billigt die Versailler Verträge.
21. Dezember	Die zweite Kammer Badens billigt die Versailler Verträge.
23. Dezember	Die zweite Kammer Württembergs billigt die Versailler Verträge.
27. Dezember	Beginn der Beschießung von Paris.

1871

1. Januar	Das Deutsche Reich tritt staatsrechtlich in Kraft.
10.–12. Januar	Schlacht bei Le Mans.
13.–17. Januar	Schlacht an der Lisaine.
14. Januar	König Wilhelm I. teilt Großherzog Friedrich I. von Baden seine Bereitschaft mit, die Kaiserwürde anzunehmen.
18. Januar	Im Spiegelsaal zu Versailles wird die deutsche Kaiserwürde proklamiert.
19. Januar	Schlacht von Saint-Quentin.

21. Januar	Die Bayerische Kammer der Abgeordneten billigt die Versailler Verträge.
28. Januar	Waffenstillstand zwischen Deutschland und Frankreich.
16. Februar	Kapitulation der Festung Belfort.
20. Februar	Konstituierung des Bundesrates.
26. Februar	Friedenspräliminarien zwischen dem Deutschen Reich und Frankreich.
1. März	Beginn des Einmarsches deutscher Truppen in Paris.
3. März	Parade deutscher Truppen vor Kaiser Wilhelm I. Erste Reichstagswahlen.
15. März	Kaiser Wilhelm I. überschreitet bei Saarbrücken die französisch-deutsche Grenze.
21. März	Feierliche Eröffnung des Reichstages im Königlichen Schloß zu Berlin. Erhebung des Grafen Bismarck-Schönhausen in den erblichen Fürstenstand.
22. März	Festliche Feier des Geburtstages Kaiser Wilhelms I.
26. März	In Paris wird ein von Sozialisten und Kommunisten beherrschter Gemeinderat, die Kommune, gewählt.
14. April	Der Reichstag billigt die revidierte Reichsverfassung.
16. April	Verkündung der Verfassung des Deutschen Reiches, die am 4. Mai in Kraft tritt.
6. Mai	Beginn der Friedensverhandlungen zwischen Fürst Bismarck und Außenminister Favre in Frankfurt am Main.
10. Mai	Unterzeichnung des Friedensvertrages zwischen dem Deutschen Reich und Frankreich.
28. Mai	Regierungstruppen des Marschalls Mac-Mahon nehmen nach einem achttägigen Barrikadenkampf Paris ein.
9. Juni	Gesetz betreffend die Vereinigung von Elsaß und Lothringen mit dem Deutschen Reich.
16. Juni	Siegesparade in Berlin.

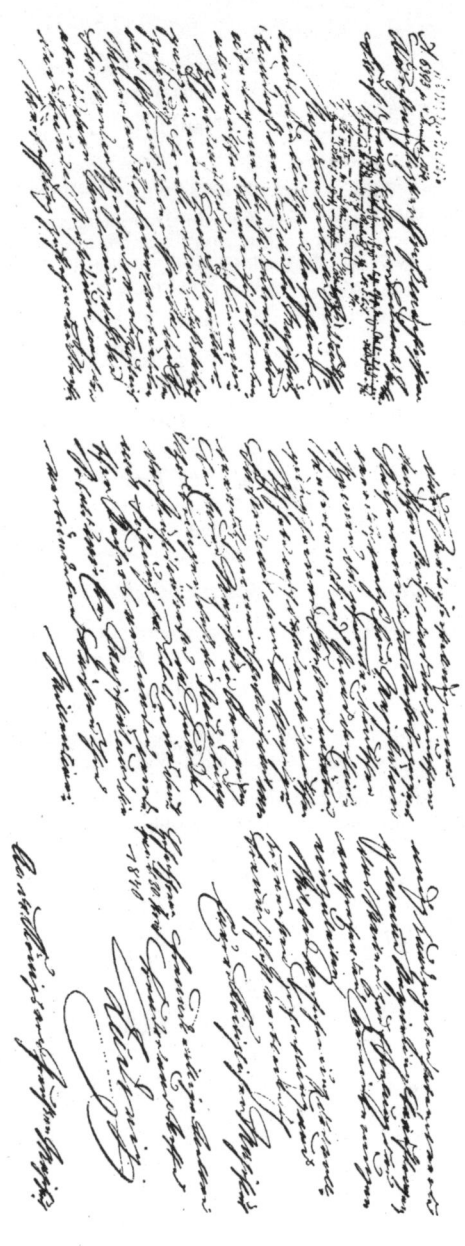

Abb. 40   Brief Ludwigs II. von Bayern, mit dem er Wilhelm I. von Preußen die Kaiserwürde anträgt.

VERFASSUNG DES DEUTSCHEN REICHS
VOM 16. APRIL 1871

Seine Majestät der König von Preußen im Namen des Norddeutschen Bundes, Seine Majestät der König von Bayern, Seine Majestät der König von Württemberg, Seine Königliche Hoheit der Großherzog von Baden und Seine Königliche Hoheit der Großherzog von Hessen und bei Rhein für die südlich vom Main belegenen Teile des Großherzogtums Hessen schließen einen ewigen Bund zum Schutze des Bundesgebietes und des innerhalb desselben gültigen Rechtes sowie der Pflege der Wohlfahrt des Deutschen Volkes. Dieser Bund wird den Namen Deutsches Reich führen und wird nachstehende

Verfassung

haben.

I. BUNDESGEBIET

Art. 1 – Das Bundesgebiet besteht aus den Staaten Preußen mit Lauenburg, Bayern, Sachsen, Württemberg, Baden, Hessen, Mecklenburg-Schwerin, Sachsen-Weimar, Mecklenburg-Strelitz, Oldenburg, Braunschweig, Sachsen-Meiningen, Sachsen-Altenburg, Sachsen-Coburg-Gotha, Anhalt, Schwarzburg-Rudolstadt, Schwarzburg-Sondershausen, Waldeck, Reuß älterer Linie, Reuß jüngerer Linie, Schaumburg-Lippe, Lippe, Lübeck, Bremen und Hamburg.

II. REICHSGESETZGEBUNG

Art. 2 – Innerhalb dieses Bundesgebietes übt das Reich das Recht der Gesetzgebung nach Maßgabe des Inhalts dieser Verfassung und mit der Wirkung aus, daß die Reichsgesetze den Landesgesetzen vorgehen. Die Reichsgesetze erhalten ihre verbindliche Kraft durch ihre Verkündigung von Reichs wegen, welche vermittelst eines Reichsgesetzblattes geschieht. Sofern nicht in dem publizierten Gesetze ein anderer Anfangstermin seiner verbindlichen Kraft bestimmt ist, beginnt die letztere mit dem vierzehnten Tage nach dem Ablauf desjenigen Tages, an welchem das betreffende Stück des Reichsgesetzblattes in Berlin ausgegeben worden ist.

Art. 3 – Für ganz Deutschland besteht ein gemeinsames Indigenat mit der Wirkung, daß der Angehörige (Untertan, Staatsbürger) eines jeden Bundesstaates in jedem anderen Bundesstaate als Inländer zu behandeln und demgemäß zum festen Wohnsitz, zum Gewerbebetriebe, zu öffentlichen Ämtern, zur Erwerbung von Grundstücken, zur Erlangung des Staatsbürgerrechtes und zum Genusse aller sonstigen bürgerlichen Rechte unter denselben Voraussetzungen wie der Einheimische zuzulassen, auch in betreff der Rechtsverfolgung und des Rechtsschutzes demselben gleich zu behandeln ist.

Kein Deutscher darf in der Ausübung dieser Befugnis durch die Obrigkeit seiner Heimat oder durch die Obrigkeit eines anderen Bundesstaates beschränkt werden.

Diejenigen Bestimmungen, welche die Armenversorgung und die Aufnahme in den lokalen Gemeindeverband betreffen, werden durch den im ersten Absatz ausgesprochenen Grundsatz nicht berührt.

Ebenso bleiben bis auf weiteres die Verträge in Kraft, welche zwischen den einzelnen Bundesstaaten in Beziehung auf die Übernahme von Auszuweisenden, die Verpflegung erkrankter und die Beerdigung verstorbener Staatsangehörigen bestehen.

Hinsichtlich der Erfüllung der Militärpflicht im Verhältnis zu dem Heimatlande wird im Wege der Reichsgesetzgebung das Nötige geordnet werden.

Dem Auslande gegenüber haben alle Deutschen gleichmäßig Anspruch auf den Schutz des Reichs.

Art. 4 – Der Beaufsichtigung seitens des Reichs und der Gesetzgebung desselben unterliegen die nachstehenden Angelegenheiten:

1. die Bestimmungen über Freizügigkeit, Heimat- und Niederlassungs-Verhältnisse, Staatsbürgerrecht, Paßwesen und Fremdenpolizei und über den Gewerbebetrieb, einschließlich des Versicherungswesens, soweit diese Gegenstände nicht schon durch den Artikel 3 dieser Verfassung erledigt sind, in Bayern jedoch mit Ausschluß der Heimat- und Niederlassungs-Verhältnisse, desgleichen über die Kolonisation und die Auswanderung nach außerdeutschen Ländern;
2. die Zoll- und Handelsgesetzgebung und die für die Zwecke des Reichs zu verwendenden Steuern;
3. die Ordnung des Maß-, Münz- und Gewichtssystems, nebst Feststellung der Grundsätze über die Emission von fundiertem und unfundiertem Papiergelde;
4. die allgemeinen Bestimmungen über das Bankwesen;
5. die Erfindungspatente;
6. der Schutz des geistigen Eigentums;
7. Organisation eines gemeinsamen Schutzes des deutschen Handels im Auslande, der deutschen Schiffahrt und ihrer Flagge zur See und Anordnung gemeinsamer konsularischer Vertretung, welche vom Reiche ausgestattet wird;
8. das Eisenbahnwesen, in Bayern vorbehaltlich der Bestimmung im Artikel 46, und die Herstellung von Land- und Wasserstraßen im Interesse der Landesverteidigung und des allgemeinen Verkehrs;
9. der Flößerei- und Schiffahrtsbetrieb auf den mehreren Staaten gemeinsamen Wasserstraßen und der Zustand der letzteren sowie die Fluß- und sonstigen Wasserzölle;
10. das Post- und Telegrafenwesen, jedoch in Bayern und Württemberg nur nach Maßgabe der Bestimmung im Artikel 52;
11. Bestimmungen über die wechselseitige Vollstreckung von Erkenntnissen in Zivilsachen und Erledigung von Requisitionen überhaupt;

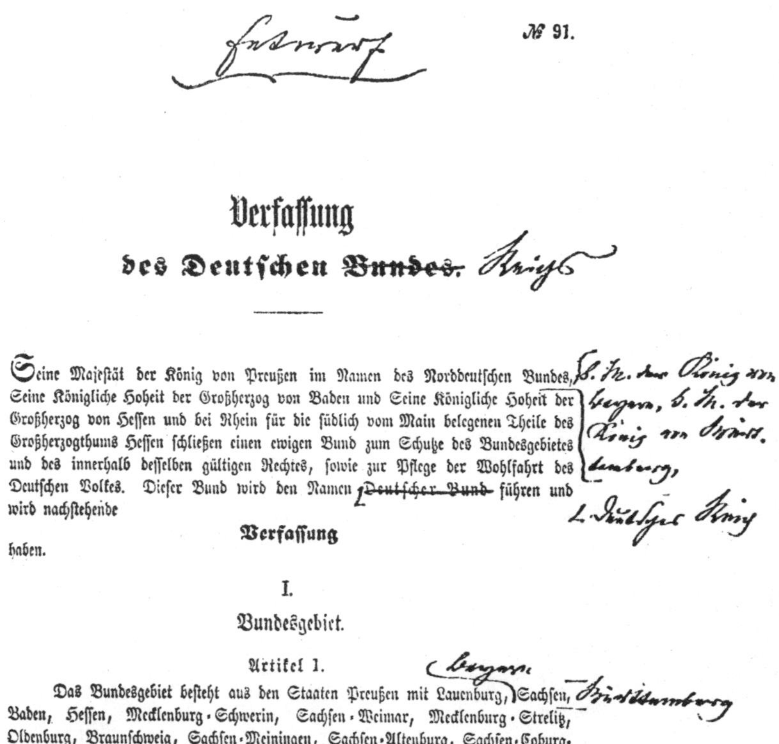

Entwurf № 91.

Verfassung

des Deutschen ~~Bundes.~~ Reichs

Seine Majestät der König von Preußen im Namen des Norddeutschen Bundes, Seine Königliche Hoheit der Großherzog von Baden und Seine Königliche Hoheit der Großherzog von Hessen und bei Rhein für die südlich vom Main belegenen Theile des Großherzogthums Hessen schließen einen ewigen Bund zum Schutze des Bundesgebietes und des innerhalb desselben gültigen Rechtes, sowie zur Pflege der Wohlfahrt des Deutschen Volkes. Dieser Bund wird den Namen ~~Deutscher Bund~~ führen und wird nachstehende Verfassung haben.

S. M. der König von Bayern, S. M. der König von Württemberg,

Deutsches Reich

I.

Bundesgebiet.

Artikel 1.

Das Bundesgebiet besteht aus den Staaten Preußen mit Lauenburg, Bayern, Sachsen, Württemberg, Baden, Hessen, Mecklenburg-Schwerin, Sachsen-Weimar, Mecklenburg-Strelitz, Oldenburg, Braunschweig, Sachsen-Meiningen, Sachsen-Altenburg, Sachsen-Coburg-Gotha, Anhalt, Schwarzburg-Rudolstadt, Schwarzburg-Sondershausen, Waldeck, Reuß älterer Linie, Reuß jüngerer Linie, Schaumburg-Lippe, Lippe, Lübeck, Bremen und Hamburg.

II.

~~Bundesgesetzgebung.~~ Reichsgesetzgebung.

Artikel 2.

Innerhalb dieses Bundesgebietes übt ~~der Bund~~ das Recht der Gesetzgebung nach Maßgabe des Inhalts dieser Verfassung und mit der Wirkung aus, daß die ~~Bundes~~gesetze den Landesgesetzen vorgehen. Die ~~Bundesgesetze~~ erhalten ihre verbindliche Kraft durch ihre Verkündigung von ~~Bundes~~ wegen, welche vermittelst eines ~~Bundesgesetzblattes~~ geschieht. Sofern nicht in dem publizirten Gesetze ein anderer Anfangstermin seiner verbindlichen Kraft bestimmt ist, beginnt die letztere mit dem vierzehnten Tage nach

1. das Reich
Reichs-, Reichsgesetze
2. Reichs
Reichsgesetz-blattes

Abb. 41 Faksimile der ersten Seite des Entwurfs der Verfassung mit handschriftlichen Korrekturen Bismarcks.

12. sowie über die Beglaubigung von öffentlichen Urkunden;
13. die gemeinsame Gesetzgebung über das Obligationenrecht, Strafrecht, Handels- und Wechselrecht und das gerichtliche Verfahren;
14. das Militärwesen des Reichs und die Kriegsmarine;
15. Maßregeln der Medizinal- und Veterinärpolizei;
16. die Bestimmungen über die Presse und das Vereinswesen.

Art. 5 – Die Reichsgesetzgebung wird ausgeübt durch den Bundesrat und den Reichstag. Die Übereinstimmung der Mehrheitsbeschlüsse beider Versammlungen ist zu einem Reichsgesetze erforderlich und ausreichend.

Bei Gesetzesvorschlägen über das Militärwesen, die Kriegsmarine und die im Artikel 35 bezeichneten Abgaben gibt, wenn im Bundesrate eine Meinungsverschiedenheit stattfindet, die Stimme des Präsidiums den Ausschlag, wenn sie sich für die Aufrechthaltung der bestehenden Einrichtungen ausspricht.

III. BUNDESRAT

Art. 6 – Der Bundesrat besteht aus den Vertretern der Mitglieder des Bundes, unter welchen die Stimmführung sich in der Weise verteilt, daß Preußen mit den ehemaligen Stimmen von

Hannover, Kurhessen, Holstein, Nassau und Frankfurt	17 Stimmen
führt, Bayern	6 Stimmen
Sachsen	4 Stimmen
Württemberg	4 Stimmen
Baden	3 Stimmen
Hessen	3 Stimmen
Mecklenburg-Schwerin	2 Stimmen
Sachsen-Weimar	1 Stimme
Mecklenburg-Strelitz	1 Stimme
Oldenburg	1 Stimme
Braunschweig	2 Stimmen
Sachsen-Meiningen	1 Stimme
Sachsen-Altenburg	1 Stimme
Sachsen-Coburg-Gotha	1 Stimme
Anhalt	1 Stimme
Schwarzburg-Rudolstadt	1 Stimme
Schwarzburg-Sondershausen	1 Stimme
Waldeck	1 Stimme
Reuß älterer Linie	1 Stimme
Reuß jüngerer Linie	1 Stimme
Schaumburg-Lippe	1 Stimme
Lippe	1 Stimme
Lübeck	1 Stimme
Bremen	1 Stimme
Hamburg	1 Stimme
zusammen	58 Stimmen

Jedes Mitglied des Bundes kann so viel Bevollmächtigte zum Bundesrate ernennen, wie es Stimmen hat, doch kann die Gesamtheit der zuständigen Stimmen nur einheitlich abgegeben werden.

Art. 7 – Der Bundesrat beschließt:

1. über die dem Reichstage zu machenden Vorlagen und die von demselben gefaßten Beschlüsse;

2. über die zur Ausführung der Reichsgesetze erforderlichen allgemeinen Verwaltungsvorschriften und Einrichtungen, sofern nicht durch Reichsgesetz etwas anderes bestimmt ist;

3. über Mängel, welche bei der Ausführung der Reichsgesetze oder der vorstehend erwähnten Vorschriften oder Einrichtungen hervortreten.

Jedes Bundesglied ist befugt, Vorschläge zu machen und in Vortrag zu bringen, und das Präsidium ist verpflichtet, dieselben der Beratung zu übergeben.

Die Beschlußfassung erfolgt, vorbehaltlich der Bestimmungen in den Artikeln 5, 37 und 78, mit einfacher Mehrheit. Nicht vertretene oder nicht instruierte Stimmen werden nicht gezählt. Bei Stimmengleichheit gibt die Präsidialstimme den Ausschlag.

Bei der Beschlußfassung über eine Angelegenheit, welche nach den Bestimmungen dieser Verfassung nicht dem ganzen Reiche gemeinschaftlich ist, werden die Stimmen nur derjenigen Bundesstaaten gezählt, welchen die Angelegenheit gemeinschaftlich ist.

Art. 8 – Der Bundesrat bildet aus seiner Mitte dauernde Ausschüsse

    1. für das Landheer und die Festungen;

    2. für das Seewesen;

    3. für Zoll- und Steuerwesen;

    4. für Handel und Verkehr;

    5. für Eisenbahnen, Post und Telegrafen;

    6. für Justizwesen;

    7. für Rechnungswesen.

In jedem dieser Ausschüsse werden außer dem Präsidium mindestens vier Bundesstaaten vertreten sein, und führt innerhalb derselben jeder Staat nur eine Stimme. In dem Ausschuß für das Landheer und die Festungen hat Bayern einen ständigen Sitz, die übrigen Mitglieder desselben sowie die Mitglieder des Ausschusses für das Seewesen werden vom Kaiser ernannt; die Mitglieder der anderen Ausschüsse werden von dem Bundesrate gewählt. Die Zusammensetzung dieser Ausschüsse ist für jede Session des Bundesrates resp. mit jedem Jahre zu erneuern, wobei die ausscheidenden Mitglieder wieder wählbar sind.

Außerdem wird im Bundesrate aus den Bevollmächtigten der Königreiche Bayern, Sachsen und Württemberg und zwei vom Bundesrate alljährlich zu wählenden Bevollmächtigten anderer Bundesstaaten ein Ausschuß für die auswärtigen Angelegenheiten gebildet, in welchem Bayern den Vorsitz führt.

Den Ausschüssen werden die zu ihren Arbeiten nötigen Beamten zur Verfügung gestellt.

Art. 9 – Jedes Mitglied des Bundesrates hat das Recht, im Reichstage zu erscheinen und muß daselbst auf Verlangen jederzeit gehört werden, um die Ansichten seiner Regierung zu vertreten, auch dann, wenn dieselben von der Majorität des Bundesrates nicht adoptiert worden sind. Niemand kann gleichzeitig Mitglied des Bundesrates und des Reichstages sein.

Art. 10 – Dem Kaiser liegt es ob, den Mitgliedern des Bundesrates den üblichen diplomatischen Schutz zu gewähren.

IV. PRÄSIDIUM

Art. 11 – Das Präsidium des Bundes steht dem Könige von Preußen zu, welcher den Namen Deutscher Kaiser führt. Der Kaiser hat das Reich völkerrechtlich zu vertreten, im Namen des Reichs Krieg zu erklären und Frieden zu schließen, Bündnisse und andere Verträge mit fremden Staaten einzugehen, Gesandte zu beglaubigen und zu empfangen.

Zur Erklärung des Krieges im Namen des Reichs ist die Zustimmung des Bundesrates erforderlich, es sei denn, daß ein Angriff auf das Bundesgebiet oder dessen Küsten erfolgt.

Insoweit die Verträge mit fremden Staaten sich auf solche Gegenstände beziehen, welche nach Artikel 4 in den Bereich der Reichsgesetzgebung gehören, ist zu ihrem Abschluß die Zustimmung des Bundesrates und zu ihrer Gültigkeit die Genehmigung des Reichstages erforderlich.

Art. 12 – Dem Kaiser steht es zu, den Bundesrat und den Reichstag zu berufen, zu eröffnen, zu vertagen und zu schließen.

Art. 13 – Die Berufung des Bundesrates und des Reichstages findet alljährlich statt, und kann der Bundesrat zur Vorbereitung der Arbeiten ohne den Reichstag, letzterer aber nicht ohne den Bundesrat berufen werden.

Art. 14 – Die Berufung des Bundesrates muß erfolgen, sobald sie von einem Drittel der Stimmenzahl verlangt wird.

Art. 15 – Der Vorsitz im Bundesrate und die Leitung der Geschäfte steht dem Reichskanzler zu, welcher vom Kaiser zu ernennen ist.

Der Reichskanzler kann sich durch jedes andere Mitglied des Bundesrates vermöge schriftlicher Substitution vertreten lassen.

Art. 16 – Die erforderlichen Vorlagen werden nach Maßgabe der Beschlüsse des Bundesrates im Namen des Kaisers an den Reichstag gebracht, wo sie durch Mitglieder des Bundesrates oder durch besondere von letzterem zu ernennende Kommissarien vertreten werden.

Art. 17 – Dem Kaiser steht die Ausfertigung und Verkündigung der Reichsgesetze und die Überwachung der Ausführung derselben zu. Die Anordnungen und Verfügungen des Kaisers werden im Namen des Reichs erlassen und bedürfen zu ihrer Gültigkeit der Gegenzeichnung des Reichskanzlers, welcher dadurch die Verantwortlichkeit übernimmt.

Art. 18 – Der Kaiser ernennt die Reichsbeamten, läßt dieselben für das Reich vereidigen und verfügt erforderlichenfalls deren Entlassung.

Den zu einem Reichsamte berufenen Beamten eines Bundesstaates stehen, sofern nicht vor ihrem Eintritt in den Reichsdienst im Wege der Reichsgesetzgebung etwas anderes bestimmt ist, dem Reiche gegenüber diejenigen Rechte zu, welche ihnen in ihrem Heimatlande aus ihrer dienstlichen Stellung zugestanden hatten.

Art. 19 – Wenn Bundesglieder ihre verfassungsmäßigen Bundespflichten nicht erfüllen, können sie dazu im Wege der Exekution angehalten werden. Diese Exekution ist vom Bundesrate zu beschließen und vom Kaiser zu vollstrecken.

V. REICHSTAG

Art. 20 – Der Reichstag geht aus allgemeinen und direkten Wahlen mit geheimer Abstimmung hervor.

Bis zu der gesetzlichen Regelung, welche im § 5 des Wahlgesetzes vom 31. Mai 1869 (Bundesgesetzbl. 1869. S. 145) vorbehalten ist, werden in Bayern 48, in Württemberg 17, in Baden 14, in Hessen südlich des Main 6 Abgeordnete gewählt, und beträgt demnach die Gesamtzahl der Abgeordneten 382.

Art. 21 – Beamte bedürfen keines Urlaubs zum Eintritt in den Reichstag.

Wenn ein Mitglied des Reichstages ein besoldetes Reichsamt oder in einem Bundesstaat ein besoldetes Staatsamt annimmt oder im Reichs- oder Staatsdienste in ein Amt eintritt, mit welchem ein höherer Rang oder ein höheres Gehalt verbunden ist, so verliert es Sitz und Stimme in dem Reichstag und kann seine Stelle in demselben nur durch neue Wahl wieder erlangen.

Art. 22 – Die Verhandlungen des Reichstages sind öffentlich.

Wahrheitsgetreue Berichte über Verhandlungen in den öffentlichen Sitzungen des Reichstages bleiben von jeder Verantwortlichkeit frei.

Art. 23 – Der Reichstag hat das Recht, innerhalb der Kompetenz des Reichs Gesetze vorzuschlagen und an ihn gerichtete Petitionen dem Bundesrate resp. Reichskanzler zu überweisen.

Art. 24 – Die Legislaturperiode des Reichstages dauert drei Jahre. Zur Auflösung des Reichstages während derselben ist ein Beschluß des Bundesrates unter Zustimmung des Kaisers erforderlich.

Art. 25 – Im Falle der Auflösung des Reichstages müssen innerhalb eines Zeitraumes von 60 Tagen nach derselben die Wähler und innerhalb eines Zeitraumes von 90 Tagen nach der Auflösung der Reichstag versammelt werden.

Art. 26 – Ohne Zustimmung des Reichstages darf die Vertagung desselben die Frist von 30 Tagen nicht übersteigen und während derselben Session nicht wiederholt werden.

Art. 27 – Der Reichstag prüft die Legitimation seiner Mitglieder und entscheidet darüber. Er regelt seinen Geschäftsgang und seine Disziplin durch eine Geschäftsordnung und erwählt seinen Präsidenten, seine Vizepräsidenten und Schriftführer.

Art. 28 – Der Reichstag beschließt nach absoluter Stimmenmehrheit. Zur Gültigkeit der Beschlußfassung ist die Anwesenheit der Mehrheit der gesetzlichen Anzahl der Mitglieder erforderlich.
Bei der Beschlußfassung über eine Angelegenheit, welche nach den Bestimmungen dieser Verfassung nicht dem ganzen Reiche gemeinschaftlich ist, werden die Stimmen nur derjenigen Mitglieder gezählt, die in Bundesstaaten gewählt sind, welchen die Angelegenheit gemeinschaftlich ist.

Art. 29 – Die Mitglieder des Reichstages sind Vertreter des gesamten Volkes und an Aufträge und Instruktionen nicht gebunden.

Art. 30 – Kein Mitglied des Reichstages darf zu irgendeiner Zeit wegen seiner Abstimmung oder wegen der in Ausübung seines Berufes getanen Äußerungen gerichtlich oder disziplinarisch verfolgt oder sonst außerhalb der Versammlung zur Verantwortung gezogen werden.

Art. 31 – Ohne Genehmigung des Reichstages kann kein Mitglied desselben während der Sitzungsperiode wegen einer mit Strafe bedrohten Handlung zur Untersuchung gezogen oder verhaftet werden, außer wenn es bei Ausübung der Tat oder im Laufe des nächstfolgenden Tages ergriffen wird.
Gleiche Genehmigung ist bei einer Verhaftung wegen Schulden erforderlich.
Auf Verlangen des Reichstages wird jedes Strafverfahren gegen ein Mitglied desselben und jede Untersuchungs- oder Zivilhaft für die Dauer der Sitzungsperiode aufgehoben.

Art. 32 – Die Mitglieder des Reichstages dürfen als solche keine Besoldung oder Entschädigung beziehen.

VI. ZOLL- UND HANDELSWESEN

Art. 33 – Deutschland bildet ein Zoll- und Handelsgebiet, umgeben von gemeinschaftlicher Zollgrenze. Ausgeschlossen bleiben die wegen ihrer Lage zur Einschließung in die Zollgrenze nicht geeigneten einzelnen Gebietsteile.
Alle Gegenstände, welche im freien Verkehr eines Bundesstaates befindlich sind, können in jeden anderen Bundesstaat eingeführt und dürfen in letzterem einer Abgabe nur insoweit unterworfen werden, als daselbst gleichartige inländische Erzeugnisse einer inneren Steuer unterliegen.

Art. 34 – Die Hansestädte Bremen und Hamburg mit einem dem Zweck entsprechenden Bezirke ihres oder des umliegenden Gebietes bleiben als Freihäfen außerhalb der gemeinschaftlichen Zollgrenze, bis sie ihren Einschluß in dieselbe beantragen.

Art. 35 – Das Reich ausschließlich hat die Gesetzgebung über das gesamte Zollwesen, über die Besteuerung des im Bundesgebiete gewonnenen Salzes und Tabaks, bereiteten Branntweins und Bieres und aus Rüben oder anderen inländischen Erzeugnissen dargestellten Zuckers und Sirups, über den gegenseitigen Schutz der in den einzelnen Bundesstaaten erhobenen Verbrauchsabgaben gegen Hinterziehungen sowie über die Maßregeln, welche in den Zollausschlüssen zur Sicherung der gemeinsamen Zollgrenze erforderlich sind.

In Bayern, Württemberg und Baden bleibt die Besteuerung des inländischen Branntweins und Bieres der Landesgesetzgebung vorbehalten. Die Bundesstaaten werden jedoch ihr Bestreben darauf richten, eine Übereinstimmung der Gesetzgebung über die Besteuerung auch dieser Gegenstände herbeizuführen.

Art. 36 – Die Erhebung und Verwaltung der Zölle und Verbrauchssteuern (Art. 35) bleibt jedem Bundesstaate, soweit derselbe sie bisher ausgeübt hat, innerhalb seines Gebietes überlassen.

Der Kaiser überwacht die Einhaltung des gesetzlichen Verfahrens durch Reichsbeamte, welche er den Zoll- oder Steuerämtern und den Direktivbehörden der einzelnen Staaten, nach Vernehmung des Ausschusses des Bundesrates für Zoll- und Steuerwesen, beiordnet.

Die von diesen Beamten über Mängel bei der Ausführung der gemeinschaftlichen Gesetzgebung (Art. 35) gemachten Anzeigen werden dem Bundesrate zur Beschlußnahme vorgelegt.

Art. 37 – Bei der Beschlußnahme über die zur Ausführung der gemeinschaftlichen Gesetzgebung (Art. 35) dienenden Verwaltungsvorschriften und Einrichtungen gibt die Stimme des Präsidiums alsdann den Ausschlag, wenn sie sich für Aufrechthaltung der bestehenden Vorschrift oder Einrichtung ausspricht.

Art. 38 – Der Ertrag der Zölle und der anderen in Artikel 35 bezeichneten Abgaben, letzterer soweit sie der Reichsgesetzgebung unterliegen, fließt in die Reichskasse.

Dieser Ertrag besteht aus der gesamten von den Zöllen und den übrigen Abgaben aufgekommenen Einnahme nach Abzug:
1. der auf Gesetzen oder allgemeinen Verwaltungsvorschriften beruhenden Steuervergütungen und Ermäßigungen,
2. der Rückerstattungen für unrichtige Erhebungen,
3. der Erhebungs- und Verwaltungskosten, und zwar:
   a) bei den Zöllen der Kosten, welche an den gegen das Ausland gelegenen Grenzen und in dem Grenzbezirke für den Schutz und die Erhebung der Zölle erforderlich sind,

b) bei der Salzsteuer der Kosten, welche zur Besoldung der mit Erhebung und Kontrollierung dieser Steuer auf den Salzwerken beauftragten Beamten aufgewendet werden,

c) bei der Rübenzuckersteuer und Tabaksteuer der Vergütung, welche
nach den jeweiligen Beschlüssen des Bundesrates den einzelnen Bundesregierungen für die Kosten der Verwaltung dieser Steuern zu
gewähren ist,

d) bei den übrigen Steuern mit fünfzehn Prozent der Gesamteinnahme.

Die außerhalb der gemeinschaftlichen Zollgrenze liegenden Gebiete tragen zu den Ausgaben des Reichs durch Zahlung eines Aversums [*einer
Abfindungssumme*] bei.

Bayern, Württemberg und Baden haben an dem in die Reichskasse
fließenden Ertrage der Steuern von Branntwein und Bier und an dem
diesem Ertrage entsprechenden Teile des vorstehend erwähnten Aversums
keinen Teil.

Art. 39 – Die von den Erhebungsbehörden der Bundesstaaten nach
Ablauf eines jeden Vierteljahres aufzustellenden Quartal-Extrakte und
die nach dem Jahres- und Bücherschlusse aufzustellenden Finalabschlüsse
über die im Laufe des Vierteljahres beziehungsweise während des Rech-
nungsjahres fällig gewordenen Einnahmen an Zöllen und nach Artikel 38
zur Reichskasse fließenden Verbrauchsabgaben werden von den Direktivbehörden der Bundesstaaten, nach vorangegangener Prüfung, in Haupt-
übersichten zusammengestellt, in welchen jede Abgabe gesondert nachzuweisen ist, und es werden diese Übersichten an den Ausschuß des
Bundesrates für das Rechnungswesen eingesandt.

Der letztere stellt aufgrund dieser Übersichten von drei zu drei Monaten
den von der Kasse jedes Bundesstaates der Reichskasse schuldigen Betrag
vorläufig fest und setzt von dieser Feststellung den Bundesrat und die
Bundesstaaten in Kenntnis, legt auch alljährlich die schließliche Feststellung jener Beträge mit seinen Bemerkungen dem Bundesrate vor. Der
Bundesrat beschließt über diese Feststellung.

Art. 40 – Die Bestimmungen in dem Zollvereinigungsvertrage vom
8. Juli 1867 bleiben in Kraft, soweit sie nicht durch die Vorschriften dieser
Verfassung abgeändert sind und solange sie nicht auf dem im Artikel 7
beziehungsweise 78 bezeichneten Wege abgeändert werden.

VII. EISENBAHNWESEN

Art. 41 – Eisenbahnen, welche im Interesse der Verteidigung Deutschlands oder im Interesse des gemeinsamen Verkehrs für notwendig erachtet
werden, können kraft eines Reichsgesetzes auch gegen den Widerspruch
der Bundesglieder, deren Gebiet die Eisenbahnen durchschneiden, unbeschadet der Landeshoheitsrechte, für Rechnung des Reichs angelegt oder
an Privatunternehmer zur Ausführung konzessioniert und mit dem Ex-
propriationsrechte ausgestattet werden.

Jede bestehende Eisenbahnverwaltung ist verpflichtet, sich den Anschluß neu angelegter Eisenbahnen auf Kosten der letzteren gefallen zu lassen.

Die gesetzlichen Bestimmungen, welche bestehenden Eisenbahn-Unternehmungen ein Widerspruchsrecht gegen die Anlegung von Parallel- oder Konkurrenzbahnen einräumen, werden, unbeschadet bereits erworbener Rechte, für das ganze Reich hierdurch aufgehoben. Ein solches Widerspruchsrecht kann auch in den künftig zu erteilenden Konzessionen nicht weiter verliehen werden.

Art. 42 – Die Bundesregierungen verpflichten sich, die deutschen Eisenbahnen im Interesse des allgemeinen Verkehrs wie ein einheitliches Netz verwalten und zu diesem Behuf auch die neu herzustellenden Bahnen nach einheitlichen Normen anlegen und ausrüsten zu lassen.

Art. 43 – Es sollen demgemäß in tunlichster Beschleunigung übereinstimmende Betriebseinrichtungen getroffen, insbesondere gleiche Bahnpolizeireglements eingeführt werden. Das Reich hat dafür Sorge zu tragen, daß die Eisenbahnverwaltungen die Bahnen jederzeit in einem die nötige Sicherheit gewährenden baulichen Zustande erhalten und dieselben mit Betriebsmaterial so ausrüsten, wie das Verkehrsbedürfnis es erheischt.

Art. 44 – Die Eisenbahnverwaltungen sind verpflichtet, die für den durchgehenden Verkehr und zur Herstellung ineinandergreifender Fahrpläne nötigen Personenzüge mit entsprechender Fahrgeschwindigkeit, desgleichen die zur Bewältigung des Güterverkehrs nötigen Güterzüge einzuführen, auch direkte Expeditionen im Personen- und Güterverkehr, unter Gestattung des Überganges der Transportmittel von einer Bahn auf die andere, gegen die übliche Vergütung einzurichten.

Art. 45 – Dem Reiche steht die Kontrolle über das Tarifwesen zu. Dasselbe wird namentlich dahin wirken:
1. daß baldigst auf allen deutschen Eisenbahnen übereinstimmende Betriebsreglements eingeführt werden;
2. daß die möglichste Gleichmäßigkeit und Herabsetzung der Tarife erzielt, insbesondere, daß bei größeren Entfernungen für den Transport von Kohlen, Koks, Holz, Erzen, Steinen, Salz, Roheisen, Düngungsmitteln und ähnlichen Gegenständen ein dem Bedürfnis der Landwirtschaft und Industrie entsprechender ermäßigter Tarif, und zwar zunächst tunlichst der Einpfennig-Tarif eingeführt werde.

Art. 46 – Bei eintretenden Notständen, insbesondere bei ungewöhnlicher Teuerung der Lebensmittel, sind die Eisenbahnverwaltungen verpflichtet, für den Transport, namentlich von Getreide, Mehl, Hülsenfrüchten und Kartoffeln, zeitweise einen dem Bedürfnis entsprechenden, von dem Kaiser auf Vorschlag des betreffenden Bundesrats-Ausschusses festzustellenden, niedrigen Spezialtarif einzuführen, welcher jedoch nicht unter den niedrigsten auf der betreffenden Bahn für Rohprodukte geltenden Satz herabgehen darf.

Die vorstehend sowie die in den Artikeln 42 bis 45 getroffenen Bestimmungen sind auf Bayern nicht anwendbar.

Dem Reiche steht jedoch auch Bayern gegenüber das Recht zu, im Wege
der Gesetzgebung einheitliche Normen für die Konstruktion und Ausrüstung der für die Landesverteidigung wichtigen Eisenbahnen aufzu-
stellen.

Art. 47 – Den Anforderungen der Behörden des Reichs in betreff der
Benutzung der Eisenbahnen zum Zweck der Verteidigung Deutschlands
haben sämtliche Eisenbahnverwaltungen unweigerlich Folge zu leisten.
Insbesondere ist das Militär und alles Kriegsmaterial zu gleichen ermäßig-
ten Sätzen zu befördern.

VIII. POST- UND TELEGRAFENWESEN

Art. 48 – Das Postwesen und das Telegrafenwesen werden für das
gesamte Gebiet des Deutschen Reichs als einheitliche Staatsverkehrsan-
stalten eingerichtet und verwaltet.

Die im Artikel 4 vorgesehene Gesetzgebung des Reichs in Post- und
Telegrafenangelegenheiten erstreckt sich nicht auf diejenigen Gegenstände,
deren Regelung nach den in der Norddeutschen Post- und Telegrafenverwaltung maßgebend gewesenen Grundsätzen der reglementarischen
Festsetzung oder administrativen Anordnung überlassen ist.

Art. 49 – Die Einnahmen des Post- und Telegrafenwesens sind für das
ganze Reich gemeinschaftlich. Die Ausgaben werden aus den gemeinschaftlichen Einnahmen bestritten. Die Überschüsse fließen in die Reichskasse
(Abschnitt XII).

Art. 50 – Dem Kaiser gehört die obere Leitung der Post- und Telegrafenverwaltung an. Die von ihm bestellten Behörden haben die Pflicht und
das Recht, dafür zu sorgen, daß Einheit in der Organisation der Verwaltung und im Betriebe des Dienstes sowie in der Qualifikation der
Beamten hergestellt und erhalten wird.

Dem Kaiser steht der Erlaß der reglementarischen Festsetzungen und
allgemeinen administrativen Anordnungen sowie die ausschließliche Wahrnehmung der Beziehungen zu anderen Post- und Telegrafenverwaltungen
zu.

Sämtliche Beamte der Post- und Telegrafenverwaltung sind verpflichtet,
den kaiserlichen Anordnungen Folge zu leisten. Diese Verpflichtung ist
in den Diensteid aufzunehmen.

Die Anstellung der bei den Verwaltungsbehörden der Post und Telegrafie in den verschiedenen Bezirken erforderlichen oberen Beamten (z. B.
der Direktoren, Räte, Oberinspektoren), ferner die Anstellung der zur
Wahrnehmung des Aufsichts- usw. Dienstes in den einzelnen Bezirken als
Organe der erwähnten Behörden fungierenden Post- und Telegrafen-
beamten (z. B. Inspektoren, Kontrolleure) geht für das ganze Gebiet des

Deutschen Reichs vom Kaiser aus, welchem diese Beamten den Diensteid leisten. Den einzelnen Landesregierungen wird von den in Rede stehenden Ernennungen, soweit dieselben ihre Gebiete betreffen, behufs der landesherrlichen Bestätigung und Publikation rechtzeitig Mitteilung gemacht werden.

Die anderen bei den Verwaltungsbehörden der Post und Telegrafie erforderlichen Beamten sowie alle für den lokalen und technischen Betrieb bestimmten, mithin bei den eigentlichen Betriebsstellen fungierenden Beamten usw. werden von den betreffenden Landesregierungen angestellt.

Wo eine selbständige Landespost- resp. Telegrafenverwaltung nicht besteht, entscheiden die Bestimmungen der besonderen Verträge.

Art. 51 – Bei Überweisung des Überschusses der Postverwaltung für allgemeine Reichszwecke (Art. 49) soll, in Betracht der bisherigen Verschiedenheit der von den Landespostverwaltungen der einzelnen Gebiete erzielten Reineinnahmen, zum Zwecke einer entsprechenden Ausgleichung während der unten festgesetzten Übergangszeit folgendes Verfahren beobachtet werden.

Aus den Postüberschüssen, welche in den einzelnen Postbezirken während der fünf Jahre 1861 bis 1865 aufgekommen sind, wird ein durchschnittlicher Jahresüberschuß berechnet und der Anteil, welchen jeder einzelne Postbezirk an dem für das gesamte Gebiet des Reichs sich danach herausstellenden Postüberschusse gehabt hat, nach Prozenten festgestellt.

Nach Maßgabe des auf diese Weise festgestellten Verhältnisses werden den einzelnen Staaten während der auf ihren Eintritt in die Reichspostverwaltung folgenden acht Jahre die sich für sie aus den im Reiche aufkommenden Postüberschüssen ergebenden Quoten auf ihre sonstigen Beiträge zu Reichszwecken zugute gerechnet.

Nach Ablauf der acht Jahre hört jene Unterscheidung auf, und fließen die Postüberschüsse in ungeteilter Aufrechnung nach dem im Artikel 49 enthaltenen Grundsatz der Reichskasse zu.

Von der während der vorgedachten acht Jahre für die Hansestädte sich herausstellenden Quote des Postüberschusses wird alljährlich vorweg die Hälfte dem Kaiser zur Disposition gestellt zu dem Zwecke, daraus zunächst die Kosten für die Herstellung normaler Posteinrichtungen in den Hansestädten zu bestreiten.

Art. 52 – Die Bestimmungen in den vorstehenden Artikeln 48 bis 51 finden auf Bayern und Württemberg keine Anwendung. An ihrer Stelle gelten für beide Bundesstaaten folgende Bestimmungen.

Dem Reiche ausschließlich steht die Gesetzgebung über die Vorrechte der Post und Telegrafie, über die rechtlichen Verhältnisse beider Anstalten zum Publikum, über die Portofreiheiten und das Posttaxwesen, jedoch ausschließlich der reglementarischen und Tarifbestimmungen für den internen Verkehr innerhalb Bayerns beziehungsweise Württembergs, sowie, unter gleicher Beschränkung, die Feststellung der Gebühren für die telegrafische Korrespondenz zu.

Ebenso steht dem Reiche die Regelung des Post- und Telegrafenverkehrs mit dem Auslande zu, ausgenommen den eigenen unmittelbaren Verkehr Bayerns beziehungsweise Württembergs mit seinen dem Reiche nicht angehörenden Nachbarstaaten, wegen dessen Regelung es bei der Bestimmung im Artikel 49 des Postvertrages vom 23. November 1867 bewendet.

An den zur Reichskasse fließenden Einnahmen des Post- und Telegrafenwesens haben Bayern und Württemberg keinen Teil.

IX. MARINE UND SCHIFFAHRT

Art. 53 – Die Kriegsmarine des Reichs ist eine einheitliche unter dem Oberbefehl des Kaisers. Die Organisation und Zusammensetzung derselben liegt dem Kaiser ob, welcher die Offiziere und Beamten der Marine ernennt und für welchen dieselben nebst den Mannschaften eidlich in Pflicht zu nehmen sind.

Der Kieler Hafen und der Jadehafen sind Reichskriegshäfen.

Der zur Gründung und Erhaltung der Kriegsflotte und der damit zusammenhängenden Anstalten erforderliche Aufwand wird aus der Reichskasse bestritten.

Die gesamte seemännische Bevölkerung des Reichs, einschließlich des Maschinenpersonals und der Schiffshandwerker, ist vom Dienste im Landheere befreit, dagegen zum Dienste in der Kaiserlichen Marine verpflichtet.

Die Verteilung des Ersatzbedarfes findet nach Maßgabe der vorhandenen seemännischen Bevölkerung statt, und die hiernach von jedem Staate gestellte Quote kommt auf die Gestellung zum Landheere in Abrechnung.

Art. 54 – Die Kauffahrteischiffe aller Bundesstaaten bilden eine einheitliche Handelsmarine.

Das Reich hat das Verfahren zur Ermittelung der Ladungsfähigkeit der Seeschiffe zu bestimmen, die Ausstellung der Meßbriefe sowie der Schiffszertifikate zu regeln und die Bedingungen festzustellen, von welchen die Erlaubnis zur Führung eines Seeschiffes abhängig ist.

In den Seehäfen und auf allen natürlichen und künstlichen Wasserstraßen der einzelnen Bundesstaaten werden die Kauffahrteischiffe sämtlicher Bundesstaaten gleichmäßig zugelassen und behandelt. Die Abgaben, welche in den Seehäfen von den Seeschiffen oder deren Ladungen für die Benutzung der Schiffahrtsanstalten erhoben werden, dürfen die zur Unterhaltung und gewöhnlichen Herstellung dieser Anstalten erforderlichen Kosten nicht übersteigen.

Auf allen natürlichen Wasserstraßen dürfen Abgaben nur für die Benutzung besonderer Anstalten, die zur Erleichterung des Verkehrs bestimmt sind, erhoben werden. Diese Abgaben sowie die Abgaben für die Befahrung solcher künstlichen Wasserstraßen, welche Staatseigentum sind, dürfen die zur Unterhaltung und gewöhnlichen Herstellung der Anstalten und Anlagen erforderlichen Kosten nicht übersteigen. Auf die Flößerei finden diese Bestimmungen insoweit Anwendung, als dieselbe auf schiffbaren Wasserstraßen betrieben wird.

Auf fremde Schiffe oder deren Ladungen andere oder höhere Abgaben zu legen, als von den Schiffen der Bundesstaaten oder deren Ladungen zu entrichten sind, steht keinem Einzelstaate, sondern nur dem Reiche zu.

Art. 55 – Die Flagge der Kriegs- und Handelsmarine ist schwarz-weiß-rot.

X. KONSULATWESEN

Art. 56 – Das gesamte Konsulatwesen des Deutschen Reichs steht unter der Aufsicht des Kaisers, welcher die Konsuln, nach Vernehmung des Ausschusses des Bundesrates für Handel und Verkehr, anstellt.

In dem Amtsbezirk der deutschen Konsuln dürfen neue Landeskonsulate nicht errichtet werden. Die deutschen Konsuln üben für die in ihrem Bezirk nicht vertretenen Bundesstaaten die Funktionen eines Landeskonsuls aus. Die sämtlichen bestehenden Landeskonsulate werden aufgehoben, sobald die Organisation der deutschen Konsulate dergestalt vollendet ist, daß die Vertretung der Einzelinteressen aller Bundesstaaten als durch die deutschen Konsulate gesichert von dem Bundesrate anerkannt wird.

XI. REICHSKRIEGSWESEN

Art. 57 – Jeder Deutsche ist wehrpflichtig und kann sich in Ausübung dieser Pflicht nicht vertreten lassen.

Art. 58 – Die Kosten und Lasten des gesamten Kriegswesens des Reichs sind von allen Bundesstaaten und ihren Angehörigen gleichmäßig zu tragen, so daß weder Bevorzugungen noch Prägravationen einzelner Staaten oder Klassen grundsätzlich zulässig sind. Wo die gleiche Verteilung der Lasten sich in natura nicht herstellen läßt, ohne die öffentliche Wohlfahrt zu schädigen, ist die Ausgleichung nach den Grundsätzen der Gerechtigkeit im Wege der Gesetzgebung festzustellen.

Art. 59 – Jeder wehrfähige Deutsche gehört sieben Jahre lang, in der Regel vom vollendeten 20. bis zum beginnenden 28. Lebensjahre, dem stehenden Heere – und zwar die ersten drei Jahre bei den Fahnen, die letzten vier Jahre in der Reserve – und die folgenden fünf Lebensjahre der Landwehr an. In denjenigen Bundesstaaten, in denen bisher eine längere als zwölfjährige Gesamtdienstzeit gesetzlich war, findet die allmähliche Herabsetzung der Verpflichtung nur in dem Maße statt, als dies die Rücksicht auf die Kriegsbereitschaft des Reichsheeres zuläßt.

In bezug auf die Auswanderung der Reservisten sollen lediglich diejenigen Bestimmungen maßgebend sein, welche für die Auswanderung der Landwehrmänner gelten.

Art. 60 – Die Friedens-Präsenzstärke des deutschen Heeres wird bis zum 31. Dezember 1871 auf ein Prozent der Bevölkerung von 1867 normiert und wird pro rata derselben von den einzelnen Bundesstaaten gestellt. Für die spätere Zeit wird die Friedens-Präsenzstärke des Heeres im Wege der Reichsgesetzgebung festgestellt.

Art. 61 – Nach Publikation dieser Verfassung ist in dem ganzen Reiche die gesamte preußische Militärgesetzgebung ungesäumt einzuführen, sowohl die Gesetze selbst als die zu ihrer Ausführung, Erläuterung oder Ergänzung erlassenen Reglements, Instruktionen und Reskripte, namentlich also das Militär-Strafgesetzbuch vom 3. April 1845, die Militär-Strafgerichtsordnung vom 3. April 1845, die Verordnung über die Ehrengerichte vom 20. Juli 1843, die Bestimmungen über Aushebung, Dienstzeit, Servis- und Verpflegungswesen, Einquartierung, Ersatz von Flurbeschädigungen, Mobilmachung usw. für Krieg und Frieden. Die Militär-Kirchenordnung ist jedoch ausgeschlossen.

Nach gleichmäßiger Durchführung der Kriegsorganisation des deutschen Heeres wird ein umfassendes Reichs-Militärgesetz dem Reichstage und dem Bundesrate zur verfassungsmäßigen Beschlußfassung vorgelegt werden.

Art. 62 – Zur Bestreitung des Aufwandes für das gesamte deutsche Heer und die zu demselben gehörigen Einrichtungen sind bis zum 31. Dezember 1871 dem Kaiser jährlich sovielmal 225 Taler, in Worten zweihundertfünfundzwanzig Taler, als die Kopfzahl der Friedensstärke des Heeres nach Artikel 60 beträgt, zur Verfügung zu stellen. Vergl. Abschnitt XII.

Nach dem 31. Dezember 1871 müssen diese Beiträge von den einzelnen Staaten des Bundes zur Reichskasse fortgezahlt werden. Zur Berechnung derselben wird die im Artikel 60 interimistisch festgestellte Friedens-Präsenzstärke so lange festgehalten, bis sie durch ein Reichsgesetz abgeändert ist.

Die Verausgabung dieser Summe für das gesamte Reichsheer und dessen Einrichtungen wird durch das Etatsgesetz festgestellt.

Bei der Feststellung des Militär-Ausgabe-Etats wird die auf Grundlage dieser Verfassung gesetzlich feststehende Organisation des Reichsheeres zugrunde gelegt.

Art. 63 – Die gesamte Landmacht des Reichs wird ein einheitliches Heer bilden, welches in Krieg und Frieden unter dem Befehle des Kaisers steht.

Die Regimenter etc. führen fortlaufende Nummern durch das ganze deutsche Heer. Für die Bekleidung sind die Grundfarben und der Schnitt der königlich preußischen Armee maßgebend. Dem betreffenden Kontingentsherrn bleibt es überlassen, die äußeren Abzeichen (Kokarden etc.) zu bestimmen.

Der Kaiser hat die Pflicht und das Recht, dafür Sorge zu tragen, daß innerhalb des deutschen Heeres alle Truppenteile vollzählig und kriegstüchtig vorhanden sind und daß Einheit in der Organisation und Formation, in Bewaffnung und Kommando, in der Ausbildung der Mannschaften sowie in der Qualifikation der Offiziere hergestellt und erhalten wird. Zu diesem Behufe ist der Kaiser berechtigt, sich jederzeit durch Inspektionen von der Verfassung der einzelnen Kontingente zu überzeugen und die Abstellung der dabei vorgefundenen Mängel anzuordnen.

Der Kaiser bestimmt den Präsenzstand, die Gliederung und Einteilung der Kontingente des Reichsheeres sowie die Organisation der Landwehr und hat das Recht, innerhalb des Bundesgebietes die Garnisonen zu bestimmen sowie die kriegsbereite Aufstellung eines jeden Teiles des Reichsheeres anzuordnen.

Behufs Erhaltung der unentbehrlichen Einheit in der Administration, Verpflegung, Bewaffnung und Ausrüstung aller Truppenteile des deutschen Heeres sind die bezüglichen künftig ergehenden Anordnungen für die preußische Armee den Kommandeuren der übrigen Kontingente durch den in Artikel 8 Nr. 1 bezeichneten Ausschuß für das Landheer und die Festungen zur Nachachtung in geeigneter Weise mitzuteilen.

Art. 64 – Alle deutsche Truppen sind verpflichtet, den Befehlen des Kaisers unbedingte Folge zu leisten. Diese Verpflichtung ist in den Fahneneid aufzunehmen.

Der Höchstkommandierende eines Kontingents sowie alle Offiziere, welche Truppen mehr als eines Kontingents befehligen, und alle Festungskommandanten werden von dem Kaiser ernannt. Die von demselben ernannten Offiziere leisten ihm den Fahneneid. Bei Generalen und den Generalstellungen versehenden Offizieren innerhalb des Kontingents ist die Ernennung von der jedesmaligen Zustimmung des Kaisers abhängig zu machen.

Der Kaiser ist berechtigt, behufs Versetzung mit oder ohne Beförderung für die von ihm im Reichsdienste, sei es im preußischen Heere oder in anderen Kontingenten, zu besetzenden Stellen aus den Offizieren aller Kontingente des Reichsheeres zu wählen.

Art. 65 – Das Recht, Festungen innerhalb des Bundesgebietes anzulegen, steht dem Kaiser zu, welcher die Bewilligung der dazu erforderlichen Mittel, soweit das Ordinarium sie nicht gewährt, nach Abschnitt XII. beantragt.

Art. 66 – Wo nicht besondere Konventionen ein anderes bestimmen, ernennen die Bundesfürsten beziehentlich die Senate die Offiziere ihrer Kontingente, mit der Einschränkung des Artikels 64. Sie sind Chefs aller ihren Gebieten angehörenden Truppenteile und genießen die damit verbundenen Ehren. Sie haben namentlich das Recht der Inspizierung zu jeder Zeit und erhalten, außer den regelmäßigen Rapporten und Meldungen über vorkommende Veränderungen, behufs der nötigen landesherrlichen Publikation, rechtzeitige Mitteilung von den die betreffenden Truppenteile berührenden Avancements und Ernennungen.

Auch steht ihnen das Recht zu, zu polizeilichen Zwecken nicht bloß ihre eigenen Truppen zu verwenden, sondern auch alle anderen Truppenteile des Reichsheeres, welche in ihren Ländergebieten disloziert sind, zu requirieren.

Art. 67 – Ersparnisse an dem Militär-Etat fallen unter keinen Umständen einer einzelnen Regierung, sondern jederzeit der Reichskasse zu.

Art. 68 – Der Kaiser kann, wenn die öffentliche Sicherheit in dem Bundesgebiete bedroht ist, einen jeden Teil desselben in Kriegszustand erklären. Bis zum Erlaß eines die Voraussetzungen, die Form der Verkündigung und die Wirkungen einer solchen Erklärung regelnden Reichsgesetzes gelten dafür die Vorschriften des preußischen Gesetzes vom 4. Juni 1851 (Gesetz-Samml. für 1851. S. 451 ff.).

Schlußbestimmung zum XI. Abschnitt

Die in diesem Abschnitt enthaltenen Vorschriften kommen in Bayern nach näherer Bestimmung des Bündnisvertrages vom 23. November 1870 (Bundesgesetzbl. 1871. S. 9) unter III. § 5, in Württemberg nach näherer Bestimmung der Militärkonvention vom 21./25. November 1870 (Bundesgesetzbl. 1870. S. 658) zur Anwendung.

XII. REICHSFINANZEN

Art. 69 – Alle Einnahmen und Ausgaben des Reichs müssen für jedes Jahr veranschlagt und auf den Reichshaushalts-Etat gebracht werden. Letzterer wird vor Beginn des Etatsjahres nach folgenden Grundsätzen durch ein Gesetz festgestellt.

Art. 70 – Zur Bestreitung aller gemeinschaftlichen Ausgaben dienen zunächst die etwaigen Überschüsse der Vorjahre sowie die aus den Zöllen, den gemeinschaftlichen Verbrauchssteuern und aus dem Post- und Telegrafenwesen fließenden gemeinschaftlichen Einnahmen. Insoweit dieselben durch diese Einnahmen nicht gedeckt werden, sind sie, solange Reichssteuern nicht eingeführt sind, durch Beiträge der einzelnen Bundesstaaten nach Maßgabe ihrer Bevölkerung aufzubringen, welche bis zur Höhe des budgetmäßigen Betrages durch den Reichskanzler ausgeschrieben werden.

Art. 71 – Die gemeinschaftlichen Ausgaben werden in der Regel für ein Jahr bewilligt, können jedoch in besonderen Fällen auch für eine längere Dauer bewilligt werden.

Während der im Artikel 60 normierten Übergangszeit ist der nach Titeln geordnete Etat über die Ausgaben für das Heer dem Bundesrate und dem Reichstage nur zur Kenntnisnahme und zur Erinnerung vorzulegen.

Art. 72 – Über die Verwendung aller Einnahmen des Reichs ist durch den Reichskanzler dem Bundesrate und dem Reichstage zur Entlastung jährlich Rechnung zu legen.

Art. 73 – In Fällen eines außerordentlichen Bedürfnisses kann im Wege der Reichsgesetzgebung die Aufnahme einer Anleihe sowie die Übernahme einer Garantie zu Lasten des Reichs erfolgen.

Schlußbestimmung zum XII. Abschnitt

Auf die Ausgaben für das bayerische Heer finden die Artikel 69 und 71 nur nach Maßgabe der in der Schlußbestimmung zum XI. Abschnitt erwähnten Bestimmungen des Vertrages vom 23. November 1870 und der Artikel 72 nur insoweit Anwendung, als dem Bundesrate und dem Reichstage die Überweisung der für das bayerische Heer erforderlichen Summe an Bayern nachzuweisen ist.

XIII. SCHLICHTUNG VON STREITIGKEITEN UND STRAFBESTIMMUNGEN

Art. 74 – Jedes Unternehmen gegen die Existenz, die Integrität, die Sicherheit oder die Verfassung des Deutschen Reichs, endlich die Beleidigung des Bundesrates, des Reichstages, eines Mitgliedes des Bundesrates oder des Reichstages, einer Behörde oder eines öffentlichen Beamten des Reichs, während dieselben in der Ausübung ihres Berufes begriffen sind oder in Beziehung auf ihren Beruf, durch Wort, Schrift, Druck, Zeichen, bildliche oder andere Darstellung, werden in den einzelnen Bundesstaaten beurteilt und bestraft nach Maßgabe der in den letzteren bestehenden oder künftig in Wirksamkeit tretenden Gesetze, nach welchen eine gleiche gegen den einzelnen Bundesstaat, seine Verfassung, seine Kammern oder Stände, seine Kammer- oder Ständemitglieder, seine Behörden und Beamten begangene Handlung zu richten wäre.

Art. 75 – Für diejenigen in Artikel 74 bezeichneten Unternehmungen gegen das Deutsche Reich, welche, wenn gegen einen der einzelnen Bundesstaaten gerichtet, als Hochverrat oder Landesverrat zu qualifizieren wären, ist das gemeinschaftliche Oberappellationsgericht der drei freien und Hansestädte in Lübeck die zuständige Spruchbehörde in erster und letzter Instanz.

Die näheren Bestimmungen über die Zuständigkeit und das Verfahren des Oberappellationsgerichts erfolgen im Wege der Reichsgesetzgebung. Bis zum Erlasse eines Reichsgesetzes bewendet es bei der seitherigen Zuständigkeit der Gerichte in den einzelnen Bundesstaaten und den auf das Verfahren dieser Gerichte sich beziehenden Bestimmungen.

Art. 76 – Streitigkeiten zwischen verschiedenen Bundesstaaten, sofern dieselben nicht privatrechtlicher Natur und daher von den kompetenten

Gerichtsbehörden zu entscheiden sind, werden auf Anrufen des einen Teils von dem Bundesrate erledigt.

Verfassungsstreitigkeiten in solchen Bundesstaaten, in deren Verfassung nicht eine Behörde zur Entscheidung solcher Streitigkeiten bestimmt ist, hat auf Anrufen eines Teiles der Bundesrat gütlich auszugleichen oder, wenn das nicht gelingt, im Wege der Reichsgesetzgebung zur Erledigung zu bringen.

Art. 77 – Wenn in einem Bundesstaate der Fall einer Justizverweigerung eintritt und auf gesetzlichen Wegen ausreichende Hilfe nicht erlangt werden kann, so liegt dem Bundesrate ob, erwiesene, nach der Verfassung und den bestehenden Gesetzen des betreffenden Bundesstaates zu beurteilende Beschwerden über verweigerte oder gehemmte Rechtspflege anzunehmen und darauf die gerichtliche Hilfe bei der Bundesregierung, die zu der Beschwerde Anlaß gegeben hat, zu bewirken.

XIV. ALLGEMEINE BESTIMMUNGEN

Art. 78 – Veränderungen der Verfassung erfolgen im Wege der Gesetzgebung. Sie gelten als abgelehnt, wenn sie im Bundesrate 14 Stimmen gegen sich haben.

Diejenigen Vorschriften der Reichsverfassung, durch welche bestimmte Rechte einzelner Bundesstaaten in deren Verhältnis zur Gesamtheit festgestellt sind, können nur mit Zustimmung des berechtigten Bundesstaates abgeändert werden.

FRIEDENSVERTRAG ZWISCHEN
DEM DEUTSCHEN REICH UND FRANKREICH
VOM 10. MAI 1871

Der Fürst Otto von Bismarck-Schönhausen, Kanzler des Deutschen Reichs,
    der Graf Harry von Arnim, außerordentlicher Gesandter und bevollmächtigter Minister Sr. Majestät des Deutschen Kaisers bei dem Päpstlichen Stuhle,
    handelnd im Namen Sr. Majestät des Deutschen Kaisers,
    einerseits,

    andererseits
    Herr Jules Favre, Minister der auswärtigen Angelegenheiten der Französischen Republik,
    Herr Augustin Thomas Joseph Pouyer-Quertier, Finanzminister der Französischen Republik, und
    Herr Marc Thomas Eugen de Goulard, Mitglied der Nationalversammlung,
    handelnd im Namen der Französischen Republik,
sind übereingekommen, den Präliminar-Friedensvertrag vom 26. Februar d. J. mit den durch die nachfolgenden Bestimmungen vorzunehmenden Abänderungen in einen endgültigen Friedensvertrag zu verwandeln, und haben festgesetzt, was folgt:

Art. 1 – Die Entfernung zwischen der Stadt Belfort und derjenigen Grenzlinie, welche ursprünglich bei den Unterhandlungen von Versailles vorgeschlagen und auf der der ratifizierten Urkunde des Präliminar-Vertrages vom 26. Februar beigefügten Karte eingetragen ist, soll als Bezeichnung des Maßes für den Rayon angesehen werden, welcher zufolge der bezüglichen Verabredung im ersten Artikel der Präliminarien mit der Stadt und den Befestigungen von Belfort bei Frankreich bleiben soll.
    Die Deutsche Regierung ist bereit, diesen Rayon dergestalt zu erweitern, daß derselbe umfaßt: die Kantons Belfort, Delle und Giromagny und den westlichen Teil des Kantons von Fontaine, westlich einer Linie von dem Punkte, wo der Rhein-Rhône-Kanal aus dem Kanton von Delle austritt, im Süden von Montreux-Château bis zur Nordgrenze des Kantons zwischen Bourg und Félon, wo diese Linie die Ostgrenze des Kantons von Giromagny erreicht.
    Die Deutsche Regierung wird indessen die vorerwähnten Gebietsteile nur unter der Bedingung abtreten, daß die Französische Republik ihrerseits in eine Grenzberichtigung längs den westlichen Grenzen der Kantone von Cattenom und Thionville willigt, welche an Deutschland das Gebiet östlich einer Linie überläßt, die von der Grenze gegen Luxemburg zwischen Hussigny und Redingen ausgeht, die Dörfer Thil und Villerupt bei Frankreich läßt, sich zwischen Erronville und Aumetz, zwischen Beuvillers

und Boulange, zwischen Trieux und Lomeringen fortsetzt und die alte Grenzlinie zwischen Avril und Moyeuvre erreicht.

Die internationale Kommission, deren im Artikel I. der Präliminarien erwähnt ist, wird sich sogleich nach der Auswechselung der Ratifikationen des gegenwärtigen Vertrages an Ort und Stelle begeben, um die ihr obliegenden Arbeiten auszuführen und die Linie der neuen Grenze gemäß der vorstehenden Bestimmungen zu ziehen.

Art. 2 – Den aus den abgetretenen Gebieten herstammenden, gegenwärtig in diesem Gebiete wohnhaften französischen Untertanen, welche beabsichtigen, die Französische Nationalität zu behalten, steht bis zum 1. Oktober 1872 und vermöge einer vorgängigen Erklärung an die zuständige Behörde die Befugnis zu, ihren Wohnsitz nach Frankreich zu verlegen und sich dort niederzulassen, ohne daß dieser Befugnis durch die Gesetze über den Militärdienst Eintrag geschehen könnte, in welchem Falle ihnen die Eigenschaft als französische Bürger erhalten bleiben wird. Es steht ihnen frei, ihren auf den mit Deutschland vereinigten Gebieten belegenen Grundbesitz zu behalten.

Kein Bewohner der abgetretenen Gebiete darf in seiner Person oder seinem Vermögen wegen seiner politischen oder militärischen Handlungen während des Krieges verfolgt, gestört oder zur Untersuchung gezogen werden.

Art. 3 – Die Französische Regierung wird der Deutschen Regierung die Archive, Dokumente und Register übergeben, welche die bürgerliche, militärische oder gerichtliche Verwaltung der abgetretenen Gebiete betreffen. Sollten einige dieser Aktenstücke fortgeschafft worden sein, so wird die Französische Regierung dieselben auf Verlangen der Deutschen Regierung wieder zurückgeben.

Art. 4 – Die Französische Regierung wird der Regierung des Deutschen Reiches innerhalb einer Frist von sechs Monaten, von der Auswechselung der Ratifikationen dieses Vertrages an gerechnet, übergeben:

1. den Betrag der von den Departements, Gemeinden und öffentlichen Anstalten der abgetretenen Gebiete deponierten Summen;
2. den Betrag der Anwerbungs- und Stellvertretungs-Prämien, welche den aus den abgetretenen Gebieten herstammenden Soldaten und Seeleuten gehören, die sich für die Deutsche Nationalität entschieden haben;
3. den Betrag der Kautionen der Rechnungsbeamten des Staates;
4. den Betrag der für gerichtliche Konsignationen infolge von Maßregeln der Verwaltungs- oder Justizbehörden in den abgetretenen Gebieten eingezahlten Geldsummen.

Art. 5 – Beide Nationen sollen in bezug auf die Schiffahrt auf der Mosel, dem Rhein-Marne-, Rhein-Rhône-, dem Saar-Kanal und den mit diesen Wasserwegen in Verbindung stehenden schiffbaren Gewässern die gleiche Behandlung genießen. Das Flößrecht wird beibehalten.

Art. 6 – Da die Hohen vertragenden Teile der Meinung sind, daß die

Diözesangrenzen der an das Deutsche Reich abgetretenen Gebiete mit der neuen durch obenstehenden Artikel 1 bestimmten Grenze zusammenfallen müssen, so werden sie sich nach der Ratifikation des gegenwärtigen Vertrages unverzüglich über die zu diesem Zwecke gemeinschaftlich zu ergreifenden Maßregeln verständigen.

Die der reformierten Kirche oder der Augsburger Konfession angehörigen, auf den von Frankreich abgetretenen Gebiete bestehenden Gemeinden werden aufhören, von der Französischen kirchlichen Behörde abhängig zu sein.

Die zur Kirche der Augsburger Konfession gehörigen, auf französischem Gebiete bestehenden Gemeinden werden aufhören, von dem Ober-Konsistorium und von dem Direktor in Straßburg abhängig zu sein.

Die israelitischen Gemeinden in den Gebieten östlich der neuen Grenze werden aufhören, von dem israelitischen Zentral-Konsistorium zu Paris abhängig zu sein.

Art. 7 – Die Zahlung von 500 Millionen soll erfolgen innerhalb der dreißig Tage, welche der Wiederherstellung der Autorität der Französischen Regierung in der Stadt Paris folgen werden. Eine Milliarde soll im Laufe des Jahres und eine halbe Milliarde am 1. Mai 1872 bezahlt werden. Die letzten drei Milliarden bleiben zahlbar am 2. März 1874, so wie es durch den Präliminar-Friedensvertrag vereinbart worden ist. Vom 2. März des laufenden Jahres an werden die Zinsen dieser drei Milliarden Francs jedes Jahr am 3. März mit 5 Prozent für das Jahr bezahlt werden.

Jede im voraus auf die drei letzten Milliarden abgezahlte Summe wird vom Tage der geleisteten Zahlung an aufhören, Zinsen zu tragen.

Alle Zahlungen können nur in den hauptsächlichsten Handelsplätzen Deutschlands gemacht und werden in Metall, Gold oder Silber, in Noten der Bank von England, in Noten der Preußischen Bank, in Noten der Königlichen Bank der Niederlande, in Noten der Nationalbank von Belgien, in Anweisungen auf Order oder diskontierbaren Wechseln ersten Ranges, sofort zahlbar, geleistet werden.

Da die Deutsche Regierung in Frankreich den Wert des preußischen Talers auf 3 Frcs. 75 Cts. festgestellt hat, so nimmt die Französische Regierung die Umrechnung der Münzen beider Länder zu oben bezeichnetem Kurse an.

Die Französische Regierung wird die Deutsche Regierung drei Monate zuvor von jeder Zahlung benachrichtigen, welche sie den Kassen des Deutschen Reichs zu leisten beabsichtigt.

Nach Zahlung der ersten halben Milliarde und der Ratifikation des definitiven Friedensvertrages werden die Departements Somme, Seine Inférieure und Eure, soweit sie noch von den deutschen Truppen besetzt sind, geräumt. Die Räumung der Departements Oise, Seine-et-Oise, Seine-et-Marne und Seine sowie der Forts von Paris wird stattfinden, sobald die Deutsche Regierung die Herstellung der Ordnung sowohl in Frankreich als in Paris für genügend erachtet, um die Ausführung der von Frankreich übernommenen Verpflichtungen sicherzustellen.

In allen Fällen wird diese Räumung bei Zahlung der dritten halben Milliarde stattfinden.

Die deutschen Truppen behalten im Interesse ihrer Sicherheit die Verfügung über die neutrale Zone zwischen der deutschen Demarkationslinie und der Umwallung von Paris auf dem rechten Ufer der Seine.

Die Bestimmungen des Vertrages vom 26. Februar über die Besetzung französischen Gebietes, nach Zahlung von zwei Milliarden bleiben in Kraft. Von der Zahlung der ersten fünfhundert Millionen können Abzüge, zu welchen die Französische Regierung berechtigt sein könnte, nicht gemacht werden.

Art. 8 – Die deutschen Truppen werden auch ferner in den besetzten Gebieten sich der Requisitionen in Naturalien und in Geld enthalten; da aber dieser ihrer Verpflichtung die von der Französischen Regierung wegen ihrer Verpflegung übernommenen Verpflichtungen gegenüberstehen, so sollen die deutschen Truppen, wenn die Französische Regierung ungeachtet wiederholter Aufforderungen der Deutschen Regierung in Ausführung der gedachten Verpflichtungen zurückbleiben sollte, das Recht haben, sich das Nötige für ihre Bedürfnisse durch Erhebung von Steuern und Requisitionen in den besetzten Departements und, wenn deren Hilfsmittel nicht hinreichen sollten, selbst außerhalb derselben zu beschaffen.

Bezüglich der Verpflegung der deutschen Truppen werden die gegenwärtig in Kraft stehenden Anordnungen bis zur Räumung der Forts von Paris aufrechterhalten.

Kraft der Übereinkunft von Ferrières vom 11. März 1871 werden die durch diese Übereinkunft angegebenen Reduktionen nach Räumung der Forts zur Ausführung kommen.

Sobald der Effektivstand des deutschen Heeres unter die Zahl von 500 000 Mann gesunken sein wird, sollen die unter diese Zahl eingetretenen Verminderungen in Anrechnung gebracht werden, um eine verhältnismäßige Verminderung der von der Französischen Regierung für die Truppen bezahlten Unterhaltungskosten festzustellen.

Art. 9 – Die gegenwärtig den Gewerbs-Erzeugnissen der abgetretenen Gebiete bei der Einfuhr nach Frankreich gestattete Ausnahmebehandlung wird für einen Zeitraum von sechs Monaten, vom 1. März an gerechnet, unter den mit den Delegierten des Elsaß vereinbarten Bedingungen aufrechterhalten.

Art. 10 – Die Deutsche Regierung wird fortfahren, im Einvernehmen mit der Französischen Regierung, die Kriegsgefangenen zurückkehren zu lassen. Die Französische Regierung wird diejenigen dieser Gefangenen, welche verabschiedet werden können, in ihre Heimat zurücksenden. Diejenigen, welche ihre Dienstzeit noch nicht zurückgelegt haben, sollen sich hinter die Loire zurückziehen. Es ist vereinbart, daß die Armee von Paris und von Versailles, nach Herstellung der Autorität der Französischen Regierung in Paris und bis zur Räumung der Forts durch die deutschen Truppen, 80 000 Mann nicht übersteigen soll.

Bis zu dieser Räumung darf die Französische Regierung eine Truppen-zusammenziehung auf dem rechten Ufer der Loire nicht vornehmen, jedoch wird sie für die regelmäßigen Besatzungen der in dieser Zone gelegenen Städte, nach Maßgabe des Bedarfs für die Aufrechterhaltung der Ordnung und der öffentlichen Ruhe, Sorge tragen.

Nach Maßgabe des Fortschritts der Räumung werden sich die Befehls-haber der Truppen über eine neutrale Zone zwischen den Armeen der beiden Nationen verständigen.

20 000 Gefangene sollen ohne Verzug nach Lyon dirigiert werden, unter der Bedingung, daß sie nach ihrer Organisierung sofort nach Algerien geschickt werden, um in dieser Kolonie zur Verwendung zu kommen.

Art. 11 – Da die Handelsverträge mit den verschiedenen Staaten Deutschlands durch den Krieg aufgehoben sind, so werden die Deutsche Regierung und die Französische Regierung den Grundsatz der gegenseiti-gen Behandlung auf dem Fuße der meistbegünstigten Nation ihren Han-delsbeziehungen zugrunde legen.

Diese Regel umfaßt die Eingangs- und Ausgangsabgaben, den Durch-gangs-Verkehr, die Zollförmlichkeiten, die Zulassung und Behandlung der Angehörigen beider Nationen und der Vertreter derselben.

Jedoch sind ausgenommen von der vorgedachten Regel die Begünsti-gungen, welche einer der vertragenden Teile durch Handelsverträge ande-ren Ländern gewährt hat oder gewähren wird, als den folgenden: Eng-land, Belgien, Niederlande, Schweiz, Österreich, Rußland.

Die Schiffahrtsverträge und die Übereinkunft betreffend die Zollab-fertigung des internationalen Verkehrs auf den Eisenbahnen sowie die Übereinkunft wegen gegenseitigen Schutzes der Rechte an literarischen Erzeugnissen und Werken der Kunst sollen wieder in Kraft treten.

Indessen behält sich die Französische Regierung die Befugnis vor, von den deutschen Schiffen und deren Ladungen Tonnen- und Flaggenge-bühren zu erheben, mit dem Vorbehalte, daß diese Gebühren die von den Schiffen und Ladungen der vorerwähnten Nationen erhobenen nicht übersteigen.

Art. 12 – Alle ausgewiesene Deutsche bleiben im vollen Genusse alles Eigentums, welches sie in Frankreich erworben haben.

Diejenigen Deutschen, welche die von den französischen Gesetzen verlangte Ermächtigung erhalten haben, ihren Wohnsitz in Frankreich aufzuschlagen, werden in alle ihre Rechte wieder eingesetzt und können infolgedessen auf französischem Gebiete von neuem ihren Wohnsitz nehmen.

Für diejenigen Personen, welche von der vorerwähnten Befugnis, nach Frankreich zurückzukehren, binnen sechs Monaten nach Austausch der Ratifikationen dieses Vertrages Gebrauch machen, wird die durch die französischen Gesetze festgestellte Frist zur Erlangung der Naturalisation als durch den Kriegszustand nicht unterbrochen betrachtet, und die zwi-schen ihrer Ausweisung und ihrer Rückkehr auf französischen Boden verflossene Zeit soll dergestalt gerechnet werden, als ob sie nie aufgehört hätten, in Frankreich zu wohnen.

Vorstehende Bedingungen sind in voller Gegenseitigkeit auf die französischen Untertanen anwendbar, welche in Deutschland wohnen oder zu wohnen wünschen.

Art. 13 – Die deutschen Schiffe, welche durch Prisengerichte vor dem 2. März 1871 kondemniert waren, sollen als endgültig kondemniert angesehen werden.

Diejenigen, welche an besagtem Tage nicht kondemniert waren, sollen mit der Ladung, soweit solche noch vorhanden, zurückgegeben werden. Wenn die Rückgabe der Schiffe und Ladungen nicht mehr möglich ist, so soll ihr nach dem Verkaufspreise bemessener Wert ihren Eigentümern erstattet werden.

Art. 14 – Jeder der vertragenden Teile wird auf seinem Gebiete die zur Kanalisierung der Mosel unternommenen Arbeiten fortführen. Die gemeinsamen Interessen der getrennten Teile der beiden Departements Meurthe und Mosel sollen liquidiert werden.

Art. 15 – Die Hohen vertragenden Teile verpflichten sich gegenseitig, auf die beiderseitigen Untertanen die Maßregeln auszudehnen, welche sie zugunsten derjenigen ihrer Angehörigen zu treffen für nützlich erachten möchten, die infolge der Kriegsereignisse in die Unmöglichkeit versetzt worden waren, die Wahrnehmung oder Aufrechterhaltung ihrer Rechte rechtzeitig zu bewirken.

Art. 16 – Beide Regierungen, die deutsche und die französische, verpflichten sich gegenseitig, die Gräber der auf ihren Gebieten beerdigten Soldaten respektieren und unterhalten zu lassen.

Art. 17 – Die Regulierung der nebensächlichen Punkte, über welche infolge dieses Vertrages und des Präliminar-Vertrages eine Verständigung zu erfolgen hat, wird der Gegenstand weiterer Verhandlungen sein, welche in Frankfurt stattfinden werden.

Art. 18 – Die Ratifikationen des gegenwärtigen Vertrages durch Seine Majestät den Deutschen Kaiser einerseits und andererseits durch die Nationalversammlung und durch das Oberhaupt der vollziehenden Gewalt der Französischen Republik werden in Frankfurt binnen zehn Tagen oder wo möglich früher ausgetauscht werden.

Zur Beglaubigung dessen haben die beiderseitigen Bevollmächtigten denselben vollzogen und untersiegelt.

Geschehen zu Frankfurt, den 10. Mai 1871

<table>
<tr><td>von Bismarck</td><td>Jules Favre</td></tr>
<tr><td>(L. S.)</td><td>(L. S.)</td></tr>
<tr><td>Arnim</td><td>Pouyer-Quertier</td></tr>
<tr><td>(L. S.)</td><td>(L. S.)</td></tr>
<tr><td></td><td>E. de Goulard</td></tr>
<tr><td></td><td>(L. S.)</td></tr>
</table>

Quellenverzeichnis

Amtliche Druckschriften

Reichsgesetzblatt. Berlin 1871.

Sten. Ber. Norddt. Reichstag – Stenographische Berichte der Verhandlungen des Norddeutschen Reichstages.

Sten. Ber. Reichstag – Stenographische Berichte der Verhandlungen des Reichstags.

Sten. Ber. Kam. d. Abg. – Stenographische Berichte der Verhandlungen der (Bayerischen) Kammer der Abgeordneten.

Veröffentlichungen

Abeken, Heinrich: Ein schlichtes Leben in bewegter Zeit, aus Briefen zusammengestellt. 4. Aufl. Berlin 1910.

Bamberger – Bismarcks großes Spiel. Die geheimen Tagebücher. Hrsg. v. E. Feder. Frankfurt am Main 1932.

Baumgarten, Hermann: Wie wir wieder ein Volk geworden sind. Leipzig 1870.

Baumgarten-Jolly – Baumgarten, Hermann, und Jolly, Ludwig: Staatsminister Jolly. Tübingen 1897.

Becker, Otto: Bismarcks Ringen um Deutschlands Gestaltung. Hrsg. v. A. Scharff. Heidelberg 1955.

Bismarck: Briefe – Fürst Bismarcks Briefe an seine Braut und Gattin. Hrsg. v. Fürsten Herbert Bismarck. Mit Erläuterungen und Register (Ergänzungsband). Stuttgart und Berlin 1926.

Bismarck: Gedanken – Bismarck: Gedanken und Erinnerungen. Vollständige Ausgabe in einem Band. Stuttgart 1965.

Bismarck: GW – Bismarck, Otto Fürst von: Die gesammelten Werke. (Friedrichsruher Ausgabe). 19 Bde. Berlin 1924–1935.

Blum, Hans: Fürst Bismarck und seine Zeit. Eine Biographie für das deutsche Volk. Bd. 4. 1867–1871. München 1895.

Bluntschli, J. C.: Denkwürdiges aus meinem Leben. Bd. 3: Heidelberg (1861–1881). Nördlingen 1884.

Böckh, Richard: Der Deutschen Volkszahl und Sprachgebiet in den europäischen Staaten. Eine statistische Untersuchung. Berlin 1869.

Böhm, Gottfried von: Ludwig II. König von Bayern. Sein Leben und seine Zeit. Berlin 1922.

Boyen, Hermann von: Erinnerungen. Hrsg. v. W. v. Tümpling. 1898.

Brandenburg, Erich (Hrsg.): Briefe Kaiser Wilhelms des Ersten. Nebst Denkschriften und anderen Aufzeichnungen. Leipzig 1911.

Braun, geb. von Kretschman, Lily (Hrsg.): Kriegsbriefe aus den Jahren 1870–1871 von Hans von Kretschman, weiland General der Infanterie. Berlin 1903.

Bray-Steinburg, Graf Otto von: Denkwürdigkeiten aus seinem Leben. Leipzig 1901.

Brentano, Lujo: Elsässer Erinnerungen. Berlin 1917.

Briefe Kaiser Franz Josephs I. an seine Mutter 1838–1872. Hrsg. v. F. Schnürer. München 1930.

Bronsart von Schellendorff, Paul: Geheimes Kriegstagebuch 1870–71. Unter Mitwirkung von Theodor Michaux hrsg. v. P. Rassow. Bonn 1954.

Burckhardt, Jacob: Briefe. Vollständige und kritisch bearbeitete Ausgabe. Hrsg. v. M. Burckhardt. Bd. 5. Basel und Stuttgart 1963.

Busch, Moritz: Tagebuchblätter. 3 Bde. Leipzig 1899.

Butler-Lang – Butler, Dom Cuthleert: Das Vatikanische Konzil. Seine Geschichte von innen geschildert in Bischof Ullathorns Briefen. Hrsg. v. H. Lang. München 1933.

Dalwigk – Die Tagebücher des Freiherrn Reinhard v. Dalwigk zu Lichtenfels aus den Jahren 1860–71. Hrsg. v. W. Schüßler. Stuttgart und Berlin 1920.

Das Staatsarchiv. Bd. 20 (1871. Januar bis Juni). Hamburg 1871.

Delbrück, Rudolph von: Lebenserinnerungen 1817–1867. Mit einem Nachtrag aus dem Jahre 1870. 2 Bde. Leipzig 1905.

Der deutsch-französische Krieg 1870–71. Hrsg. v. d. Kriegsgeschichtlichen Abteilung des Großen Generalstabes.

   Bd. 1: Vom Beginn der Feindseligkeiten bis zur Schlacht von Gravelotte. Berlin 1874.

   Bd. 2: Von der Schlacht bei Gravelotte bis zum Sturz des Kaiserreichs. Berlin 1875.

Deuerlein: Kanzler – Deuerlein, Ernst: Deutsche Kanzler von Bismarck bis Hitler. München 1968.

Deuerlein: Optimismus – Deuerlein, Ernst: Gedämpfter Optimismus. Berichte der »Korrespondenz Hoffmann« über die Versailler Verhandlungen 1870. In: Unser Bayern / Heimatbeilage der Bayerischen Staatszeitung. 2. Jahrg. (1953). S. 62 f.

Dittrich, Jochen: Bismarck, Frankreich und die spanische Thronkandidatur der Hohenzollern. Die »Kriegsschuldfrage« von 1870. München 1962.

Doeberl, M.: Bayern und die Bismarckische Reichsgründung. München und Berlin 1925.

Döllinger, Ignaz von: Briefwechsel mit Lord Acton 1850–1890. Zweiter Bd.: 1869–1870. München 1965 (Ignaz von Döllinger: Briefwechsel 1820–1890. Zweiter Bd.: Bearbeitet von V. Conzenius).

Eckardt, Julius von: Lebenserinnerungen. Bd. 1. Leipzig 1910.

Fontane, Theodor: Aus den Tagen der Okkupation. Eine Osterreise durch Nordfrankreich und Elsaß-Lothringen 1871. Bd. 2. 2. Aufl. Berlin 1872.

Freytag: Bilder – Freytag, Gustav: Bilder von der Entstehung des Deutschen Reiches. Schilderungen. Gesammelt und hrsg. v. W. Rudeck. Leipzig 1911.

Freytag: Kronprinz – Freytag, Gustav: Der Kronprinz und die deutsche Kaiserkrone. Erinnerungsblätter. Leipzig 1889.

Freytag-Treitschke – Gustav Freytag und Heinrich von Treitschke im Briefwechsel. Leipzig 1900.

Friesen, Richard von: Erinnerungen aus meinem Leben. Bd. 3. Dresden 1910.

Gautier – Th. Gautier fils: Ein Besuch beim Grafen von Bismarck. Oktober 1870. In: Velhagen und Klasings Monatshefte. 27. Jahrg. (1912/13). Bd. II. S. 523 ff.; Bd. III. S. 65 ff.

Geibel, Emanuel: Heroldsrufe. Ältere und neuere Zeitgedichte. Stuttgart 1871.

Geschichte der deutschen Arbeiterbewegung – Institut für Marxismus-Leninismus beim Zentralkomitee der SED (Hrsg.): Geschichte der deutschen Arbeiterbewegung in acht Bänden. Bd. 1: Von den Anfängen der deutschen Arbeiterbewegung bis zum Ausgang des 19. Jahrhunderts. Berlin 1966.

Helmot, Hans F. (Hrsg.): Gustav Freytags Briefe an Albrecht von Stosch. Stuttgart und Berlin 1913.

Hertling, Georg von: Erinnerungen aus meinem Leben. Bd. 2. Kempten und München 1920.

Hohenlohe-Schillingsfürst, Fürst Chlodwig zu: Denkwürdigkeiten. 2 Bde. Bd. 1. Stuttgart und Leipzig 1906.

Huber: Dokumente – Huber, Ernst Rudolf: Dokumente zur deutschen Verfassungsgeschichte. Bd. 2: Deutsche Verfassungsdokumente 1851 bis 1918. Stuttgart 1964.

Huber: Verfassungsgeschichte – Huber, Ernst Rudolf: Deutsche Verfassungsgeschichte seit 1789. Bd. 3: Bismarck und das Reich. Stuttgart 1963.

Ibsen, Henrik: Sämtliche Werke in deutscher Sprache. Bd. 10: Briefe. Berlin o. J.

Kaiser Friedrich III.: Das Kriegstagebuch von 1870/71. Hrsg. v. H. O. Meisner. Berlin und Leipzig 1926.

Kobell, Louise von: König Ludwig und Fürst Bismarck im Jahre 1870. Leipzig 1899.

Lasker – Aus Eduard Lasker's Nachlaß. Sein Briefwechsel aus den Jahren 1870/71. Briefe von und an Bamberger, Barth (München), v. Bennigsen, Delbrück, Elben, v. Forckenbeck, Hölder, Kiefer, Marquardsen, v. Mittnacht, Simson, Völk u. v. a. In: Deutsche Revue 17. Jahrg. (1892).

Bd. 2. S. 46 ff, 166 ff u. 296 ff; Bd. 3. S. 59 ff, 157 ff u. 283 ff; Bd. 4. S. 61 ff, 190 ff u. 352 ff.

Leibig, Oskar: Erlebnisse eines freiwilligen bayerischen Jägers im Feldzuge 1870/71. Nördlingen 1887.

Lerchenfeld-Koefering, Hugo Graf: Erinnerungen und Denkwürdigkeiten. 2. Aufl. Berlin 1935.

Lindenberg, Paul: Es lohnte sich, gelebt zu haben. Erinnerungen. Berlin 1941.

Lorenz: Bismarck – Lorenz, Ottokar: Gegen Bismarcks Verkleinerer. Nachträge zu »Kaiser Wilhelm und die Begründung des Reiches«. Jena 1903.

Lorenz: Kaiser Wilhelm – Lorenz, Ottokar: Kaiser Wilhelm und die Begründung des Reiches 1866–1871 nach Schriften und Mitteilungen beteiligter Fürsten und Staatsmänner. Jena 1902.

Marx-Engels – Marx, Engels, Lenin, Stalin zur deutschen Geschichte. Hrsg. v. Marx-Engels-Lenin-Stalin-Institut beim ZK der SED. 2. Bde. Bd. 2: Das 19. Jahrhundert. 2. Halbband. Berlin 1954.

Meyer, Georg: Die Reichsgründung und das Großherzogtum Baden. In: Festgabe zur Feier des 70. Geburtstages ... des Großherzogs Friedrich von Baden. Heidelberg 1896. S. 143 ff.

Mittnacht, Freiherr von: Erinnerungen an Bismarck. Stuttgart und Berlin 1904.

Moltke – Moltke, Helmuth Graf von: Gesammelte Schriften und Denkwürdigkeiten.

Bd. I: Zur Lebensgeschichte. Berlin 1892.

Bd. III: Geschichte des deutsch-französischen Krieges von 1870–71. 2. Aufl. Berlin 1891.

Bd. IV: Briefe an seine Mutter und an seine Brüder Adolf und Ludwig. 2. Aufl. Berlin 1891.

Bd. VI: Briefe an seine Braut und Frau. Berlin 1892.

Müller, Karl Alexander von: Bismarck und Ludwig II. im September 1870. In: Historische Zeitschrift. Bd. 111 (1913). S. 89 ff.

Nietzsche, Friedrich: Werke in drei Bänden. Hrsg. v. Karl Schlechta. 2. Aufl. München 1960.

Oncken: Friedrich I. – Oncken, Hermann: Großherzog Friedrich I. von Baden und die deutsche Politik 1854–71. Bd. 2. 1927.

Oncken: Wilhelm – Oncken, Hermann: Das Zeitalter des Kaisers Wilhelm. Bd. 2. 1890.

Oncken-Bennigsen – Oncken, Hermann, Bennigsen, Rudolf von: Ein deutscher liberaler Politiker. Bd. 2: Von 1867 bis 1902. Stuttgart und Berlin 1910.

Philippi, Hans: König Ludwig II. von Bayern und der Welfenfonds. In: Zeitschrift für bayerische Landesgeschichte. Bd. 23 (1960). S. 66 ff.

Pollak, Heinrich: Dreißig Jahre aus dem Leben eines Journalisten. Erinnerungen und Aufzeichnungen. 2 Bde. Wien 1895.

Ranke, Leopold von: Das Briefwerk. Eingeleitet und hrsg. v. W. P. Fuchs. Hamburg 1949.

Roon – Denkwürdigkeiten aus dem Leben des Generalfeldmarschalls, Kriegsministers Grafen von Roon. 4. Aufl. Bd. 3. Breslau 1897.

Spitzemberg – Das Tagebuch der Baronin Spitzemberg. Aufzeichnungen aus der Hofgesellschaft des Hohenzollernreiches. Hrsg. v. R. Vierhaus. Göttingen 1960.

Strauß, David Friedrich: Krieg und Friede. Zwei Briefe an Ernst Renan nebst dessen Antwort auf den ersten. Leipzig 1870.

Suckow, A. v.: Rückschau. Hrsg. v. W. Busch. 1909.

Tagebuch I–III – Tagebuch des deutsch-französischen Krieges 1870–1871. Eine Sammlung der wichtigeren Quellen. Hrsg. v. J. v. Gosen und G. Hirth. 3 Bde. Berlin 1870–1872.

Tempeltey, Eduard (Hrsg.): Gustav Freytag und Herzog Ernst von Coburg im Briefwechsel 1853–1893. Leipzig 1904.

Toeche-Mittler, Th.: Die Kaiserproklamation in Versailles am 18. Januar 1871. Berlin 1896.

Treitschke: Briefe – Heinrich von Treitschkes Briefe. Hrsg. v. M. Cornicelius. 3 Bde. Bd. 3. 1. Teil. Leipzig 1920.

Treitschke: Schriften – Treitschke, Heinrich von: Zehn Jahre deutscher Kämpfe 1865–1874. Schriften zur Tagespolitik. Berlin 1874.

Waldersee – Denkwürdigkeiten des Generalfeldmarschalls Grafen Waldersee. Hrsg. v. H. O. Meisner. Bd. 1. Stuttgart und Berlin 1922.

Werner, Anton von: Erlebnisse und Eindrücke 1870–1890. Leipzig 1913.

Zobeltitz, Hanns von: Im Knödelländchen und anderswo. Lebenserinnerungen. Bielefeld und Leipzig 1916.

Aus einer Chamade eine Fanfare

34 Tagebuch I. Sp. 23.
35 Bismarck: Gedanken. S. 348.
  Bismarck: GW 6 b. S. 368 ff.
36 Bismarck: GW 6 b. S. 368 ff.
37 Bismarck: GW 6 b. S. 371 f.
  Bismarck: Gedanken. S. 348.
  Bismarck: Gedanken. S. 348.
38 Bismarck: Gedanken. S. 348.
  Brandenburg. S. 244 f.
39 Brandenburg. S. 225 f.
  Doeberl. S. 224 f.
40 Tagebuch I. Sp. 115 ff.
  Brandenburg. S. 226 f.
41 Zobeltitz. S. 70 f.
42 Doeberl. S. 33 f.
44 Kobell. S. 5.
  Tagebuch I. Sp. 171 f.
45 Doeberl. S. 234 f.
  Tagebuch I. Sp. 203.
46 Dittrich. S. 412.
  Sten. Ber. Kam. d. Abg. 1870.
  Bd. III. S. 377 f.

46 Geschichte der deutschen
   Arbeiterbewegung. S. 583.
47 Butler-Lang. S. 366.
48 Döllinger. S. 431.
49 Huber. Dokum. Bd. 2, S. 257.
50 Blum. S. 263 f.
   Pollak. S. 194 f.
51 Helmot. S. 72 f.
52 Nietzsche III. S. 1025.

52 Burckhardt. S. 103.
53 Der deutsch-französische Krieg
   1870–71. Bd. 1. S. 20 f.
54 Marx-Engels. S. 890 ff.
55 Busch. Bd. 1. S. 50 f.
57 Treitschke: Schriften. S. 269 ff.
   Busch. Bd. 1. S. 51.
58 Tagebuch I. Sp. 438.
   Busch. Bd. 1. S. 55.

Die gegenwärtige großartige nationale Begeisterung

60 Der deutsch-französische Krieg
   1870–71. Bd. 1. S. 132.
61 Briefe Kaiser Franz Josephs I.
   S. 374.
   Tagebuch I. Sp. 610.
   Tagebuch I. Sp. 670 f.
   Lindenberg. S. 30.
62 Tagebuch I. Sp. 810 f.
   Lindenberg. S. 32 f.
64 Brandenburg. S. 234 f.
65 Tagebuch I. Sp. 920 f.
66 Busch. Bd. 1. S. 61 ff.
70 Freytag: Kronprinz. S. 21 ff.
73 Tagebuch I. Sp. 930.
   Strauß. S. 18 ff.
75 Kaiser Friedrich III. S. 449 f.

77 Lasker 17, 2. S. 51 f.
78 Marx-Engels. S. 1266.
79 Freytag: Kronprinz. S. 43 f.
80 Tagebuch I. Sp. 1183.
   Marx-Engels. S. 1269.
81 Brandenburg. S. 236 f.
82 Oncken-Bennigsen. S. 175.
84 Brandenburg. S. 237 ff.
85 Bismarck: GW 7. S. 320.
   Bismarck: GW 6 b. S. 454 f.
87 Bismarck: GW 6 b. S. 461 f.
89 Briefe Kaiser Franz Josephs I.
   S. 377 ff.
   Brandenburg. S. 239 f.
   Treitschke: Schriften. S. 283 ff.

Ungewaschen und ungefrühstückt gegen Sedan

91 Der deutsch-französische Krieg
   1870–71. Bd. 2. S. 290*
92 Tagebuch II. Sp. 1699.
   Tagebuch II. Sp. 1699.
   Brandenburg. S. 241.
93 Moltke III. S. 97 ff.
94 Brandenburg. S. 241.
95 Bismarck: GW 6 b. S. 467 ff.
99 Brandenburg. S. 241 ff.
101 Bismarck: Briefe. S. 443 f.
102 Lindenberg. S. 33 ff.
104 Geibel. S. 191 ff.

105 Braun. S. 34 f.
106 Tagebuch II. Sp. 1922 f.
107 Geschichte der deutschen
   Arbeiterbewegung. S. 584 ff.
108 Brandenburg. S. 244 f.
109 Marx-Engels. S. 897 f.
   Tagebuch II. Sp. 2107 f.
111 Nietzsche III. S. 1026 f.
112 Marx-Engels. S. 1270.
   Strauß. S. 32 ff.
115 Baumgarten. S. 117 ff.

Leiser Druck auf Bayern

117 Müller. S. 92.
118 Delbrück. Bd. 2. S. 411 f.
120 Friesen. S. 132 f.
123 Bismarck: GW 6 b. S. 488 f.

124 Bismarck: Briefe. S. 548 f.
125 Doeberl. S. 244.
126 Doeberl. S. 94.
   Suckow. S. 167.

127 Doeberl. S. 252 ff.
129 Doeberl. S. 254 ff.
132 Delbrück. Bd. 2. S. 417.
133 Lasker 17, 2. S. 180 f.
134 Bismarck: GW 6 b. S. 516.
135 Lasker 17, 2. S. 182 f.

136 Oncken-Bennigsen. S. 126 f.
137 Doeberl. S. 275 f.
138 Doeberl. S. 276 f.
140 Busch. Bd. 1. S. 250 f.
　　 Doeberl. S. 101.

Den neuen Bund auf dem Kriegsschauplatz schließen

141 Moltke III. S. 127.
　　 Leibig. S. 113.
142 Tagebuch II. Sp. 2347.
144 Bismarck: GW 14/II. S. 793.
　　 Burckhardt. S. 110 ff.
145 Bismarck: GW 6 b. S. 519 ff.
146 Tagebuch II. Sp. 2429 f.
　　 Tagebuch II. Sp. 2527 f.
147 Strauß. S. 52 ff.
148 Lasker 17, 2. S. 307 f.
150 Tagebuch II. Sp. 2567 f.
151 Ibsen. S. 146 ff.
　　 Ranke. S. 502 ff.
154 Oncken-Bennigsen. S. 187.

154 Lorenz: Kaiser Wilhelm.
　　 S. 407.
156 Oncken-Bennigsen. S. 191.
157 Lasker 17, 3. S. 68 ff.
158 Briefe Kaiser Franz Josephs I.
　　 S. 380 f.
159 Gautier III. S. 67 ff.
163 Moltke IV. S. 204 ff.
164 Moltke III. S. 163.
165 Spitzemberg. S. 109.
166 Brandenburg. S. 246 ff.
167 Moltke I. S. 268.
　　 Braun. S. 116 f.

Die deutsche Einheit ist gemacht

169 Meyer. S. 64.
　　 Bray-Steinburg. S. 145 ff.
171 Bray-Steinburg. S. 152.
　　 Doeberl. S. 277.
172 Doeberl. S. 104.
　　 Doeberl. S. 277.
　　 Deuerlein: Optimismus. S. 72.
173 Dalwigk. S. 448.
　　 Bray-Steinburg. S. 153 f.
　　 Bray-Steinburg. S. 153 f.
174 Busch. Bd. 1. S. 306.
175 Lerchenfeld. S. 67.
　　 Bray-Steinburg. S. 155 f.
176 Busch. Bd. 1. S. 325.
177 Werner. S. 22 f.
178 Lorenz: Kaiser Wilhelm.
　　 S. 348 f.
　　 Baumgarten-Jolly. S. 184 ff.
180 Bray-Steinburg. S. 173 ff.
182 Dalwigk. S. 451 f.
184 Mittnacht. S. 115 f.
　　 Mittnacht. S. 116 f.
185 Bray-Steinburg. S. 158.

186 Helmot. S. 66.
187 Bray-Steinburg. S. 176 f.
188 Dalwigk. S. 454.
189 Lasker 17, 3. S. 80.
190 Lasker 17, 3. S. 80 ff.
191 Bray-Steinburg. S. 180 f.
192 Dalwigk. S. 455.
193 Bray-Steinburg. S. 177 ff.
195 Bray-Steinburg. S. 181 f.
196 Bray-Steinburg. S. 161.
　　 Dalwigk. S. 456 ff.
199 Bray-Steinburg. S. 182 ff.
200 Bray-Steinburg. S. 186.
201 Boyen. S. 203.
202 Lerchenfeld. S. 68.
203 Bray-Steinburg. S. 187 f.
204 Bray-Steinburg. S. 188.
　　 Mittnacht. S. 161.
　　 Bray-Steinburg. S. 163 ff.
205 Bray-Steinburg. S. 188 ff.
206 Becker. S. 734.
　　 Becker. S. 735.
207 Deuerlein: Optimismus. S. 62.

207 Lerchenfeld. S. 74.
   Lerchenfeld. S. 74.
208 Bray-Steinburg. S. 190.
   Baumgarten-Jolly. S. 196 ff.
210 Dalwigk. S. 460.
212 Bray-Steinburg. S. 192.
   Bray-Steinburg. S. 192.
   Bray-Steinburg. S. 167.
213 Busch. Bd. 1. S. 409.
   Bismarck: GW 6 b. S. 590 ff.
216 Baumgarten-Jolly. S. 198 f.
217 Bray-Steinburg. S. 194.

217 Bronsart von Schellendorff.
   S. 185.
218 Bray-Steinburg. .S 169 f.
   Bray-Steinburg. S. 194 ff.
220 Bismarck: GW 7. S. 413 f.
222 Busch, Bd. 1. S. 427 ff.
223 Becker. S. 760 f.
224 Bray-Steinburg. S. 199.
   Bray-Steinburg. S. 170 f.
225 Lerchenfeld. S. 78.
227 Spitzemberg. S. 113.
   Treitschke: Briefe. S. 296 f.
   Doeberl. S. 300.

Die Erneuerung der deutschen Kaiserwürde

229 Huber. S. 705. Anm. 9.
230 Doeberl. S. 302.
231 Doeberl. S. 244 f.
232 Doeberl. S. 303 f.
   Doeberl. S. 153.
233 Kaiser Friedrich III. S. 454 f.
235 Oncken: Friedrich I. S. 146 f.
237 Lerchenfeld. S. 74.
   Doeberl. S. 160 f.
238 Lerchenfeld. S. 158 f.
   Doeberl. S. 311.
239 Kobell. S. 39.
   Bismarck: Gedanken. S. 366.
240 Bismarck: GW 6 b. S. 601 f.
241 Doeberl. S. 161.
242 Hohenlohe-Schillingsfürst.
   Bd. 2. S. 27.

242 Kaiser Friedrich III. S. 466 f.
244 Böhm. S. 271 f.
   Kaiser Friedrich III. S. 467 f.
245 Busch. Bd. 1. S. 469.
246 Kaiser Friedrich III. S. 252 f.
247 Huber: Dokumente. Bd. 2.
   S. 281.
248 Huber: Dokumente. Bd. 2.
   S. 281 f.
249 Oncken: Wilhelm. S. 301 f.
250 Oncken: Wilhelm. S. 302 f.
251 Kaiser Friedrich III. S. 300.
253 Oncken: Friedrich I. S. 316.
254 Philippi. S. 84 f.
256 Philippi. S. 86 f.

Der Beginn der eisernen Periode

259 Bismarck: GW 11. S. 140 ff.
260 Sten. Ber. Norddt. Reichstag.
   I. Legislaturperiode. II. Ao.
   Session 1870, S. 9 ff.
263 Tagebuch III. Sp. 3903.
   Marx-Engels. S. 1270.
264 Das Staatsarchiv. Bd. 20.
   S. 105 f.
266 Moltke IV. S. 211 f.
267 Bismarck: Briefe. S. 566.
268 Das Staatsarchiv. Bd 20
   S. 106 ff.
269 Tagebuch III. Sp. 4219.

269 Moltke III. S. 264 f.
270 Eckardt. S. 240 f.
271 Burckhardt. S. 118 ff.
272 Bronsart von Schellendorff.
   S. 264.
   Bluntschli. S. 270.
   Bluntschli. S. 270 f.
273 Helmot. S. 70 f.
   Busch. Bd. 2. S. 30 f.
275 Sten. Ber. Kam. d. Abg.
   1870/71. Bd. 4. S. 108 ff.
276 Sten. Ber. Kam. d. Abg.
   1870/71. Bd. 4 S. 356 ff.

Kaiserproklamation – eine Art Hausandacht

277 Busch. Bd. 2. S. 67 f.
278 Bismarck: GW 6 b. S. 654 ff.
280 Busch. Bd. 2. S. 35.
281 Bismarck: GW 6 b. S. 662 ff.
283 Werner. S. 32.
   Busch. Bd. 2. S. 49 ff.
284 Roon. S. 285.
   Bismarck: Gedanken. S. 367 ff.
286 Bismarck: Geuanken. S. 369.

287 Toeche-Mittler. S. 20 ff.
303 Brandenburg. S. 254 ff.
304 Abeken. S. 496 f.
305 Bronsart von Schellendorff.
   S. 298 f.
   Werner. S. 33 f.
306 Roon. S. 285 ff.
308 Bismarck: Briefe. S. 572.
   Doeberl. S. 174 f.

Frieden! Frieden!

310 Freytag: Bilder. S. 466 f.
311 Bronsart von Schellendorff.
   S. 308 ff.
314 Moltke III. S. 367 f.
316 Tagebuch III. Sp. 5218.
   Moltke III. S. 365 f.
317 Tagebuch III. Sp. 5290.
   Tagebuch III. Sp. 5307.
   Brandenburg. S. 258 f.
318 Tagebuch III. Sp. 531.

318 Tagebuch III. Sp. 531.
319 Bismarck: Briefe. S. 577.
320 Moltke III. S. 412 f.
321 Spitzemberg. S. 120 f.
322 Lindenberg. S. 35 f.
   Bismarck: Briefe. S. 577 f.
323 Tagebuch III. Sp. 5347.
   Freytag: Bilder. S. 476 ff.
324 Braun. S. 284 f.
325 Tagebuch III. Sp. 5351.

Beginn der Tätigkeit des Deutschen Reiches

326 Sten. Ber. Reichstag. Bd. 1.
   S. 1 ff.
332 Brandenburg. S. 260.
333 Bronsart von Schellendorff.
   S. 390.
   Deuerlein: Kanzler. S. 48.
334 Oncken-Bennigsen. S. 232.
   Hohenlohe-Schillingsfürst.
   Bd. 2. S. 47.
336 Oncken-Bennigsen. S. 233.

338 Oncken-Bennigsen. S. 234.
339 Waldersee. S. 134.
   Helmot. S. 78.
340 Moltke VI. S. 490 f.
341 Spitzemberg. S. 126.
342 Zobeltitz. S. 100 f.
   Spitzemberg. S. 127.
343 Geibel. S. 205.
   Tempeltey. S. 248.
344 Nietzsche I. S. 137 f.

Die Annexion von Elsaß-Lothringen

347 Böckh. S. 171 f.
349 Bamberger. S. 150.
   Freytag: Kronprinz. S. 16 f.
351 Geschichte der deutschen
   Arbeiterbewegung.
   S. 584 ff.
353 Bamberger. S. 206.
354 Tagebuch III. Sp. 3322 ff.

356 Sten. Ber. Norddt. Reichstag.
   I. Legislaturperiode. II. Ao.
   Session 1870, S. 9 ff.
359 Busch. Bd. 2. S. 168 f.
   Busch. Bd. 2. S. 171.
360 Fontane. S. 290 ff.
361 Fontane. S. 296 ff.
364 Sten. Ber. Reichstag. Bd. 1.
   S. 517 ff.

366 Sten. Ber. Reichstag. Bd. 2.
        S. 920 f.
367 Reichsgesetzblatt. 1871.
        S. 212 f.
369 Brentano. S. 24 ff.
372 Marx-Engels. S. 1051 ff.

374 Marx-Engels. S. 913 ff.
375 Hertling. S. 213.
385 Reichsgesetzblatt. 1871.
        S. 63 ff.
405 Reichsgesetzblatt. 1871.
        S. 223 ff.

Bildnachweis

Die freundliche Genehmigung für die Reproduktion der Bilder erteilten gegenüber Abb. 1, 3, 6, 11, 13, 18, 21, 24, 25, 39 Ullstein Bilderdienst, Berlin;
Abb. 2, 4, 5, 7, 10, 15, 17, 20, 22, 27, 28, 33, 35, 37, 38 Bildarchiv Staats-
bibliothek Berlin; Abb. 9, 12, 16, 19, 23, 26, 31, 32, 40 Süddeutscher Verlag,
München; Abb. 8, 30, 34, 36 Archiv für Kunst und Geschichte, Berlin;
Abb. 29 Bildarchiv Wildberg, Ulsenheim; die restlichen Vorlagen stammen aus
dem Archiv des Herausgebers.

Verzeichnis der Abbildungen

Personenregister

Hofmann, Karl von, hessischer Gesandter in Berlin 173, 182 f, 188, 196, 210

Hohenlohe-Ingelfingen, Kraft Prinz von, Generalmajor 270, 338

Hohenlohe-Schillingsfürst, Chlodwig Fürst zu, bayerischer Ministerpräsident, Vizepräsident des Zollparlamentes, Reichsrat, erster Vizepräsident des Deutschen Reichstages 117, 128, 242, 334 f, 375

Hohenzollern-Sigmaringen, Karl Anton Fürst von 33 f, 36, 38, 46

Hohenzollern-Sigmaringen, Karl Anton von, Erbprinz von Hohenzollern 297

Hohenzollern-Sigmaringen, Leopold Prinz von 12, 30, 33 ff, 46, 49, 97, 213

Hölder, Julius, Rechtsanwalt, Mitglied des Reichstags (Nationalliberale Partei) 265

Holnstein, Maximilian Graf von, Oberststallmeister 238 ff, 242 f, 245 f, 254 f, 257 f

Holstein, von, Legationsrat 66

Home, Spiritist 204

Hugo, Victor, französischer Schriftsteller 112

Ibsen, Henrik, norwegischer Schriftsteller 151

Isabella II., Königin von Spanien 33

Joachim, Prinz Murat II., französischer General 100

Johann, König von Sachsen 85, 88, 120, 200, 231, 282

Jolly, Julius, badischer Ministerpräsident 178 ff, 201, 208, 216

Jolly, Frau 178, 208, 216

Jörg, Joseph Edmund, Publizist 274 ff

Kaisenberg, Major von 288

Kameke, Georg Arnold Karl von, Generalleutnant 270, 328

Karl V., Deutscher Kaiser, als Karl I. König von Spanien 34

Karl VI., Deutscher Kaiser 285

Karl I., König von Württemberg 124, 171, 205, 232, 282

Ketteler, Wilhelm Emanuel Freiherr von, Bischof von Mainz, Mitglied des Reichstages (Zentrum) 337

Keudell, Robert von, Geheimer Legationsrat 66, 69, 233

Klapka, Georg, ungarischer General 213

Kögel, Rudolf, Hof- und Domprediger in Berlin, Vortragender Rat im preußischen Kultusministerium 327

Koenneritz, Rudolf Freiherr von, sächsischer Gesandter in München 120

Kretschman, Hans von, Major 105 f, 167 f, 324

Kretschman, Jenn von 105 f, 167, 324

Kretschman, Lily von, spätere Lily von Gizycki, spätere Lily Braun, Schriftstellerin 106

Krohn, Oberst von 217

Krüger, Kanzleidiener 66, 245

Kugelmann, Ludwig 263

Lasker, Eduard von, Mitbegründer der Nationalliberalen Partei, Mitglied des Norddeutschen und des Deutschen Reichstages 77 f, 126, 133 ff, 137, 148 f, 154, 157 f, 189 f

Ledru-Rollin, Alexandre Auguste, Mitglied der Pariser Kommune 198

Leibig, Oskar 141 f

Leo XIII., Papst 375 f

Leopold, Prinz von Bayern 297

Rogge, Bernhard, Hofprediger und Garnisonspfarrer in Potsdam 284, 291 ff, 305

Roggenbach, Franz Freiherr von, badischer Minister des Äußeren 192

Rohde, Erwin, Altphilologe 52

Roon, Albrecht Graf von, preußischer Kriegsminister 25, 35, 37 f, 41, 58, 81, 176, 179 f, 191, 202, 206, 210, 212, 217, 267, 284, 306 f, 328 f, 341

Roon, Frau von 284, 306

Rößler, Konstantin, Publizist 230

Roth, Major von 173

Rothe 182 f

Rouher, Eugène, Senatspräsident 159

Russell, Sir William Howard, englischer Journalist, Korrespondent der Londoner »Times« 296

Sachsen, Prinzen von, s. Albert und Georg

Sachsen, Erbgroßherzog von 297

Sachsen, Großherzog von 282, 296

Sachsen-Altenburg s. Altenburg, Ernst Herzog von

Sachsen-Anhalt, Herzog von 282, 297

Sachsen-Coburg-Gotha, Ernst II., Herzog von 183, 192, 282 296, 343

Sachsen-Meiningen s. Bernhard, Erbprinz von

Sachsen-Meiningen, Georg II., Herzog von 202, 282, 296

Sandrart, Generalmajor von 302

Schaumburg-Lippe, Adolf Georg Fürst zu 282, 296

Scheurlen, Karl von, württembergischer Innenminister 205

Schiller, Friedrich von 80

Schleinitz, Alexander Freiherr von, Minister des königlichen Hauses 303

Schleswig-Holstein-Sonderburg-Augustenburg, Friedrich, Erbprinz, Herzog von 183, 297

Schlör, Gustav Ritter von, bayerischer Minister 135

Schneider, Hofrat 285

Schrenck von Notzing, Karl Freiherr von, bayerischer Gesandter in Wien 138

Schul(t)z, Koch des Bundeskanzleramts 66

Schwarzburg-Rudolstadt, Georg Albert Fürst von 282, 297

Schwarzburg-Sondershausen, Günter Friedrich Karl Fürst von 282

Schweinitz, Hans Lothar von, General, preußischer Gesandter in Wien 151, 264

Simson, Eduard von, Präsident der Frankfurter Nationalversammlung und des Reichstages des Norddeutschen Bundes und des Deutschen Reiches 50, 247, 249, 261, 335

Soden, Oskar Freiherr von, württembergischer Gesandter in München 140

Sophie, Prinzessin von Bayern 60, 88, 158

Sourd, Le, Geschäftsträger Frankreichs in Berlin 49 f

Spier, Samuel 111

Spitzemberg, Carl Freiherr von, württembergischer Gesandter in Berlin 227

Spitzemberg, Hildegard Freifrau von, geb. Freiin von Varnbüler, Frau des württembergischen Gesandten in Berlin 165, 227, 320, 341 ff

Stauffenberg, Franz August Freiherr Schenck von, bayerischer Abgeordneter 128

Wagner, Richard   111
Waldeck, Georg Viktor Fürst von
  282
Waldersee, Alfred Graf von,
  Oberst, Militärattaché in Paris,
  Generalstabschef des Groß-
  herzogs von Mecklenburg   82,
  338 f
Wallenstein, Albrecht Eusebius
  Wenzel von, Herzog von Fried-
  land   344
Wartensleben-Carow, Hermann
  Graf von, Oberquartiermeister
  66
Weber, von, Abgeordneter
  335
Wehrenpfennig, Wilhelm, Redak-
  teur der »Preußischen Jahr-
  bücher«   227
Werder, August von, preußischer
  Generalmajor   342
Werner, Anton von, Maler   177,
  283, 305 f
Werther, Karl Anton Freiherr von,
  preußischer Botschafter in Paris
  38

Werthern-Beichlingen, Georg Frei-
  herr von, preußischer Gesandter
  in München   126, 134 f, 154,
  171, 257
Wied, Wilhelm Fürst zu   297
Wiehr, Chiffreur   66
Wilhelm I. König von Preußen,
  Deutscher Kaiser
Wilhelm, Prinz von Württemberg
  297
Wilhelm, Herzog von Braun-
  schweig   282
Willisch, Chiffreur   66
Wimpffen, Emanuel Felix Freiherr
  von, französischer General   91,
  93 ff, 102
Windthorst, Ludwig, Führer der
  Zentrumspartei   337
Wollmann, Geheimsekretär   66
Wrangel, Friedrich Heinrich Ernst
  Graf von, preußischer General-
  feldmarschall   328
Württemberg, König von, s. Karl I.
Württemberg, Königin von, s. Olga

Zobeltitz, Hanns von, Schriftsteller
  41 f, 342